Symbole des Lebenslaufes

Psychologie und Gesellschaft

Herausgegeben von Martin K. W. Schweer

Band 16

Zur Qualitätssicherung und Peer Review der vorliegenden Publikation

Die Qualität der in dieser Reihe erscheinenden Arbeiten wird vor der Publikation durch den wissenschaftlichen Beirat der Reihe geprüft.

Notes on the quality assurance and peer review of this publication

Prior to publication, the quality of the work published in this series is reviewed by the advisory board of the series.

Ieva Reinersmann

Symbole des Lebenslaufes

PL ACADEMIC RESEARCH

Bibliografische Information der Deutschen Nationalbibliothek
Die Deutsche Nationalbibliothek verzeichnet diese Publikation in der Deutschen Nationalbibliografie; detaillierte bibliografische Daten sind im Internet über http://dnb.d-nb.de abrufbar.

Zugl.: Hannover, Uni., Diss., 2016

D 89
ISSN 1612-488X
ISBN 978-3-631-72047-9 (Print)
E-ISBN 978-3-631-72895-6 (E-PDF)
E-ISBN 978-3-631-72896-3 (EPUB)
E-ISBN 978-3-631-72897-0 (MOBI)
DOI 10.3726/b11596

PL Academic Research ist ein Imprint der Peter Lang GmbH.

Peter Lang – Frankfurt am Main · Bern · Bruxelles · New York · Oxford · Warszawa · Wien

Diese Publikation wurde begutachtet.

www.peterlang.com

Widmung und Danksagung

Die vorliegende Arbeit möchte ich dem Gedenken an
Prof. Dr. Werner Deutsch (4. August 1947–12. Oktober 2010)
widmen.

Bedanken möchte ich mich bei allen, die mich auf verschiedenste Art unterstützt und zum Gelingen der vorliegenden Arbeit beigetragen haben:

Mein besonderer Dank gilt Frau Prof. Dr. Elfriede Billmann-Mahecha für ihre Bereitschaft meine Arbeit nach dem Tod von Prof. Deutsch mit viel menschlichem Verständnis und wissenschaftlicher Professionalität zu betreuen.
Weiterhin möchte ich mich bei allen Teilnehmern der Untersuchung sowie den zuständigen Personen in den Schulen bedanken, die mir die Untersuchungen bereitwillig und auf unkomplizierte Art und Weise ermöglichten.
Für die Beratungen in den Fragen der Datenanalyse bedanke ich mich bei Dipl.-Psych. Alexander Teichmann. Außerdem möchte ich mich auch bei Dr. Georg Franzen für die wertvollen Hinweise in den Fragen der Symboltheorien bedanken. Ebenfalls danke ich meinen Kolleginnen Sabine Drewes und Tatjana Udina, die im Rahmen ihrer eigenen Arbeiten ein Teil des Weges bei der Durchführung der Untersuchung und Auswertung der Daten mit mir gegangen sind.
Für die geduldige Korrekturlesung gilt mein aufrichtiger Dank Heike Hidalgo.
Nicht zuletzt möchte ich mich herzlich bei meiner ganzen Familie sowohl in Deutschland als auch in Litauen für ihre emotionale und konkrete praktische Unterstützung bedanken. Besonders Clara Reinersmann hat mich kräftig bei der Fertigstellung der Fragebögen und Beurteilung der Zeichnungen unterstützt.

Inhaltsverzeichnis

Dieses Werk enthält zusätzliche Informationen als Anhang. Sie können von unserer Website heruntergeladen werden. Die Zugangsdaten entnehmen Sie bitte der letzten Seite der Publikation.

Zusammenfassung

Das Thema der vorliegenden Untersuchung sind Symbole des Lebenslaufes. Das Hauptziel ist die Erforschung von aktuell verbreiteten Vorstellungen über den Lebenslauf in symbolischen Formen von Bildern, Metaphern und konkreteren Zeichnungen des Lebenslaufes. Diese externen bildlichen und sprachlichen symbolischen Formen werden theoretisch als Repräsentationen interner Bilder von persönlichen Vorstellungen des eigenen Lebenslaufes verstanden. Es wird angenommen, dass die Vorstellungen des Lebenslaufes einerseits auf den kollektiv und kulturell verbreiteten Bildern basieren. Andererseits werden diese Vorstellungen durch solche Faktoren wie das Geschlecht, das Alter oder auch die persönlichen Lebenserfahrungen und gewiss durch die persönlichen Entscheidungen beeinflusst. Infolgedessen kann man annehmen, dass die Untersuchungsteilnehmer aus verschiedenen Ländern, Altersgruppen und Geschlechtern unterschiedliche Vorstellungen über ihren eigenen Lebenslauf haben werden. 200 Untersuchungsteilnehmer aus Deutschland und 200 Untersuchungsteilnehmer aus Litauen sind zuerst darum gebeten worden, abstrakte geometrische Formen für ihr Leben zu wählen und anschließend zu erklären, warum sie bestimmte Formen als passend oder nicht passend für ihr Leben betrachten. Die zweite Fragestellung war, ob das alte Bild von der Lebenstreppe immer noch als passendes Symbol für ihren Lebenslauf angesehen werden kann. Abschließend wurden die Untersuchungsteilnehmer gebeten, ihre eigenen Lebenslaufdarstellungen anzufertigen. Nach der statistischen Auswertung konnten Unterschiede zwischen den beiden Ländern, Altersgruppen und Geschlechtern gefunden werden, wobei die Unterschiede zwischen den Ländern und Altersgruppen größer waren als zwischen den Geschlechtern.

Abstract

The theme of this research study is the symbols of the life course. The main purpose is to explore the current prevalent images of the life course in the symbolic forms of abstract pictorial images, metaphors and more concrete pictures of the life course. These external pictorial and verbal symbolic forms are theoretically understood as the representations of the internal images of the personal conception of his or her own course of life. It is supposed that the conceptions of the life course are based, on the one hand, on collective and culturally transmitted images and, on the other hand, on such factors as one's gender, age, or personal life experiences and certainly personal choice. Furthermore it can be assumed that participants from different countries, age groups and gender would have different images of their life courses. 200 participants from Germany and 200 participants from Lithuania were asked to choose abstract geometric forms which could symbolically represent their life and give verbal explanations for their choices. The question was also whether the old picture of the stairway of life (Lebenstreppe) is still a current valid symbol for their life course. At the end, the participants were asked to draw their own picture for their personal life course. After statistical evaluation differences could be found between the two countries, age groups and gender. The differences between countries and age groups were bigger than between the two gender.

1 Einleitung

Jeder Mensch hat eine Vorstellung darüber, wie sein Leben verläuft. In jeder Kultur wird der Ablauf des menschlichen Lebens in mehrere Etappen gegliedert und strukturiert. Man trifft zu jedem beliebigen Zeitpunkt der menschlichen Geschichte auf verschiedene Konzepte, Bilder, Schemata und Normen, die sich auf das Vorwärtsschreiten im Lebenslauf beziehen und das Denken und Handeln von Menschen in ihrem Lebenslauf aktiv bestimmen. Diese Vorstellungen über die Einteilung des menschlichen Lebens sind ständig kulturellen und gesellschaftlichen Deutungen und Veränderungen unterworfen. Im Laufe der Geschichte haben Menschen verschiedene Symbole für ihren Lebenslauf erschaffen: von einem Lebensrad im Mittelalter bis zu einer Lebenstreppe im 16. Jahrhundert. Vor diesen konkreten und differenzierten Lebenslaufdarstellungen wurden die Vorstellungen über den Verlauf des Lebens mit Hilfe von abstrakten geometrischen Grundformen oder Symbolen, wie z. B. dem Labyrinth oder der Spirale, dargestellt. Das Hauptziel der vorliegenden Dissertation ist die Untersuchung der aktuellen symbolischen Formen, die den heutigen Vorstellungen der Untersuchungsteilnehmer aus Deutschland und Litauen über ihren Lebenslauf entsprechen. Dabei werden die Gemeinsamkeiten und Unterschiede in der Wahl durch vorgegebene und durch eigene Zeichnung geschaffene Symbole zu dem eigenen Lebenslauf nicht nur zwischen beiden Ländern, sondern auch zwischen zwei Altersgruppen und Geschlechtern sowohl quantitativ als auch qualitativ analysiert[1].

Im ersten Kapitel des theoretischen Teils wird die ausschlaggebende Bedeutung der Symbole für die Entwicklung des zivilisierten Menschen thematisiert. Ohne unsere Fähigkeit Symbole zu erschaffen, wäre es uns nicht möglich, unseren Lebenslauf als Ganzes zu erfassen oder überhaupt eine Vorstellung von unserem Leben zu haben. Theoretisch wird angenommen, dass die Entwicklung von unseren Vorstellungen über den eigenen Lebenslauf oder das Leben aus dem ständigen Vergleichs- und Auseinandersetzungsprozess zwischen inneren Bildern als Erfahrungsrepräsentanzen und den neuen Erfahrungen sowie der äußeren Realität und kulturell vermittelten Bildern entstehen.

Wie der Lebenslauf selbst in Sozialwissenschaften und Psychologie definiert und erforscht wird, davon handelt das zweite Kapitel des theoretischen Teiles. An dieser Stelle werden auch die Konzepte der Lebensphasen, der Lebenszeit und

1 Bei der Verwendung des generischen Maskulinums in der vorliegenden Dissertation werden beide Geschlechter gemeint.

des Lebensalters sowie der kritischen Ereignisse im Leben und die der Institutionalisierung und Individualisierung von modernen Lebensläufen geschildert. Anschließend wird das brisante Thema von Lebenslaufforschung und Geschlecht angeschnitten. Im letzten Teil über die gängigen Methoden in der Lebenslaufforschung wird deutlich, dass der menschliche Lebenslauf als ein komplexes Forschungsobjekt nach der Integration von qualitativen und quantitativen Methoden verlangt. Diese Integration wird unter den Begriffen der sogenannten „Mixed Methods" diskutiert und auch in der vorliegenden Untersuchung angewandt.

Das dritte Kapitel im theoretischen Teil beschäftigt sich mit der Geschichte und dem Wandel der symbolischen Lebenslaufdarstellungen in Europa und speziell in der baltischen Kultur. Es wird dargestellt, dass all die verschiedenen Lebenslaufvorstellungen als Zeitstrukturen entworfen worden sind und sich anfänglich hauptsächlich an den Zyklen der Natur oder religiösen Systemen orientiert haben. Das im 13. Jahrhundert entstandene Dezimalsystem zur Aufteilung des Lebenslaufes in zehn Stufen fand erst ab dem 15. Jahrhundert seine Verbreitung durch die bildnerischen Lebenslaufdarstellungen in der Form von symmetrisch auf- und absteigenden Lebenstreppen. Nach der starken Verbreitung der Lebenstreppenbilder seit dem 16. Jahrhundert bis in die Mitte des 20. Jahrhunderts ist die Lebenstreppe nach dem Zweiten Weltkrieg weitgehend aus der westlichen Kultur verschwunden. Die Gründe für ihr Verschwinden werden grundsätzlich mit der Individualisierung der modernen Lebensläufe in Verbindung gebracht, was gleichzeitig die Hauptfragestellung der vorliegenden Arbeit über die aktuellen symbolischen Formen des Lebenslaufes entstehen lässt.

Symbole des Lebenslaufes werden in der vorliegenden Untersuchung als Träger der kulturell verbreiteten und verinnerlichten Vorstellungen über den Lebenslauf aufgefasst. Im Sinne von Langer (1979) werden die Symbole nicht als Stellvertretung ihrer Gegenstände, sondern als Vehikel für die Vorstellung von Gegenständen verstanden. Bislang sind die Symbole des Lebenslaufes vorwiegend unter der Fragestellung ihrer kulturellen Verbreitung in Kunst und Literatur untersucht worden. Das Ziel der vorliegenden Arbeit ist es, einen Zugang zu dem symbolischen Ausdruck der internalisierten Lebenslaufvorstellungen einzelner Menschen zu bekommen, die nicht unbedingt an der Erschaffung der kollektiven Symbole aktiv als Künstler oder Wissenschaftler mitwirken, sondern z. B. handwerklich tätig sind und eher als Rezipienten dieser kulturell verbreiteten Symbole betrachtet werden können. Zuerst soll überhaupt eine grundlegende Frage geklärt werden, nämlich ob die heutigen Menschen überhaupt noch verschiedene symbolische Formen als geeignete Ausdrucksmittel für ihre Vorstellungen über den eigenen Lebenslauf betrachten können oder ob es sich bei den Symbolen um eine veraltete und ausgediente Form des Ausdrucks handelt. Die ausführliche Darstellung und Begründung aller Fragestellungen und Hypothesen der Untersuchung befindet sich im dritten Teil. Alle Fragestellungen sind um die drei Hauptfragestellungen gruppiert worden: Die erste Hauptfragestellung befasst sich mit den abstrakten Symbolen des Lebens, die zweite mit dem Bild der Lebenstreppe und die dritte mit den individuellen Zeichnungen zum eigenen Lebenslauf.

Der symbolische Ausdruck der inneren Vorstellungen, begrifflicher Zusammenhänge oder mentaler Bilder über den eigenen Lebenslauf wird in der vorliegenden Untersuchung in Form von abstrakten Symbolen, sprachlichen Metaphern und individuellen Zeichnungen zum Lebenslauf untersucht. Die Untersuchungsteilnehmer werden in dem Fragebogen mit bestimmten mehr oder weniger abstrakten Figuren und Bildern konfrontiert. Anschließend werden sie darum gebeten die Frage zu beantworten, welche dieser Bilder aus ihrer Sicht für ihr Leben passen oder nicht passen. Dabei wird erwartet, dass „innere Bilder" oder persönliche Vorstellung(en) vom eigenen Lebenslauf evoziert werden, die dann mit den im Fragebogen präsentierten abstrakten Symbolen verglichen und in Verbindung gebracht werden können. Die sprachlichen Bilder oder die Metaphern zum Leben entstehen in der vorliegenden Untersuchung als sprachliche Begründungen für die Wahl bestimmter abstrakter Symbole für das eigene Leben. Es geht um die Verbindung zwischen bildlichen und sprachlichen Symbolen in Bezug auf die eigenen Lebenslaufvorstellungen mit dem Ziel, einen möglichst umfassenden Eindruck über den symbolischen Ausdruck der heutigen individuellen Vorstellungen des Lebenslaufes zu bekommen. Diese Ergebnisse können natürlich keine Schlüsse über die inneren Bilder des Lebenslaufes der Untersuchungsteilnehmer erlauben. Es kann nur erforscht werden, mit welchen ‚äußeren' Bildern und Metaphern das ‚innere' Bild des Lebenslaufes durch die einzelnen Untersuchungsteilnehmer in Verbindung gebracht wird.

Das Prinzip des Vorgebens der Auswahlmöglichkeiten der abstrakten Symbole und die Präsentation des Bildes der Lebenstreppe aus dem 17. Jahrhundert knüpfen theoretisch und methodisch teilweise an eine frühere Untersuchung des symbolischen Ausdrucks von emotionalen Erfahrungen in Kinderzeichnungen an. Den Kindern im Vorschulalter wurde zuerst ein Märchen vorgelesen. Anschließend sind sie darum gebeten worden, das zu zeichnen, was ihnen am besten aus dem Märchen gefallen hat. In dieser Studie wurde die Erfahrung gemacht, dass das Märchen nicht nur den zeichnerischen, sondern auch sprachlichen Ausdruck von Kindern erleichtert hat (vgl. Reinersmann et. al., 2010). In Kapitel 2.4.4 zum Forschungsstand wird ausführlich dargestellt, wie die Konfrontation von Schülern im Rahmen einer Ausstellung in Kleve oder von Studenten im Rahmen einer Vorlesung zur Entwicklungspsychologie mit den Bildern der Lebenstreppe nicht nur ihre eigenen Reflexionen zum eigenen Lebenslauf, sondern auch ihren kreativen Ausdruck dieser Reflexionen angeregt hat. Bei der Entwicklung des Fragebogens für die vorliegende Untersuchung ist mir aufgefallen, dass Menschen, wenn sie direkt darum gebeten worden sind, ihren Lebenslauf zu zeichnen, damit kaum etwas anfangen konnten. Aus diesen Gründen wurde eine Entscheidung getroffen, den Untersuchungsteilnehmern zuerst die abstrakten geometrischen Figuren und dann das Bild der Lebenstreppe zu präsentieren bevor sie gebeten wurden, ihre eigene Lebenslaufzeichnung anzufertigen.

Dieses Prinzip der Hilfeleistung durch die Präsentation der Symbole hat seine positiven Auswirkungen in dem Sinne gezeigt, dass die Untersuchungsteilnehmer von insgesamt 85 verschiedenen Berufen (bzw. bei den jüngeren Teilnehmern: angegebenen Berufswünschen) sich zu Reflexionen über ihren Lebenslauf und symbolische Ausdrucksformen ihrer Lebenslaufvorstellungen bewegen ließen. Insgesamt 400 vollständig ausgefüllte Fragebögen liegen vor, von denen jeweils 200 durch deutsche und 200 durch litauische Untersuchungsteilnehmer ausgefüllt worden sind. Die Hälfte der Untersuchungsteilnehmer gehört jeweils der jüngeren Altersgruppe (16–22 Jahre) und der älteren Altersgruppe (36–89 Jahre) an. Sowohl in Deutschland als auch in Litauen machen die Frauen etwa zwei Drittel und die Männer ein Drittel der jeweiligen Stichprobe aus. Diese Stichprobenaufteilung erlaubt die quantitativen statistischen Vergleiche zwischen den zwei Ländern, Altersgruppen und Geschlechtern. Alle Daten sind sowohl quantitativ als auch qualitativ ausgewertet worden, was dem Komplementaritätsmodell der Triangulation entspricht und das Ziel verfolgt, möglichst ein breites und umfassendes Bild über den Untersuchungsgegenstand zu bekommen (vgl. Flick, 2011). Die ausführliche Beschreibung der Entwicklung des Erhebungsinstrumentes und der Stichprobe, der Durchführung der Untersuchung sowie die Einzelheiten über die Methoden der Datenauswertung befinden sich im vierten Teil unter dem Titel „Methode".

Im fünften Teil werden die Ergebnisse und ihre Interpretation vorgestellt. Im letzten Kapitel des Ergebnisteiles sind fünf Einzelfälle dargestellt und unter dem Gesichtspunkt der Verbindung zwischen verschiedenen, in der vorliegenden Untersuchung erhobenen Modalitäten der Symbole in Bezug auf die Lebenslaufvorstellungen der jeweiligen Person gedeutet. Die vorliegende Arbeit schließt im sechsten Teil mit einer Diskussion der Ergebnisse, der Methoden sowie einem Fazit und einem Ausblick ab.

2 Theoretischer Hintergrund

2.1 Das Symbol

2.1.1 Der Mensch als „animal symbolicum“

Seit dem überlieferten Anfang der Geschichte gelten die Symbole als ein Urbestandteil des menschlichen Denkens (vgl. Benedetti, 1992). Seit etwa 32.000 Jahren schafft der Mensch Symbole in der Form von Felszeichnungen und Höhlenmalereien (vgl. Billmann-Mahecha, 2010). Symbole tauchen in Kunst und Religion, in Mythen, Märchen und Träumen auf. Sie begegnen uns auch im Alltag auf Schritt und Tritt und zwar nicht nur als Schrift, Ziffern oder mathematische Symbole, sondern auch als Piktogramme, die wir auf Geh- und Verbotsschildern, Orientierungshinweisen, Verpackungen, Anleitungen, Landkarten und vielem mehr finden (vgl. Billmann-Mahecha, 2014). Die Sprache und sogar die Wissenschaft können als sehr abstrahierte symbolische Formen betrachtet werden. Laut Ernst Cassirer (2010) ist es die Fähigkeit zur Symbolisierung, die es uns Menschen durch die Schaffung verschiedener kultureller Formen erlaubt, uns aus den Begrenzungen der Natur zu befreien. Unsere Fähigkeit, Symbole zu erschaffen und zu benutzen, unterscheidet uns wahrscheinlich mehr als alles andere von (anderen) Tieren (vgl. Berger, 1989; Pietikainen, 1998).

Im fundamentalen Begriff der Symbolisierung – gleichwohl ob mystischer, praktischer oder mathematischer Art –, so Susanne Langer (1979), liegt der Schlüssel zu aller menschlichen Existenz. Ernst Cassirer bezeichnet daher den Menschen als „animal symbolicum“ (vgl. Paetzold, 1993; Saner, 1998). In seinem „*Essay on Man*“ nennt er das Symbol „the way to civilisation“ (Krois, 1988, S. 29). „Die Erfindung oder Entdeckung von Symbolen ist zweifellos das bei weitem größte einzelne Ereignis in der Geschichte des Menschen“, hebt auch John Dewey die Bedeutung der Symbole in der Geschichte der Menschheit hervor (1998, zit. nach Rolf, 2006, S. 7; vgl. auch Tomasello, 2002; Willke, 2005). Phylogenetisch betrachtet Harold Lincke das menschliche Symbolisierungspotential als Ausgleich für den Instinktverlust des Menschen (vgl. List, 2004). Der Übergang zur menschlichen Form in der Evolution, so Theodosius Dobzhansky, erfolgt, wenn die Ordnung menschlicher Gesellschaft nicht mehr nur biologischen Gesetzmäßigkeiten unterliegt, sondern auch Absicht und Symbolisierung aufweist (vgl. Facchini, 2003). Auch die modernen Entwicklungspsychologen erkennen die Geburt des symbolischen Verstandes als einen der fundamentalsten Meilensteine in der Entwicklung des Menschen an (vgl. Callaghan, 2008).

Die Relevanz der Symbole ist unumstritten. Das ganze menschliche Erkennen, Handeln und Sprechen ist nur im Zuge einer Praxis der Interpretation von Symbolen möglich, die den Menschen im Rahmen ihrer Lebensvorzüge zur Verfügung stehen (vgl. Sichler, 2010). „Die wesentliche Denkart ist Symbolisierung" stellt Ritchie in seinem Buch „*The Natural Historie of Mind*" fest (zit. nach Langer, 1979, S. 35). Susanne Langer führt diesen Gedanken weiter aus und vertritt die Meinung, dass aus Symbol und Bedeutung sich die Welt des Menschen in weitaus größerem Maße als aus Sinneswahrnehmungen ausbaut. Sie spricht in diesem Zusammenhang von einer „Anthropogenese durch symbolische Transformationen". Damit ist gemeint, dass das menschliche Selbstbewusstsein dem Menschen nicht von Anfang an gegeben ist, sondern vom Menschen in seiner Interaktion mit Mit- und Umwelt aktiv durch Erschaffung verschiedener symbolischer Kategorien gebildet wird. Sogar die „Zeit" wird von Cassirer als eine symbolische Kategorie betrachtet. Sie wird für die menschliche Subjektwerdung als entscheidend angesehen, da wir erst mit ihrer Hilfe überhaupt in der Lage sind, unseren eigenen Lebenslauf als Ganzes wahrzunehmen und eine Identität zu entwickeln (vgl. Bucher, 1990).

Das besondere Vermögen des Menschen, dinghaften Entitäten eine Bedeutung zu geben, die über sie hinaus auf eine andere weist, kann nach Saner (1988) als symbolische Vernunft oder Symbolfähigkeit des Menschen verstanden werden. Eine derart mit Bedeutung beladene Entität wird bei ihm „Symbol" genannt. Symbole ermöglichen also die interne und externe Repräsentation von Gedanken, Gefühlen und Wissensbeständen, die sowohl individuell gebraucht als auch kollektiv zur Kommunikation genutzt werden (vgl. Völkel, 2012). Mit Symbolisierung überwindet der Mensch die Fesseln natürlicher Evolution und beginnt in die Bereiche des Imaginären und Künstlichen vorzudringen (vgl. Willke, 2005).

Symbole sind allgegenwärtig, weil mit den Symbolen Grundsätzliches zur Diskussion steht. Aus diesem Grund hat der Begriff des Symbols auf nahezu alle menschlichen Aktivitäten Anwendung gefunden (vgl. Berndt, 2005; Berndt & Drügh, 2009). Symbole gelten als eine anthropologische Konstante, die uns Menschen im Alltag meistens in der Form von Sprache oder Bildern begegnet. Den Begriff des Symbols trifft man nicht nur in Religion, Psychologie und Philosophie, sondern auch in Literatur, Kunst und anderen Wissenschaften. Er dient als eine Art Brücke zwischen verschiedenen wissenschaftlichen Disziplinen (vgl. Weganast, 1991). Symbole werden oft mit Bildern und Zeichen verglichen, verwechselt oder gleichgesetzt. Der Komplexität und Unterschiedlichkeit des Gebrauchs von Symbolen in verschiedenen wissenschaftlichen Disziplinen kann an dieser Stelle nicht genügend Raum gegeben werden. Es gibt genügend ausführliche und tiefgehende Abhandlungen, die ein umfassendes System im Gebrauch von Symbolen in verschiedenen theoretischen Kontexten darstellen (vgl. z. B. Oelkers & Wegenast, 1991; Rolf, 2006; Berdt & Drügh, 2009).

Ansätze einer Symbolforschung lassen sich bis auf Athanasius Kircher (1602–1680), Professor für Mathematik und orientalische Sprachen in Würzburg und Rom, zurückführen. Er sprach als erster von einer *disciplina symbolica*. Die Aufgabe des Symbols erblickte er darin, den Geist des Menschen zur Erkenntnis eines Dinges mittels gewisser sinnlicher Ähnlichkeit mit anderen Dingen zu leiten. In der Mitte des 20. Jahrhunderts wurde die „International Society for the Study of Symbols" in Atlanta und die „Gesellschaft für wissenschaftliche Symbolforschung" in Köln gegründet (vgl. Closs, 1960, zit. nach Lurker, 1988, S. 700–702). Einen der aktuell umfangreichsten, interdisziplinär ausgerichteten Überblicke über die Symboltheorien bietet der Sprachwissenschaftler Eckard Rolf. Er ordnet die Symboltheorien in insgesamt sechs Gruppen in ihrem jeweiligen Kontext, dem sprachtheoretischen, dem erkenntnistheoretischen, dem kunsttheoretischen, dem zeichentheoretischen, dem bewusstseinstheoretischen und dem gesellschaftstheoretischen. In seiner Darstellung sucht er vorwiegend die Rolle des Symbolbegriffs aufzudecken, die seitens verschiedener Autoren in unterschiedlichen Theoriezusammenhängen zur Anwendung gebracht wird. Er interessiert sich weniger für die Symbolik oder das, was bestimmte Symbole bedeuten. Deutung und Interpretation der Symbole auf verschieden Ebenen ist das zentrale Thema in der Analytischen Psychologie Carl Gustav Jungs und seiner Nachfolger oder den religionswissenschaftlichen Analysen Mircea Eliades (vgl. Rolf, 2008).

Trotz der Komplexität und Unübersichtlichkeit des Gebrauchs und der partiellen Inflation des Symbolbegriffes in verschiedenen wissenschaftlichen Disziplinen haben die Symbole ihre Aktualität nicht verloren. Im Gegenteil ist das wiedererwachte Interesse an den Symbolen groß. Davon zeugen zahlreiche Lexika über die Bedeutungen der Symbole aus kunst- und religionswissenschaftlicher Sicht (vgl. z. B. Becker, 1987; Champeaux & Stercks, 1990; Beigbeder, 1998). Der Roman von Dan Brown *„Das verlorene Symbol"* ist im Jahr 2009 ein Bestseller geworden. Im November des gleichen Jahres hat das populärwissenschaftliche Magazin P. M. eine Ausgabe den Ur-Symbolen gewidmet. Frauke Berndt (2005, S. 7) spricht von der „Allgegenwärtigkeit, ja Unhintergehbarkeit von Symbolen im kulturellen Raum". Das allgemeine populäre Interesse gilt meistens den Geheimnissen, die es in den verschiedenen Symbolen zu entschlüsseln gilt. Von verschiedenen wissenschaftlichen und nicht-wissenschaftlichen Blickwinkeln aus werden Symbolen gegensätzliche und sogar geheimnisvolle Kräfte zugeordnet. Sogar in dem Psychologischen Wörterbuch von Dorsch (Häcker, H. O. & Stapf, K.-

H., 2004, S. 925) wird das Symbol als „Zeichen, Kennzeichen, dann Sinnbild, das eine bestimmte nicht ohne Kenntnis des Zusammenhangs ersichtliche Bedeutung ausdrückt oder sogar für einen geheimen Sinngehalt steht", definiert. In der Symboltheorie wird dem Symbol häufig die Stellvertretung für nicht Erreichbares oder für Abwesendes, nicht wirklich Präsentes zugewiesen (vgl. Wilke, 2005). Sehr verallgemeinernd gesehen, wird der Begriff des Symbols oft dort ins Spiel gebracht, wo es um die Repräsentation des Undarstellbaren oder um die Erfassung von Aspekten geht, die als „jenseitig" bezeichnet werden können (vgl. Rolf, 2006). Gleichzeitig gibt es auch streng formalisierte, ausschließlich konventionalisierte Auffassungen des Symbolbegriffes.

Im Folgenden wird ein Versuch unternommen, das Symbol zu definieren.

2.1.2 Definition des Symbols und seine Unschärfe

Wenn man Symbole zu definieren versucht, muss man sich damit abfinden, dass der Gebrauch der Bezeichnung „Symbol" als weithin ungeregelt, oft als widersprüchlich oder sogar willkürlich gilt. Die Frage, was wir als Symbol begreifen, ist niemals eindeutig oder abschließend zu beantworten (vgl. Anderegg, 1991; Richter, 1976). Bis jetzt gibt es keine einheitliche Definition des Symbols. Selbst im allgemeinen modernen Sprachgebrauch wird der Terminus „Symbol" uneinheitlich verwendet (vgl. Kurz, 2004). Es zirkulieren nicht nur eine ganze Reihe von Symbolbegriffen, die auf alle nur erdenklichen Phänomene angewendet werden, sondern es gibt umgekehrt auch eine ganze Reihe von Theorien über sinnliche „Zeichen" und „Bilder", für die nicht nur der Begriff des Symbols, sondern ein anderer verwendet wird, wie z. B. Allegorie (vgl. Berndt & Drügh, 2009).

Die schwierige Begriffsbestimmung von Symbol lässt sich auch in seiner komplizierten Etymologie beobachten (vgl. Kurz, 2004). Das Wort „Symbol" ist eine griechische Substantivbildung zum Verb *symballein:* zusammenwerfen, zusammenbringen (Löffler, 1998). Das griechische Wort *Symbolon* bedeutet ein „(Kenn)zeichen, eigentlich Zusammengefügtes, nach dem zwischen verschiedenen Personen vereinbarten Erkennungszeichen, bestehend aus Bruchstücken, die zusammengefügt ein Ganzes ergeben" (Duden, 2001, S. 1551). In der Antike wurde das Verb *symballein* in den Phrasen gebraucht, die „Zusammenfügen", „Zusammenwerfen", „Verstecken", „Verbergen" bedeuteten. Ein gewisses Zeichen, das Symbol geworden war, hat die offensichtliche Bedeutung einer Phrase oder eines Bildes maskiert (vgl. Gudaitė, 2001). Nach seiner Abstammung bewahrt das Wort „Symbol" das sinnliche Moment, da es an den Brauch im antiken Griechenland erinnert, Tonscherben oder Ringe zu zerbrechen, um sich dann im Vorzeigen des *symbolon* als Mitglied einer Gemeinschaft, als Freund oder Gast auszuweisen (vgl. Berndt & Drügh, 2009).

In seinem jüngeren Gebrauch seit dem späten 18. Jahrhundert wurde das Symbol laut Gebrüder Grimm (1984, S. 1379) als „ein sinnliches Zeichen eines Begriffs und anschauliche, sinnbildliche Erscheinung von bestimmter Bedeutung" definiert. In der Bedeutung „sinnvolles Zeichen" repräsentierte das Symbol anschaulich oder beispielhaft eine tiefere Bedeutsamkeit und einen geistigen Zusammenhang, oft jenseits des rational Fassbaren. Seine tiefste Fassung und seine schärfste begriffliche Abgrenzung gewinnt der Begriff „Symbol" im Rahmen bestimmter metaphysischer, naturphilosophischer und ästhetischer Grundansichten der Klassik und der Romantik (vgl. Deutsches Wörterbuch von Jacob und Wilhelm Grimm, 1984, S. 1377–1384). In der deutschen Tradition wird der Symbolbegriff vergeistigt und in höhere Sphären gehoben. Seine Zeichenseite bleibt sinnenhaft-materiell. Die Bedeutungsseite wird in einer begrifflich nicht mehr fassbaren ästhetischen, religiösen und philosophischen Erfahrung gesteigert. Im 19. Jahrhundert gab es auch eine Gegenbewegung seitens der Logiker, die sich um eine, in Worten von Karl Bühler ausgedrückt, „Abmagerung und Formalisierung des Begriffs-Inhaltes" als verabredete Zuordnung von irgendetwas als Zeichen von etwas anderem bemühte (vgl. Saner, 1998).

Hier kann man die zwei groben Hauptrichtungen in der Auffassung des Symbolbegriffes feststellen – eine ästhetisch begründete Symbolauffassung, die das Symbol eher als etwas Sinnliches, Geheimnisvolles, bewusst nicht endlich Fassbares, Transzendentes versteht, und die zweite eher logisch und erkenntnistheoretische Richtung, die das Symbol einem konventionellen Zeichen gleichsetzt, das von jeglicher Subjektivität losgelöst ist. Die ersteren Auffassungen sind eher in den religionsphilosophischen Wissenschaften sowie in der Analytischen Psychologie C. G. Jungs oder in der Kunsttherapie zu finden. Die letzteren Auffassungen sind in den sprach- oder zeichentheoretischen Kontexten, wie z. B. bei Karl Bühler oder Charles Sanders Peirce, zu finden. Im folgenden Abschnitt werden die wichtigsten Unterschiede und Gemeinsamkeiten zwischen Symbolen und Zeichen geschildert.

Das Symbol und das Zeichen

Symbole werden oft mit Zeichen verwechselt, gleichgesetzt oder streng unterschieden. Schon Cassirer hat strikt zwischen Zeichen- und Signalsystemen auf der einen Seite, die es auch im Tierreich gibt, und Symbolsystemen als Teil ausschließlich menschlicher Bedeutungswelt auf der anderen Seite unterschieden (vgl. Billmann-Mahecha, 2014). Der wichtigste Unterschied zwischen Symbol und Zeichen, nach Jean Piaget, besteht darin, dass „ein Symbol eine Ähnlichkeit mit dem bezeichneten Gegenstand impliziert, während das Zeichen ‚willkürlich' ist und notwendigerweise auf einer Konvention fußt" (zit. nach Lorenzer, 1970, S. 44). Das Prinzip der Beliebigkeit wird als Hauptdifferenzierungsmerkmal zwischen der verbalen und bildhaften Ausdrucks- und Verständigungsweise von den meisten Autoren angenommen. „Das Zeichen ist ein willkürlich gewähltes" oder konventionelles Zeichen, wie es die Linguisten aus der Schule de Saussures verstehen, während das Symbol ein „sinnvolles" Zeichen ist, insofern es eine Ähnlichkeit mit dem „Bezeichneten" enthält: Wenn es ein willkürlich gewähltes ist, setzt das Zeichen also eine soziale Beziehung voraus, wie das deutlich der Fall ist bei Sprache oder verbalen Zeichensystemen, während die Sinnhaftigkeit (oder Ähnlichkeit zwischen den Zeichen und dem Bezeichneten), die dem Symbol eigen ist, auch das Produkt eines rein individuellen Denkens sein könnte (Piaget, 2003, S. 131; vgl. Richter, 1997).

Der prominente Vertreter der Semiotik Charles Sanders Peirce bezeichnet als Symbol eine bestimmte Zeichen*art* (vgl. Rolf, 2006). „Er unterscheidet unter dem Oberbegriff *Zeichen* drei Kategorien, die er folgendermaßen definiert:

a) *Ikons*, deren Bedeutungen auf der Ähnlichkeit visueller Konturen beruhen (wie z. B. Konturen eines Flugzeugs auf einem Schild),
b) *Indizes*, die vornehmlich physikalisch wirkende Hinweise auf etwas sind (z. B. die Wetterfahne), und
c) *Symbole*, deren Bedeutungen auf Konventionen beruhen (wie z. B. das Zeichen ♀ für weiblich)" (Billmann-Mahecha, 2014, S. 174).

Ob etwas für Peirce ein Symbol ist oder nicht, hängt vom Gegebensein einer Verhaltensgewohnheit bzw. von der Existenz der Idee eines symbolverwendenden Geistes ab. Er unterscheidet nicht nur drei Arten von Zeichen, sondern auch drei Arten von Symbolen, und zwar den *Terminus*, die *Proposition* und das *Argument*. *Termini* sind Symbole, die unmittelbar nur ihren Grund oder die ihnen zugeschriebenen Qualitäten bestimmen und also nur Mengen von Markierungen sind. *Propositionen* heißen Symbole, die außerdem unabhängig mittels eines anderen Terminus oder anderer Termini ihre Objekte bestimmen und somit dadurch, dass sie ihre objektive Gültigkeit ausdrücken, der Wahrheit oder Falschheit fähig werden. Bei den *Argumenten* handelt es sich um Symbole, die unabhängig ihren *Interpretanten* bestimmen und somit auch den Verstand bestimmen, an den sie sich wenden, indem sie eine Proposition oder Proposition als Prämisse vorausschicken, die dieser Verstand zulassen muss (vgl. Rolf, 2006, S. 149–150).

In anderen Theorien werden Symbole nicht nur einfach als Zeichen, sondern als sinnliche „Zeichen" und „Bilder" betrachtet, die andere Fragen aufwerfen als die arbiträren sprachlichen Zeichen. Die Bedeutung des *Symbolon* beruht laut Hans-Georg Gadamer auf seiner Präsenz und gewinnt durch die Gegenwart seines Gezeigt- oder Gesagtwerdens erst seine repräsentierende Funktion (vgl. Berndt & Drügh, 2009). Wo wir es mit Symbolen zu tun haben, fragen wir nach dem Sinn, weil Symbole nach einer Deutung verlangen. Sie sind nicht eindimensional, nicht additiv. Additiv und eindimensional mag allenfalls der Verstehensvorgang bei alltäglichen ikonischen Zeichen sein (vgl. Anderegg, 1991). Nach Paul Ricoeur ist der eindeutige Sinn eines Zeichens an pure Funktionalität oder an physische Phänomene gebunden, während das Symbol vielschichtig geartet ist und vielfältigen Sinn enthält (vgl. Facchini, 2003). Ein Symbol in seinem Verständnis verweist nicht nur, wie ein Zeichen, sondern es stellt dar, indem es vertritt. Das reine Vertreten des Symbols versteht Gadamer als den einen Extremfall der Darstellung – genauso wie das für das Zeichen charakteristische reine Verweisen der andere Extremfall der Darstellung ist (vgl. Rolf, 2006).

Aus kognitionswissenschaftlicher und psychologischer Perspektive wird das Symbol synonym für das semiotische Zeichen gesehen, welches sich durch die triadische Zeichenbeziehung zwischen Zeichenträger, Referenzobjekt und Bedeutung auszeichnet. Als Zeichen wird hierbei nach Nöth (2000) im weitesten Sinn etwas definiert, das auf etwas anderes verweist. Betrachtet man die alltagssprachliche Bezeichnung des Terminus „Symbol", so lässt sich hauptsächlich eine enge Sichtweise ausmachen, wobei das Symbol als rein konventionelles Zeichen aufgefasst wird. Im Alltagsgebrauch stellen Symbole also hauptsächlich Zeichen dar, die hoch konventionalisiert sind, d. h. im alltäglichen Gebrauch aller Menschen oder einer Teilgruppe von Menschen zum Einsatz kommen. Sie weisen eine genaue Konnotation auf und sind meist piktographisch dargestellt (vgl. Völkel, 2012).

Beide – sowohl das Symbol als auch das Zeichen – setzen eine Differenzierung zwischen der Bezeichnung und dem Bezeichneten voraus. Symbole bzw. symbolische Objekte zeichnen sich durch eine duale Wirklichkeit aus. Die Dualität des Symbolischen hat Umberto Eco (1985) als „zwei Hälften derselben Sache" bezeichnet. Das Symbol beinhaltet immer das Objekt, welches durch das Symbol repräsentiert wird, und das symbolische Zeichen, welches an Stelle des Objektes Einsatz finden kann (vgl. auch Gibson, 1979; Potter, 1979; zit. nach Völkel, 2012, S. 57). Für Jolande Jacobi (1974) drückt das deutsche Wort *Sinnbild* vielleicht am besten die doppelte Natur und Funktion des Symbols aus: *Sinn* (Bedeutung) ist die integrierende Komponente des kognitiven Bewusstseins und *Bild* ist der Inhalt, welches seine Bedeutung und Form nur in der Verbindung mit der ersten Komponente bekommt.

Symbole werden oft in zwei Gruppen unterteilt, je nachdem, ob es sich um bildliche oder sprachliche Symbole handelt. Susanne Langer (1979) spricht in diesem Zusammenhang von präsentativer und diskursiver Symbolik. Diskursiv ist der Symbolismus der Sprache und er zeichnet sich durch die Sukzessivität der Einheiten aus. Das Hauptmerkmal des präsentativen Symbolismus ist die Simultaneität der Einheiten. Formal unterscheiden sich diese Gruppen der Symbole dadurch, dass die präsentativen Symbole nicht wie diskursive mittels anderer definiert werden können und sie haben nicht den Charakter der Allgemeinheit (vgl. auch Billmann-Mahecha, 2014; Rolf, 2006). Auch Schnotz (2003) nimmt eine Unterscheidung zwischen depiktoralen und deskriptionalen Repräsentationen vor, wenn er von Bild- und Spracherwerb aus psychologischer Sicht spricht (nach Völkel, 2012, S. 35). Beide Typen von Symbolen können im weit gefassten Sinne von Cassirer als sinnliche „Zeichen" und „Bilder" definiert werden, die eine körperliche Form haben, wahrgenommen werden, etwas bedeuten und ein ethisches Fundament im Sinne von gemeinsamen kulturellen Erfahrungen voraussetzen (vgl. Berndt & Drügh, 2008). Als nicht-materielle oder auch nicht beständige Symbole können Gestik, Mimik und auch Sprache eingesetzt werden, die zwar beständige Denotationen aufweisen, aber nicht greifbar und nicht materiell sind (vgl. Völkel, 2012).

Im allgemeinsten Sinn kann man Symbol als etwas definieren, was jemandem dazu dient, etwas anderes als sich selbst zu repräsentieren (vgl. DeLoache, 2004). In dieser ganz einfach klingenden und sehr weit gefassten Definition werden laut Völkel (2012) einige der entscheidenden Kriterien benannt, die im Symbolisierungsprozess essentiell sind (vgl. auch Billmann-Mahecha, 2014). Wenn DeLoache in ihrer Definition das so formuliert, dass Symbol „etwas" ist, meint sie damit, dass jedes Objekt potentiell die Möglichkeit besitzt ein Symbol zu werden. Die Voraussetzung ist die Intention, die „jemand" hat, etwas als Symbol, meistens für kommunikative Zwecke, zu benutzen. Auch in der früheren Entwicklung der Kinderzeichnung ist es das Moment der *Intentionalität* (Umschlag von der zufälligen Gebärde zur gemeinten Spur), das die rein motorischen Aktivitäten des Kindes von den linienziehenden und spurziehenden abgrenzt (vgl. Richter, 1997). Der dritte Teil dieser Definition deutet auf eine Repräsentation hin. D. h., dass zwei Teile – die duale Natur der Symbole – durch eine Intention des Symbolproduzenten oder Symbolrezipienten zu einem Ganzen verbunden werden können. Erst wenn dem Symbol bewusst die Bedeutung verliehen wird, für etwas anderes zu stehen, ist die Produktion und das Verstehen von Symbolen möglich (vgl. Völkel, 2012). Auch bei Gadamer finden sich ähnliche Ausführungen über die Verbindung in den zweien Aspekten der Symbole: „Das Symbol meint den Zusammenfall von sinnlicher Erscheinung und übersinnlicher Bedeutung“ (zit. nach Rolf, 2006, S. 135).

Der Symbolbegriff wird in unterschiedlichen Theoriezusammenhängen in diesem sehr weit gefassten mehr oder weniger konstanten Sinn in Anspruch genommen. Eine enge oder weite Sichtweise auf den Symbolbegriff und den Symbolgebrauch ist ausschlaggebend dafür, welcher Bereich des Symbolischen analysiert wird und welcher Wissenschaftszweig das Symbol aus welcher Perspektive betrachtet. Völkel (2012) bringt die Schwierigkeiten bei der Erfassung von Mehrdimensionalität des Konstrukts Symbol auf den Punkt, indem sie „Symbol“ als „eine Frage der Perspektive“ bezeichnet (Völkel, 2012, S. 56). Dadurch, dass die verschiedenen Disziplinen gegenwärtig ein höchst unterschiedliches Interesse am „Symbol“ zeigen (vgl. Berndt, 2005), ist es nicht möglich, in der Kürze alle Aspekte des Symbolbegriffes zu analysieren. Im Folgenden werden die Perspektiven der Betrachtung des Symbols in der Psychologie dargestellt. Selbst hier kann die Darstellung nur selektiv ohne jeglichen Anspruch auf Vollständigkeit erfolgen.

2.1.3 Symbol in der Psychologie

Das Symbol in der Psychologie wird höchst unterschiedlich aufgefasst. Man könnte die verschiedenen Disziplinen der Psychologie in Bezug auf die Auffassung des Symbols in einem Kontinuum anordnen, je nachdem, welche Aspekte als relevant angesehen werden. Dieses Kontinuum würde sich zwischen der Objektivität und der Subjektivität, dem Bewusstsein und dem Unbewusstsein oder der Akzentuierung der sprachlichen oder bildlichen Aspekte der Symbole erstrecken. Vereinfacht könnte man es so formulieren, dass sich die Entwicklungs- und Kognitionspsychologie mit allgemeinen und ausschließlich bewussten konventionellen und zeichenhaften Aspekten der Symbole befasst, während das Interesse der Freud'schen Psychoanalyse, der Analytischen Psychologie C. G. Jungs oder der Kunsttherapie eher den subjektiven und unbewussten Komponenten des Symbols gilt, die nach Interpretationen verlangen. Zuerst werden die zeichentheoretisch verwurzelten Auffassungen des Symbols in der Psychologie dargestellt. Eine besondere Rolle spielt heutzutage die empirische Entwicklungs- und Kognitionspsychologie, die sich mit der Entwicklung der Symbolkompetenz im Kindesalter befasst. Anschließend werden die subjektorientierten Auslegungen des Symbols in psychotherapeutischen und kunstpsychologischen Kontexten ausgeführt.

Zeichentheoretisch orientierte Auffassungen des Symbols in der Psychologie

Schon der Vater der experimentellen Psychologie Wilhelm Wundt hat sich in seinem ab 1900 erschienenen zehnbändigen Werk „*Völkerpsychologie*" mit Symbolen beschäftigt. Er hat sich vorwiegend mit den verschiedenen Arten von Gebärden und ihrer symbolischen Funktion in der Sprache befasst. Für ihn spielt der Begriff des Symbols auch in den Bereichen von Mythos, der Religion, der Kunst, dem Staat und der Gesellschaft eine mehr oder weniger große Rolle. Auf die späteren Autoren haben seine Ausführungen über die Symbole jedoch wenig Einfluss gehabt (vgl. Rolf, 2006).

Karl Bühler geht in seiner Sprachtheorie bei Betrachtung von Symbolen von einer Dichotomie aus: der zwischen Symbolen bzw. Ordnungszeichen auf der einen Seite und Anzeichen auf der anderen. Er hat den Begriff der Abbildung als Gegenbegriff zum Symbol eingeführt. Damit hat K. Bühler eine erschöpfende Disjunktion erschaffen, wobei am einen Ende die Abbildungen und am anderen Ende die Symbolik sich befinden. Symbol wird bei ihm, neben Symptom und Signal, nur zu einer der drei Eigenschaften von Zeichen (vgl. Rolf, 2006). Das Symbol wird hier eingeschränkt auf den begrifflichen Teil und zum Nennwort der Sprache. In seiner Sprachtheorie führt er den Begriff des „Symbolfeldes der Sprache" ein. Der Hörer muss das Symbolfeld und die Syntax des Kontextes verstanden haben, damit er das sprachliche Symbol deuten kann (vgl. Löffler, 1988). Eine exakte Definition des Symbolbegriffs ist für K. Bühler durch die Abhebung des Feldfremden von dem Fremdeigenen zugrunde gelegt. In seinem im Jahr 1927 erschienenen Buch „*Die Krise der Psychologie*" bemüht sich K. Bühler um die klare Verortung des Symbolbegriffes: „Die Welt der reinen Naturwissenschaften dürfte keine Symbole enthalten, während die Gegenstände der Geisteswissenschaften gesättigt sind mit symbolischem Gehalt" (Bühler, 1978, S. 78). K. Bühler hat besonders die Neigung der Psychoanalytiker kritisiert, den Symbolbegriff „in die Uferlosigkeit der romantischen Symbolauffassung" auszuweiten, womit aus seiner Sicht der Begriff ganz aus dem Aufklärungszug der Psychoanalyse herausfällt und in Gefahr gerät, zum Schlupfwinkel unkritischer Mystizismen zu werden (Lorenzer, 1970, S. 23).

Die akademische Psychologie hat sich auf die bewussten Aspekte der Symbole und Erforschung ihrer Rolle in den kognitiven Prozessen konzentriert. Mit der Entwicklung der Symbolfunktion bei Kindern hat sich ausführlich der Schweizer Entwicklungspsychologe Jean Piaget in seinem im Jahr 1959 erschienenen Buch „*Nachahmung, Spiel und Traum*" befasst. Piaget (2003) hat die repräsentative Aktivität in der Intelligenzentwicklung des Kindes in allgemeine Stadien gegliedert.

Die erste Periode dieser Entwicklung zeichnet sich durch die sensomotorische Aktivität aus. Die zweite Periode ist von egozentrischer Repräsentationsaktivität geprägt und wird von Piaget in die Stadien des vorbegrifflichen und anschaulichen Denkens unterteilt. Die dritte und letzte Periode zeichnet sich durch die repräsentative Aktivität operatorischer Ordnung aus, was dem rationalen Denken entspricht.

Obwohl Piaget sich vorwiegend mit den kognitiven Aspekten der Entwicklung befasst, sieht er die Wurzeln des „symbolischen Denkens" im Bereich des Unbewussten. Mit dem Begriff „symbolisches Denken" meint er die von der Psychoanalyse beschriebene Form des Denkens, die von den Wortzeichen unabhängig ist und durch ihre Struktur und die Art ihres Funktionierens dem rationalen Denken, das Zeichen gebraucht, entgegengesetzt ist. Das gesamte Denken des Kindes, insofern es synkretistisch und vorlogisch ist, weist Analogien mit dem „unbewussten" Symboldenken auf und erscheint sogar als ein Zwischenglied zwischen diesem und dem rationalen Denken. Der Unterschied zwischen bewusstem und unbewusstem Symbolismus ist aber nach der Meinung von Piaget (2003, S. 221–222) relativ, weil jedes Symbol gleichzeitig von einem Blickwinkel aus bewusst und von anderen aus unbewusst ist, unter der Annahme, dass jegliches Denken, selbst das rationalste, stets gleichzeitig bewusst und unbewusst ist. Der Unterschied zwischen ‚bewusst' und ‚unbewusst' ist nur graduell oder hängt vom Ausmaß der Reflexion ab.

Die moderne empirische Entwicklungs- und Kognitionspsychologie befasst sich aktuell verstärkt mit der Kompetenz im Umgang mit verschiedenen Symbolen als externen Repräsentationen in allen Bereichen des modernen Lebens. Nach DeLoache (2004) heißt es, dass die Kinder, um ein voll funktionierendes Mitglied der Gesellschaft zu werden, eine Kompetenz im Umgang mit Symbolen und Symbolsystemen erlangen müssen. Durch diese Kompetenz kann dann das gesamte Wissen erworben werden. In den letzten Jahren ist ein interdisziplinärer Wissenschaftszweig entstanden, der sich mit der Symbolkompetenz befasst (vgl. Billmann-Mahecha, 2014). Externe Bilder werden dabei vor allem als symbolische Zeichen betrachtet. Von verschiedenen kognitionswissenschaftlich und entwicklungspsychologisch arbeitenden Autoren wird das Grundelement der Repräsentation als zentral angesehen, diskutiert und erforscht. Der Prozess des Repräsentierens wird als eine grundlegende Fähigkeit angesehen, mit symbolischen Entitäten umzugehen und diese zu verstehen (vgl. Völkel, 2012). In diesem Wissenschaftszweig geht es vor allem um die Fragen, wie Menschen mentale Repräsentationen erschaffen, wie sie das Wissen organisieren und speichern oder zu Kommunikationszwecken benutzen. Unterdessen wird die Bedeutung des sozialen Lernens und der geteilten Intentionalität als ausschlaggebend für die Entwicklung des Symbolverständnisses bei kleinen Kindern angesehen (vgl. Callaghan, 2008).

Die wissenschaftliche Psychologie und Kognitionswissenschaft konzentrieren sich hauptsächlich auf die kognitive Seite des Symbolprozesses und nicht so sehr auf die Bedeutung der Symbole für die einzelnen Individuen, wie es die weiter ausgeführten Richtungen der Psychologie tun.

Subjektorientierte Auslegungen des Symbols in der Psychologie

Das Symbolproblem nimmt in der analytischen Theorie und in der Wissenschaftsgeschichte der Psychoanalyse eine zentrale Rolle ein (vgl. Lorenzer, 1970). Für den Psychoanalytiker Friedrich Hacker (1958) erscheint die Symboltätigkeit des Menschen als primäres, universelles allgemein menschliches Charakteristikum (vgl. Bucher, 1990). Auch für Sigmund Freud handelt es sich bei der Symbolik um eine „Grundsprache" der Menschheit, allerdings eine Sprache des Unbewussten, die dem bewussten Erkennen nicht zugänglich bleibt (vgl. Eckes-Lapp, 1988).

Mit seinem Hauptwerk „*Die Traumdeutung*" hat Freud (2003) einen Weg eröffnet, die Traumbilder als Symbole zu betrachten, zu deuten und in dem psychoanalytischen Prozess anzuwenden. Er hat einige Übereinstimmungen von Traumsymbolen mit der Symbolik der Mythen und Sagen sowie mit neurotischen Symptomen entdeckt. Traumsymbole im Sinne Freuds sind unbewusst erschaffen, ihre Bedeutung ist ein Ausdruck von verdrängten Konflikten, deren meist sexuelle Bedeutung dem Subjekt selbst verborgen bleibt. Traumsymbole werden als Symptome des Verdrängten verstanden und vorwiegend kausal gedeutet. Meistens haben sie eine bestimmte konkrete und konstante Bedeutung, wie z. B. die Dreizahl, die ein Symbol des männlichen Genitales ist. Die Freud'sche „Symbolübersetzung" ist von einer gewissen Stereotypie und Eindeutigkeit geprägt, ganz ähnlich, wie man es in populären Traumbüchern findet (vgl. Eckes-Lapp, 1988). Obwohl heutzutage auf diese eingeengte und konstante Symboldeutung verzichtet wird, bleibt die Suche nach der persönlichen Bedeutung der Traumsymbole oder anderer Symbole im psychoanalytischen Prozess zentral.

Erich Fromm (1951) unterscheidet zwischen konventionellen, zufälligen und universalen Symbolen. Unsere individuellen, subjektiven Erfahrungen oder Stimmungen finden in zufälligen Symbolen ihren Ausdruck. Sie haben eine einzigartige persönliche Bedeutung. Universale Symbole sind jedoch die einzigen, wo die Beziehung zwischen Symbol und Symbolisiertem nicht zufällig, sondern immanent und spezifisch ist. Diese universalen Symbole drücken über alle Zeiten und Kulturen hinweg in immer wieder ähnlicher bildhafter Weise in Märchen,

Mythen oder Träumen die grundlegenden menschlichen Erfahrungen aus. Denn die Anzahl der Antworten, die der Mensch auf die Fragen des Lebens geben kann, ist begrenzt; er muss zwischen ihnen wählen. Die Symbole, die diese Antworten repräsentieren, sind ebenso begrenzt. Fromm bezeichnet diese universale Sprache der Symbole als eine „vergessene", da sie von der alltäglichen konventionalisierten Sprache verdrängt worden sei.

Auch Carl Gustav Jung unterscheidet zwischen den Symbolen persönlichen Charakters und Symbolen überpersönlichen Charakters (vgl. Kast, 2002). Die psychologische Definition des Symbols ist in der Analytischen Psychologie C. G. Jungs noch wesentlicher und folgenreicher als in der klassischen Psychoanalyse Sigmund Freuds. Nach der Auffassung Jungs können Symbole nie bewusst geschaffen werden und entstehen immer spontan. Sie sind nie Produkte des rationalen Denkens oder des Willens (vgl. Jacobi, 1974). „Das, was wir Symbol nennen, ist ein Ausdruck, ein Name oder auch ein Bild, das uns im täglichen Leben vertraut sein kann, das aber zusätzlich zu seinem konventionellen Sinn noch besondere Nebenbedeutungen hat. Es enthält etwas Unbestimmtes, Unbekanntes oder für uns Unsichtbares", so definiert Jung das Symbol in seinem letzten Werk (Jung, 1979, S. 20). Im therapeutischen Prozess dient das Symbol als Energietransformator und Bewusstseinsbildner, der die Psyche zur Verarbeitung des unbewussten Inhaltes drängt, der im Symbol enthalten ist (vgl. Neumann, 2004). Das Symbol wird hier als Brennpunkt der psychischen Entwicklung, als Träger der schöpferischen Entwicklung in einem therapeutischen Prozess verstanden (vgl. Kast, 2002). Aus der Sicht der Analytischen Psychologie können in den Symbolen persönliche Komplexe oder kollektive Archetypen ihren Ausdruck finden. Über die Symbole können sie bewusst wahrgenommen und verstanden werden. Die Annahme eines kollektiven Unbewussten und der Archetypen als Strukturelemente dieses gemeinsamen Erbes der ganzen Menschheit haben allerdings die Verbreitung seiner Ideen sowohl in der Psychoanalyse als auch im breiteren Publikum erschwert. Das analytische Deutungssystem der Symbole ist jedoch vielschichtig und tiefgreifend. Mit der Hilfe von Amplifikation wird die allgemeinste Bedeutung eines Symbols evident, indem man versucht die Parallelen zu erkennen, wo in der Menschheitsgeschichte dieses Symbol schon eine Rolle gespielt hat und in welchem Bedeutungszusammenhang es gestanden hat (vgl. Kast, 2000).

Alfred Lorenzer (1970) kritisiert den psychoanalytischen Symbolbegriff und nimmt sich vor, ihn zu reformieren. Er setzt sich mit den Symbolauffassungen verschiedener Psychoanalytiker auseinander und stellt fest, dass das allgemeine Problemfeld, nämlich der ursprüngliche, subjektbezogene Standpunkt, dem die

Symbolisierung als eine (pathologische) Form des Verhaltens eines Subjekts erschien, durch ein neues Verständnis des Symbols als Produkt eines Symbolbildungsvermögens ersetzt wird. Dringlicher erscheint ihm die Auseinandersetzung mit dem gewohnten psychoanalytischen Symbolkonzept. Ihm stellt sich die Frage nach den sozialpsychologischen Mechanismen der Vergesellschaftung in dem Verständnis der Symbole. Lorenzer legt in seiner Revision des Symbolbegriffs fest, dass die Merkmale der Symbole mit den Merkmalen bewusstseinsfähiger psychischer Inhalte übereinstimmen. Symbole sind für ihn „psychische Gebilde, die äußere Objekte und Vorgänge oder innere Vorgänge repräsentieren, die von diesen Objekten im Wahrnehmungs- bzw. Erkenntnisprozess unterschieden werden können und die als selbstständige Einheiten Gegenstand der Denk- und Erkenntnisprozesse werden“ (Lorenzer, 1970, S. 91). Wenn ein Symbol verdrängt wird, wird es aus seiner Sicht zu einem Klischee, was einer Desymbolisierung gleicht.

Die Störungen in Symbolisierungsprozessen spielen bei Gaetano Benedetti eine zentrale Rolle im Verständnis des psychotischen Leidens. Die eigentümliche Natur des Wahn-Denkens zeigt sich für den Psychoanalytiker darin, dass Symbole für den Erkrankten aufgehört haben als solche zu sein und zu bloßen Zeichen vermeintlicher Ereignisse geworden sind. Symbole sind im Wahn nicht mehr die Chiffren, die in ihrer Durchsichtigkeit dem Menschen die Freiheit lassen, sich unterschiedlich zu ihnen zu verhalten. Sie stellen vielmehr eine konkrete, asymbolische, absolute Realität dar, die keine Wahl der Auslegung zulässt und somit die Grundqualität des Subjektseins, nämlich die Freiheit der Stellungnahme vernichtet. Für den psychotischen Menschen ist diese Freiheit aufgehoben. Die existentielle Kategorie des konstruktiven Zweifelns ist nicht mehr existent und zwar bis in die Räume der Sinnlichkeit hinein, in denen der Wahn die Unterschrift der Halluzination, der sinnlichen Evidenz bekommt (vgl. Benedetti, 1992, S. 84–85).

Ganz gleich, ob Psychoanalytiker wie Ernest Jones das Symbol in besonders strikter Weise auf die Funktion eines pathologischen Widerstandes reduzierten oder wie Melanie Klein die Symbolbildung als eine Aktivität des Ichs sehen, das versucht, mit den Ängsten umzugehen, die von seiner Beziehung zum Objekt wachgerufen worden sind, ist die therapeutische Arbeit am Symbol seit Freud dieselbe. „Die Symbolsprache gilt es in der Analyse zu übersetzen, damit das Symbolisierte verstanden und gedeutet werden kann. Das Verbalisieren des symbolisierten Unbewussten muss möglich gemacht werden“. Wo Es ist, soll es im Freud’schen Sinne Ich werden! (Engelhardt, 2003, S. 58).

In den modernen psychodynamisch orientierten Therapien kann man eine gewisse Annäherung des Symbolbegriffes an die der kognitiven Psychologie beobachten. Die Psychoanalytikerin Eveline List (2004) versteht das Symbolisieren ganz allgemein als elementares psychisches Stoffwechselgeschehen des Menschen. Ebenso wie der Körper zum Überleben den biologischen Stoffwechsel braucht, hängt die Psyche des Menschen an einem vergleichbaren psychischen Energieumsatz. Hier wird die Symbolbildung als Medium des psychischen Stoffwechsels auf allen Stufen des Bewusstseins als Träumen, Denken und Tun im weitesten Sinn gesehen. In der Annäherung des Verständnisses des Symbols als einer Repräsentation spielt der von Peter Fonagy eingeführte Begriff der Mentalisierung eine große Rolle. Bei der Mentalisierung handelt es sich um einen imaginativen Vorgang, wobei wir uns vorstellen können, was andere wohl denken oder fühlen. Um eine Vorstellung von uns selbst und anderen als Lebewesen mit einem Geist zu gewinnen, brauchen wir ein symbolisches Repräsentationssystem für mentale Zustände. Hier wird die Auffassung vertreten, dass die Fähigkeit zur Mentalisierung interpersonellen Erfahrungen entspringt (vgl. Fonagy et. al., 2013).

Soziale Beziehungen rücken also auch in den modernen psychodynamischen Theorien in den Vordergrund. Die frühen Beziehungserfahrungen werden vermehrt als zentral für die Entwicklung der Fähigkeit zur Symbolisierung gesehen, im Gegensatz zu der Konzentration der früheren psychoanalytischen Theorien auf den unbewussten Ursprung der Symbole (vgl. auch Buchholz, 2005). Die Symbolbildung wird von Segal (1990) als ein kontinuierlicher Prozess gesehen, der das Innere mit dem Äußeren, das Subjekt mit dem Objekt und die früheren Erfahrungen mit den späteren zusammenzubringen und zu integrieren vermag. Laut Küchenhoff (2005) können wir unsere Erfahrungen nur dann durcharbeiten, wenn wir mit unseren Gedanken spielen, Phantasien freien Lauf lassen und mit Worten umgehen können. Alle diese Fähigkeiten sind mit der Fähigkeit zur Symbolisierung verbunden (zit. nach Spreitzer, 2012). Die Fähigkeiten zur Symbolisierung können auch mit Hilfe der Kunsttherapie angeregt werden. Symbolisches Verstehen ist auch bei der Deutung und Interpretation der Kunstwerke notwendig.

Symbolisches Verstehen in der Kunstpsychologie

Kunstpsychologie kann als ein Teilgebiet der Psychologie und Kunstwissenschaft verstanden werden, deren Aufgabe, ganz allgemein ausgedrückt, die psychologische Analyse von Sachverhalten ist, die dem Bereich der Kunst zugeordnet werden (vgl. Franzen, 2004). Die Disziplin befasst sich u. a. auch mit dem ästhetischen Erleben unter wahrnehmungspsychologischen Aspekten und den Fragestellungen zu Bedingungen und Grundlagen der Kreativität (vgl. Franzen, 2009a). Kunstpsychologie wird hauptsächlich durch die tiefenpsychologischen Schulen um

Freud, Adler und Jung und den weiten Kreis von Gestaltpsychologen, von denen Arnheim als bedeutender Vertreter angesehen werden kann, beeinflusst.

Symbolisches Verstehen ist aus der Sicht von Georg Franzen (2004) in der Gesamtheit möglich, wenn Tiefenpsychologie, Ästhetik und Ikonologie sich vernetzen und verzahnen, damit der manifeste und latente Sinngehalt eines Kunstwerkes erschlossen werden kann. Es wird angenommen, dass hinter dem Symbol vielfältige Beziehungsmuster stehen, die stets einen subjektiv-individuellen biographischen Hintergrund haben. Im Sinne von Lorenzer (1988) gehören zu den Symbolen nicht nur die diskursiv geordneten Zeichen der Sprache und die präsentativen Symbole der Kunst, sondern alle Produkte menschlicher Praxis, insoweit sie „Bedeutung" vermitteln. In Anlehnung an Csikzentmihalyi werden Symbole auch als kreative Wegzeichen verstanden, wobei das symbolisch vermittelte Wissen in verschiedene Domänen – Geometrie, Musik, Religion, Rechtssysteme etc. – gebündelt wird. Um die Symbolik zu entschlüsseln, ist es nötig zu verstehen, dass das gesamte kulturelle System (geltende Regeln, Einstellungen, Verhaltensweisen etc.) im Spiel ist (vgl. Franzen, 2004).

In der tiefenhermeneutischen Kunstanalyse kommt es darauf an, das Symbol, die Szene, den Lebensentwurf zu verstehen, den ganzen Zusammenhang von Voraussetzungen einzubeziehen, um ein „Sinn-Verstehen" und „Sinn-Begreifen" zu ermöglichen. Die Bilder in den Gemälden sind nicht Abbildungen von Gegenständen, sondern sind malerisch gestaltete menschliche Szenen, d. h. Lebensentwürfe im Umgang des Menschen mit der Welt, seinen Mitmenschen und den Gegenständen (vgl. Lorenzer, 1988). Lorenzer plädiert für eine Verbindung der psychoanalytischen Persönlichkeitstheorie mit einer Theorie der kulturellen Strukturen und sozialen Prozesse. „Beide Perspektiven müssen sich in den Praxisbildern, den Deutungsmustern schneiden, damit die zu deutenden Szenen nicht lediglich als Momente einer Lebensgeschichte, sondern auch als Momente einer Kultur begreifbar werden" (Lorenzer, 1988, S. 83).

Als Ruth Hampe (2009) die bildlichen Symbolisierungsprozesse im Rahmen der Psychopathologie analysiert, nimmt sie die bildlichen Entäußerungsformen in einem Doppelcharakter wahr: zum einen als Ausdruck psychischer Verarbeitungsform und zum anderen als kulturelle Manifestation kreativer Selbstsetzung. Anhand der Bilder von Adolf Wölfi, der über 30 Jahre – von 1895 bis 1930 – in der psychiatrischen Anstalt Waldau, Schweiz, verbracht hat, kann sie eindrucksvoll belegen, dass diese Bilder nicht ausschließlich mit der Ausrichtung auf eine Psychopathologie zu erfassen sind. Diese Bilderwelten beinhalten kulturhistorische Konkretisierungen subjektiver Lebenserfahrungen. „Es sind Gedächtnisspuren, die wie mnemische Engramme seine symbolische Auseinandersetzung mit Konflikterleben und Weltbezug verdeutlichen“ (Hampe, 2009, S. 107).

Das Schwergewicht der Kunstinterpretation aus psychoanalytischer Sicht liegt auf der Aufdeckung von unbewussten Zusammenhängen zwischen den lebensgeschichtlichen Hintergründen der Künstler und ihrer Werke. Hier werden verborgene Gefühle, unbewusste Ängste, Konflikte und Abwehrformen, die sich in den künstlerischen Arbeiten niedergeschlagen haben, entschlüsselt. Ein symbolbezogener Zugang zum Kunstwerk dagegen hilft die Tiefendimension des Künstlerischen zu verstehen und Kultur insgesamt als Teil eines psychologischen Prozesses zu reflektieren, der sich über Interaktionsformen entwickelt hat, die in der Aufschlüsselung symbolischer Bildinhalte verstanden werden können (vgl. Franzen, 2009b).

2.1.4 Symbole und Bilder

Zwischen Symbolen und Bildern besteht eine besonders enge Affinität (vgl. Bucher, 1990). Bilder gelten allgemein als externalisierte symbolische Repräsentationen und werden im Vergleich zur Sprache in der Psychologie weniger erforscht. Sie lassen sich auf theoretischer Basis aus semiotischer, philosophischer und bildwissenschaftlicher Perspektive diskutieren (vgl. Völkel, 2012). Der Terminus „Bild“ dominierte bis in die 1980er Jahre als Sammel- und Überbegriff für Metaphorik, Symbolik, Allegorie, Gleichnis etc. (vgl. Kurz, 2004). Auch über den Begriff des Bildes besteht in der heutigen Diskussion eine „fortdauernde Verwirrung“ (Belting, 2007, S. 15).

Mit der Entstehung der Bildwissenschaften und einem insgesamt gewachsenen Interesse von verschiedenen wissenschaftlichen Disziplinen für das Bild ist von einer Konjunktur der Bilder und von einem „iconic turn“ die Rede (vgl. Böhme, 2004; Soldt, 2006b). Diese Wende macht sich auch in der Psychologie bemerkbar. Michael B. Buchholz (2005) spricht von einem „Primat der Bilder“. Bilder sind für ihn Konstruktionen der Bewältigung des Unbewältigbaren, die weit über individuelle Begrenzungen hinausgehen, gemeinsame Handlungen ermöglichen und soziale Konfigurationen strukturieren. Sie sind dann auch der Grundstein der kulturellen Entwicklung, in die sich ein individuelles Leben immer erst einfügt. Der Hirnforscher Ernst Pöppel (2006) postuliert, dass wir erst durch das Bild entdecken, dass es Vergangenheit und Zukunft gibt. Über das Bild wird uns überhaupt erst ein Zugang zur Zeitlichkeit und Identität eröffnet. Also auch für die Entwicklung des Verständnisses des eigenen Lebenslaufes sind Bilder substanziell.

Meistens wird das Bild mit dem Symbol gleichgesetzt. Es wird oft angenommen, dass die Sprache aus Zeichen besteht und die bildlichen Repräsentationen als Symbole betrachtet werden können (vgl. Reinersmann, 2006). Rudolf Arnheim (1977) sieht Bild, Symbol und Zeichen als drei unterschiedliche Funktionen von Abbildern. Seiner Meinung nach kann ein und dasselbe Abbild jedem dieser Zwecke zur gleichen Zeit dienen.

Sowohl die theoretische Diskussion als auch der Gegenstand der Untersuchung verlangen nach Unterscheidung zwischen äußeren und inneren Bildern (vgl. Soldt, 2006a). Denn laut Tisseron sind das psychische und das materielle Bild nur zwei Facetten des gleichen Prozesses, sich Welterfahrung durch Bilder anzueignen oder sie zu symbolisieren (zit. nach Belting, 2007, S. 14).

Äußere Bilder

Die äußeren Bilder gehören dem Gegenstandsbereich der Kunst-, Kultur- und Medien- sowie der Bildwissenschaft an (vgl. Soldt, 2005). Ein Bild unterscheidet sich von jedem anderen Symbol, sei es ein Natursymbol wie der Baum, sei es ein im Traum oder in der Imagination erscheinendes Symbol, dadurch, dass es eine konkret-materielle Gestalt hat, sei dies nun eine spontan entstandene oder eine mit ästhetischem Sinn und Kunstverstand hervorgebrachte (vgl. Riedel, 2005). Ein Symbol kann nach DeLoache alles sein. Jedes Objekt, jede Aktion oder jedes Ereignis hat potentiell die Möglichkeit, ein Symbol zu werden (vgl. Völkel, 2012). Bilder sind in diesem Sinne auch Symbole bzw. Symbol-Kombinationen und können von daher wie Symbole betrachtet und interpretiert werden (vgl. Daniel, 1993).

Die Kunst- oder Malbilder werden, wie schon erwähnt, in der Kunstpsychologie und in den analytisch oder psychoanalytisch orientierten Kunsttherapierichtungen als Symbole betrachtet und gedeutet (vgl. Franzen, 2004, 2009; Riedel, 2005; Jacobi, 1991). Für Gadamer steht das Wesen des Bildes gleichsam zwischen zwei Extremen, dem des Zeichens und dem des Symboles in der Mitte. Diese Extreme in der Darstellung, was er als Wesen des Bildes versteht, sind das reine Verweisen – das Wesen des Zeichens – und das reine Vertreten – das Wesen des Symbols. Von beidem ist etwas im Wesen eines Bildes da. Das Bild hat mithin eine Verweisungsfunktion wie das Zeichen und ebenfalls eine Vertretungsfunktion, so wie das Symbol eine solche hat (vgl. Rolf, 2006).

Bildern wird seit dem von Gottfried Böhm in den 1990er Jahren eingeleiteten „iconic turn" aufs Neue zugebilligt, dass sie jene Bereiche der Realität ins Spiel bringen, die in einer streng begrifflich orientierten Wissenschaft keinen Platz haben. Ihnen wird eine eigene, nur ihnen zugehörige Logik zugestanden, die nicht gesprochen, sondern wahrnehmend realisiert wird (vgl. Ullmann, 2012). In seinem maßgeblichen Sammelband „*Was ist ein Bild?*“ stellt Böhm die Bildfrage als ein interdisziplinäres Unterfangen, wobei jedoch die Psychologie als Disziplin nicht erwähnt wird (vgl. Soldt, 2006a).

Seit Mitte der 1990er Jahre stellt die Bildwissenschaft einen gemeinsamen Theorierahmen dar, der für die unterschiedlichen Disziplinen ein integratives Forschungsprogramm für die verschiedenen Bildphänomene zur Verfügung stellt. Als Bildwissenschaften gelten diejenigen Disziplinen, die in irgendeiner Form zum theoretischen Verständnis der Bildthematik beitragen und in systematischer Weise über unterschiedliche Bildformen, Bildtypen und Bildverwendungen oder ganz allgemein über den Begriff des Bildes und seine Stellung innerhalb des wissenschaftlichen Diskurses Aussagen machen. Psychologie taucht hier zusammen mit ihr verwandten Gebieten der Kognitions- sowie der Neurowissenschaft auf. Sie gilt als Grundlagendisziplin unverzichtbar, da sich die Bedeutung der Bilder immer nur im Kontext von Wahrnehmungs- sowie kognitiven Prozessen einstellt (vgl. Sachs-Hombach, 2005). Es würde den Rahmen der Arbeit sprengen, nur annähernd einen Überblick über die Bildwissenschaften zu vermitteln. Man kann nur sehr allgemein behaupten, dass die Bildwissenschaften sich eher für das Bildphänomen an sich in verschiedenen Kommunikationskontexten und weniger für die Bedeutungen der Bilder für den individuellen Menschen interessieren.

Von dem äußeren zum inneren Bild

Mit dem Verhältnis von äußeren und inneren Bildern aus psychologischer Perspektive hat sich Philipp Soldt detailliert und tiefgreifend auseinandergesetzt. Auf den Unterschied zwischen äußeren Symbolformationen und den sinnlich-symbolischen Interaktionsformen als Vorstellungsbilder hat schon Lorenzer (1988) hingewiesen. Die greifbaren Symbole draußen sind für ihn Bedeutungsträger jener Bedeutungen, die in inneren Symbolen gebildet und festgehalten werden. Wie ist aber das innere Verhältnis zwischen diesen beiden symbolischen Formen? Soldt hat sich genauer mit der Frage beschäftigt, die auch in der vorliegenden Untersuchung von großer Bedeutung ist: wie etwa äußere Bilder zu inneren werden können, oder genauer gesagt, auf welche Weise bestimmte innere Bilder unter dem Eindruck der Wahrnehmung von äußeren Bildern entstehen. Was dabei theoretisch passiert, beschreibt Soldt (2005, S. 274) folgendermaßen:

> Die Betrachtung eines äußeren Bildes resultiert zweifellos in einem Wahrnehmungsbild, d. h. einer Repräsentanz des wahrgenommenen Objektes. Dieses innere Bild ist nun das ikonische Zeichen, das auf den Zusammenhang jener Begriffe verweist, mit denen der wahrgenommene Sachverhalt erkannt, d. h. als etwas bewusst wird. […] Was jedoch der

> Möglichkeit nach in diesem inneren des äußeren Bildes bewusst wird, ist nicht nur der im wahrgenommenen Bild dargestellte Sachverhalt, sondern zudem auch alle seelische Inhalte des Subjekts, die denselben begrifflichen Zusammenhang konkretisieren.

Das innere Bild entspricht dem äußeren Bild nur strukturell und ist keinesfalls mit ihm als identisch anzusehen. Erst wird ein inneres Bild des äußeren erzeugt, und in diesen Prozess der Bilderzeugung gehen auch andere Quellen als die der unmittelbaren Wahrnehmung ein. Es wird dadurch in dem inneren Bild auf die gesamten Erfahrungen, Erinnerungen und die auf das Wahrnehmungsobjekt bezogene Lebensgeschichte des Subjekts verwiesen. Das innere Bild selbst wird dann den psychischen Prozess strukturieren, wobei einige Aspekte in den Vordergrund treten und in sprachlicher Form bewusst werden, andere in den Hintergrund treten werden. Das gleiche äußere Bild kann insofern in unterschiedlichen Betrachtern unterschiedliche Gefühle auslösen, da die inneren Bilder, die sie sich in Rekurs auf ihre Lebensgeschichte machen, unterschiedlich sind (vgl. Soldt, 2005). Ähnlich sieht es auch Pöppel (2006), dass es keinen Wahrnehmungsakt aufgrund der hochgradigen Vernetzung des Gehirns gibt, der unabhängig von einem Bezug zu unseren Erinnerungen wäre. Während die Einfluss-Faktoren der individuellen Bilder sich aus der Vernetzung des Gehirns ergeben, sind die Einfluss-Faktoren hergestellter Bilder durch das kulturelle System bedingt. Bilder spiegeln somit eine kulturelle Wirklichkeit.

Innere Bilder

In der modernen Säuglingsforschung, der Psychoanalyse, den Imaginationstherapien sowie der Neuropsychologie spricht man heutzutage von „inneren Bildern". Soldt (vgl. 2006a) definiert „mentale" Bilder, d. h. bildliche Vorstellungen und Anschauungen des Gedachten und Erlebten, als Zeichen, die analog zu Wörtern begrifflich strukturierte seelische Repräsentanzen bezeichnen und ihnen damit Bewusstsein verleihen. Anders als Worte sind Bilder aber ikonische Zeichen, die das, was sie bezeichnen, zugleich auch anschaulich darstellen. Soldt (ebd.) vertritt die These, dass genauso, wie jemand mit Hilfe der Sprache über die psychisch repräsentierten inneren und äußeren Sachverhalte bewusst verfügen kann, dies offenbar auch mittels jener anschaulichen Vorstellungen geschehen kann, die subjektiv als Bilder erlebt werden.

Die Säuglingsforschung befasst sich mit der Frage, wie und wann Bilder, Phantasien und Symbole entstehen. Martin Dornes postuliert eine Entwicklung des Mentalen von der Empfindung über das Bild zum Wort (vgl. Buchholz, 2005). Viele Kognitionspsychologen sind der Meinung, dass die Rede von mentalen Vorstellungen als inneren Bildern überhaupt eine irreführende Metapher sei, da

Vorstellungsbilder nämlich gar keine richtigen Bilder seien und sich in vielerlei Hinsicht von Wahrnehmungsbildern unterscheiden würden. Jean Mandler spricht deswegen von Bild-Schemata. Die visuell gewonnenen Informationen werden in das Medium des Bild-Schemas und des konkreten Bildes umgeschrieben, wodurch symbolisches Wissen geschaffen wird. Es ist immer noch umstritten, ab welchem Alter, ob zwischen dem dritten und dem achten Monat oder erst ab dem neunten und 15. Lebensmonat von einem echten inneren Bild gesprochen werden kann. Die Beschaffenheit und begriffliche Bestimmung der früheren Repräsentanzen ist immer noch nicht klar. Es herrscht aber eine Übereinstimmung darüber, dass die Fähigkeit, eine Vorstellung von etwas zu entwickeln, was nicht unmittelbar anwesend ist, nach Entwicklung der Symbolfunktion mit ca. 18 Monaten vorhanden sein soll (vgl. Dornes, 2003).

Das bedeutet ganz allgemein, dass wir Menschen in unserer ontogenetischen Entwicklung sehr früh zu Erwartungen, Erinnerungen und Bildern in der Lage sind. Sie helfen uns, uns selbst und die Welt zu ordnen (vgl. Schnell, 2003). Mit der späteren Sprachentwicklung und Symbolisierungsfähigkeit erfahren die bis dahin realitätsnahen, episodischen Bilder eine wesentliche Weiterentwicklung und Veränderung. Bewusstseinsentwicklung ist aber notwendig an Begriffe und Abstraktionsvorgänge gebunden (vgl. Soldt, 2006a). Im engeren Sinne kann „Vorstellung“ als das im Bewusstsein auftretende Bild eines früher wahrgenommenen Gegenstandes oder Vorganges der Außenwelt nach Wegfall der objektiven Gegenwart des Vorgestellten definiert werden (vgl. Klemm, 1990). Unser Wissen ist jedoch nicht nur bildlich, sondern auch begrifflich verankert (vgl. Pöppel, 2006). Begriffe entstehen, indem aus dem empirisch Verschiedenen das abstrakt Identische herausgehoben wird und erlauben im Gegenzug, das abstrakt Identische im Mannigfaltigen zu erkennen. Das Besondere an den inneren Bildern ist, dass sie nicht nur einzelne Begriffe bedeuten, sondern spezifische Zusammenhänge von Begriffen (vgl. Soldt, 2006a). Auch Langer (1979) hat darauf hingewiesen, dass präsentativer Symbolismus sich dadurch auszeichnet, dass eine Vielzahl von Begriffen in einem einzigen totalen Ausdruck zusammengezogen werden können. Innere Bilder sind einerseits Abbilder sozialer (Interaktions-)Erfahrungen und andererseits selbstgeschaffene Bilder, gefärbt durch persönliche, konstitutionelle Anlagen und motiviert durch persönliche Bedürfnisse und Wünsche. Sie entstehen aus dem Zusammenfließen von Innen und Außen und bedeuten eine bildhafte Ausgestaltung des intuitiven, imaginären Selbst- und Weltwissens (vgl. Klemm, 1999).

In der Katathym Imaginativen Psychotherapie (KIP) werden die inneren Bilder mit der Phantasie gleichgesetzt. Es wird angenommen, dass die inneren Bilder von

Anfang an da sind, früher als die Sprache. Sie sind eine mit der Wahrnehmung verknüpfte Form der Verarbeitung innerer und äußerer Prozesse, also basale Ausdrucksformen des Empfindens. Mit der KIP kann durch die inneren Bilder und in den Bildern direkt an der Entwicklung des Imaginationsraumes und gleichzeitig an der Entwicklung von nicht vorhandener Symbolisierungsfähigkeit gearbeitet werden (vgl. Schnell, 2003). Hier geht es um die Veränderung der negativen oder zu rigiden inneren Bilder, die das Leben der Patienten auf eine ungewollte Art bestimmen. Es geht auch um die Entwicklung der Fähigkeit des Menschen, diese inneren Bilder selbst kreativ zu gestalten und so mehr an innerer Freiheit zu erlangen. Bilder im therapeutischen Prozess strukturieren das dialektische Wechselspiel zwischen Primär- und Sekundärprozess, sodass das jeweilige Subjekt in Bildern sein begriffssymbolisches Denken ins affektsymbolische Denken transformiert und dessen Resultate wiederum auf die Höhe des begriffssymbolischen bringen kann (vgl. Soldt, 2005).

Auch der Hirnforscher Gerald Hüther benutzt den Begriff des „inneren Bildes" zur Beschreibung all dessen, was sich hinter den äußeren, sichtbaren und messbaren lebendigen Phänomenen verbirgt und die Reaktionen und Handlungen eines Lebewesens lenkt und steuert. Es sind in den Gehirnen der Menschen in Form hochkomplexer Nervenverschaltungen herausgeformte, ihr Denken, Fühlen und Handeln bestimmende Muster. Diese im Gehirn verankerten Verschaltungsmuster zwischen den Nervenzellen werden im Laufe des Lebens erworben. Hüther ist bewusst, dass der Begriff des „inneren Bildes" naturwissenschaftlich gesehen „schwammig" ist. Er hat diesen Begriff mit dem Ziel gewählt, um über den Tellerrand verschiedener Einzeldisziplinen hinausschauen und nach Gemeinsamkeiten auf allen Ebenen der Organisation des Lebendigen suchen zu können. Auf der Ebene des Gehirns sind die inneren Bilder durch individuell gemachte Erfahrungen und auf der Ebene der menschlichen Gemeinschaften durch kollektiv akzeptierte und transgenerational kommunizierte Regeln, Vorstellungen und Rituale aufbewahrt. Die Besonderheit des menschlichen Gehirns zeichnet sich dadurch aus, dass es die spezifischen Verschaltungsmuster, die durch bestimmte Erfahrungen als innere Repräsentanzen dort herausgeformt worden sind, zu späteren Zeitpunkten symbolisch, bildhaft oder verbal zum Ausdruck bringen kann (vgl. Hüther, 2006). Hier sind wir wieder bei den Symbolen angelangt, die, allgemein gesagt, nur für uns Menschen eine verfügbare Ausdrucksmöglichkeit der inneren Bilder darstellen. Denn Symbole werden nach Tomasello (2002) als Mittel angesehen, „andere dazu zu bringen, dass sie eine bestimmte Erfahrungssituation in bestimmter Weise auffassen bzw. eine bestimmte Perspektive auf sie einnehmen" (zit. nach Buchholz, 2005, S. 200). Neben den bildlichen Symbolen stellen die Metaphern eine wichtige Ausdrucksform der kulturell verbreiteten Vorstellungen und Werte dar.

2.1.5 Symbole und Metaphern

Symbole und Metaphern haben nach Buchholz etwas gemeinsam: „Sie sprechen über das eine und meinen das andere“ (zit. nach Ullmann, 2009, S. 192). Einer der wichtigsten Unterschiede zwischen Symbol und Metapher besteht laut Ullmann (2009) darin, dass ein Symbol für etwas anderes steht, während die Metapher in der zwischenmenschlichen Kommunikation auf etwas anderes verweist. *Metaphora* heißt auf Griechisch „Übertragung“. Etwas wird also übertragen von einem eigentlichen zu einem übertragenen Ausdruck. Der übertragene sei in der Regel ein „bildhafter Ausdruck zur Veranschaulichung von etwas Geistig-Seelischem“ (Seither-Blümer, 2012, S. 238). In einer echten Metapher ist ein Bild der wörtlichen Bedeutung Symbol für die figurative Bedeutung, für das Ding, das selbst keinen Namen besitzt (Langer, 1979, S. 141). Damit ist laut Bucher (1990) nicht gesagt, dass präsentative Symbole mit den Metaphern identisch sind. Vielmehr verhält es sich so, dass präsentative Symbolik die Bedeutung vergegenwärtigt, ohne dass diese vorerst diskursiv auf den Begriff gebracht werden könnte. Die Metapher ermöglicht zuallererst die Benennung von etwas, wofür es zuvor noch keinen Satz gab, indem der jeweilige bildhafte Ausdruck in ein anderes semantisches Feld gestellt wird und wodurch sein Bedeutungsgehalt erweitert werden kann. Insofern versteht Bucher die Metapher im Sinne von S. Langer als „Wachstumsprinzip der Sprache“, die aber elementare Transformationen bzw. bereits gebildete präsentative Symbole voraussetzen.

Matthias Junge (2010) geht noch weiter, indem er behauptet, dass unser Weltwissen durch die Form der metaphorischen Umschreibung konstituiert wird. Ein Sachverhalt wird beschrieben, indem er als etwas anderes beschrieben wird. Dieser elementare Vorgang prägt laut Junge dem gesamten Erkenntnisprozess eine grundlegend metaphorische Struktur auf. Metaphern bündeln auf komplexe und vielschichtige Weise Orientierungen, Orientierungshilfen und Wissen über den bezeichneten und umschriebenen Gegenstand. Sie durchdringen das soziale Leben, weil unsere Handlungen, Gedanken, Vorstellungen, Einstellungen und Weltbilder metaphorisch strukturiert, umschrieben, gedeutet, verstanden und erklärt sind. Metaphern sind dann auch Formen, in denen kulturelle Welten durch ihre Erzeugung zur Geltung gelangen (vgl. Junge, 2010; 2011).

Die Metapher wird in den verschiedenen wissenschaftlichen Kontexten zunehmend nicht nur als eine rhetorische Sprachfigur oder bloße Ornamentik angesehen. Die meisten sich mit den Metaphern beschäftigenden Autoren haben mittlerweile anerkannt, dass der Metaphorik eine grundlegende, weltbildkonstituierende Funktion zukommt (vgl. Buchholz, 2012). „Die soziale Funktion der Metapher ist dann evident, wenn sie die Bildung von kulturell tradierten Bildfeldern ermöglicht die einen Sozialisationsrahmen darstellen" (Schmitt, 1995/1996, S. 6). Auch unsere Konzepte über das eigene Leben kommen in verschiedenen Metaphern zum Ausdruck, wie z. B. „Das Leben ist ein Spiel". Metaphern für das Leben oder den eigenen Lebenslauf sind genauso verbreitet wie die bildlichen Symbole. Neben den bildlichen Symbolen eignen sich daher die Metaphern gut, die Vorstellungen über den Lebenslauf oder über das eigene Leben zu untersuchen. Der Lebenslauf oder das Leben sind so weit von sinnlicher Überprüfung entfernt und abstrakt, dass wir sie beide mit der sogenannten eigentlichen Sprache nicht beschreiben können. Bei hohem Abstraktionsgrad des Gegenstands sind Metaphern umfassend konstitutiv und deshalb sogar unumgänglich, um solche Gegenstände zu beschreiben (vgl. Schumacher, 1997).

Ähnlich wie mit dem Begriff des Symbols oder des Bildes herrscht bei der Definition von „Metapher" eine gewisse Uneinigkeit. Die Metapher entzieht sich einer wörtlich eingrenzenden Definition (vgl. Schumacher, 1997). Laut Harald Ullmann (2012) wirken die Metaphern gerade dann erkenntnisfördernd, wenn sie unscharf bestimmt, vorläufig explorierend und über sich hinausweisend sind. Seiner Meinung nach wäre es gerade unsinnig, die Metapher mit absoluten Begriffen fassen zu wollen. Sie wurzeln ja vielmehr ursprünglich in einem leibhaftigen, konkreten und bildhaften Erleben, das in Geschichte und Kontext eingebunden bleibt.

Genauso wie es viele verschiedene theoretische Perspektiven und Wege gibt das Symbol zu definieren, gibt es auch verschiedene theoretische Zugriffe auf die Metapher. Da in der vorliegenden Untersuchung die Metapher für das eigene Leben in Verbindung mit abstrakten Bildern untersucht wird, wird im Folgenden das Verhältnis zwischen Bild und Metapher theoretisiert. Im zweiten Abschnitt des Kapitels wird die Weltbild strukturierende Auffassung der Metapher in der kognitiven Linguistik vorgestellt.

Bild und Metapher

Metaphern werden auch Sprach-Bilder, figurative, bildhafte, bildliche Ausdrücke genannt. Das bildhafte Element ist auch in der theoretischen Terminologie deutlich präsent (vgl. Schumacher, 1997). Meist wird angenommen, dass die Metapher eine reine Sprachfigur ist, auch wenn sie ihren Bedeutungsgehalt aus dem Symbol bezieht. Das Symbol ist in seiner engeren psychologischen Bedeutung ein individuell oder kollektiv konstanter Vorstellungsmodus, der auch in außersprachlichen Bezügen existiert. Sprachlich sind beim Symbol die Hinweise auf eine Bedeutung nicht eingebaut. Es besteht hier kein das Symbol festlegender sprachkonstruktiver Bedeutungszusammenhang. Wir müssen die Bedeutung eines Bildes meist in einem Kontext erschließen. Die Metapher hingegen lässt aus ihrer sprachlichen Gestalt heraus Sinn aufleuchten (vgl. Seithe-Blümer, 2012). Sie konturiert die Übergangslinie zwischen Sprache und Bild und markiert damit gleichzeitig die Uneindeutigkeit und Differenz von Propositionalem und Piktoralem (vgl. Spreitzer, 2012). In ihr kommen sozusagen Wort und Bild, Begriffe und Geschichte gewordene emotionale wie körperliche Bewegung zusammen (vgl. Ullmann, 2012).

Bei Soldt wird z. B. die Metapher als bildprovozierendes Instrument theoretisiert (vgl. Spreitzer, 2012). Spreitzer selbst meint, dass die sprachliche Operation der Metaphorisierung den Bildgehalt des Symbols aufgreift. Sie begründet theoretisch wie auch praktisch das Verhältnis zwischen Wort und Bild in dem therapeutischen Prozess von Imagination. Sie beschreibt, wie die bildhafte Vorstellung des Dinges und die sich daraus entfaltende Szene über die Zwischenstufe der verbalen Beschreibung zur Metaphernbildung führt. Das sprachliche ‚Bild' ist nach ihr also bereits Resultat und Abstraktion eines psychischen Verarbeitungsprozesses.

Metapher in der kognitiven Linguistik

Der Linguist George Lakoff und der Sprachphilosoph Mark Johnson haben in ihrem im Jahr 1980 veröffentlichten Buch „*Metaphors we live by*" ein folgenreiches Metaphernverständnis entwickelt, das das gesamte Verständnis der Metaphern revolutionierte. Sie erweiterten die klassischen Definitionen der Metapher, postulierten gemeinsame Muster von einzelnen Metaphern und erkundeten deren Rolle im individuellen Denken, indem sie den Zusammenhang von Bildsprache und Leiblichkeit berücksichtigten und Metaphern als Elemente der Kultur sahen (vgl. Schmitt, 2010).

Lakoff und Johnson (2008) unterscheiden zwischen konzeptuellen, orientierenden und ontologisierenden Metaphern. Die konzeptuellen Metaphern formulieren ein Konzept, das hintergründig unser Denken und Handeln steuert und strukturiert. Die Autoren gehen davon aus, dass die sprachlichen Bilder aus einem Bereich von Erfahrung stammen, der eine prägnante Gestalt hat und leicht benennbar ist, während der zu strukturierende Bereich unscharf ist. Das trifft z. B. auf abstraktere Bereiche wie Gefühle, Handlungen, Wertungen zu. Die orientierenden Metaphern beinhalten alle sprachlichen Hinweise, die auf eine meist räumliche Strukturierung von Kognitionen und Emotionen schließen lassen. So verwenden wir die Präposition „in", als ob wir „in" das Leben „hinein" gehen könnten wie in einem Raum. Diese Ordnung der Erfahrung orientiert sich am Körper und zieht metaphorische Sprechweisen im engeren Sinne nach sich – z. B. auf ein Leben zurückblicken. Ontologisierende oder vergegenständlichende Metaphern dienen dazu, komplexe Erfahrungstatsachen als einfache Objekte und Wesen zu identifizieren. Dabei wird eine körperliche Grunderfahrung auf komplexe Begriffe projiziert (vgl. Schmitt, 1995/1996).

Die Kognitive Linguistik nimmt an, dass es dynamische, aber abstrakte Schemata gibt, mittels derer wir unsere Erfahrungen von Kindheit an organisieren. Diese Schemata basieren auf einfachen, präverbalen und gestalthaften Erfahrungen und sind körperlich verankert. Sie sind nicht die Bilder selbst, sondern organisieren diese. Man kann sie sich als abstrakte Komponenten vorstellen, die auf vielerlei Situationen anwendbar sind. Alltägliche metaphorische Wendungen lassen sich dadurch zu metaphorischen Konzepten bündeln, die ihrerseits von wenigen Schemata (wie „oben/unten", „vorne/hinten") organisiert werden. Lakoff und Johnson fassen die moralischen Implikationen dieser kulturell üblichen Schemata in einem Konzept, wie z. B. „gut ist oben", zusammen. Die verschiedenen Metaphern des „Lebenslaufes" werden durch das Schema eines Wegs mit Anfang und Ziel generiert, das auf ein früh erlebtes Handlungsmuster seit dem ersten Krabbelversuch verweist und uns von „Fortschritt", „Rückschritt" und „Zielen" reden lässt (vgl. Schmitt, 2010; Buchholz, 2012).

Metapher wird von Gibbs (1997) als „emergentes Phänomen des Austausches von Körper, Welt und individuellem Geist" gesehen, als etwas, was den individuellen, körperlichen oder kulturellen Ursprung miteinander verbinden kann (zit. nach Schmitt, 2010, S. 681). Nicht nur Metaphern, sondern auch Symbole insgesamt können als Kulturträger betrachtet werden.

2.1.6 Symbole als Träger der Kultur

Unabhängig davon, welche kognitiven Prinzipien den Symbolen zugrunde liegen, welche körperlichen Formen sie haben und was sie im Einzelnen bedeuten, zeugen sie zunächst von dem bloßen Umstand, dass eine menschliche Gemeinschaft sich auf etwas verständigt hat. Mit der Erschaffung und Interpretation von Symbolen arbeitet eine Gemeinschaft an ihrem Ordnungsgefüge. Symbole vermitteln also ethische ebenso wie soziale, politische und ästhetische Ordnungen. Sie stellen ausgesprochen mächtige Werkzeuge dar, mit deren Hilfe wir Welt(en) ordnen und verstehen. Die Philosophie der symbolischen Formen von Cassirer macht auf kulturanthropologischer Basis deutlich, dass es bei Symbolen um eine Art kulturellen Generalschlüssel geht (vgl. Billmann-Mahecha, 2014; Berndt & Drügh, 2009, Lorenzer, 1970). Eine Kultur lebt von ihren Symbolen, selbst eine so scheinbar rationale Kultur, wie das heutige Zeitalter der Hochtechnologie (vgl. Meier-Seethaler, 1993).

Der symbolische Charakter der Kultur umfasst nicht nur literarische und musikalische Produktionen oder Werke von bildender Kunst, sondern beinhaltet die symbolische Seite der gesellschaftlichen Praxis, wo auch Sinn und Bedeutung rein technischer Vorgänge und instrumenteller Handlungen produziert, reproduziert und kommuniziert werden (vgl. Jäger-Kopido, 2008/09). So schreibt auch Claude Levy-Strauss, dass jede Kultur als eine Gesamtheit symbolischer Zeichensysteme betrachtet werden kann, „an deren erster Stelle die Sprache steht, gefolgt von den Heiratsgesetzen, den ökonomischen Beziehungen, der Kunst, der Wissenschaft und der Religion" (zit. nach Spineto, 2003, S. 9).

Bei den Symbolen handelt es sich also um kulturelle Übereinkünfte, die eine gemeinsame Sinngebung voraussetzen (vgl. Guschker, 2002). Solche zunächst in mythischen oder religiösen Kulten *ge*gründeten, später in sozialen Kontexten *be*gründeten Symbole sind in den Kulturwissenschaften seit dem 18. Jahrhundert Gegenstand eines historisch-deskriptiven Interesses (vgl. Berndt & Drügh, 2009). In vielen Symboltheorien herrscht Übereinstimmung darüber, dass es sich bei Symbolen um eine Klasse der kulturellen Artefakte handelt, deren Hauptfunktion Kommunikation ist. Symbole gelten als Währung des kommunikativen Austausches, als Verbindungsmittel für die Individuen zueinander und zu ihrer Kultur (vgl. Callaghan, 2008). Symbolsysteme ermöglichen im weitesten Sinne die Kommunikation zwischen Menschen und Zeitepochen und stellen somit die Eckpfeiler menschlicher Kultur und kulturellen Handelns dar (vgl. Völkel, 2012). „Alle Kommunikation ist symbolisch vermittelt und alle Symbole dienen der Kommunikation", bringt Willke (2005, S. 7) die absolute Rolle der Symbole in der Kommunikation zum Ausdruck. Auch die Biographieforschung folgt der Annahme, dass die soziale Wirklichkeit grundsätzlich in kulturellen Symbolsystemen konstituiert wird. „Wir bewegen uns immer schon in interpretativ von uns selbst erzeugten Horizonten und begegnen anderen in interaktiven Zusammenhängen über und durch symbolisch strukturierte Horizonte, die solche Selbst- und Weltauslegungen darstellen" (Marotzki, 2011, S. 23).

Die die empirische Entwicklungs- und Kognitionspsychologie vertretenden Autoren unterstreichen die Relevanz des sozialen Lernens für die Entwicklung der Fähigkeit der Kinder, Symbole zu verstehen und selbst zu benutzen. In den neuropsychologischen Ansätzen Merlin Donalds wird darauf verwiesen, dass sämtliche Symbolwerkzeuge, mit denen unser Gehirn arbeitet, aus der Kultur importiert werden. Symbolbildung setzt aus seiner Sicht eine intensive Enkulturation voraus (vgl. Franzen, 2009b). Die sozialen Aspekte der Symbole werden in mehreren soziologisch orientierten Theorien als konstitutive Elemente der Gesellschaft und insgesamt der gesamten zwischenmenschlichen Kommunikation gehandelt. Da Sinn immer symbolisch aufgebaut ist und als symbolisch konstituierte Einheit operiert, folgt für Willke (2005) zwingend, dass alle sozialen Systeme auch symbolische Systeme darstellen. Mit den Symbolen als intentionale Aspekte der Konstitution von Gesellschaft beschäftigen sich hauptsächlich ethnologisch und soziologisch orientierte wissenschaftliche Disziplinen (vgl. Rolf, 2006). Demnächst wird eine kurze Darstellung soziologisch orientierter Theorien unternommen, die sich mit dem Stellenwert der Symbole in den gesellschaftlichen und kommunikativen Prozessen befasst. Anschließend widmet sich ein kurzer Absatz der Symbolischen Handlungstheorie von Boesch, die sich aus kulturpsychologischer Perspektive mit der Wechselwirkung von Individuum und Kultur befasst.

Soziologisch orientierte Symbolauffassungen

Studien zum Symbolbegriff in der Soziologie haben mit dem Werk von Emile Durkheim schon Ende des 19. Jahrhunderts begonnen. Er hat die zusammenschließende Kraft der Symbole unterstrichen und eine Theoretisierung der Gesellschaft als ein symbolisches System eröffnet (vgl. Spineto, 2003). Der amerikanische Soziologe George Herbert Mead stellt die symbolische Interaktion in das Zentrum seiner sozial-behavioristischen Entwicklungstheorie des Individuums und der Gesellschaft. Er geht von der ontologischen Einheit von persönlichem Selbst und sozialer Welt aus und versucht so, den soziologischen wie den psychologischen Reduktionismus zu überwinden. Soziale Prozesse prägen und formatieren die individuelle Erfahrung. Das Individuum wird als Teil einer „ongoing activity" von Praktiken des Koordinierens, Kombinierens und Kommentierens gedacht (zit. nach Bude, 1998, S. 248).

Ähnlich wie die Entwicklungspsychologen vertritt Mead die Auffassung, dass die symbolischen Formen der Kommunikation in der sozialen Interaktion entstehen. Die Kommunikation wird im Laufe der Entwicklung zunächst durch signifikante, an die ursprünglichen Handlungen gebundene Gesten, später durch komplexere Symbole (wie sprachliche) gewährleistet, die von den ursprünglichen Handlungen abstrahiert werden und einen intersubjektiven Raum bilden. Symbole verbinden dann die Gegenwart nicht nur mit Vergangenheit und Zukunft, sondern auch das Subjekt mit anderen sozialen Objekten, deren vorweggenommene Haltungen integraler Bestandteil einer jeden symbolischen Interaktion werden (vgl. Rolf, 2006; Berndt & Drügh, 2009). Das Sprechen ist im symbolischen Interaktionismus nicht nur ein Erstellen der Zusammenhänge zwischen Wörtern und Sachen, sondern Teil des sozialen Handelns. Symbolgebrauch ist eine Form des zielgerichteten Miteinander-Umgehens (vgl. Löffler, 1988).

Ein weit gefasstes Modell von Kommunikation steht im Zentrum der Systemtheorie von Niklas Luhmann. Seine soziologische Systemtheorie beschreibt jene kommunikativen Akte, die dadurch ein System, d. h. eine Einheit bilden, dass sie sich gegenüber der Umwelt abgrenzen, und zwar mit dem Zweck, die Komplexität des Systems zu reduzieren. Er unterscheidet bei den ‚Kommunikationsmedien' zwischen der Sprache, den Verbreitungsmedien (Schrift, Buchdruck, Massenmedien) und den sogenannten Erfolgsmedien, worunter er die „symbolisch generalisierten Kommunikationsmedien" wie Geld, Macht, Wahrheit, Liebe, Recht, Kunst usw. versteht. „Symbolisch generalisierte Kommunikationsmedien" dienen aus seiner Sicht der Bewältigung der Unwahrscheinlichkeit. Dass ein Kommunizierender verstanden wird, ist für Luhmann nicht selbstverständlich, sogar unwahrscheinlich. Wahrscheinlich wird das Verstehen erst dann, wenn – und in dem Maße, in dem – die Kommunikationspartner dieselbe Sprache sprechen. „Symbolisch generalisierte Kommunikationsmedien" machen das Gelingen der Kommunikation dadurch wahrscheinlicher, dass sie sich ‚generalisiert' für unterschiedliche Situationen eignen und ‚symbolisch' dafür garantieren, dass sich Ego und Alter in ihrer Kommunikation auf das Gleiche beziehen (vgl. Rolf, 2006; Berndt & Drügh, 2009).

Ausgehend von der Systemtheorie Luhmanns, der Philosophie symbolischer Formen von Cassirer und der Sprachtheorie von de Saussure entwarf Helmut Willke seine soziologische Theorie der symbolischen Systeme. Das Bewusstsein (Denken), die Sprache und die Kommunikation (soziale Systeme) werden hier als symbolische Systeme aufgefasst, zwischen denen sich symbolische Kopplungen einspielen, die „das Kunststück fertig bringen, die Autonomie der symbolischen Systeme zu wahren und sie dennoch untereinander in Resonanz zu bringen" (Willke, 2005, S. 7). Der Gegenstand seiner Theorie sind kommunikativ konstituierte Symbolsysteme. Seine Symboltheorie hat das Ziel, „die Architekturen und Operationsformen der Kommunikationsmedien als Symbolsysteme zu rekonstruieren" (ebd., S. 19).

Symbolische Handlungstheorie

Die symbolische Handlungstheorie von Ernst Eduard Boesch basiert auf der Annahme, dass unser Raum kulturell strukturiert ist. In seiner Sicht findet Handlung in einem Feld statt, das in Hierarchien und Systeme von Zielen und Mitteln organisiert ist. Diese Organisation ist natürlich durch den kulturellen Kontext geformt. Kultur strukturiert den Handlungsraum einer Gruppe, definiert die Bereiche des Vertrauten und des Fremden sowie die Handlungszeit mit den Perioden des Tages, des Jahres sowie Rollenzuweisungen, Handlungskoordinationen und Zukunftsvorstellungen (vgl. Boesch, 1983). Kultur besitzt bei Boesch einen Symbolcharakter (vgl. Jäger-Kopido, 2008/09). Symbole versteht er als allgegenwärtig und ubiquitär nicht nur, weil diese bestimmte signifikante Kategorien darstellen, sondern weil sie die notwendigen Dimensionen der wahrgenommenen Realität konstituieren. „Symbole wurzeln in Handlungen und drücken die gemeinsame Integration der Erfahrungen aus" (Boesch, 1991, S. 79).

Boesch (1991) hat sich in einer ähnlichen Art und Weise wie Lakoff und Johnson mit den symbolischen Dimensionen von Raum und Zeit beschäftigt. Raumsymbolismus leitet sich aus seiner Sicht von den Handlungserfahrungen mit der Welt in doppeltem Sinne ab: einerseits als Bewegungen und Richtungen des Körpers, andererseits als Bedeutungen der äußeren Phänomene für uns selbst. Vorwärts und zurück werden zu den Vektoren auf einem Kontinuum mit spezifischen symbolischen Qualitäten. Vorwärts bedeutet z. B. Aktivität, Streben, Neugier und Progression. Zurück bedeutet auf der anderen Seite Passivität, Angst, Konservatismus oder sogar Retardation. Zusammen mit Davis (1984) sieht er die Dichotomie zwischen oben und unten als eines der häufigsten Prinzipien der konzeptuellen Organisation in der Konstruktion von sozialen und kulturellen Kategorien (zit. nach Boesch, 1991, S. 154). Unten sind die Füße, die Erde, auf der sie stehen, und Sachen, die schmutzig sind, aber auch die, die niedriger oder schwächer sind als wir selbst. Oben ist der Himmel, die Dinge, die größer und mächtiger sind als wir selbst. Die Richtungen und Handlungen unseres Körpers, die Bewegungen der Sonne, spezielle Merkmale uns umgebender Welt und linguistische Konnotationen – alle zusammen formen die symbolischen Bedeutungen, die vielfältige Konsequenzen auf unser Verhalten und unsere Handlungen haben (ebd.).

Auch der menschliche Lebenslauf wird durch solche symbolischen Strukturen gegliedert und erklärt. Die Lebensabschnitte werden in vielen Gesellschaften klar durch solche Rituale wie Initiationszeremonien, Konfirmation, Hochzeit oder Ruhestand markiert. Neben der Gestaltung von Lebensstufen erschafft jede Kultur ihre eigenen Mythen, die das menschliche Schicksal und den Lebenslauf erklären. Als einer der Pioniere der Kulturpsychologie hat Boesch sich mit der Frage beschäftigt, wie aus den individuellen Erfahrungen die kollektiven Strukturen entstehen und wie diese dann wiederum die individuellen Erfahrungen beeinflussen. Ihm war es wichtig, die Wechselwirkungen zwischen individuellen und kollektiven Symbolisierungen zu objektivieren (vgl. Boesch, 1991).

2.1.7 Festlegung des Symbolbegriffes für diese Untersuchung

Das Interesse der vorliegenden Untersuchung gilt den Symbolen des Lebenslaufes. Die Symbole des Lebenslaufes können als kulturell, gesellschaftlich oder traditionell vermittelte kulturelle Artefakte verstanden und untersucht werden. Der Begriff des Symbols wird in dieser Untersuchung als ein übergreifender Begriff für die bildlichen und sprachlichen Ausdrucksformen der Vorstellungen über den Lebenslauf benutzt. Hierzu passt gut der Ausdruck von Langer, dass Symbole nicht Stellvertretung ihrer Gegenstände, sondern Vehikel für die Vorstellung von Gegenständen sind (vgl. Langer, 1979). Zu den symbolischen Manifestationen in der Biographieforschung gehören die autobiographischen Dokumente wie Tagebücher, Bilder und Briefe sowie auch alltagskulturelle Dokumente wie Kleidung und Einrichtung (vgl. Marotzki, 2011). In der vorliegenden Untersuchung sind die abstrakten geometrischen Formen und die Metaphern, die aus der Begründung der Wahl dieser Formen zu dem eigenen Leben entstehen, das Bild der Lebenstreppe sowie die eigene Lebenslaufdarstellung als „Vehikel" im Sinne von Langer anzusehen, mit deren Hilfe die Untersuchungsteilnehmer ihre inneren Vorstellungen zum Lebenslauf zum Ausdruck bringen können.

In den vorhergegangenen theoretischen Ausführungen ist weiterhin deutlich geworden, dass Symbole auf mehreren Ebenen untersucht und gedeutet werden können. Es wird angenommen, dass die Entwicklung von unseren Vorstellungen über den eigenen Lebenslauf oder das Leben aus dem ständigen Vergleichs- und Auseinandersetzungsprozess zwischen inneren Bildern als Erfahrungsrepräsentanzen und den neuen Erfahrungen sowie äußerer Realität und kulturell vermittelten Bildern entstehen. Auch bei den Symbolen des Lebenslaufes könnte man eine kollektive, kulturelle oder soziale Ebene einerseits und eine individuelle Ebene andererseits erkennen. Sozial sind Symbole durch ihre gesellschaftliche Nutzung und Verbreitung, individuell durch ihre persönliche Wahl und Neuschöpfung (vgl. Saner, 1998). Aus tiefenpsychologischer Sicht sind die Symbole des Lebenslaufes eher diejenigen, die unter strenger Ich-Kontrolle und Vorherrschaft des Sekundärvorgangs wahrgenommen, ausgewählt und produziert werden. Die vorliegende Untersuchung konzentriert sich insgesamt auf die Sekundärvorgänge, d. h. sie untersucht die bewusste, reflexions- und abstraktionsfähige Auswahl der Symbole, die aus der Sicht der Untersuchungsteilnehmer sich am besten dafür eignen ihr Leben oder ihren Lebenslauf zu symbolisieren. Die möglichen unbewussten individuellen Beweggründe für die Auswahl werden in dieser Arbeit nicht berücksichtigt.

Symbole des Lebenslaufes werden in der vorliegenden Untersuchung als Ausdrucksformen der individuellen, bewusstseinsfähigen und in den Bildern und der Sprache fassbaren Vorstellungen über den Lebenslauf aufgefasst, die gleichzeitig eine kulturelle Wirklichkeit über die Verbreitung der aktuellen kollektiven Vorstellungen über den Lebenslauf wiedergeben.

Wie der Lebenslauf in der Psychologie und in den Sozialwissenschaften untersucht wird, darum geht es im folgenden Kapitel.

2.2 Der Lebenslauf

2.2.1 Lebenslauf als Forschungsobjekt

„Jeder Mensch hat einen Lebenslauf" (Sackmann, 2013, S. 9). Der Lebenslauf stellt „den individuellen, einmaligen und unaufhebbaren Lebens- und Entwicklungsgang von der Geburt bis zum Tode dar" (Häcker & Stapf, 2004, S. 539). Seit Jahrhunderten wird der Lebensweg meist berühmter Menschen in Biographien beschrieben. Der Lebenslauf alltäglicher Menschen wird erst am Anfang des 20. Jahrhunderts zum Objekt der empirischen Forschung. Thomas und Znaniecki (1918, 1927) haben persönliche Dokumente wie Tagebücher und Briefe polnischer Immigranten in den USA untersucht, um Einblick in die subjektive Erfahrung des sozialen Wandels zu gewinnen, und so die Methode der Biographieforschung entdeckt. Allerdings wurden erst ab Mitte 1970er Jahre die Begriffe „Lebenslauf" und „Lebenslaufforschung" öfter benutzt (vgl. Elder et.al, 2003; George, 2003; Sackmann, 2013). Seit dieser Zeit ist das theoretische und empirische Wissen über die Dynamik und den sozialen Wandel von Lebensläufen in kumulativer Weise gewachsen (vgl. Konietzka, 2010). Die heutige Lebenslaufforschung ist breit gefächert und umfasst viele verschiedene Fragestellungen, Methoden und Prinzipien. Sie kann weniger als ein gemeinsames theoretisches Paradigma, sondern vielmehr als ein heuristischer Rahmen betrachtet werden, der flexibel genug ist, um verschiedene theoretische Perspektiven, die sich auf einen gemeinsamen Gegenstand orientieren, zu beherbergen (vgl. Levy, 2013).

Im Regelfall wird zwischen der Lebenslauf- und Biographieforschung unterschieden. Bis in die 1980er Jahre zeichnete sich noch keine strikte Differenzierung zwischen beiden Forschungsbereichen ab (vgl. Ecarius, 1998). Den heutigen Unterschied zwischen den beiden Forschungsrichtungen kann man ganz allgemein so formulieren, dass während sich die Lebenslaufforschung mit den Einflüssen der Gesellschaft auf die Lebensläufe befasst, die Biographieforschung die Frage, wie sich gesellschaftliche Prozesse auf die Individuen auswirken, zu beantworten versucht. „Biographien offenbaren die Individualität von Personen" (Schimank,

1988, S. 55). Der Lebenslauf wird eher in seinen allgemein gültigen Gesetzmäßigkeiten auf der sozialen Ebene untersucht. Eines der zentralen Anliegen der Lebenslaufforschung ist die Suche nach Struktur und Organisation von biographischen Erfahrungen (vgl. Dannefer, 2003). Methodisch betrachtet hat Lebenslaufforschung überwiegend eine quantitative Schwerpunktsetzung, während Biographieforschung überwiegend qualitativ betrieben wird (vgl. Keller & Kluge, 2001; Sackmann, 2013).

In Deutschland ist es üblich geworden, Lebenslauf und Biographie als objektive und subjektive Ebene einer Lebensgeschichte zu unterscheiden (vgl. Meulemann, 1990). Hahn und Leitner (1988) betrachten den Lebenslauf z. B. als etwas Objektives, tatsächlich Gelaufenes und die Biographie als etwas subjektiv in der Gegenwart Konstruiertes (vgl. Thomae, 1998; Bude, 1998). Der Lebenslauf ergibt sich somit für Kohli (1978), Wolf (1985) und Voges (1987) aus der Folge der Entscheidungen einer Person in institutionell vorgegebenen Alternativen. Die Biographie ist die Deutung und Verarbeitung aller Lebensereignisse, von denen die Entscheidungen im Lebenslauf ein wichtiger Teil sind (zit. nach Meulemann, 1990, S. 89). Die Biographie macht aus der Sicht von Hahn (1988) für ein Individuum den Lebenslauf erst zum Thema. Der Lebenslauf ist aus dieser Sicht nur über die Fiktion biographischer Repräsentation als Wirklichkeit zugänglich. Hier wird der Lebenslauf als soziale Institution gesehen, die die individuellen Biographien einerseits transzendiert und gleichzeitig umhüllt (vgl. Dannefer, 2003).

Nächstfolgend werden die Grundzüge der Biographieforschung und die Anfänge der psychologischen Lebenslaufforschung bei Charlotte Bühler sowie die Ansätze der Lebensspannenpsychologie geschildert. Obwohl sich nicht bestreiten lässt, dass biographisches Datenmaterial eine hochgradige psychologische Relevanz hat, besitzt die Durchführung biographischer Analysen im Bereich der Soziologie gegenwärtig eine weitaus größere Bedeutung als im Bereich der Psychologie (vgl. Jüttermann & Thomae, 1987). An dieser Stelle muss auch erwähnt werden, dass die soziologische und psychologische Biographieforschung insgesamt nicht immer klar voneinander getrennt werden können. Als Letztes werden die Schwerpunkte der soziologischen Lebenslaufforschung charakterisiert.

Biographieforschung

Hans Thomae (1998) unterscheidet zwischen soziologischer Biographieforschung, biographischen Verfahren in der psychologischen Diagnostik und der biographischen Methode als einem psychologischen Forschungsansatz. Die biographische Methode nach Thomae zielt auf die Erforschung psychologischer Phänomene während des gesamten Lebenslaufs und in der Gesamtheit der Person. Sie verfolgt als einen Kerngedanken, dass man über die subjektive Perspektive von Menschen und Gruppen die sozialen Prozesse erklären kann. „Unter psychologischer Biographik wird die Anwendung biographischer Methoden zum Zwecke der Forschung in der Allgemeinen Psychologie, der Entwicklungs-, Persönlichkeits- und Sozialpsychologie verstanden" (Thomae, 1998, S. 77).

Es herrscht immer noch eine gewisse Unklarheit über den Gegenstand der Biographieforschung (vgl. Bude, 1998). Was eine Biographie ist, ist in dieser Forschungsrichtung umstritten, denn das Verhältnis zwischen beschriebenem und wirklichem Leben wird von verschiedenen Vertretern der Biographieforschung unterschiedlich aufgefasst (vgl. Sackmann & Wingens, 2001). Biographie wird, wie wir gesehen haben, biographietheoretisch meistens nicht als identisch mit einem chronologischen Lebenslauf aufgefasst. Stattdessen wird sie als ein sprachliches Produkt in Gestalt der narrativen Zuwendung zur eigenen Lebensgeschichte und somit als ein soziales Konstrukt, in dem Individuum und Gesellschaft interagieren, betrachtet (vgl. Schulze, 2010). Da der Lebenslauf in seiner Totalität von unterschiedlichen Ereignissen, Erfahrungen und Empfindungen nicht fassbar ist, stellen die Biographien stets selektive Vergegenwärtigungen dar und stiften Zusammenhänge, die es so vorher vielleicht gar nicht geben konnte (vgl. Hahn, 1988).

Konstruktivistische Ansätze der Biographieforschung gehen also davon aus, dass lebensgeschichtliche Erfahrungen und das biographisch verankerte Selbst- und Weltverständnis sprachlich-kognitive Konstrukte sind, die in narrativ strukturierten Retrospektiven auf das eigene Leben gebildet werden. Da wir auch durch Sprache geformt und gelenkt werden, hat der Mensch in dieser Auffassung auf seine eigene Lebensgeschichte keinen von seinen sprachlichen Möglichkeiten unabhängigen und interpretationsfreien Zugriff (vgl. Schmitt, 1995/1996). Bude (1988) geht im Gegenteil davon aus, dass die realen Lebenskonstruktionen durchaus eine Gestalt aufweisen, die in der Erzählung über das eigene Leben sichtbar wird. Andere Autoren, wie z. B. Corsten (1999), Oevermann (1991) und Fischer-Rosenthal und Rosenthal (1997) gehen in ihren Biographiekonzeptionen von einem in der Analyse zu ermittelnden Spannungsverhältnis zwischen der Handlungsgeschichte des Individuums und der Erzählung über diese Handlungen aus. Im Großen und Ganzen lässt sich die Biographie als eine sinnhafte Deutung eines Lebenslaufs verstehen. Solchen Sinnbildungsprozessen wird in der verstehenden Soziologie eine Bedeutung für die Gestaltung jeweils aktuellen Handelns zugesprochen (zit. nach Sackmann & Wingens, 2001, S. 29).

Gegenstand der Biographieforschung ist Marotzki (2011) zufolge die soziale Wirklichkeit, die die Menschen in Auseinandersetzung mit sich, mit anderen und der Welt für sich selbst jeweils herstellen. Das primäre Ziel der Biographieforschung ist die individuumsnahen Erfahrungsräume zu explorieren. Unabhängig davon gilt auch für diese Art der Forschung, dass die jeweiligen sozialen und kulturellen Räume verstanden und empirisch untersucht werden müssen. Die Biographie enthält gewissermaßen beides: die Einwirkungen der sozialen Umwelt auf das Subjekt und die Einwirkungen des Subjekts auf die soziale Umwelt (vgl. Ecarius, 1998; Marotzki, 2011). Biographieforschung hat laut Kohli (1988) keineswegs nur mit „Biographisierung" im Sinne von eigenständiger Konstruktion zu tun, sondern ebenso mit der Rekonstruktion der kulturell vorgegebenen (institutionalisierten) biographischen Schemata und ihrer Geschichte. Das Subjekt genießt in der Biographieforschung allerdings eine gewisse Vorrangstellung. Die interessierenden sozialen Phänomene werden in der Biographieforschung aus dem Blickwinkel einzelner Menschen analysiert (vgl. Marotzki, 2011). Man nutzt hier die Möglichkeit zu erfahren, wie Subjekte ihre Erlebnisse in Wechselwirkung zur sozialen Wirklichkeit im Laufe ihres Lebens bearbeiten und in den biographischen Verlauf integrieren (vgl. Phon-Weidinger, 2012).

Biographien können auch als Lerngeschichten betrachtet werden. In den Erziehungswissenschaften hat sich die Biographieforschung zu einem eigenständigen Forschungsgebiet entwickelt. Deren Schwerpunkte sind die empirische Forschung, Methodologie und die Erörterung der Begriffsbildung von Biographie und Bildung oder Biographie und Lernen. Lebensgeschichten werden hier nach Schulze (1993) als Lerngeschichten betrachtet. „Biographie wird verstanden als Bildungsschicksal, als Lerngeschichte, als Prozess, Produkt und Potential in einem". Sie wird zu einem Erfahrungsreservoir und Sinnhorizont für neue Erlebnisse wie auch für alltägliches Handeln (zit. nach Ecarius, 1998, S. 134).

Lebenslauf als psychologisches Problem

Das Ziel der Lebenslaufspsychologie ist es, aufgrund der empirischen Daten möglichst genaue Aussagen über allgemeine Gesetzmäßigkeiten des menschlichen Lebenslaufs zu machen. Das erste große ambitionierte Werk über den menschlichen Lebenslauf in der Psychologie wurde von Charlotte Bühler im Jahr 1933 verfasst. Sie legte ihren Schwerpunkt auf die Reifungsprozesse des Menschen, die interne Organisation und Struktur des Seelenlebens im Zusammenhang mit den Entwicklungsverläufen des Gesamtlebenslaufs (vgl. Bürmann & Herwartz-Emden, 1993). Eine der Hauptschwierigkeiten der wissenschaftlichen Psychologie bei der Erforschung des menschlichen Lebenslaufs liegt – so C. Bühler – darin, „dass das menschliche Leben sich in so vielen verschiedenen Bereichen, so verschiedenen Daseinsschichten und verschiedenen Tiefenlagen abspielt“ (Bühler, 1959, S. 10). Ein Lebenslauf stellt laut C. Bühler (1959) das Schicksal eines Menschen dar, das sich zu einer bestimmten Zeit der Weltgeschichte, unter bestimmten geographischen und lokalen Verhältnissen, in einer bestimmten Kultur abspielt. Lebenslauf ist für sie auch als die Lebensgeschichte einer Person, bestehend aus einer Abfolge von Ereignissen, Erlebnissen und Produktionen, zu verstehen. Als drittes begreift sie den Lebenslauf als Entwicklung einer Persönlichkeit, bedingt durch eigene Gegebenheiten und bestimmte psychische und soziale Umwelteinflüsse. Dazu gehören auch die Reifungs-, Lern- und Motivationsprozesse eines psychophysischen Systems, der Auf- und Abbau eines Organismus. C. Bühler war damals schon klar, dass die einzelnen Forscher sich vorläufig auf die Bearbeitung einzelner Aspekte dieses großen Problemkreises beschränken müssen. Sie selbst hat sich aber an eine ganzheitlich orientierte und empirisch fundierte Lebenslaufforschung gewagt. In ihrem groß angelegten Forschungsprojekt hat sie sich vorgenommen, den menschlichen Lebenslauf als Ganzes zu erfassen, in allen Aspekten, die ihn gestalten und die für das Individuum zu bewältigen sind, von den Strukturtendenzen bis zu Zielen und Werten, die einen Lebenslauf bestimmen (vgl. Bürmann & Herwartz-Emden, 1993). Die psychologischen und soziologischen Orientierungen sind nah verbunden gewesen (vgl. Mayer, 2003).

Anhand der empirischen psychologischen Daten aus 250 Lebensläufen konzipierte Charlotte Bühler eine fünfphasige Lebenslaufkurve, wobei sie diese grundsätzlich auf das biologische Grundschema mit Grundphasen von Geburt, Wachstum, Reife und Reproduktion sowie Verfall und Tod bezog (vgl. Bühring, 2007). Die biologische Struktur des Lebenslaufes hat sie analog in das soziale Leben des Individuums übertragen mit den Prinzipien von Expansion und Restriktion. Hinsichtlich des subjektiven Erlebens des Lebens als Ganzes ist sie davon ausgegangen, dass das Leben auf ein Ziel und eine Richtung hingeführt wird, die sie Lebensbestimmung nannte. Unter dem Kriterium des Erlebnisses der Lebensbestimmung hat sie auch für eine Normalstruktur im subjektiven Lebenslauf fünf Erlebnisphasen differenziert (vgl. Bühler, 1959).

Das Werk „*Der menschliche Lebenslauf als psychologisches Problem*“ ist laut Bürmann und Herwartz-Emden (1993) einerseits in seinem mehrdimensionalen Anspruch imponierend und bewunderungswürdig, andererseits hat sich C. Bühler, ihrer Meinung nach, mit diesem Anspruch gelegentlich übernommen. Bis in die 1960er Jahre hat sie wenig explizite Reduktionen vorgenommen und in der Regel eine Auseinandersetzung mit den Grenzen wissenschaftlicher Erkenntnismöglichkeiten für das komplexe Forschungsgebiet des menschlichen Lebenslaufs vermieden. In der zweiten Auflage des Buches im Jahr 1959 und in ihrem späteren Werk „*Psychologie im Leben unserer Zeit*" im Jahr 1962 hat sie nicht mehr so sehr die biologischen Aufbau- und Abbauprozesse für die phänomenologische Betrachtungsweise des Lebensganzen als wesentlich erachtet, sondern die vier werthaltigen Grundtendenzen Bedürfnisbefriedigung, adaptive Selbstbeschränkung, schöpferische Expansion und Aufrechterhaltung der inneren Ordnung (vgl. Bühring, 2007). Diese Grundtendenzen dienen der Erfüllung der Selbstverwirklichung, die Charlotte Bühler als Sinn und Ziel des menschlichen Lebenslaufs betrachtet. Sie sind sowohl zur Charakterisierung von Individuen und zum Verständnis ihrer Störungen geeignet, könnten aber auch zur Analyse des Lebensverlaufs dienen, da sie in unterschiedlichen Lebensphasen unterschiedlich dominant sind. Diese Kategorien haben sich bei der Untersuchung und Beschreibung von Lebensläufen und -konflikten offenbar als zu allgemein erwiesen. Zehn Jahre später hat C. Bühler den menschlichen Lebenslauf bezogen auf den Gesichtspunkt der Lebensziele analysiert. Die Arbeit, die sie gemeinsam mit Fred Massarik herausgegeben hat, trägt den Titel „*Lebenslauf und Lebensziele. Studien in humanistisch-psychologischer Sicht*". Hier wird weiter eine multiperspektivistische Sicht des menschlichen Lebenslaufs verfolgt (vgl. Bürmann & Herwartz-Emden, 1993).

Charlotte Bühler war die erste, die im Rahmen ihrer Lebenslaufforschungen den „Entwicklungsbegriff" auf alle Lebensphasen ausgedehnt hat (vgl. Bühring, 2007). Thomae (1974) sieht durch die Arbeit von C. Bühler dadurch das Fundament für eine „life-span-developmental psychology" geschaffen (zit. nach Bürmann & Herwartz-Emden, 1993, S. 218). In ihrer Forschung waren die psychologischen und soziologischen Orientierungen auf den menschlichen Lebenslauf noch eng miteinander verknüpft (vgl. Mayer, 2003).

Lebensspannenpsychologie

Lebensspanne wird manchmal identisch mit den Begriffen von Lebenslauf, Lebensgeschichte oder Lebenszyklus benutzt. An der Lebensspanne orientierte Entwicklungspsychologie beschäftigt sich mit der Klassifikation von Lebensereignissen nach ihrer Anbindung an das chronologische Alter (vgl. Elder et al., 2003). Dabei sind auch die historische Zeit und der Zeitpunkt innerhalb der Biographie, Sequenz, Dauer und Simultaneität von Lebensereignissen wichtig, um die Bedeutung dieser Ereignisse zu verstehen (vgl. Hultsch & Cornelius, 1995). Die Lebensspannenpsychologie betrachtet die Entwicklung auf der Grundlage von Biologie und Kultur. Dabei stehen die Veränderungen der kognitiven Fähigkeiten, des Gedächtnisses, der Emotionen, der Wahrnehmung oder Resilienz im Zentrum ihrer Forschungsinteressen (vgl. Mayer, 2003).

Seit der Ausweitung des Gegenstandes der Entwicklungspsychologie von den universellen Wachstumsverläufen des Kindesalters auf die weit variablen Veränderungen des Erwachsenenalters ist es üblich geworden, sich zur Beschreibung und Erklärung von Entwicklungsprozessen auch an objektiv fassbaren Lebensereignissen zu orientieren (Baltes et. al., 1980; zit. nach Gräser et. al., 1995, S. 104). Während die Lebensspannenpsychologie die Entwicklung über die Lebensspanne in erster Linie als Veränderung von genetisch und organisch bedingten Funktionsfähigkeiten sowie als Anpassung von Verhalten betrachtet, versucht die Lebenslaufsoziologie die Evolution des Lebenslaufes primär als Ergebnis von institutioneller Regulierung und sozialen Strukturkräften zu verstehen (vgl. Mayer, 2003).

Soziologische Lebenslaufforschung

Der Lebensverlauf als Forschungsgegenstand spielt in den Sozialwissenschaften eine besondere Rolle. Aus Selbstzeugnissen und zahlreichen qualitativen Studien stehen reichhaltige autobiographische Materialien zur Verfügung, die für Psychologen, Soziologen, aber auch Vertreter anderer wissenschaftlichen Disziplinen wichtige Datenquellen sind (vgl. Brückner, 1990). Die Lebenslaufsoziologie untersucht vorwiegend die gesellschaftlichen Einflüsse auf den individuellen Lebenslauf. Sie sieht die Evolution von Lebensläufen primär als Resultat von institutioneller Regulierung und Einflüssen von sozialen Strukturen. Der Begriff „Lebenslauf" kennzeichnet für den Soziologen eine Sequenz von Aktivitäten, Zuständen oder Ereignissen in verschiedenen Lebensbereichen, die von der Geburt bis zum Tod andauern. Soziologische Lebenslaufforschung beschäftigt sich mit der Beschreibung und Erklärung von synchronischer und diachronischer Verteilung von individuellen Personen in sozialen Positionen während ihrer Lebenszeit (vgl. Mayer, 2003). Grundlegende Aufgabe der Soziologie des Lebenslaufs ist es also, statistisch regelhafte Lebensverlaufsmuster, d. h. alterszeitliche Lokalisation, Sequenzordnung und Intervalldauer von Lebensereignissen, zu beschreiben und vor dem Hintergrund sozialstrukturell institutionalisierter Altersgradierungs- und -sequenzierungssysteme zu erklären (vgl. Heckhausen, 1990).

Linda K. George (2003) unterscheidet zwei Hauptformen in der empirischen Lebenslaufforschung. Die erste Forschungstradition konzentriert sich auf den Lebenslauf an sich. Hier werden vier primäre Fragestellungen erforscht. Die erste konzentriert sich auf die Beschreibung der Konturen von Lebensläufen über Zeit und Ort. Die zweite hat ihren Fokus auf die historische Entstehung des Lebenslaufes als erkennbares Muster mit begleitenden Normen und sozialen Bedingungen gerichtet. Das dritte Thema in dieser Tradition sind die multiplen Einflüsse der historischen Ereignisse und Bedingungen auf die Veränderungen des Lebenslaufes. Zuletzt werden die Heterogenität von Lebensläufen sowie die sozialen Besonderheiten und Bedingungen erforscht, die diese Vielfalt erzeugen. Die zweite Forschungstradition interessiert sich weniger für den Lebenslauf an sich als für die Auswirkungen von einem oder mehreren seiner zentralen Prinzipien, wie z. B. Arbeit oder Gesundheit, über längere Zeitperioden.

In der Lebenslaufsoziologie wird angenommen, dass es einen gesellschaftlichen Strukturzusammenhang in Lebensläufen gibt, woran die Individuen ihre Lebensplanung orientieren und den für sie optimalen Weg zu gestalten versuchen. Ein Ziel der soziologisch ausgerichteten Lebenslaufforschung ist es, derartige gesellschaftliche Erwartungs- und Handlungsstrukturen zu verstehen und zu analysieren (vgl. Sackmann, 2013). Die Personen orientieren aus dieser Perspektive ihre Lebenslaufentscheidungen an den institutionellen Definitionen, auch wenn sie von ihnen abweichen. Aus diesem Grunde kann die Aggregierung der Entscheidungsfolgen der einzelnen Personen soziale Strukturen abbilden. Die Lebensläufe stellen somit ihrerseits einen Zugang zur Sozialstruktur dar (vgl. Meulemann, 1990).

Den Lebenslauf definiert Angela O'Rand (2003) als ineinander greifende Sequenzen von altersabhängigen Rollen in den Lebensbereichen von Familie, Ausbildung, Arbeit, Gesundheit und Freizeit. Der menschliche Lebenslauf ist aus ihrer Sicht ein Produkt der Verbindung zwischen den Institutionen wie Staat, Markt und Familie (Geschlecht) auf einer Seite und demographischen Verhalten der Menschen während der Lebensspanne auf der anderen Seite. Aus soziologischer Perspektive werden die Lebensläufe nicht als Lebensgeschichten von Personen als Individuen, sondern hauptsächlich als strukturierte dynamische Ausdrucksformen von sozialen Strukturen betrachtet (vgl. Mayer, 2003). Es geht dabei also um die Folge von Entscheidungen einzelner Personen in institutionell vorgegebenen Alternativen in den verschiedenen Bereichen des sozialen Lebens, an denen die Person im Lauf ihres Lebens teilhat. Lebenslaufentscheidungen beziehen sich retrospektiv und prospektiv auf andere Entscheidungen im gleichen Lebensbereich. Vorbereitung durch Lehre oder Studium geht z. B. einer Berufstätigkeit voraus. Die einzelnen Schritte folgen nicht nur aufeinander, sondern kumulieren. Die Kumulation ist wiederum durch die Institutionen des sozialen Lebensbereichs vordefiniert. Die Verteilungsmuster solcher Entscheidungen spiegeln die sozialen Strukturen wider (vgl. Meulemann, 1990). Diese Kumulation kann auch als Aufeinanderfolgen von verschiedenen Lebensphasen betrachtet werden.

2.2.2 Lebensphasen und kritische Ereignisse im Lebenslauf

Die Versuche den menschlichen Lebenslauf in Phasen zu unterteilen haben eine lange Geschichte. Differenzierte Beschreibungen verschiedener Lebens- und Entwicklungsabschnitte finden sich in philosophischen Weisheitslehren von der Antike bei Platon oder Cicero bis zur Neuzeit bei Schopenhauer (vgl. Rosenmayr, 1978; Brandtstädter, 1990). Die älteste Aufstellung der Lebensphasen in unserer Kultur entstand vor etwa 2.600 Jahren und wird Solon zugeschrieben (vgl. Dekkers, 2001). Der menschliche Lebenslauf ist sowohl im alltäglichen als auch im wissenschaftlichen Verständnis überwiegend als gegliedert aufgefasst und dargestellt worden (vgl. Olbricht, 1995). Die Biographie wird von den meisten Personen als ein gerichteter Prozess beschrieben, der an einem bestimmten Ziel orientiert mehrere sukzessiv aufeinander aufbauende Stadien durchläuft (vgl. Schimank, 1988).

Die Einteilung in den Stufen basierte früher z. B. auf bestimmten aus der Kosmologie bzw. Astrologie oder Religion entlehnten Vorstellungen, die es erlaubten, den Lebenslauf nach vier, sieben oder zehn Jahresintervallen gliedern zu können. Historisch gesehen sind Lebensphasentheorien Korrelate allgemein moralphilosophischer, geschichtstheologischer und anderer Grundkonzeptionen eines Systems gewesen. Erst durch das Hervortreten des Erziehungsgedankens im 18. Jahrhundert gewinnen die Theorien menschlicher Lebensphasen eigenständige Bedeutung. Aus diesem Konzept tritt dann das Entwicklungsdenken hervor, das den Nährboden für die Entstehung der wissenschaftlichen Lebensaltersforschung gab und immer noch gibt (vgl. Rosenmayr, 1978). Die bekannten Stufenmodelle der Entwicklungspsychologie betonen zwischen den universellen Übergängen liegende, relativ statisch gesehene Entwicklungsabschnitte. Während die Anthropologie sich mit der Altersstufung und den rituell markierten Übergängen von einer zu nächsten Stufe befasst, betont die Soziologie die gesellschaftlichen Gliederungen in Altersgruppen, die mit unterschiedlichen normativen Anforderungen verbunden sind (vgl. Olbricht, 1995).

Die Phasierung des Lebenslaufs wird nicht nur durch das chronologisch-biologische Alter bestimmt, sondern auch durch die sozialen Normen, die zunehmend die biologischen Konstanten überformen (vgl. Ecarius, 1996). Die an ein bestimmtes Alter geknüpften Zäsuren bündeln jeweils ein vielfältiges kulturelles und soziales Wissen über die geltenden Vorstellungen von menschlicher Lebenszeit (vgl. Fitzon et. al. 2011). Soziologisch gesehen sind die meisten Übergänge im menschlichen Lebenslauf durch die sozialen Institutionen organisiert, um den Personen zu helfen, ihre Handlungen in ihren sozialen Rollen zu erhalten (vgl. Valsiner, 2000). Lebenslauf wird hier weder als Altersgraduierung noch als Lebenszyklus betrachtet, sondern als Sequenz von Statuskonfigurationen bezogen auf die Teilhabe von Individuen an sozialen Institutionen – vor allem an Bildung, Arbeit und Beruf, Familie und Sozialstaat. In der deutschen empirischen Sozialforschung wird meist davon ausgegangen, dass das Tempo, wie die einzelnen Statuskonfigurationen von Menschen durchlaufen werden, vornehmlich und vorzüglich institutionell erklärt werden kann, da Anfangs- und Endpunkte einzelner Phasen zeitlich fixiert sind. In der amerikanischen Soziologie werden Lebensläufe seltener als Ergebnis institutioneller Vorgaben und Zwänge gesehen. Hier wird eher nach den individuellen Gründen für eine Sequenzierung des Lebenslaufs gefragt (vgl. Allmendinger, 1990). Auch die empirischen Untersuchungen von Lehr und Thomae sowie die von Eichorn et.al. (1981) ausgewertete Längsschnittuntersuchung machen es notwendig, von einer „subjektiven Gliederung des Lebenslaufes" auszugehen (zit. nach Kruse, 1987, S. 120).

Die Unterteilung von Lebensläufen ist keine einfach zu beantwortende Frage. Die Strukturierung von Lebenslagen entsteht, so Heinz (2001, S. 7), „aus einer komplexen Verschränkung sozioökonomischer Prozesse, institutioneller Praktiken, sozialer Interessen und individueller Entscheidungen für bestimmte Lebensformen und Lebenspfade". In der psychologischen Lebenslaufforschung wird das Ziel, den Lebenslauf in Phasen zu gliedern, von den entwicklungstheoretischen Arbeitsrichtungen verfolgt. Diese Forschungsrichtungen zentrieren ihre Aufmerksamkeit auf die Art des Verlaufs des Lebens von der Geburt bis zum Tod und insbesondere auf dessen Gliederung in Phasen und Stufen. Dabei wird hier von Umgebungseinflüssen relativ unabhängiger Wendepunkte oder von typischen „kritischen Ereignissen" der Entwicklung in bestimmten Lebensabschnitten ausgegangen (vgl. Thomae, 1998). In der soziologischen Lebenslaufforschung werden eher die Begriffe von „Übergang" und „Verlauf" bevorzugt, um die Dynamik des Lebenslaufes zu erfassen (vgl. Sackmann & Wingens, 2001).

Da es nicht nur den Lebenslauf, sondern viele verschiedene Lebensläufe gibt, ist die Aufgabe schwierig, die Abschnitte des Lebenslaufs nach klaren Kriterien zu bestimmen und die Phasen des Lebenslaufes untereinander abzugrenzen (vgl. Deutsch & Krause, 1999; George, 2003). Die empirischen Untersuchungen längerer Lebenslaufsegmente mit dem Ziel, die Häufigkeit des Auftretens bestimmter Übergangssequenzen herauszufinden, machen klar, dass es keine „durchschnittlichen Lebenslaufmuster" gibt und jeder Lebenslauf einzigartig ist (vgl. Sackmann & Wingens, 2001). Trotzdem unternehmen verschiedene soziologisch und psychologisch orientierte Lebenslaufforscher Versuche, allgemeingültige Unterteilungen, Phasen oder Strukturen des Lebenslaufs zu finden.

Die Strukturierung der Lebensspanne durch verschiedene prominente Vertreter der Psychologie, wie z. B. C. Bühler oder Erikson, weisen auf Unterschiede hin, die einmal durch die verschiedenen theoretischen Ausgangsorte und empirischen Vorgehensweisen, zum anderen durch unterschiedliche methodische Orientierungen und Ansprüche, nicht zuletzt aber durch die engen Grenzen einer jeden generalisierenden Aussage über Phasen und Stufen im Erwachsenenalter bedingt sind (vgl. Lehr, 1998). „Der Begriff der Entwicklungsphase ist ein umstrittener", meint C. Bühler und gliedert trotzdem den Lebenslauf in fünf Phasen von Geburt, Wachstum, Reife und Reproduktion sowie Verfall und Tod des physischen und psychischen Prozesses (C. Bühler, 1959, S. 86). Eine der bekanntesten und theoretisch einflussreichsten Gliederungen des gesamten Lebenslaufes stammt von E. H. Erikson.

Der vollständige Lebenszyklus bei Erik H. Erikson

Der Psychoanalytiker Erik H. Erikson hat in seinem Stufenmodell der psychosozialen Entwicklung die ursprünglich auf die infantile Triebentwicklung konzentrierte psychoanalytische Sichtweise auf die menschliche Entwicklung um die soziale Dimension erweitert. In seiner Theorie über die menschliche Identitätsentwicklung über den ganzen Lebenszyklus versucht er die biologischen, kulturellen und psychodynamischen Einflüsse zu synthetisieren (vgl. Erikson, 1973). Jeder der acht in dem Buch „*Kindheit und Gesellschaft*" erstmals im Jahr 1950 beschriebenen Entwicklungsstufen stellt eine Krise und einen Konflikt dar, mit dem das Individuum sich aktiv auseinandersetzen und den es lösen muss. Krisen entstehen demnach dadurch, dass die menschliche Entwicklung sich in Polaritäten bewegt. Die erfolgreiche Bewältigung dieser in der jeweiligen Lebensphase erleichtert die Bewältigung der nächsten Phase und dient als Fundament für die darauffolgende Entwicklung (vgl. Schweitzer, 2011).

In seinem ersten Jahr befindet sich das Kind in einem Konflikt zwischen Ur-Vertrauen und Ur-Misstrauen, wobei es hier auf die Verlässlichkeit der Bezugspersonen angewiesen ist. Werden dem Kind Forderungen nach körperlicher Nähe, Sicherheit, Geborgenheit verweigert, entwickelt es Bedrohungsgefühle und Ängste, da eine weitgehende Erfüllung dieser Bedürfnisse lebenswichtig ist. Im zweiten Stadium vom zweiten bis zum dritten Lebensjahr befindet sich das Kind in der psychosozialen Krise zwischen Autonomie vs. Scham und Zweifel. Das Kind muss hier das Gefühl haben, explorieren oder seinen Willen durchsetzen zu dürfen, ohne dass dadurch der früher erworbene „Schatz" des Vertrauenkönnens und Geborgenseins in Gefahr gerät. Zwischen dem vierten und sechstem Lebensjahr muss das Kind den Konflikt zwischen Initiative vs. Schuldgefühl überwinden. Ab dem sechsten Lebensjahr bis zur Pubertät wird man mit dem Konflikt zwischen Werksinn und Minderwertigkeitsgefühlen konfrontiert. Im Jugendalter sollte man die eigene Identität und soziale Rolle in der Gesellschaft finden, also den Konflikt zwischen Identität vs. Ablehnung und ggf. Identitätsdiffusion überwinden. Im früheren Erwachsenenalter steht der Konflikt zwischen Intimität und Solidarität vs. Isolierung im Mittelpunkt. Dabei geht es darum, eine Balance zwischen beziehungsorientierten und isolierenden Lebensaspekten zu finden. Im Erwachsenenalter folgt der Konflikt zwischen Generativität und Stagnation. Generativität bedeutet die Fähigkeit, eigene Liebe und Engagement für zukünftige Generationen tragen zu können. Wird dieser Konflikt erfolgreich gelöst, erlangt das Individuum die Fähigkeit zur Fürsorge ohne sich selbst dabei aus den Augen zu verlieren. Das letzte Stadium im reifen Erwachsenenalter bringt den Konflikt zwischen Integrität und Verzweiflung mit sich. Angst vor dem Tod führt zur Verzweiflung. Durch erfolgreiche Meisterung dieser Phase erlangt der Mensch Weisheit, die Fähigkeit, dem Tod ohne Furcht entgegensehen und sein Leben annehmen zu können (vgl. Erikson, 2005, 2012).

Den gesamten Lebenszyklus und nicht nur die Kindheit psychoanalytisch zu betrachten, galt zu seiner Zeit als bahnbrechende Leistung, die Erikson zu einem der ersten Vorläufer der Lebensspannenpsychologie macht (vgl. Schweitzer, 2011). Kritisiert wird seine Vorgehensweise wegen der Vorwegnahme der Entscheidung für ein bestimmtes Phasenmodell bevor überhaupt Biographien gesammelt und empirisch untersucht worden waren. Bei einer Auswertung von mündlich berichteten Biographien hat Lehr (1998) festgestellt, dass im Durchschnitt weit mehr markante Einschnitte im eigenen Leben wahrgenommen werden als dies nach allen in der Literatur bis dahin vorliegenden Gliederungsversuchen erwartet werden konnte. Auch scheint der Grad der persönlichen Bedeutsamkeit durch die biographische Einbettung bestimmt zu sein. So werden von Lehr (ebd.) auch die üblichen Fragebögen zu „kritischen Lebensereignissen" kritisiert, da sich mit diesen die erlebten Zäsuren der eigenen Biographie, die auf ganz persönlichen Erlebnissen und Erfahrungen basieren, nicht erfassen lassen.

Kritische Lebensereignisse

Im Verlauf des Lebens tritt bekanntlich eine große Anzahl wichtiger und unwichtiger Ereignisse auf. Alle Lebensereignisse steuern die Biographie dadurch, dass durch sie einmal eingeschlagene Lebenswege sich verändern können (vgl. Hoerning, 1987). Die klassische Lebensereignisforschung ist epidemiologisch orientiert. Sie sucht vorwiegend nach statistischen Zusammenhängen zwischen bestimmten Lebensereignissen und Erkrankungen (vgl. Gräser et. al., 1995). Aus der

Perspektive der Entwicklungspsychologie der Lebensspanne können alle Lebensereignisse mindestens drei Klassen zugeordnet werden. Zum ersten gibt es auf das Alter bezogene Lebensereignisse, die mit der ontogenetischen Entwicklung des Individuums korrespondieren, wie z. B. Heirat, Geburt des Kindes oder Eintritt in den Ruhestand. Solche Ereignisse verleihen dem Lebenslauf und seinen Übergangsstadien seine Form. Zum zweiten gibt es auf die historische Zeit bezogene Lebensereignisse, die mit biokulturellen Veränderungen einhergehen. Ereignisse wie Kriege, technologischer Wandel oder ökonomische Krisen differenzieren die Lebenskontexte unterschiedlicher Geburtskohorten. Drittens lassen sich nonnormative Ereignisse nennen, die nur lose mit ontogenetischen oder sozialkulturellen Veränderungen verbunden sind. Sie umfassen Lebensereignisse, die auf relativ kleine Gruppen der Population begrenzt sind (z. B. Fluten oder temporäre Arbeitslosigkeit) oder die für einzelne Personen hinsichtlich ihres Zeitpunkts im Lebenslauf einzigartig sind – wie z. B. Scheidung oder Tod des Ehegatten. Alle Lebensereignisse können einer dieser Kategorien zugeordnet werden, indem man prüft, in welchem Maße sie mit chronologischem Alter, historischer Zeit oder Epoche kovariieren (vgl. Hultsch & Cornelius, 1995).

Viele der vorliegenden Phasenlehren der menschlichen Entwicklung sind durch die Annahme bestimmt, dass typische „kritische Ereignisse" oder Wendepunkte biologisch oder sozial in der Biographie der Menschen vorprogrammiert seien. Anhand der erwartbaren, aber auch mancher unerwartbaren Lebensereignisse wird der Lebenslauf oft in einzelne Etappen unterteilt (vgl. Ecarius, 1996). Die Beispiele solcher Gliederungen des Lebenslaufes durch „Krisenzeiten" sind u. a. bei Vaillant (1979), Levinson (1978) und Riegel (1975) zu finden. Stressreiche Lebensereignisse werden als solche Ereignisse aufgefasst, die eine bedeutsame Veränderung im aktuellen Lebensmuster des Individuums erfordern oder auf eine solche hindeuten (vgl. Hultsch & Cornelius, 1995). Die Annahme vorprogrammierter „normaler" Krisenzeiten im Lebenslauf wird durch verschiedene Autoren wie Datan (1979) oder Fiske (1980) kritisiert und lässt sich empirisch nicht belegen (vgl. Lehr, 1998). Für die Zeitpläne der signifikanten Übergänge im Lebenslauf, die als eine Vorlage für den erwartbaren Lebenslauf dienen können, fehlen die empirischen Beweise. Die empirischen Daten bezüglich der langfristigen Sequenzen oder Verläufe des Lebenslaufes zeigen ein Bild von extremer Vielfalt (vgl. George, 2003).

Es wird allgemein angenommen, dass es sich bei „kritischen Lebensereignissen" um „reale Lebenserfahrungen" einer besonderen affektiven Tönung handelt, die sich für die Person als Zäsuren im Geschehensablauf darstellen und die auch retrospektiv betrachtet häufig als Einschnitte und Übergänge im Lebenslauf wahrgenommen werden. Die wissenschaftliche Präzisierung dessen, was Lebensereignisse kennzeichnet und was sie gar zu „kritischen" Ereignissen macht, ist ein kontrovers diskutiertes Anliegen (vgl. Filipp, 1995). Kritisch wird auch die Einengung des Begriffs „bedeutsame Ereignisse" nur auf kritische oder belastende Lebensereignisse betrachtet (vgl. Lehr, 1998). Bei der „critical-Life-Event"-Forschung nach Katsching und Nouzak (1998) werden die Veränderungen in der Lebenssituation erfasst, die einen mehr oder weniger katastrophalen Charakter haben und bei entsprechender Häufung und zeitlicher Verdichtung zu Schwierigkeiten in der physischen und/oder psychischen Anpassung und damit zu Erkrankungen führen (vgl. Thomae, 1998). In dieser Forschungsrichtung wird jedoch zwischen „positiven Stressoren" und „negativen Stressoren" unterschieden. Sie beide werden als entwicklungsfördernd angesehen (vgl. Lehr, 1998).

Biographische Untersuchungen machen deutlich, dass weniger bestimmte Lebensereignisse selbst für die weitere Entwicklung entscheidend sind, als vielmehr deren kognitive Repräsentanz und die Formen der Auseinandersetzung mit diesen. Laut Thomae (1971) sind die Reaktionsweisen und Auseinandersetzungsformen auch mehrfach determiniert. Sie sind einmal biographisch geprägte, persönlichkeitsspezifische Sozialisationseffekte. Sie sind aber auch vom Erleben der gegenwärtigen Situation bestimmt, was wiederum sowohl von der bisherigen Entwicklung bzw. Lebensgeschichte abhängt als auch von einer Vielzahl von Aspekten der Gegenwartssituation und schließlich vom Zukunftsbezug mitbestimmt wird (zit. nach Lehr, 1998, S. 314–316). Auch wenn die Ausmaße der Veränderungen der Biographie durch das Eintreten eines Lebensereignisses interindividuell unterschiedlich sind, sind die dadurch ausgelösten Handlungsverläufe jedoch nicht ohne kollektive Anbindung. Wie die Ereignisse wahrgenommen und verarbeitet werden, ist davon abhängig, welche sozialen Deutungsmuster für den Bearbeitungsprozess mobilisiert werden. Zur Erklärung von Lebenswegen durch Lebensereignisse sind also sowohl die sozialkollektiven als auch die durch Lebenserfahrungen biographisch erworbenen Deutungsmuster relevant (vgl. Hoerning, 1987; Meulemann, 1990). Das Verhältnis der Makroebene gesellschaftlicher Entwicklung und der Mikroebene individuellen Handelns ist ein Dauerthema der Soziologie. Die Lebensverlaufs-Forschung mit den Begriffen von Übergang, Verlauf und Sequenz stellt einen Versuch dar, diese Perspektiven vor allem auf empirischer Ebene aneinander näherzubringen (vgl. Mayer, 1990).

Übergang und Verlauf in der Lebenslaufperspektive

Statusübergänge besitzen für die soziologische Analyse des Lebenslaufs einen zentralen Stellenwert. Die relevanten Übergänge sind hier nicht bloße Lebensereignisse, sondern haben in gewissem Umfang einen institutionellen Charakter (vgl. Konietzka, 2010). Bei den Übergängen handelt es sich um in gesellschaftliche Übergangsstrukturen eingebettete Statuswechsel, die laut Kutscha (1991) unterschiedlich umfangreich normiert sind und mit einem individuell zu bewältigenden Wechsel von Identitätssegmenten verbunden sind. Übergangsforschung verbindet in ihrer Analyseperspektive die soziale Regulierung von Übergängen mit der subjektiven Bewältigung dieser Übergänge in biographischer Perspektive (zit. nach Sackmann & Wingens, 2001).

Der Übergang in das Erwachsenenalter besitzt z. B. für den Lebenslauf eine herausragende Stellung. Er repräsentiert eine Lebensphase, in deren Verlauf Jugendliche den Status der sozialen, wirtschaftlichen und psychischen Unabhängigkeit von der eigenen Herkunftsfamilie erreichen. Dieser Übergang ist gleichbedeutend mit einer Statuspassage, in welcher der biographische Status einer Person auf unterschiedlichen Dimensionen neu definiert wird. Diese Statuspassage erstreckt sich wiederum über verschiedene Teilübergänge, mehrere Lebensbereiche und zeichnet sich durch eine hohe „Ereignisdichte" aus. Die Soziologie des Lebenslaufs hat einen beträchtlichen Bestand an Studien zu Übergängen hervorgebracht, die den Übergang in das Erwachsenenalter konstituieren – zu Übergängen im Bildungssystem, zum Erwerbseinstieg, zu Partnerschaften, Heirat und Familiengründung (vgl. Konietzka, 2010).

Die Begriffe von Übergang und Verlauf stellen eine durch Glen Holl Elder entwickelte konzeptionell-begriffliche Grundlage dar, auf der die dynamischen und die prozesshaften Aspekte des Lebenslaufes akzentuiert werden. Elder präferiert das Konzept des Übergangs gegenüber dem Ereignisbegriff im Sinne von „live event", weil viele Veränderungen im Lebensverlauf nicht nur als punktförmige Zustandswechsel, sondern prozesshaft erfolgen und eine gewisse Zeit in Anspruch nehmen. Verlaufskonzept wird durch mehrere Synonymbegriffe wie z. B. „life history" oder „sequence of life events" definiert. Dazu wird auch eine Pfad-Metapher verwendet. Übergänge sind laut Elder immer in Verläufe eingebettet, die ihnen eine bestimmte Form und Bedeutung geben (zit. nach Sackmann & Wingens, 2001, S. 19–20).

Die von Karl Ulf Mayer vertretene Lebenslaufforschungsperspektive konzentriert sich mehr auf den Begriff von Verlauf. Lebensverlaufs-Forschung bezieht sich laut Mayer (1990) auf die Untersuchung sozialer Prozesse, die sich über den gesamten Lebensverlauf oder wesentliche Teile davon erstrecken. Gegenstand der Analyse ist der individuelle Lebensverlauf als eine Abfolge von Aktivitäten und Ereignissen in verschiedenen Lebensbereichen und verschiedenen institutionalisierten Handlungsfeldern. Ereignisse, Phasen, Übergänge und Lebensabschnitte können aus seiner Perspektive nicht isoliert und situativ betrachtet werden. Der

Lebensverlauf ist auch ein endogener Kausalzusammenhang. Spätere Ergebnisse, aber auch Zielsetzungen und Erwartungen sind zu verstehen und zu erklären aus Bedingungen, Entscheidungen und Erfahrungen der vorausgegangenen Lebensgeschichte.

Mit dem Begriff von „Sequenz" wird eine theoretisch-konzeptionelle Verknüpfung von Übergängen und Verläufen im dominierenden Lebenslaufparadigma geschaffen. Unter „Sequenz" wird ein Teil des Lebenslaufs verstanden, der mindestens zwei Übergänge im Sinne von Zustandswechseln umfasst. Der Sequenzbegriff ist damit konzeptionell zwischen der Orientierung auf den Gesamtverlauf einerseits und der Fokussierung auf einen Übergang andererseits angesiedelt (vgl. Sackmann & Wingens, 2001).

Wendepunkte im Lebenslauf

Wendepunkte (engl. turning points) beinhalten subjektive oder objektive substantielle Richtungswechsel eines Lebens (vgl. Elder et al., 2003). Seit dem Buch von Anselm L. Strauss aus dem Jahr 1959 „*Mirrows and masks: The search for identity*" stellen die Wendepunkte ein wichtiges soziologisches Konzept für die Erforschung von Identitätsveränderungen im Verlauf von Lebenszeit im Kontext einer sich ständig verändernden strukturellen, kulturellen und interpersonellen Umgebung dar (zit. nach Hackstaff, 2012, S. 1). Das Konzept des Wendepunkts kann aus der Sicht von Kupferberg (2012) nur als Ereignis verstanden und konzeptualisiert werden. Es ist weder eine Handlung oder Struktur noch Ordnung im typischen soziologischen Sinne. Mit der Konzeption von Wendepunkten wird die Möglichkeit einer Korrektur von Reduzierbarkeit von Gesamtverläufen auf einzelne Übergänge und die implizite Nicht-Korrigierbarkeit dieser relevanten Übergangsentscheidung berücksichtigt. Dadurch werden die Verläufe nicht auf einen Übergang reduzierbar, sondern lassen sich durch mehrere, unter Umständen auseinanderliegende Übergänge charakterisieren. In der quantitativen Forschung versucht man über die Konzeptionen „verlaufsprägende Übergänge" und „Wendepunkte" eine Brücke zwischen den Begriffen „Übergang" und „Verlauf" zu schlagen (vgl. Sackmann & Wingens, 2001).

Ein Wandel im Lebenslauf wird oft in Zusammenhang mit unerwarteten Veränderungen der Lebensumstände gesehen. Diese können durch Krankheiten oder auch andere Unfälle und Zufälle ausgelöst werden, die dann in den Worten aus dem Buchtitel von Michael Ohnewald (2009) „lauter ungerade Lebensläufe" produzieren. Aus der Sicht der ökologisch-systemischen Therapie vollzieht jeder seinen Lebenslauf in einem Netzwerk von fördernden und widerständigen Bedingungen. Viele Wendepunkte im Lebenslauf sind nicht vorhersehbar. Ein Wandel des Lebenslaufes geht oft mit der Auflösung bisheriger und dem Eingehen neuer Beziehungen einher. Hier geht es um die Frage, wie man trotz der Eigendynamik des Lebenslaufs aus seinem Leben eine sinnvolle und „gute" Geschichte machen kann (vgl. Willi, 2007). Eine der wichtigsten Orientierungsfaktoren im Lebenslauf stellt das Alter dar.

2.2.3 Lebensalter, Lebenszeit und Generation

Lebensalter, Lebenszeit und Generation gelten als einige der zentralen Erklärungsvariablen in der Soziologie des Lebenslaufes (vgl. Renn, 1987). Individualisierung und Differenzierung der Zeit ist das erste grundlegende Element vom Leben in der modernen Gesellschaft (vgl. Weymann, 2003). Ähnlich findet man bei Martin Kohli: „Die Entwicklung zur Moderne ist ein Prozess der Verzeitlichung des Lebens" (Kohli, 1990, S. 15). Die Art, wie Gesellschaften Lebensalter praktisch und begrifflich gliedern und bestimmte Lebenstrajekte als erstrebenswert oder typisch hervorheben, ist außerordentlich vielfältig (vgl. Elwert & Kohli, 1990).

Lebensalter galt erst als ein gesellschaftliches Ordnungsprinzip einer statisch und dauerhaft gedachten Sozialstruktur. Später hat sich das Interesse auf die Geschichte und Veränderung der Formen und Institutionen gerichtet, mit denen Gesellschaften den Ablauf von Zeit bewältigen, und zwar sowohl der historischen wie der individuellen Zeit. Lebensalter und Lebenslauf sind somit Verknüpfungslinien von gesellschaftlicher und individueller Entwicklung, deren Analyse nicht nur auf der Makroebene hoch aggregierter Strukturen bleibt, sondern Struktur und Handeln, Makro- und Mikroebene zueinander in Beziehung setzt (vgl. Kohli, 1990). Generationen- bzw. Kohortenfolge wird als Mechanismus betrachtet, über den strukturelle Veränderungen ablaufen. Die Prozesshaftigkeit des Alterns gehört zu den grundlegenden menschlichen Handlungsbedingungen. Dieser Naturprozess wird gesellschaftlich über die Altersnormen, über die Generationsbildungen, über biographische Gestaltungen und Kontinuitäten sowie über institutionelle Formationen von Übergängen in Lebensläufen gestaltet (vgl. Sackmann, 2013).

Lebensalter, Alter und Altersnormen

Die Verzeitlichung des Lebens hat sich hauptsächlich am chronologischen (kalendarischen) Alter als Grundkriterium orientiert (vgl. Kohli, 1990). Das Alter scheint allerdings nur auf den ersten Blick eine einfache Variable zu sein, weil es chronologisch leicht zu quantifizieren ist (vgl. Rosenmayr, 1978). Es ist jedoch nicht unumstritten, wann ein Leben beginnt und wann es endet (vgl. Deutsch & Krause, 1999; Sato & Valsiner, 2010). Selbst die scheinbar leicht direkt wahrnehmbaren biologischen Zustände werden in verschiedenen wissenschaftlichen

Disziplinen anders aufgefasst und diskutiert. Sie sind bis in die Gegenwart hinein kulturell überformt (vgl. Macho, 2000; Sackmann, 2013). Wissenschaftlich wird zwischen chronologischem, biologischem und sozialem Alter unterschieden. Als chronologisches Alter bezeichnet man die Möglichkeit, Alter exakt in Jahresschritten und Untereinheiten davon messen zu können. Unter einem biologischen Alter versteht man den körperlichen Prozess des Alterns. Soziales Alter wird als ein durch gesellschaftliche Kategorien und Normen bestimmtes Bündel an Erwartungen von Altersstatus und Altersrollen, die an ein Individuum herangetragen werden, definiert. Die Gesellschaft beeinflusst die individuellen Lebensläufe durch die Vorgabe von Altersnormen (vgl. Sackmann, 2013).

Betrachtet man das Altersnormenkonzept genauer, wird deutlich, dass das Lebenslaufmodell auf der Annahme einer chronologischen, irreversiblen Entwicklungslinie beruht. Eine Rückkehr vom Erwachsenenstatus in den Jugendstatus ist nicht vorgesehen. Die einzelnen Stufen bauen aufeinander auf und sind eindimensional auf das Erwachsenendasein ausgerichtet. Sowohl in den Sozialwissenschaften als auch in der Entwicklungspsychologie wurde der Gedanke übernommen, dass Alternsnormen den Weg durch das Leben dirigieren (vgl. Ecarius, 1996). Die internalisierten Normen über das altersgemäße Verhalten tendieren laut Heckhausen (1999) sogar stärker dazu, die Lebenslaufstrukturen zu beeinflussen als die externen Institutionen (zit. nach Mayer, 2003, S. 469). Aus psychologischer und wissenssoziologischer Sicht kommt den altersnormativen Vorstellungen von Entwicklung und Biographie die Funktion handlungsregulierender Leitbilder zu, deren Verbindlichkeit sich gerade daraus ergibt, dass sie nicht durch äußeren institutionellen Zwang aufoktroyiert, sondern als Standardreferenz internalisiert sind (vgl. Heckhausen, 1990). Diese internalisierten, d. h. mit der Sozialisation vermittelten normativen Muster schreiben dem Einzelnen vor, wie er sich in konkreten Situationen altersgerecht zu verhalten hat und wie er seinen individuellen Lebenslauf planen soll. Die Normen sind nicht statisch, weil die Gesellschaft sich in ihren Leitvorstellungen wandelt. Die Altersnormen beinhalten Erwartungen, die individuelle Lebensentscheidungen und Handlungen altersspezifisch leiten, sozial kontrollieren und in einen gesellschaftlichen Kontext setzen. Diese normativen Vorgaben werden von den meisten Menschen so weit angenommen, dass sie sich fast intuitiv auf den gesellschaftlich vorgegebenen Zeitplan abstimmen (vgl. Sackmann, 2013).

Die interne zeitliche Ordnung gilt als eine der Haupteigenschaften von Lebensläufen. Damit sind die relative Zeitdauer in gegebenen Lebensabschnitten wie auch die Altersverteilungen bei den verschiedenen Lebensereignissen oder Übergängen gemeint (vgl. Mayer, 2003). Die Einschätzung der relativen Ordnung der altersabhängigen Struktur von Rollen über den Lebenslauf war lange Zeit eines der Hauptthemen in der Literatur über die modernen Lebensläufe (vgl. Dannefer, 2003). In einigen theoretischen Perspektiven werden das Alter und die Lebenszeit als Institution betrachtet.

Alter und Lebenszeit als Institutionalisierung

Die vollständige Zugehörigkeit eines Individuums zu einer Gesellschaft wird schrittweise durch langfristige Verläufe vom jüngeren zum älteren Altersstatus erreicht. Die Formation von homogenen Altersgruppen und Übergängen von einer Altersgruppe zur anderen kann man als eine Institutionalisierung des Lebenslaufes betrachten (vgl. Weymann, 2003). In Verbindung mit der historischen Zeit in Form von gesellschaftlicher Geschichte konstituieren die sozialen Zeitstrukturen auch Lebensmuster als institutionalisierte Lebensverlaufsschemata, die präskriptiven Charakter für den individuellen Lebensplan haben und die Grundlage für den Entwurf der Biographie bilden. Die Lebensmuster helfen den Subjekten, im Rahmen eines endlichen individuellen Zeitbudgets einen Lebensplan zu entwerfen, zu sequenzialisieren und biographische Handlungsmöglichkeiten zu nutzen. Das chronologische Alter hat dabei die Funktion einer Orientierungsdimension als Bezugspunkt zu den institutionalisierten biographischen Schemata (vgl. Voges, 1987).

Kohli (1990) hat die Chronologisierung als eine Voraussetzung für die Institutionalisierung von Lebensläufen aufgefasst. Er sieht den Lebenslauf äußerlich weitgehend um das Erwerbssystem herum organisiert und so geteilt. Die erste Phase des Lebenslaufes ist von Sozialisation, Ausbildung und Training geprägt. Erwerbstätigkeit und reproduktive Funktionen bestimmen die zweite Phase. Ruhestand und hohes Alter bilden die abschließende Phase des Lebenslaufes (vgl. Mayer, 2003; Sackmann, 2013). Diese Dreiteilung des Lebenslaufes in Ausbildung, Arbeit und Ruhestand ist über das 20. Jahrhundert zunehmend standardisiert und als „three boxes of life" bekannt geworden (vgl. Dannefer, 2003). Lebenslauf als Institution bedeutet laut Kohli zum einen die Regelung des sequentiellen Ablaufs des Lebens, zum anderen die Strukturierung der lebensweltlichen Horizonte, auf die hin die Individuen sich orientieren und ihre Handlungen planen (vgl. Kohli, 1990).

Lebenszeit

Der Begriff der Lebenszeit kann durch das Alter und die Einbindung in die Geschichte expliziert werden. Der letztere Aspekt kann durch den Zeitraum, in dem das Leben stattfindet, dargelegt werden, ausgedrückt durch die Zugehörigkeit zu einer bestimmten Generation. Alter und Generation bilden die zentralen Gesichtspunkte eines in der empirischen Sozialforschung eingeführten Forschungsansatzes, der Kohortenanalyse (vgl. Renn, 1987). Mit dem technischen Begriff der Kohorte lassen sich Personen statistisch zu Aggregaten zusammenfassen, die von einem Ereignis innerhalb eines zu spezifizierenden Zeitraums betroffen sind. Dabei können gesellschaftliche Generationen als politische, kulturelle und ökonomische Generationen konzipiert werden, die sich durch Gemeinsamkeiten ihrer politischen Orientierungen, Lebenserfahrungen oder ökonomischen Chancen und Risiken auszeichnen. (vgl. Szydlik & Künemund, 2009).

Lebenszeit wird von Mayer (1990) vor allem als ein „constraint" für Handlungen verstanden. Es gibt sensible Phasen, zu frühe und zu späte Ereignisse. Insbesondere hat die in Anspruch genommene Zeit oft schwerwiegende, nichtintendierte Konsequenzen für spätere Entscheidungen und Verläufe im Leben (vgl. Mayer, 2003). Es gibt in Bezug auf Lebenszeit einen orientierungswirksamen „Normalfall", was einen entscheidenden Unterschied zur Vormoderne ausmacht. Kohli (1990) betrachtet den Modernisierungsprozess als einen Übergang von einem Muster der relativen Zufälligkeit der Lebensereignisse zu einem des vorhersehbaren Lebenslaufs.

Die Länge des Lebens an sich ist grundlegend, da sie die verfügbare Zeit, um die Lebensziele zu erreichen, limitiert (vgl. Mayer, 2003). Bedeutsam in der modernen Zeit ist die Veränderung der Lebenszeit selbst. Der Tod war z. B. in der vormodernen Zeit ein Ereignis, das jederzeit eintreten konnte. Auch für diejenigen, welche die ersten Lebensjahre mit ihrer besonders hohen Sterblichkeit überlebten, gab es keine verlässliche Aussicht auf eine gesicherte Lebensspanne irgendeiner Länge. Heute hat sich die Sterblichkeit in den höheren Altersjahren konzentriert. Natürlich bedeutet das nicht Sicherheit gegenüber einem frühzeitigen Tod. Man kann sich aber im Normalfall auf einen kontinuierlichen Lebenslauf bis ins höhere Alter einrichten. Dieser wird jedoch nicht nur als bloße Abfolge von äußeren – z. B. historischen oder jahreszeitlichen – Ereignissen verstanden, sondern auch als offenes, um das Ich organisiertes Projekt (vgl. Kohli, 1990).

Die konventionelle Konzeptualisierung des Lebensverlaufs über Altersdifferenzierungen und Altersverteilung bietet zwar einen fruchtbaren empirischen Zugang zu Konfigurationen der Lebensgeschichte, kann aber keinen zureichenden Strukturbegriff begründen. Selbst die Protagonisten von Altersnormen haben inzwischen eine „age-irrelevant society" proklamiert (vgl. Mayer, 1987). Auch die empirische Forschung hat das ursprünglich von strukturfunktionalen Ansätzen vorgetragene Postulat universeller Altersnormen, welche den Lebenslauf kultur- und gesellschaftsübergreifend in ein strukturelles Korsett zwängen, bald als Fiktion aufgedeckt (vgl. Kelle & Kluge, 2001).

Generation

Im Alltag und in den verschiedenen Sozialwissenschaften gibt es unterschiedliche Generationsbegriffe. Mit Generation ist einerseits die Familiengeneration der Mikroebene gemeint: Enkel, Kinder, Eltern, Großeltern usw. Andererseits spricht man von gesellschaftlichen Generationen, den benachbarten Geburtsjahrgängen (Kohorten), deren Mitglieder sich durch besondere Gemeinsamkeiten auszeichnen und sich damit klar von vorherigen und nachfolgenden Geburtsjahrgangskohorten unterscheiden. Bei Familiengenerationen werden Forschungsfragen um den Zusammenhang von sozialer Herkunft und Bildungserfolg, um intergenerationale Mobilität oder Hilfeleistungen zwischen den Generationen behandelt. In Hinblick auf die Gesellschaftsgenerationen – die sich weiterhin in politische, kulturelle und ökonomische Generationen differenzieren lassen – werden vorwiegend die Fragen um die soziale Ungleichheit wissenschaftlich erforscht (vgl. Szydlik, 2004).

Generationen und Generationskonflikte sind ein prominentes Thema in der Soziologie. Eine ganze Reihe von sogenannten „Bindestrich-Soziologien" befasst sich mit verschiedenen Aspekten der Generationsfragen. In der Arbeitssoziologie stehen z. B. u. a. Kooperation und Konflikte zwischen jüngeren und älteren Arbeitskräften im Zentrum des Interesses. Die Bildungs- und Erziehungssoziologie behandelt die Mechanismen der sogenannten intergenerationalen Mobilität, also der ‚Weitergabe' von niedrigen bzw. höheren Bildungsabschlüssen von den Eltern an die Kinder. Die Geschlechtersoziologie stellt z. B. die Frage nach der geschlechtstypischen Rollenverteilung bei der Versorgung und Betreuung von Kindern und Eltern. Darüber hinaus stellt die generationsbezogene Biographieforschung z. B. die Folgen von Erlebnissen der Großeltern für die Nachkommen ins Zentrum der Betrachtung. Das Generationsthema hat einen übergreifenden Charakter. Es spielt nicht nur in vielen soziologischen Teilgebieten eine wesentliche Rolle und verbindet diese untereinander, sondern auch mit anderen Disziplinen wie Erziehungs-, Literatur-, Medien-, Rechts- und Wirtschaftswissenschaft (vgl. Szydlik & Künemund, 2009).

Eine lange Tradition weisen in der Soziologie und insbesondere in Generations- und Kohortentheorien die Überlegungen zu verlaufsprägenden Ereignissen auf. Schon für Wilhelm Dilthey stellten sich Generationsformierungen als Resultate prägender Erfahrungsprozesse dar. Auch der soziologische Generationsklassiker Karl Mannheim nimmt für die Generationenbildung einen „entscheidenden Jugendeindruck" an, der die Tendenz hat, sich als natürliches Weltbild festzusetzen (zit. nach Sackmann & Wingens, 2001, S. 24). Mannheim hat auch im Jahr 1928 die erste soziologische Generationstheorie vorgelegt. Er geht dabei davon aus, dass die über den Geburtszeitpunkt festgelegte Verortung in einer bestimmten Gesellschaftszeit menschlichen Individuen objektiv vorgegeben ist. Wichtig ist hier, dass die Beobachter bei den Lebenshaltungen von Generationseinheiten einen gemeinsamen Bezugspunkt feststellen und ein Generationsbewusstsein erkennen (vgl. Sackmann, 2013). Generation wird hier als eine spezifische, für die Position einer Altersgruppe in der historischen Zeit charakteristische Weltanschauung erörtert.

„Eine gesellschaftliche Generation im engeren Sinne umfasst Personen benachbarter Geburtsjahrgänge, die mehr oder weniger über ihr gesamtes Leben besondere, über den reinen Geburtszeitraum hinausreichende gemeinsame Merkmale aufweisen" (Szydlik, 2004, S. 8). Es müssen nicht zwangsläufig alle Angehörigen einer Geburtskohorte automatisch ein und derselben gesellschaftlichen Generation zugerechnet werden. In dieser Definition wird manchmal der Begriff „Gesellschaftszeit" verwendet, die der historischen Zeit in einer bestimmten Gesellschaft entspricht. Der Clou, aber auch die Schwierigkeit der Mannheim'schen Generationstheorie liegt aber darin, dass es sich bei jeder gesellschaftlichen Generation um ein historisches Individuum handelt, das in Interpretationsakten erschlossen werden muss (vgl. Szydlik, 2004).

Im Hinblick auf die Vorstellung über den Lebenslauf kann man davon ausgehen, dass unterschiedliche Generationen verschiedene Vorstellungen über den Ablauf des Lebens entwickeln, da sie an anderen historischen Prozessen partizipieren und mit anderen kulturell und sozial vermittelten Vorstellungen über die „richtige Lebensführung" konfrontiert werden. In der Lebenslaufforschung wird eine generationsspezifische Bewusstseinsstruktur angenommen (vgl. Sackmann & Wingens, 2001). Das gemeinsame historische Schicksal neigt dazu, generationsspezifische Konventionen über Verhalten, Gefühle und Gedanken zu kultivieren (vgl. Weymann, 2003). Wissenschaftlich beschäftigt sich die Forschung über den institutionalisierten Lebenslauf und die Normalbiographie mit der Frage, inwieweit der menschliche Lebenslauf durch externe Institutionen oder durch die eigenen Entscheidungen gestaltet wird.

2.2.4 Normalbiographie und Individualisierung von Lebensläufen

Im Zuge des Modernisierungsprozesses unterliegt der Lebenslauf einem zunehmenden Normalisierungs- und Institutionalisierungsdruck. Die Frage nach dem Zusammenhang zwischen der „Institutionalisierung des Lebenslaufs" und sozialen Individualisierungsprozessen wurde seit Mitte der 1980er Jahre zu einem viel diskutierten Thema in der westdeutschen Lebenslaufforschung. Als Kohli die These von der „Institutionalisierung des Lebenslaufs" als einen neuen gesellschaftlichen Integrationsmodus ausführte, wurde sie bereits durch anhaltende gesellschaftliche Wandlungsprozesse in Frage gestellt (vgl. Zinn, 2001). Im Folgenden werden verschiedene theoretische Aspekte der Institutionalisierung vs. Individualisierung von Lebensläufen geschildert.

Institutionalisierter Lebenslauf

Der Lebenslauf wird nicht nur durch die Formation von homogenen Altersgruppen und Übergängen von einer in die andere Altersgruppe institutionalisiert (vgl. Weymann, 2003). Kohli versteht den Modernisierungsprozess grundsätzlich als einen Übergang von einem Muster der Zufälligkeit der Lebensereignisse zu einem Muster des vorhersagbaren Lebenslaufs. Er sieht den Lebenslauf als Institution an und vertritt die Meinung, dass dieser in der Moderne stärker geregelt und standardisiert ist als in vormodernen Zeiten. Der Lebenslauf ist demnach ein spezifisches Produkt moderner Gesellschaften und reagiert hauptsächlich auf drei Elemente: auf die Arbeitsmarktvergesellschaftung, auf bürokratische Zentralstaaten und er ist auch am Individuum orientiert. Mit der funktionalen Ausdifferenzierung institutioneller Rahmenbedingungen entsteht ein sozial standardisiertes Erwartungsmuster, eine Art institutionalisiertes „Regelsystem" Lebenslauf. Der Lebenslauf selbst ist insofern für das Individuum eine „Institution", als dass er orientierend wirkt, normale Erwartungen weckt und Abweichungen wieder in Bahnen lenkt (vgl. Alheit, 2011; Sackmann, 2013). Nicht mehr eine stabile Lebenslage verbürgt soziale Ordnung, sondern ein regelhafter – und damit verlässlich erwartbarer – Lebenslauf. Die Institutionalisierung des Lebenslaufs umfasst aus der Sicht von Kohli (1988) mehr als die Sicherung einer kontinuierlichen Lebensspanne und die sequentielle Ordnung sowie chronologische Normalisierung von Verhaltensabläufen. Sie umfasst auch den Übergang zu einer biographischen, d. h. vom Ich aus strukturierten und verzeitlichten Selbst- und Weltauffassung. Gerade diese erfolgreiche Institutionalisierung der Normalbiographie schafft heute die Möglichkeit, sich individualisierend davon abzuheben.

Wissen über den sozial normierten Lebenslauf dient u. a. dazu, die Ereignisse des eigenen Lebens in diesem Rahmen zu ordnen, zu gewichten und zu bewerten. Das autobiographische Gedächtnis enthält Erinnerungen an einzelne Lebensereignisse, die miteinander verbunden und organisiert sind. Als wichtigste dieser organisierenden Strukturen haben die Autoren Strube und Weinert (1987) das Selbst oder die Gesamtheit der selbstbezogenen kognitiven Schemata herausgestellt. Daneben bestehen Bezüge zu mindestens zwei weiteren Organisationsstrukturen, nämlich bereichsspezifisches Wissen über Lebensereignisse und den typischen Ablauf des Lebens in der jeweiligen Kultur sowie zu den literarischen Formen erzählter Biographie.

Individualisierung

Schon um die Wende des 19. Jahrhunderts haben E. Durkheim und G. Simmel darauf verwiesen, dass eine gesteigerte sozialstrukturelle Differenzierung der modernen Gesellschaft die Ursache für eine zunehmende Individuierung ist. Nicht mehr die soziale Position und die dazugehörigen Typisierungen binden das Subjekt in den Rhythmus mit dem Weltgeschehen ein. Das Subjekt ist gezwungen, die Welt und sich selbst ohne stabile Verhältnisse zu definieren (vgl. Ecarius, 1998; Habermas, 2012). Wenn die Verbindungen zwischen den Lebenslauf beeinflussenden Institutionen wie Staat, Markt und Familie und demographischem Verhalten der Menschen eng und allgemein anerkannt sind, führt ihre Kohärenz und normierende Kraft in der Population zu einem mehr institutionalisierten und von Altersnormen abhängigen Lebenslauf. Alternativ dazu, wenn diese Verbindungen nicht mehr so eng sind, steigt die Variabilität und Deinstitutionalisierung sowie Destandardisierung der Lebensläufe (vgl. O'Rand, 2003). Die Art der Konstruktion von Biographie steht also in einem direkten Zusammenhang zur jeweiligen sozialen Struktur von Gesellschaft. Je stärker sich Gesellschaften differenzieren, desto mehr sind die Subjekte aufgefordert, eine individuelle Biographie anzulegen. In der Soziologie werden Debatten über die Individualisierung und die Erosion der „Normalbiografie“ geführt (vgl. Ecarius, 1998).

Der historische Prozess der Individualisierung bedeutet, dass die Person sich nicht mehr über die Zugehörigkeit zu einer sozialen Position konstituiert, sondern über ein eigenständiges Lebensprogramm (vgl. Kohli, 1988). Individuelle Lebensläufe folgen nicht mehr festen Bahnen, sondern bestehen aus flexiblen und selbstverantwortlichen biographischen Arrangements, die durch sozial strukturierte, ungleiche Lebenschancen gefördert oder beschränkt werden (vgl. Heinz, 2001). Die zunehmende Globalisierung, Mobilität und Vernetzung der Menschen durch Internet tragen zu den Veränderungen der klassischen Lebensläufe bei. Die Gesellschaft bietet nicht mehr ein universelles Firmament von Bedeutungen für das individuelle Leben (vgl. Weymann, 2003; Willi, 2007).

Der ideale Lebenslauf ist aus den Köpfen der Menschen weitgehend verschwunden. Der Standard heutiger Lebensläufe sind Lebensabschnitte, die nicht mehr linear aufeinander aufbauen, sondern abbrechen und wieder neu anfangen (vgl. Deutsch & Wenglorz, 2001). Die Auflösung traditionaler Lebenswelten spiegelt sich in der Zersetzung religiöser Weltbilder, stratifizierter Herrschaftsordnungen und funktionsbündelnder Institutionen (vgl. Habermas, 2012). Nach Keupp (1988) und Hitzler und Honer (1994) sind „Patchwork“, „Puzzle“ und „Bastelexistent“ die aktuellen Metaphern für zeitgenössische Lebensläufe (zit. nach Alheit, 2011, S. 110). In den spätmodernen Gesellschaften existieren auch viele alternative oder „nichtstandardisierte“ Lebensläufe, die in subkulturellen Gruppen verbreitet sind. Solche Lebenslaufmuster, wie z. B. von sozial benachteiligten Gruppen von Minderheiten, sind über längere Zeit nur am Rande erforscht gewesen (vgl. Dannefer, 2003). Uwe Schimank (1988) stellt fest, dass die Repetitivität, d. h. die Wiederkehr des Gleichen in allen Lebensbereichen, nicht mehr als identitätsverbürgendes Prinzip biographischer Transitorität dienen kann. Immer wieder eintretende und in ihrem Eintreten kaum vorhersehbare Veränderungen bewirken, dass die Biographie auf der Ebene des basalen Selbstbewusstseins eine im Einzelnen unvorhersagbare und ungerichtete Verlaufsform annimmt. Die Vorhersagbarkeit der spätmodernen Lebensläufe hat also drastisch abgenommen. Die „Institution“ Lebenslauf erscheint in Auflösung begriffen (vgl. Alheit, 2011). Es fehlt die Systematik in der für alle gemeinsamen Lebensführung. Die Orientierungsverbindlichkeit und Tragfähigkeit von Identitäts- und entsprechenden Lebensentwürfen sind schwächer geworden. Was ein standesgemäßes, angemessenes und gutes Leben ist, ist nicht mehr so deutlich (vgl. Brose & Hildenbrand, 1988).

Hans-Georg Brose und Bruno Hildenbrand sprechen in diesem Zusammenhang von „Individualität ohne Ende“. Darunter verstehen sie die niemals zu Ende kommende Praxis der Individualisierung durch Setzung neuer Differenzen, aber auch den Ausdruck der Ungerichtetheit, Ziellosigkeit von Lebensentwürfen und Lebensführung. Es geht um die gestiegene Bedeutung von Lebens- und Selbstbeschreibungen sowie autobiographische Formen der Selbstthematisierung, die für die Reproduktion des Lebens oder Lebenslaufes mehr Relevanz bekommen haben. Für das Individuum entsteht damit die Notwendigkeit, ständig eigene Orientierungsleistungen zur Selbstvergewisserung und zur Bestimmung seines sozialen Ortes zu vollbringen (vgl. Brose & Hildenbrand, 1988). Ulrich Beck (1986) hat dazu das Konzept der sogenannten Risikogesellschaft entworfen. Er unterscheidet drei zentrale Momente von Individualisierung: „Herauslösung“ aus historisch vorgegebenen Sozialformen, „Stabilitätsverlust“ als den Verlust traditioneller Sicherheiten im Hinblick auf Handlungswissen, Glauben und leitende Normen und „Wiedereinbindung“ durch Zwänge des Arbeitsmarktes, der Konsumexistenz sowie institutioneller Eingriffe und Festlegungen (zit. nach Zinn, 2001, S. 279–280). Das moderne Leben wird laut Habermas (1981) nicht mehr durch eine ursprüngliche oder beständige Kultur, sondern durch eine reflexive Kultur und diskursive Vorgänge von Normgeben und Legitimation gestaltet. Das Leben in der modernen Gesellschaft verlangt ein hohes Maß an individueller Selbstregulation und Selbstführung (zit. nach Weymann, 2003, S. 706). Die Fähigkeit zur Selbstbestimmung, Selbstreflexion und Steuerung des eigenen Lebenslaufes wird u. a. mit dem Begriff der biographischen Kompetenz beschrieben.

Individualisierung von Lebensläufen und biografische Kompetenz

Individualisierung gilt als eine neue Gesellschaftsform, die eine Verlagerung der Verantwortung für die eigene Lebensgestaltung von den sozialen Institutionen auf das Individuum mit sich bringt. Das moderne Leben wird nicht mehr durch eine immerwährende primordiale Kultur, sondern bei einer reflexiven Kultur und einem diskursivem Verfahren durch Erschaffung und Legitimierung von Normen geformt. Das Leben in der modernen Gesellschaft verlangt einen hohen Grad an Selbstregulierung und Selbstanleitung (vgl. Weymann, 2003; Geissler & Oechsle, 2012). Die wohl prominentesten Verfechter der Individualisierung Beck und Beck-Gernsheim fassen den Menschen als Wählenden seiner Möglichkeiten auf, als „homo optionis". Leben, Tod, Geschlecht, Ehe, Elternschaft und soziale Bindungen werden und müssen entschieden werden (zit. nach Born, 2001, S. 29). Aus der Sicht von Beck und Beck-Gernsheim (2012, S. 14) ist Individualisierung ein paradoxer Zwang „zur Herstellung, Selbstgestaltung und Selbstinszenierung nicht nur der eigenen Biographie, sondern auch ihrer Einbindungen und Netzwerke, und dies im Wechsel der Präferenzen und Lebensphasen und unter dauernder Abstimmung mit anderen und den Vorgaben von Arbeitsmarkt, Bildungssystem, Wohlfahrtsstaat usw.". Hier wird sogar von der Übernahme der Verantwortlichkeit in unermesslichen Höhen gesprochen, wobei der Einzelne dazu verurteilt ist, die Spielregeln des Lebens selbst zu produzieren und die Konsequenzen seiner getroffenen Entscheidungen selbst zu tragen und zu verarbeiten (vgl. Ecarius, 1996).

In diesem sich neu abzeichnenden Regime ist es laut Kohli (1988, S. 45) „die eigene Individualität selber, die an diese institutionelle Stelle gerückt ist – oder besser gesagt: die permanente Suche nach ihr. Sich suchen, zu sich finden, zu sich selber stehen ist das, was die Orientierung in der Welt verbürgen soll". Die autonome Konstruktion der eigenen Biographie wird von Schimank als Praxis von Autopoiesis betrachtet. Autopoiesis heißt hier die Selbstherstellung. Ein bestimmendes Merkmal autopoietischer Systeme ist die Selbstreferentialität, d. h., dass sie nicht durch eine ihnen externe Instanz konstruiert werden, sondern ausschließlich autonom sich selbst konstruieren. Alle Einflüsse aus der gesellschaftlichen Umwelt, ob gezielt oder absichtslos, werden gleichsam von „withininputs" abgefangen und eskortiert und können aus dieser Sicht allein so überhaupt biographische Bedeutung erlangen. Die Informationen über sich selbst, die die Personen z. B. aus ihrer sozialen Umwelt erhalten, besitzen für sich genommen keinerlei persönlichkeitsstrukturierende Kraft. Erst Eigenleistungen der Person – die selbstreferentielle Konstruktion von Biographie – transformieren diese Umweltimpulse in personale Selbstfestlegungen (vgl. Schimank, 1988).

Die eigenen Steuerungsmöglichkeiten des biografischen Handelns werden mit dem Konzept von biografischer Kompetenz beschrieben. Mit biografischer Kompetenz wird die praktische, meist nur halbbewusste Steuerung des Prozesses vom biografischen Handeln bezeichnet. Gleichzeitig handelt es sich dabei auch um die gesellschaftlichen Erwartungen, die an das Individuum herangetragen und von diesem verinnerlicht werden, dass es sein eigenes Leben selbst in die Hand nimmt (vgl. Sackmann, 2013). Laut Harry Hermanns (1989) gehören dazu auch die Reflexionen der eigenen Geschichte, die Findung von subjektiven Sinnquellen und die Fähigkeit, auf externe Veränderungen und äußere Anforderungen reagieren zu können. Unter biografischer Kompetenz versteht er eine Handlungsweise und Fertigkeit, von der die Personen erzählen, wenn sie ihr Leben schildern. Diese Fertigkeiten werden in Sozialisationsprozessen und Bildungseinrichtungen erlernt. Die kreativen Leistungen des Individuums bei der Gestaltung seines eigenen Lebenslaufes können mit Hilfe des Konzeptes von Lebenskonstruktion erfasst werden.

Lebenskonstruktion

Die Erforschung von subjektiven Lebenskonstruktionen wird von Heinz Bude als eine mögliche Methode angesehen, um die kreativen Leistungen des Subjekts in der Gestaltung des eigenen Lebenslaufes zu erkunden. Unter der Lebenskonstruktion soll das gestaltbildende und formgebende Regelgerüst eines individuellen Lebens verstanden werden. Der Begriff der Lebenskonstruktion sucht nach dem Kern einer generativen Struktur, „nach den ‚endlichen Mitteln‘ der Selbstkonstitution, nach reversiblen biographischen Mustern in der Irreversibilität des Lebenslaufs“ (Bude, 1998, S. 250). Leitner (1998) zufolge ist das Subjekt gezwungen, die Welt und sich selbst ohne stabile Verhältnisse immer wieder neu zu definieren. Er wählt zur Beschreibung des Verhältnisses von Leben und Gesellschaft in komplexen modernen Gesellschaften den Begriff „Identifikation als personale Geschichte“. Die Lebensverhältnisse sind hier nicht auf Dauer angelegt. Im Rahmen sozialer Differenzierung wird die Individualität eines Subjekts zum Produkt sozialer und psychischer Lebensumstände.

Bude hat drei Bestimmungen der Lebenskonstruktion genannt: Konstruktivität, Regularität und Totalität. Die erste grundlegende Bestimmung dieses Ansatzes besagt, dass das Individuum ein eigenkonstruktives Wesen ist. Demnach ist der Lebenslauf des Einzelnen weder reines Zufallsprodukt noch Vollzugsvariable einer sozialstrukturellen Position. Das bedeutet, dass trotz der „normativen“ Umstände des Alters, des Status und der Geschichte und der „nicht normativen“ Ereignisse der Biographie, mit denen sich der Einzelne konfrontiert sieht, dieser sein „eigenes Leben" führt. Die zweite Bestimmung des Konzepts der Lebenskonstruktion lautet daher, dass das Leben einer Person von bestimmten Regeln geleitet ist, die diesem eine wiedererkennbare Form verleihen. Es ist dabei nicht nötig, dass diese Regeln und Muster der Person selbst bewusst sind und dass die Person über ihr Wissen und Können berichten kann. Die dritte Bestimmung der Totalität drückt aus, dass der Wirkungsbereich dieser Regeln sich auf die gesamte Existenz erstreckt, weil alles mit allem zusammenspielt. Das individuelle Leben modelliert sich unmerklich nach der Struktur eines sozial anerkennungsfähigen Lebens. Lebenskonstruktionen liegen der persönlichen Lebensführung als sozial validierte Kohärenzregeln zugrunde (vgl. Bude, 1998). Die selbstkonstruierte Biographie bewegt sich in einem Spannungsfeld zwischen persönlichen Entscheidungen und sozial vorgegebenen Normen.

Objektive und subjektive Ebenen des Lebenslaufes

Schon Fischer und Kohli (1987) haben auf den Aspekt verwiesen, dass die Biographie zweierlei enthält: objektive Struktur und subjektive Verarbeitung (zit. nach Ecarius, 1998, S. 132–133). Aus der Sicht von Kohli (1987) kann das Problem der Übernahme von kulturell gegebenen Schemata und individueller Handlungskonstituierung nicht auf eine der beiden Seiten hin reduziert werden. Praktisch lässt sich hier von beiden Seiten her ansetzen: der kulturellen Genese und Dynamik objektivierter Schemata und der Realisierung solcher Schemata durch das Subjekt in der Konstruktion seiner eigenen Biographie. Die menschlichen Lebensläufe sind, so Diewald (1999), genauso die Produkte von Kultur, Gesellschaft und Geschichte wie sie die Produkte von Personen als natürliche Organismen, individuelle Entscheidungsträger und Persönlichkeiten sind (zit. nach Mayer, 2003; S. 473). Jutta Heckhausen (1999) unterscheidet in diesem Zusammenhang zwischen externer und interner Regulierung des Lebenslaufes. Extern werden die Lebensläufe durch soziale Bedingungen wie legale Sanktionen, Gruppenzwänge oder Organisationsregeln gesteuert. Intern wird der Lebenslauf aus ihrer Sicht durch relativ stabile psychologische Dispositionen in Bezug auf Anpassungs- und Bewältigungsmodalitäten sowie grundlegende Präferenzen geleitet. Die Verbindung zwischen einer mikrosozialen Ebene des individuellen Handelns und der makrosozialen Ebene gesellschaftsstruktureller Entwicklung kann man auch in der innovativen empirischen Lebenslaufforschung beobachten (vgl. Sackmann & Wingens, 2001).

Die einseitige Akzentuierung von Individualisierung des Lebenslaufs, wobei der Lebenslauf von Individuen als eine auf sich selbst gestellte Unternehmung postuliert wird, wird u. a. durch den theoretischen Ansatz der Verflechtung von

Lebensläufen kritisiert. Dieser Ansatz geht von einer Interdependenz der Lebensläufe beider Geschlechter aus, die geschlechtsspezifisch ineinander verzahnt sind und in ihrer institutionellen Gestalt auch über diese Interdependenzen Stabilität und Wandel erfahren (vgl. Krüger, 2001a).

2.2.5 Lebenslauf und Geschlecht

Das Geschlecht gilt in der sozialen Lebenslaufforschung als eine der wichtigsten den Lebenslauf strukturierenden Kategorien. Hughes (1945) folgend und vielen nachfolgenden Autoren kann man annehmen, dass das Geschlecht ein weitreichend dominanter oder sogar der beherrschende Faktor in der Gestaltung fast aller sozialer Beziehungen und Interaktionsfelder in den meisten heutigen Gesellschaften ist (vgl. Levy, 2013a). Die vielen Studien zum Lebenslauf von Frauen allerdings verdeutlichen, dass sie immer noch ein Schattendasein in der Theoretisierung des Lebenslaufs spielen. Insgesamt scheint das Thema Geschlecht entweder aus der Lebenslaufforschung und Lebensspannenpsychologie ganz ausgelassen oder sehr kontrovers diskutiert zu sein (vgl. Labouvie-Vief, 2003; Widmer & Ritschard, 2012). Diese Gegebenheit drückt sich z. B. immer noch darin aus, dass die Daten über die Frauen immer noch in den Exkurskapiteln gesondert betrachtet werden oder die Titel von Projekten ausschließlich auf Frauen bezogen werden und damit deren Klassifizierung als Sondergruppe nahelegen, denn die reziproken Projekttitel zu ausschließlich männlichen Lebensläufen findet man nicht. Bei ehrlichen Empirikern werden bei den geschlechtsunspezifisch formulierten Titeln die Frauen mit Fußnoten ausgesondert (vgl. Krüger, 2001b).

Frauen stellen immerhin etwas mehr als die Hälfte aller Lebensläufe und können aus der Sicht der Autorinnen Born und Krüger (2001a) weder quantitativ noch qualitativ aus der Lebenslauftheoretisierung ausgeklammert bleiben. Das Geschlecht als Markierer von sozialer Diskriminierung und Differenzierung von Lebensläufen unterscheidet sich von Grund auf von anderen den Lebenslauf beeinflussenden Kategorien, wie z. B. der ethnischen Zugehörigkeit oder Nationalität. Dieser Unterschied gründet laut Levy darin, dass das Geschlecht unser tägliches Leben auf einer mikrosozialen Ebene und nicht auf einer meso- oder makrosozialen Ebene beeinflusst. Der Frau fehlt es deswegen an Kraft, um sich effektiv gegen den von dem größeren institutionellen Kontext kommenden Druck zu stellen und eine Gegenkultur zu erschaffen (vgl. Levy, 2013a). Es würde den Rahmen sprengen, die Breite der gesamten Diskussion um die immer noch „schiefe" Lage um den weiblichen Lebenslauf in der sozialen Lebenslaufforschung darzustellen. Im Folgenden werden die ausgewählten Aspekte des Themas Geschlecht in der Lebenslaufforschung geschildert mit der Fokussierung auf das

Thema von Symbolen des Lebenslaufs, wobei das Geschlecht selbst als eine symbolische, den Lebenslauf strukturierende Kategorie betrachtet wird.

Einige theoretische Überlegungen zur Kategorie Geschlecht in der Lebenslaufforschung

Empirie und Theorie zeigen eine hohe Kongruenz im männlichen und maximale Diskrepanz im weiblichen Lebenslauf, was aus der Sicht von Krüger die Vermutung nahelegt, „dass wir es mit einer spezifischen Geschlechter-Blindheit in der Theoretisierung über den Lebenslauf zu tun haben" (Krüger, 2001b, S. 208). Während die Differenzen zwischen männlichem und weiblichem Lebensverlauf empirisch ziemlich gut dokumentiert wurden, sind diese Differenzen theoretisch schwer auf einen Nenner zu bringen bzw. zu einem Konstrukt über den Lebenslauf zu verdichten. Geschlecht aus der Sicht von Krüger (2001b), obwohl sozialstrukturell seit längerem schon als relevant vermutet, bleibt irgendwie eine Un-Kategorie und scheint soziologische Relevanz nur für das weibliche Geschlecht zu reklamieren – ungeachtet der Tatsache, dass auch die andere Hälfte der Gesellschaft ein Geschlecht hat. Die Wiederherstellung des Gleichgewichtes in der Theoretisierung von Geschlecht in der Lebenslaufforschung scheint in ihren Anfängen zu stehen. Im Folgenden werden nur einige Aspekte dieser Problematik zum Zweck der Illustration geschildert.

Eines der Probleme ergibt sich laut Born und Krüger (2001a) aus der Verallgemeinerung einer Lebenslauf-Konfiguration, die unreflektiert den männlichen, allein um Erwerbsarbeit strukturierten Lebenslauf im Sinne von Kohli folgt. Realitätsangemessener muss ihrer Meinung nach formuliert werden, dass der Lebenslauf nicht nur auf die Erwerbsinstitution, sondern auch um die Familie strukturiert ist. In den weiblichen Lebensläufen wechseln sich die Phasen ökonomischer Aktivität mit solchen nicht entlohnter Familienarbeit ab und durchbrechen nachhaltig aus der Sicht der Autorinnen die Kohli'sche Behauptung vom Zeitmuster des auf Erwerbstätigkeit zentrierten Kontinuitätsprinzips des Lebenslaufs (vgl. auch Geissler & Oechsle, 2012; Levy et. al. 2013).

Die Individualisierungsthese sowie die Frage der biographischen Selbststeuerung scheinen für den weiblichen Lebenslauf bis zur Moderne wenig Bedeutung gehabt zu haben. Die Qualifizierung der Hausarbeitskraft ist immer noch nicht institutionalisiert. Zur Absicherung der Hausfrauenexistenz wurden keine sozialen Institutionen gegründet und der auf Ehe und Versorgung der Familie gerichtete Lebenslauf war lange nicht Gegenstand von Vorsorge und Planung gewesen. Das Leitbild individueller Persönlichkeitsentfaltung, das die moderne bürgerliche Gesellschaft ausgebildet hat, erschien auf Frauen aufgrund ihres „Geschlechtscharakters“ gar nicht anwendbar. Lebensplanung von Frauen im Sinne eines eigenen biographischen Projekts ist daher auf wenige Aspekte begrenzt gewesen: Partnerwahl und Eheschließung verlangten zwar individuelle Entscheidungen, danach war aber die selbstbestimmte Lebensplanung kaum angebracht (vgl. Geissler & Oechsle, 2012).

Eine mögliche theoretische Lösung für das Problem der Theoritisierung von Geschlecht in der Lebenslaufforschung bieten die Konzepte der Verflechtung und „Counter-Passagen“, die eine Beziehungsabhängigkeit der Lebensläufe akzentuieren. Die oft in der gängigen Lebenslaufforschung vernachlässigte Tatsache, dass individuelle Lebensläufe zwischen Geschlechtern und Generationen vernetzt sind, wird in dem Konzept der Verflechtung in Betrachtung gezogen. Das Geschlechterverhältnis ist hier als eine von drei übergreifenden Strukturen des Lebenslaufs der Kern der Betrachtung der Relationalität bzw. Verflechtung von Lebensläufen. In jeder Lebensgemeinschaft kreuzen sich gesellschaftlich unterschiedliche Geschlechterlebensläufe sowie unterschiedliche Generationenbiographien (vgl. Heinz, 2001).

Neben den Statuspassagen, die um den eigenen Erwerbsverlauf entstehen, fügt Krüger (2001b) im Sinne von Hagestad (1986) die „Counter-Passagen“ hinzu, die in die andere Richtung wirken und durch Beziehungsabhängigkeit die Lebensverläufe der Familienmitglieder strukturell beeinflussen. Dazu gehört auch das ganze Bündel an Institutionen, wie z. B. Kindergarten, Schule oder Altenversorgung, die an Familie und Erwerbsarbeit angelagert sind und ihre durchaus gestaltungsmächtigen Schatten auf die Lebensphase der Familiengründer werfen und diese biographisch strukturieren. Die Autorin plädiert für eine Synchronisation beider Statuspassagentypen, um den zentralen Zugang zur Erkenntnis des Grundmusters der Gestaltung des Lebenslaufs zu bekommen (zit. nach Krüger, 2001b, S. 213). Man kann also einen gewissen Wandel in der Theoritisierung des Geschlechts in der Lebenslaufforschung erkennen, der mit dem Wandel des weiblichen Lebenslaufs an sich einhergeht.

Wandel des weiblichen Lebenslaufes

Bis in die jüngste Moderne galt das Parson'sche Familienmodell, wobei die Frauen hauptsächlich der Familie und die Männer der bezahlten Arbeit zugeordnet worden sind. Dieses Modell implizierte, dass die Frauen nur in dem Maße an den nicht familiären Bereichen partizipieren konnten, als es ihre Familienarbeit nicht hinderte. Die Männer ihrerseits konnten nur in dem Maße an den nicht bezahlten Bereichen inklusive Familie teilhaben, soweit es ihre bezahlte Arbeit nicht beschränkte (vgl. Levy, 2013a). In der Forschung zum Thema von Lebenslauf und Geschlecht herrscht durchaus eine Einigkeit darüber, dass besonders im weiblichen Lebenslauf in den letzten Jahrzehnten in Europa ein Wandel stattgefunden hat. Viele Forscherer(-innen) vertreten die These, dass die traditionelle Lebensführung und der auf die Ehe bezogene weibliche Normal-Lebenslauf keine Geltung mehr hat und keine Sinnstrukturen herstellen kann (vgl. Geissler & Oechsle, 2012).

Auch eine von Claudia Born (2001) durchgeführte Studie über den Wandel geschlechtsspezifischer Lebensführungen zeugt davon, dass die vorgegebenen geschlechtsspezifischen sozialen Lebensformen sich durchaus aufzulösen beginnen. Dieser Wandel geschieht offensichtlich sogar historisch wesentlich früher als bislang angenommen. Die Auflösungsprozesse vollziehen sich nämlich bereits in jener Frauengeneration, die geradewegs als Muster der Lebensform „Normalfamilie" porträtiert wurde. Auch die von Born, Krüger und Lorenz-Meyer im Jahr 1996 veröffentlichte Studie über die Generation der um 1930 geborenen Frauen und ihrer Töchter zeigt aufgrund der faktischen Lebensverläufe und subjektiven Sinngebung ihrer Biographien durch die Frauen selbst, dass viele sicher geglaubte (und durch männliche Normen dominierte) Vorstellungen zum weiblichen Lebenslauf revidiert werden müssen. Der „unentdeckte" Wandel in den Lebensläufen von Frauen ist durch die ältere Generation der Frauen (60-jährig zum Zeitpunkt der Untersuchung) gestiftet und vorbereitet worden, um erst durch die folgenden Kohorten wahrnehmbar zu werden.

Die Veränderungen im weiblichen Lebenslauf sind allerdings hauptsächlich in dem Bereich von Erwerbstätigkeit festzustellen. Viele Frauen tragen immer noch durchgängig die lebenslange Alleinverantwortlichkeit für den gesamten familiären Bereich. Strukturelle Angleichungen der Lebensführungen zwischen den Geschlechtern lassen sich nur bedingt ausmachen (vgl. Born, 2001). Die Dreiteilung des Lebenslaufes in Ausbildung, Arbeit und Ruhestand konnte in einer von Levy, Gauthier et. al. (2013) in der Schweiz durchgeführten empirischen Untersuchung für drei Viertel der Männer und ein Drittel der Frauen bestätigt werden. Die Autoren haben noch drei andere typische Lebenslaufverläufe für die Frauen ausmachen können, die ganz klar von den Anforderungen des Familienlebens beeinflusst sind, sei es in Form einer temporären Unterbrechung von bezahlter Arbeit, ihrer Reduzierung für eine längere Zeit oder ihrer endgültigen Aufgabe. Es konnte gezeigt werden, dass das Familienleben für den männlichen Vollzeittyp keinen Einfluss auf das Erwerbsleben hat.

In Deutschland scheinen geschlechtsspezifische Weichenstellungen des Lebensverlaufs bereits weit vor der Familiengründung angelegt – und zwar nicht nur sozialhistorisch, sondern auch institutionell. Institutionen gehen mit männlichen und weiblichen Menschen unterschiedlich um, trotz geschlechtsneutraler Formulierungen und Gesetzeslagen (vgl. Born & Krüger, 2001a). Lebenslaufpolitik reproduziert besonders in Bezug auf das Geschlechterverhältnis in der Berufshierarchie und den Arbeitsmarkt sowie in der sozialen Sicherung ausgeprägte Ungleichheitsstrukturen und erzeugt soziale Spaltungslinien (vgl. Heinz, 2001; Levy, 2013a). Zwar findet zwischen den und innerhalb der Generationen ein ausgeprägter Wandel auf der kulturell-normativen und der individuellen Beziehungsebene statt, der aber kaum die faktische Geschlechtsspezifik in der Familien- und Erwerbsbeteiligung erreicht (vgl. Born, 2001). Die groß angelegte Studie der europäischen Daten von Ekcherith et al. (2011) zeigt, dass die Paare zwar die Gleichberechtigungswerte deklarieren und zum größten Teil praktizieren. Diese können jedoch nach der Geburt des ersten Kindes nicht aufrechterhalten werden. Die jungen Familien fallen meistens auf die traditionelle Rollenverteilung zurück, wobei die Frau hauptsächlich für die Familie und der Mann für den Erwerb Verantwortung tragen (zit. nach Levy, 2013b, S. 315–316). In diesem Zusammenhang hat sich als Leitbild des Frauenlebens die sogenannte „doppelte Lebensführung“ durchgesetzt, wobei die beiden Aspekte – Erwerbsautonomie und Präsenz in der Familie – verbunden werden und die Besonderheit weiblicher Lebensplanung ausmachen (vgl. Geissler & Oechsle, 2012; Levy et. al. 2013).

Geschlecht als Institution und symbolische Strukturkategorie in der Lebenslaufforschung

In der Frauenforschung ist es üblich, das Geschlecht als eine Institution zu betrachten (vgl. Wetterer, 2008). Auch in der Lebenslaufforschung gilt das Geschlecht wegen kulturell verbreiteter sexueller Stereotypen, aber auch explizit oder implizit verbreiteter Normen als eine den menschlichen Lebenslauf strukturierende Kategorie (vgl. Levy, 2013a). Labouvie-Vief (2003) postuliert, dass alle Arten unseres Wissens, besonders unsere Vorstellungen über die Entwicklung im Lebensverlauf, oft symbolisch mit dem Geschlecht verbunden sind. Auf einer bildlichen und metaphorischen Ebene beinhalten die Entwicklungstheorien eine Polarität zwischen maskulin und feminin, genauso wie zwischen Jung und Alt. Die theoretischen Systeme basieren auf einer mit Geschlecht und Generationen verbundenen konzeptuellen Struktur. Sie beinhalten gleichzeitig Kernkonzepte und Bilder, die ähnlich wie in dem Metaphernkonzept von Lakoff und Johnson (1980) aus unseren verkörperten Lebenserfahrungen stammen. Die Frage nach der Institutionalisierung des Lebenslaufs durch das Geschlecht ist eng verbunden mit der Frage von Destandardisierung und Individualisierung von Lebensläufen, da die Vergeschlechtlichung des Lebenslaufs selbst auch eine Form von Standardisierung darstellt (vgl. Levy & Widmer, 2013).

Geschlechternormen, Leitbilder und Geschlechtsrollen bilden zweifellos ein institutionalisiertes kulturelles Ordnungsgefüge. In Konzepten der Geschlechterkonstruktion gibt es keine außerkulturelle Basis sozialen Handelns und keine vorsoziale Grundlage sozialer Differenzierungs- und Klassifikationsprozesse (vgl. Wetterer, 2008). Wenn man die Institutionen als kulturelles Ordnungsgefüge des sozialen Handelns, als Konglomerat von Werten und Leitorientierungen versteht, die durch korrespondierende gesellschaftliche Organisationen an sich Faktizität materialisieren, stellt sich aus der Sicht von Krüger (2001b) die Frage danach, wie weit jene Organisationen zugleich die Geschlechterordnung, die Zuständigkeit für männliche und weibliche Tätigkeitsbereiche eingelagert haben. Es lässt sich laut der Autorin resümierend festhalten, dass „Geschlecht als Institution" alle Abschnittsinstitutionen des Lebenslaufs durchzieht und dabei den männlichen Kontinuitätsverlauf privilegiert und den weiblichen labilisiert. Ein gutes Bespiel dafür ist das männliche Modell des Brotverdieners. Auch aus der Sicht von Levy (2013a) bewirkt dieses Modell eher eine versteckte Institutionalisierung in der Form von impliziten Modellen, die der praktischen Funktionsweise der ganzen Reihe von Institutionen und Organisationen zugrunde liegt und sehr praktische Einschränkungen für das alltägliche Leben erschafft. Die Institutionalisierung des Lebenslaufs durch das Geschlecht erfolgt allerdings nicht nur auf einer kulturellen, sondern auch auf einer strukturellen Ebene durch beschränkende institutionelle Einrichtungen, besonders jene, die den Zugang zu außerfamiliärer Betreuung der Kinder betreffen. Selbst die heutige Organisation von Kapitalismus ist immer noch polarisierend und privilegiert stark patriarchalisch die Männer, obwohl die Männer selbst nicht aktiv die Frauen diskriminieren (vgl. Levy, 2013b).

Die Gesellschaftsordnung beruht zum größten Teil auf einer Bipolarität von entweder weiblich oder männlich (vgl. Ankele, 2012). Labouvie-Vief (2003) stellt eine einseitige Ausrichtung der Lebenslauftheorien auf das männliche Narrativ, nämlich die Akzentuierung der früheren Lebensspanne mit seinem Wachstum, seiner Anpassungsfähigkeit und dem Streben nach oben fest. Es ist in unserer Kultur verbreitet, das Maskuline mit Verstand und Geist zu verbinden, wobei das Feminine mit Körper und Materie in Verbindung gebracht und als minderwertig angesehen wird:

> One polarity of human functioning tends to be idealized and even inflated as masculine: it is based on an imagery of rise, light, and sun, and it symbolizes such psychological qualities as leadership, rational self-control, self-assertiveness, individuality, and willfulness. The other polarity, in turn, is degraded and devalued: its imagery is based on falling, being conquered and surrendering, and engulfment in dark spaces, and it symbolizes suffering, powerlessness, and entrapment in unconscious processes (Labouvie-Vief, 2003, S. 405).

Die Autorin plädiert für die Integration der weiblichen Narrative in die Vorstellungen von lebenslanger Entwicklung. Dadurch könnte auch die zweite Hälfte des Lebens und das Älterwerden z. B. als sinnvolles Wachstum gedeutet werden. Die Abwertung der Kategorien von Abhängigkeit, Sensibilität sowie anderen weichen und weiblichen Kategorien wird auch in einer grundsätzlichen Vernachlässigung oder sogar Leugnung der Dimension der Beziehung sichtbar.

Die Dichotomie der Geschlechter ist tief und auf vielen Ebenen symbolisch in unserer Kultur verankert. Krüger (2001a, S. 259) macht darauf aufmerksam, dass „dieser kulturell festgelegte Zwang, das Gegenüber geschlechtsspezifisch zu verorten" auch lebenslauftheoretisch eine Auswirkung auf die erwerbsarbeitsrelevanten Chancen einschließt, eine Ordnung mit Bewertung von Leistungen mitliefert und eine Hierarchie der Wertungen der weiblichen oder der männlichen Seite entstehen lässt. Die hohe Gestaltungsmacht dieser Dichotomie beruht auf der deutlichen Geschlechterordnung in Ausbildung und Struktur des Arbeitsmarktes sowie der familialen Arbeitsteilung zwischen den Geschlechtern. Gerade wegen der geschlechterbasierten Arbeitsteilung stellt das Geschlecht eine übergeordnete Form sozialer Differenzierung in einfachen Gesellschaften dar (vgl. auch Gherardi, 1995).

Die Organisationen sind laut Gherardi (1995) immer noch zum größten Teil entsprechend dem Symbolismus vom Geschlecht strukturiert. Die Frage, wie das Geschlecht in den Organisationen ‚gemacht' wird, ist aus ihrer Sicht ein wesentliches kulturelles Phänomen. Genauso wie die Frage, wie das Geschlecht auch anders ‚gemacht' werden kann, ist es nicht nur eine Frage für diejenigen, die für die Organisationen arbeiten, sondern auch eine für den Prozess der Zivilisation an sich. Man spricht in diesem Zusammenhang von „doing gender", wonach jedem Gesellschaftsmitglied eine aktive Rolle in der Konstruktion von Geschlecht in verschiedenen Interaktionen attestiert wird. Die von West und Zimmerman (1987) entwickelte Grundidee beschreibt die gesellschaftliche Gestaltung und Überformung von biologischem Geschlecht, die auch schon die berühmte Vorreiterin des Feminismus, Simone de Beauvoir, in ihrem Buch „*Das andere Geschlecht*" dargelegt hat.

Was tun, damit das weibliche Geschlecht nicht mehr „das andere Geschlecht" ist? Aus der Sicht von Gherardi (1995) ist dafür wichtig, jegliches Denken, das dichotomisiert und hierarchisiert ist, zu destabilisieren und sich insgesamt von der Idee zu befreien, dass es nur zwei Arten von Individuen geben kann. Dazu gehören die symbolisch weit verbreiteten Überzeugungen, die das Männliche als das Eine, als Norm, und das Weibliche als das Andere, als das zweite Geschlecht betrachten. Geschlecht als symbolische Strukturkategorie des Lebenslaufs stellt eine soziale Konstruktion dar, die laut Autoren wie u. a. Becker-Schmidt und Knapp (1995) im Prinzip aufhebbar ist (zit. nach Born, 2001, S. 48). Gherardi (1995) bietet als Lösung ein holistisches Denken, was die Beziehung zwischen den Geschlechtern als Verflechtung und gegenseitige Abhängigkeit, als Unzertrennbarkeit und Ambiguität reformuliert. Dazu gehört auch die Umgestaltung der Geschlechterpraktiken als duale Präsenz, als Schnittpunkt und Reziprozität. Aus ihrer Sicht ist es wichtig, das Verständnis von Geschlecht als ein biologisches Schicksal in eine Position zu bringen, wo das Geschlecht als ein Diskurs betrachtet werden kann.

2.2.6 Gängige Methoden in der Lebenslaufforschung

Die methodologische Debatte in den Sozialwissenschaften ist seit langem von der Existenz zweier „Lager" – der quantitativen Lebenslaufforschung und der qualitativen Biographieforschung – geprägt. Die quantitativ orientierte Lebensverlaufsforschung konzeptualisiert die Lebensläufe der Individuen als eine Abfolge von Ereignissen, die deren sozialen Status verändern. Zumeist wird dabei die Veränderung von typischen Statusmerkmalen bei großen Stichproben im Längsschnitt untersucht und statistisch aggregiert. Als Populationen werden oft gesamte Geburtskohorten betrachtet und miteinander verglichen. Statusübergänge werden in Abhängigkeit von Kohortenzugehörigkeit oder anderen zeitunabhängigen soziodemografischen Merkmalen (wie z. B. Geschlecht oder formaler Bildungsstatus) betrachtet. Die qualitative Biographieforschung setzt in ihren Untersuchungen an individuellen Lebensläufen an, bemüht sich jedoch hauptsächlich um die Rekonstruktion der Lebensgeschichte aus der Sichtweise des Befragten. Die relevanten Daten hierfür sind zumeist Erzählungen über den individuellen Lebensverlauf, also „Lebensgeschichten" im eigentlichen Wortsinn (vgl. Kelle & Kluge, 2001; Levy, 2013a; Sackmann, 2013).

Bisher gibt es keine allgemeine Übereinstimmung darüber, wie man den Lebenslauf am besten empirisch untersuchen sollte, da viele Methoden sich immer noch in einem Entwicklungsprozess befinden (vgl. Levy & Widmer, 2013). Ein Charakteristikum des Forschungsfeldes „Lebenslauf" ist seit längerer Zeit die Kombination von qualitativen und quantitativen Verfahren (vgl. Sackmann, 2013). Im Folgenden werden nach der Beschreibung von ausgewählten quantitativen und qualitativen Methoden ihre Kombinationsstrategien, wie z. B. Triangulation, geschildert.

Quantitativ ausgerichtete Lebenslaufforschung

Die quantitative Lebensverlaufsforschung betrachtet in der Regel Lebensverläufe über einen langen Zeitraum hinweg und bedient sich dabei der Erhebung und Analyse von Längsschnittdaten, da nur solche Daten in der Lage sind, Entwicklungen über die Zeit abzubilden (vgl. Erzberger, 2001). In Abgrenzung zu dem umfassenderen Begriff des Lebenslaufs wird der Fokus von quantitativer Forschung, so Diewald, Huinik und Heckhausen (1996), auf „Lebensverlauf", speziell auf die individuellen Ereignisgeschichten unterschiedlicher Lebensbereiche, wie z. B. der Erwerbsverlauf, der Ausbildungsverlauf oder der Familienverlauf, gelegt (zit. nach Aisenbrey, 2000, S. 13). Häufig handelt es sich in dieser Forschungsausrichtung um Retrospektivdaten oder um Paneldaten. Ein Retrospektivdatensatz beinhaltet die Lebensverläufe, bei der Individuen rückblickend nach vielen Episoden ihres Lebens in Bezug auf verschiedene Lebensbereiche gefragt worden sind. Ein Paneldatensatz ist das SOEP (Sozio-Ökonomische Panel), bei dem jährlich mehrere Tausend Bundesbürger nach u. a. Einkommen, Arbeit, Familie und Einstellungen befragt werden (vgl. Sackmann, 2013). Den Reiz und das Hauptanliegen der heutigen quantitativen Lebensverlaufsforschung fasst Aisenbrey (2000) in die folgenden Worte:

> Die Lebensverlaufsforschung bietet die Möglichkeit, aus den Einschränkungen der Erhebung und Analyse von Querschnittsdaten auszubrechen und Aussagen über Abhängigkeiten innerhalb eines Lebensverlaufs sowie über die Interdependenzen eines Lebensverlaufs und gesellschaftlichen Strukturen zu treffen. Das Forschungsfenster beschränkt sich in der Lebensverlaufsforschung nicht auf einzelne Variablen, sondern auf die Abfolge diachronisch geordneter Segmente im Leben der untersuchten Individuen. Ereignisse oder Zustände in einem Leben werden nicht mehr isoliert voneinander betrachtet und eventuell von unabhängigen Variablen teilweise ‚wegerklärt', sondern in einer Gesamtschau erfasst. Von Interesse ist hier, wie der Lebensverlauf seine Richtung aus sich selbst heraus entfaltet und gleichzeitig von außen in eine vorgegebene Richtung gedrängt wird (ebd., S. 14).

Man kann in der quantitativen Lebenslaufforschung zwei herausragende Verfahren, nämlich die Ereignisdatenanalyse und Sequenzmusteranalyse, auch als „Optimal Matching Analyse" bekannt, ausmachen (vgl. Sackmann, 2013). Im Weiteren werden diese beiden Verfahren näher erläutert.

Mit Ereignisdatenanalyse wird eine Gruppe von statistischen Verfahren bezeichnet, die auch unter dem Namen Verlaufsdatenanalyse oder Verweildaueranalyse bekannt geworden ist. Typische Fragen in dieser Forschungsrichtung sind die nach der Bedeutung eines Ereignisses für den weiteren Verlauf des Lebens: Welche Auswirkungen hat z. B. eine Heirat oder die Geburt eines Kindes für den

Lebensweg der betroffenen Individuen. Damit ist fast immer eine Kausalitätsannahme verknüpft (vgl. Erzberger, 2001). Die Wahrscheinlichkeit eines Übergangs oder des Eintretens eines Ereignisses im Lebenslauf stellt in diesem Verfahren die abhängige Variable dar. Diese besteht in Ereignisdatenanalysen immer aus zwei Teilinformationen: Erstens muss bekannt sein, ob das interessierende Ereignis bei der jeweiligen Person bereits eingetreten ist oder nicht, und zweitens, wie lange eine Person im Ausgangszustand verweilt, bis das Ereignis eingetreten ist (vgl. Sackmann, 2013).

Auf der Basis des Ereignisindikators und der Verweildauer werden in der Ereignisdatenanalyse verschiedene Funktionswerte berechnet. Die beiden wichtigsten, die sogenannten ‚hazard rate', sind die Überlebensfunktion und die Übergangrate, wie z. B. die erste Eheschließung. Erstens wird der Zusammenhang zwischen der Verweildauer (z. B. das Alter der Frau) und der Wahrscheinlichkeit des Ereigniseintritts berechnet. Die sogenannte Verweildauerabhängigkeit mit dem exakten Verlaufsmuster der „Hazardrate" zeigt z. B., wann die Voraussetzungen für die Eheschließung günstig sind und wann es bestimmte Faktoren zu geben scheint, die den Heiratsprozess hemmen. Welche Merkmale hier genau eine Rolle spielen, wird durch mehrere zeitveränderliche oder zeitkonstante Variablen erklärt. Zeitkonstante Variablen sind Zustände, die sich üblicherweise im Lauf eines Lebens nicht ändern, wie z. B das Geschlecht. Zeitveränderliche Variablen können sich, wie z. B. der Erwerbstatus, verändern. Die zweite zentrale Fragestellung in der Ereignisdatenanalyse ist, ob es z. B. individuelle Faktoren wie Wohnort, Geschlecht, Bildung, Erwerbsstatus gibt, welche die Wahrscheinlichkeit einer Eheschließung positiv oder negativ beeinflussen. Diese Frage wird mit Hilfe von ereignisanalytischen Regressionsmodellen beantwortet, in denen die verschiedenen Kovariaten auf die Übergangsrate wirken. Es gibt in der Ereignisdatenanalyse eine Vielzahl von unterschiedlichen Modellklassen und Varianten der methodischen Umsetzung, je nachdem, ob man über die zeitkontinuierlichen Verlaufsdaten oder zeitdiskrete Daten verfügt oder auf parametrische oder nichtparametrische Verfahren zugreift (vgl. Kopp & Lois, 2014). An der Ereignisdatenanalyse wurde bemängelt, dass nur Teile von Verläufen, nämlich die einzelnen Übergänge, Gegenstand der Analyse seien (vgl. Sackmann, 2013).

„Optimal Matching" geht weiter. Von Forschungsinteresse ist hier nicht ein gesetzter Kausalzusammenhang, sondern der Lebensweg selbst. Die unterschiedlichen Wege sollen als Ganzes direkt analysiert und eventuelle „Lebenswegmuster" entwickelt werden. Diese Technik hält nicht nur einzelne Bilder aus einem Leben fest, sondern setzt diese auch in ihrer Gesamtheit zusammen und betrachtet die Bilder als vollständigen Film (vgl. Aisenbrey, 2000). Lebensverläufe werden anhand ihrer Länge sowie der Lage und Art bestimmter Phasen zu Gruppen mit je gleichen Lebensverlaufsmustern zusammengefasst, ohne dass vorher Ereignisse oder erklärende Variablen definiert werden müssen. Das Hauptziel der „Optimal-Matching Analyse" besteht darin, in komplexen zeitbezogenen Datensätzen typische Verlaufsmuster zu erkennen. Diese Technik identifiziert die Ordnung durch eine Analyse der Struktur der Verläufe und ermöglicht die Erforschung der von theoretischen Vorannahmen unabhängigen Verläufe über die Ereignisfolgen (vgl. Erzberger, 2001; Aisenbrey, 2000).

Die Muster von Lebensverläufen, wie sie sich aus der Untersuchung mit einer „Optimal Matching Analyse" ergeben, können anschließend als Ergebnisse möglicher Kausalzusammenhänge interpretiert werden. Kausalzusammenhänge können dann entweder auf den Einfluss von außen auf die Verläufe erklärt werden, wie etwa der Einfluss der ersten Arbeitsstelle auf den Lebensverlauf, oder durch ein dem Verlauf „mitgegebenes Variablenbündel" wie Geschlecht oder soziale Herkunft oder auch durch den Verlauf selbst, der Teile des weiteren Verlaufs prägt. Die mittels der „Optimal Matching Analyse" destillierten Lebensverläufe ähnlichen Musters können letztendlich auch zu Gruppen bzw. Clustern zusammengefasst werden und so in weitere Untersuchungen – je nach Fragestellung – als unabhängige oder abhängige Variablen eingehen (vgl. Aisenbrey, 2000).

Qualitativ orientierte Biographieforschung

Die Biographieforschung folgt zwei in der qualitativen Sozialforschung grundlegenden methodologischen Annahmen: zum einen der Annahme der Unhintergehbarkeit von Interpretationen bei der Wahrnehmung des Selbst, Anderer und der Welt, weil die objektive Realität immer nur durch die Evidenz der Subjekte hindurch analysierbar wird. Zum anderen folgt sie der Annahme, dass die soziale Wirklichkeit grundsätzlich in kulturellen Symbolsystemen konstituiert wird. Beide Annahmen führen zu dem Tatbestand, dass die sinnhafte Strukturierung des sozialen Handelns, genauso wie der Aufbau von Selbst- und Weltbildern, durch die Subjekte selbst geschieht. Qualitativ orientierte Biographieforschung stellt die Subjektperspektive in den Vordergrund (vgl. Marotzki, 2011; auch Heufers, 2015). Das narrative Interview und die daran anschließende Interpretationstechnik ebenso wie die im Kontext der objektiven Hermeneutik entwickelte Feinanalyse haben eine zentrale Stellung innerhalb der Methoden der Biographieforschung (vgl. Sackmann, 2013).

Das von Fritz Schütze in den 1970er Jahren des 20. Jahrhunderts entwickelte narrative Interview hat zuerst das Ziel verfolgt, den methodischen Gebrauch von Stegreiferzählungen über eigene Erfahrungen zu erkunden und dabei unterschiedliche interpretative Forschungstraditionen, wie z. B. den symbolischen Interaktionismus und die ethnomethodologische Konversationsanalyse, zusammenzuführen (vgl. Riemann, 2011). Das narrative Interview weist zwei Vorteile auf: Die Darstellbarkeit subjektiver Relevanzsetzungen im Interviewverlauf durch die offene Art der Thematisierung und die Möglichkeit der Rekonstruktion realen Erlebens und Handelns über Korrespondenzen zwischen Leben und erzähltem Leben. Methodologisch bedeutsam für das narrative Interview ist, dass sich der Geschehensablauf in der Erzählung wiederfindet. Dabei präzisiert laut Schütze (1977) der Interviewpartner über Sequenzierung, Zugzwang und Detaillierung selbst die Ereignisabfolge des Lebens in seiner Narration (zit. nach Sackmann, 2013; S. 69–70). Anhand der Identifizierung von wiederkehrenden textuellen Formen können die Prozessstrukturen des Lebensablaufs entschlüsselt werden, die sich auf unterschiedliche Handlungsschemata von biographischer Relevanz, auf institutionelle Ablaufmuster und -erwartungen des Lebensablaufs, kreative Wandlungsprozesse und Verlaufskurven des Leidens und Getriebenseins beziehen lassen (vgl. Riemann, 2011).

„Erzähldaten", wie sie in narrativen oder leitfadenorientierten qualitativen Interviews erhoben werden, machen nach Dausien (1996) zwei Ebenen von Handlungsgründen zugänglich:

1. „[A]llgemeine Normen, Ideologien, gesellschaftliche Leitbilder und Interpretationsmuster, die Teil der sozialen und kulturellen (Meso-)Struktur sind, also gesellschaftlich vermittelte Wissensbestände über soziale Handlungsregeln,
2. die Erfahrungen und Interpretationen konkreter Akteure, also deren Situationsdeutungen und Handlungsziele" (zit. nach Kelle & Kluge, 2001, S. 19).

Mittlerweile wird die Methode des narrativen Interviews nicht nur für die sozialwissenschaftliche Biographieforschung, sondern auch in der Untersuchung professionellen Handelns in der Variante des interaktionsgeschichtlichen Interviews oder in der Familiensoziologie verwandt. Unabhängig von der spezifischen Variante und Forschungsfragestellung ist in diesem Verfahren eine ausreichende Vertrauensgrundlage zwischen Forscher und Informant zu entwickeln sowie eine eindeutige narrative Ausgangsfrage zu formulieren, um eine Stegreiferzählung über eigene Erfahrung zu generieren. Weiterhin ist es wichtig, dass der Erzähler unterstellen kann, dass dem Zuhörer die Inhalte der Darstellung noch nicht bekannt sind und dass sich das Thema für eine narrative Stegreifdarstellung eignet und hinreichend eingegrenzt ist (vgl. Riemann, 2011). Anhand von biographisch-narrativen Interviews können jene Orientierungsmuster rekonstruiert werden, die Erwachsene in ihrer Biographie entwickeln, um z. B. ihre Berufsbiographie eigenständig zu komponieren und zu gestalten. Der Vorteil von solchen qualitativen Daten ist, dass hier jene Innovationen ausfindig gemacht werden können, die „strukturbildend“ auf die Lebensläufe wirken und zu Veränderungen von Lebenslaufmustern führen, die dann auf der statistischen Aggregatebene als Unterschiede zwischen Kohorten sichtbar werden (vgl. Heufers, 2015).

Der Begriff „Hermeneutik“ bezeichnet ein weites Feld unterschiedlicher philosophischer Begründungen und Zielsetzungen sowie methodischer Konzepte für den verstehenden Umgang mit Texten (vgl. Koller, 2011). Die in den 1970er Jahren von Ulrich Oevermann entwickelte objektive Hermeneutik versucht eine doppelte methodologische und theoretische Frontstellung in sich zu vereinen. Die eine Frontstellung besteht gegenüber der an den Naturwissenschaften orientierten Tradition der Sozialwissenschaften, in der von der Sinnstrukturiertheit von Handlungen weitgehend abstrahiert wird. Die zweite Front besteht gegenüber der „traditionellen Hermeneutik“, bei der der „Sinn“ an subjektiv gemeinten Perspektiven der Handelnden gebunden bleibt. Die objektive Hermeneutik pocht auf die Möglichkeit objektiven Verstehens und der Entschlüsselung von objektivem bzw. „latentem Sinn“. Die Methode interessiert sich nicht dafür, was eine Person auszudrücken beabsichtigte, sondern das, was sie ausgedrückt hat: die protokollierbare Spur, die sie hinterlassen hat (vgl. Wohlrab-Sahr, 2011).

Die Unterscheidung zwischen latentem bzw. objektivem Sinn einerseits und subjektiv intentionalem Sinn andererseits ist in diesem Verfahren zentral und wird in der Theoriesprache der objektiven Hermeneutik als verschiedene Ebenen der Textinterpretation angesehen. Diesen beiden Ebenen schließt sich eine dritte Ebene an, die die Fallstruktur betrifft. Die Fallstruktur wird zum einen daran erkennbar, dass das, was als „objektiver Sinn“ in einer Äußerung zum Ausdruck kommt, sich an mehreren Stellen wiederholt. Zum anderen wird sie erkennbar in dem Verhältnis, in dem der subjektiv gemeinte Sinn zum objektiven Sinn steht. Anschließend folgt die Rekonstruktion der Genese der Fallstruktur. Diesem Grundgedanken entsprechen bestimmte methodische Regeln der Interpretation, wie z. B. die sequenzielle Interpretation von Texten und die gedankenexperimentelle Explikation von Lesarten oder Kontextvariationen. Die letztere sollte unbedingt im Rahmen einer Interpretengruppe erfolgen. Das Prinzip der Wörtlichkeit der Interpretation verlangt danach, jede Interpretation am Text selbst nachzuweisen. Das Prinzip der Totalität besagt, dass ein zur Interpretation ausgewählter Textausschnitt vollständig zu interpretieren ist (vgl. Wohlrab-Sahr, 2011). Alle Schritte dieser Feinanalyse werden schriftlich dokumentiert. Die Genauigkeit und Nachvollziehbarkeit von komplexer Interpretation wird als Vorteil der objektiven Hermeneutik angesehen. Als nachteilig wird der hohe, zu einer radikalen Beschränkung der untersuchten Fälle führende Aufwand bemängelt (vgl. Sackman, 2013). Kritisiert werden auch die Überbetonung der strukturalistischen Annahmen „objektiver“ Regelstrukturen, die sich im Fallmaterial als „latente Sinnstrukturen“ bemerkbar machen, Annahmen des „allgemeinen Regel- und Weltwissens“ und die weitgehende Gleichsetzung von Fallstruktur und Typus (vgl. Wohlrab-Sahr, 2011).

Integration qualitativer und quantitativer Verfahren

Seit einigen Jahren setzt sich zunehmend die Erkenntnis durch, dass qualitative und quantitative Methoden nicht mehr als rivalisierende, sondern als komplementäre Lager gesehen werden sollten. Die Integration qualitativer und quantitativer Verfahren wird unter den Begriffen der sogenannten „Mixed Methods“ diskutiert. Dieser Ansatz wird durch Tashakkori und Teddlie (2003) als ein „third methodological movement“ bezeichnet, die an quantitative Methoden als erste und qualitative Methoden als zweite Bewegung anschließt (zit. nach Flick, 2011, S. 75–77). „Mixed Methods“ bezeichnet generell die Kombination von Elementen eines qualitativen und eines quantitativen Forschungsansatzes innerhalb einer Untersuchung oder mehrerer aufeinander bezogener Untersuchungen. Historisch gesehen ist diese Vorgehensweise in den Sozial- und Verhaltenswissenschaften jedoch eigentlich nichts Neues und wurde bereits von Thomae (1959) in der psychologischen Biographieforschung umgesetzt (vgl. Schreier & Odag, 2010). „Die Lebenslauf- und Biographieforschung ist ein bevorzugtes Feld für die Verbindung von quantitativ-standardisierten und qualitativ-interpretativen Forschungsmethoden“ (Heinz, 2001, S. 7). Das Hauptziel der Methodenintegration in den Sozialwissenschaften besteht darin, die untersuchten sozialen Phänomene von verschiedenen Seiten und unter verschiedenen Perspektiven zu beleuchten (vgl. Kluge, 2001).

Die Kontingenz sozialer Strukturen im Lebenslauf wirft für quantitative und qualitative Traditionen sozialwissenschaftlicher Forschung jeweils unterschiedliche methodische und theoretische Schwierigkeiten auf. Während in der quantitativ orientierten Lebensverlaufsforschung die Varianz von Handlungsresultaten durch Strukturvariablen, wie z. B. Geschlecht oder Bildungsabschluss, erklärt werden soll, ist der die statistischen Zusammenhänge letztlich erzeugende kausale Nexus zwischen den Entscheidungen der Akteure und den statistisch erfassbaren Handlungsresultaten empirisch oft gar nicht fassbar. Deswegen können nur systematische explorative und qualitative Studien dann jenes Wissen über die für bestimmte Handlungsfelder typischen Handlungsorientierungen und Deutungsmuster zu Tage fördern, mit deren Hilfe statistische Zusammenhänge auf der Makroebene überhaupt soziologisch verstanden werden können (vgl. Kelle & Kluge, 2001). Rossmann und Wilson (1985) haben treffend metaphorisch gefordert „the bare bones of statistical results“ durch qualitative Untersuchungsschritte mit interpretativem „Fleisch“ anzureichern (zit. nach Erzberger, 2001, S. 173).

Die Integration qualitativer und quantitativer Verfahrensweisen trägt insgesamt zu einem erhöhten Erkenntnisgewinn bei. Wenn sich die Ergebnisse der beiden Methodenstränge ergänzen, ergibt sich ein vollständigeres Bild des Untersuchungsgegenstandes. Wenn die Ergebnisse übereinstimmen, so validieren sie sich gegenseitig und tragen damit zur Absicherung und Bestätigung der gewonnenen Resultate bei. Falls sie sich widersprechen, kann dies zu weiteren wichtigen Forschungen führen (vgl. Kluge, 2001). Bryman (1998, 1992) benennt sogar elf Varianten, wie quantitative und qualitative Forschung miteinander verknüpft werden kann. Die Überprüfung qualitativer durch quantitative Ergebnisse macht aus seiner Sicht die Logik der Triangulation[2] aus.

Weiterhin zieht Bryman in Betracht, dass qualitative und quantitative Forschung sich gegenseitig unterstützen können. Strukturelle Aspekte werden aus seiner Sicht durch quantitative und Prozessaspekte durch qualitative Methoden erfasst. Die Perspektive des Forschers ist wichtiger für die quantitativen Zugänge, während bei qualitativer Forschung die Sicht der Subjekte im Vordergrund steht. Fragen der Generalisierbarkeit lassen sich für ihn durch die Hinzuziehung von quantitativen Erkenntnissen für die qualitative Forschung angehen. Qualitative Daten sollen die Interpretation von Zusammenhängen zwischen Variablen aus quantitativen Datensätzen unterstützen. Durch die Kombination qualitativer Forschung kann auch die Beziehung zwischen Mikro- und Makroebene in einem Gegenstandsbereich geklärt werden. Die qualitativen und quantitativen Methoden können in verschiedenen Phasen des Forschungsprozesses eingesetzt werden. Schließlich können auch Hybridformen der Methodenintegration entstehen, wie z. B. die Verwendung qualitativer Forschung in quasiexperimentellen Designs (zit. nach Flick, 2011, S. 76).

Besonders der menschliche Lebenslauf ist ein hoch komplexer Untersuchungsgegenstand, der neben den quantitativen Forschungsmethoden die Verwendung entdeckender, explorativer Verfahren notwendig macht. Denn in der Lebenslaufforschung verschränken sich nicht nur unterschiedliche Ebenen des Lebens, wie z. B. Erwerbsarbeit, Familie oder Betreuung usw., innerhalb des

---

2 Die Begriffe „Mixed Methods“ und Triangulation können voneinander dadurch abgegrenzt werden, dass sich die „Mixed Methods“ immer auf die Kombination qualitativer und quantitativer Verfahren beziehen, während Triangulation auch die Verbindung verschiedenen qualitativen Verfahren bedeuten kann.

Lebensverlaufs einer Person, sondern auch zwischen den Verläufen unterschiedlicher Personen, wie z. B. Partner, Eltern, Kinder usw. (vgl. Erzberger, 2001; Krüger, 2001a). In der Lebenslaufforschung bilden insgesamt interpersonale Verschränkungen individueller Lebensläufe zusammen mit gesellschaftlichen Regelungen oft eine unübersichtliche Gemengelage, die, je nach Fragestellung, durch die einfache Zuordnung von Ereignissen zu beobachteten Handlungen nicht mehr erklärbar ist und ereignisunabhängige, explorative Verfahren zur Aufschlüsselung von Längsschnittdaten erfordert. Außerdem hilft die Anwendung der qualitativen Methoden für die quantitativ ermittelten Ergebnisse, Erklärungen auf der Basis der Interpretationen der Akteure zu formulieren (vgl. Erzberger, 2001).

Ein Beispiel der integrativen methodischen Vorgehensweise stellt das Forschungsprogramm des Sonderforschungsbereichs 186 „*Statuspassagen und Risikolagen im Lebensverlauf*" dar, wobei qualitative und qualitative Erhebungs- und Auswertungsverfahren parallel eingesetzt worden sind. Hier führten die Analysen der umfangreichen verbalen Daten in der Regel zu einem umfassenderen und tiefergehenden Verständnis der Sichtweisen und Deutungsmuster der Akteure, weil die Befragten in den qualitativen Interviews die Gelegenheit hatten, die verschiedenen biographischen Prozesse in allen Einzelheiten zu berichten. Mit Hilfe der standardisierten Daten konnte geprüft werden, inwiefern die Ergebnisse qualitativer Untersuchungen generalisierbar sind. Die Integration qualitativer und quantitativer Verfahren ging dabei über die „klassische" Arbeitsteilung im Sinne von Barton und Lazarsfeld (1984) weit hinaus, bei der die qualitativen Daten lediglich Hypothesen liefern, die dann mittels quantitativer Untersuchungen überprüft werden. In diesem Forschungsprogramm wurde die Vielfältigkeit der Kombinationsmöglichkeiten beider Verfahren nicht nur bei der Stichprobenziehung, sondern auch bei der Datenerhebung und Datenauswertung gezeigt (zit. nach Kluge, 2001, S. 37).

Die Bilanz der „Mixed Methods" Forschung ist jedoch nicht so positiv, da es laut Jennifer C. Greene (2008) kaum konzeptuelle Arbeiten dazu gibt, wie Methoden für eine gegebene Fragestellung ausgewählt werden sollen oder worauf sich das „mixing" in den Ansätzen tatsächlich bezieht und schließlich zu einer Methodologie der „Mixed Methods" (zit. nach Flick, 2011, S. 79). Es fehlt bisher selbst eine verbindliche und allgemein akzeptierte Definition des „Mixed Method"-Begriffs. Die „Mixed Methods"-Diskussion in der neueren Literatur zeigt aktuell ein vermehrtes Interesse an der methodologischen Ausarbeitung der verschiedenen Untersuchungsphasen, wie etwa Stichprobenziehung, Datenerhebung und -auswertung und Beurteilung der Güte von „Mixed Methods"-Studien (vgl. Schreier & Odag, 2010). Auch Flick (2011) stellt fest, dass die Entwicklung von tatsächlich integrierten qualitativ-quantitativen Methoden weiterhin ein ungelöstes Problem bleibt. Es fehlen konkrete Vorschläge für die Integration beider Ansätze in einer Methode, die tatsächlich als Triangulation bezeichnet werden können.

Triangulation

Der Begriff von Triangulation bezeichnet ganz allgemein in der Sozialforschung die Betrachtung eines Forschungsgegenstandes von (mindestens) zwei Punkten aus, was meist durch verschiedene methodische Zugänge realisiert wird (vgl. Flick, 2011). Seit den 1970er Jahren ist „Triangulation" ein recht beliebter Begriff in der methodischen Debatte, die sich um Fragen der Methodenintegration dreht. Eine „between-method-triangulation" wurde im Jahr 1978 von Denzin in seinem Werk „*The Research Act*" formuliert. Hierbei werden quantitative und qualitative Daten getrennt voneinander erhoben und analysiert. Die jeweiligen Ergebnisse werden anschließend zueinander in Beziehung gesetzt (vgl. Fiske, 2001; Kelle & Erzberger, 2001). Uwe Flick (2011) definiert die Triangulation folgendermaßen:

> Triangulation beinhaltet die Einnahme unterschiedlicher Perspektiven auf einen untersuchten Gegenstand oder allgemeiner: bei der Beantwortung von Forschungsfragen. Diese Perspektiven können sich in unterschiedlichen Methoden, die angewandt werden, und/oder unterschiedlichen gewählten theoretischen Zugängen konkretisieren, wobei beides wiederum mit einander in Zusammenhang steht bzw. verknüpft werden sollte. Weiterhin bezieht sie sich auf die Kombination unterschiedlicher Datensorten jeweils vor dem Hintergrund der auf die Daten jeweils eingenommenen theoretischen Perspektiven. Diese Perspektiven sollten so weit wie möglich gleichberechtigt und gleichermaßen konsequent behandelt und umgesetzt werden. Durch die Triangulation (etwa verschiedener Methoden oder verschiedener Datensorten) sollte ein prinzipieller Erkenntniszuwachs möglich sein, dass also bspw. Erkenntnisse auf unterschiedlichen Ebenen gewonnen werden, die damit weiter reichen, als es mit einem Zugang möglich wäre (ebd. S. 12).

Die Einführung des Triangulationsbegriffs in die sozialwissenschaftliche Methodendiskussion hat die Eindeutigkeit, die dieser Kontext in seinem ursprünglichen mathematischen Kontext besaß zugunsten einer Reihe von möglichen Lesarten aufgelöst: Triangulation kann erstens als gegenseitige Validierung von Methoden und Forschungsergebnissen gesehen werden; Triangulation kann zweitens als Möglichkeit zur Erstellung eines Gesamtbildes des untersuchten sozialen Phänomens aus verschiedenen Perspektiven verwendet werden; und man kann drittens Triangulation als trigonometrische Messoperation verstehen, wobei es um eine Verbindung quantitativer und qualitativer Methoden als notwendige

Voraussetzung für die Formulierung einer theoretischen Erklärung geht (vgl. Kelle & Erzberger, 2001). Der Begriff der Triangulation ist nicht zu verwenden, wenn eine Methode zur Datenerhebung (bspw. eine bestimmte Interviewform) und eine Methode zur Analyse der Daten (bspw. ein Kodierverfahren) eingesetzt werden. Ebenso wenig ist damit gemeint, die Durchführung einer explorativen Vorstudie mit qualitativen Methoden vor der Durchführung der eigentlichen Untersuchung mit standardisierten Methoden als Triangulation zu bezeichnen, wenn die Vorstudie nicht als eigene und eigenständige Teilstudie gesehen wird (vgl. Flick, 2011).

Wenn die vorher getrennt erhobenen qualitativen und quantitativen Daten näher miteinander in Beziehung gesetzt werden, können die Ergebnisse der Teilstudien erstens konvergieren, d. h. zu denselben theoretischen Schlussfolgerungen Anlass geben; zweitens können sie sich auf unterschiedliche Objekte, Phänomene und Gegenstandsbereiche beziehen und sich dabei komplementär zueinander verhalten, d. h. sich ergänzen; oder drittens in einem divergenten Verhältnis zueinander stehen, d. h. sich widersprechen (vgl. Kelle & Erzberger, 2001). Jedes dieser Ergebnisse verlangt aus der Sicht der Autoren nach unterschiedlichen Methoden der Triangulation – die Verbindung zwischen Aussagen auf der theoretischen und Aussagen auf der empirischen Ebene muss jeweils in spezifischer Weise hergestellt werden. Dazu werden unterschiedliche Formen des logischen Schließens, nämlich Induktion, Deduktion und ein dritter Typus, der in der Literatur mit „Abduktion", „Retroduktion" oder „Reduktion" bezeichnet wird, so miteinander kombiniert, dass sinnvolle Verbindungen zwischen den empirischen Daten und theoretischen Konzepten hergestellt werden können (vgl. ebd.).

Triangulation in ihren diversen Ausprägungen wird verstärkt in verschiedenen Kontexten, wie z. B. in vielen Projekten der qualitativen Forschung in der Erziehungswissenschaft, angewandt. Theoretisch wird sie in der aktuellen Diskussion um „Mixed Methods" unter verschiedenen Vorzeichen diskutiert. Triangulation gilt bei Creswell & Clark (2007) als eine der vier Grundformen von „Mixed Methods"-Designs (zit. nach Schreier & Odag, 2010, S. 269). Dabei verlagert sich ihr Fokus von der ursprünglichen Orientierung an der Überprüfung von Ergebnissen, wie etwa bei Denzin 1970 oder noch bei Bryman 2008, zugunsten einer stärkeren Betonung der systematischen Erweiterung der Erkenntnismöglichkeiten (zit. nach Flick, 2011, S. 26).

Man darf jedoch nicht aus den Augen verlieren, dass im Mittelpunkt eines methodenintegrativen Vorgehens immer die Forschungsresultate stehen müssen. „Die Methoden sind lediglich Mittel zum Zweck, empirisch angemessene Antworten auf die Untersuchungsfrage(n) zu ermitteln" (Kluge, 2001, S. 44).

2.3 Symbole des Lebenslaufes

2.3.1 Der Mensch erschafft Symbole für seinen Lebenslauf

Jede Gesellschaft entwickelt zwangsläufig Maßstäbe für eine grundlegende Orientierung in Raum und Zeit (vgl. Ecarius, 1998). Soweit wir zurückdenken können, haben Menschen offenbar Bilder über die Beschaffenheit ihrer äußeren Welt entwickelt und benutzt. Im Laufe der Menschheitsgeschichte erst einmal entstanden, haben bestimmte Ideen dann als individuelle und kollektive Leitbilder die bisherige Lebens- und Weltgestaltung der Menschen bestimmt (vgl. Hüther, 2006). Alle menschlichen Kulturen haben sich mit der biologischen Dimension unserer Existenz – mit unserem Schicksal zu altern und schließlich zu sterben – auseinandergesetzt (vgl. Ehmer, 1990). „Jede Epoche hat ihre bestimmten Vorstellungen von den Lebensabschnitten, wann diese beginnen, wann sie enden, welche Symptome sie kennzeichnen und welche menschlichen Verhaltensmuster ihnen zukommen" (Vavra, 2008, S. 2). In jeder Kultur wird der Ablauf des menschlichen Lebens in mehrere unterschiedliche Etappen gegliedert, deren Dauer, Grenzen und Charakteristika mehr oder weniger präzise definiert werden können (vgl. Philibert, 1978). Auch wenn es keine fixierten und generalisierbaren Alterszäsuren geben kann, dienen sie dazu, als regulative Ideen kultur- und zeitübergreifend das menschliche Leben sinnhaft zu gliedern (vgl. Fitzon et al., 2011).

Der Mensch ist das einzige Wesen auf dieser Erde, das sich der Begrenztheit seiner Lebenstrecke im Hegel'schen Sinne bewusst ist (vgl. Zemmrich, 1992; Assmann, 2000). Das irdische Leben ist befristet, was von der Menschheit in den Augen von Herkommer (2005) von jeher als Provokation erlebt wird. Es ist etwas Faszinierendes und gleichzeitig Unheimliches um die stetig verrinnende Zeit (vgl. Zemmrich, 1992). Das Wissen um die Endlichkeit des Lebens schafft einen unhaltbaren Zustand, was den Menschen dazu zwingt, eine künstliche Welt zu erschaffen, in der er leben kann. „Das ist Kultur. Die Kultur entspringt dem Wissen um den Tod und Sterblichkeit" (Assmann, 2000, S. 13). „Diese entscheidende Grundeigenschaft der Symbole, im Zuge der Repräsentation eines anderen, sich von diesem teilweise und unter Umständen völlig loszumachen, d. h. autonom zu werden, ermöglicht die Befreiung des Menschen von der gegebenen Realität und vom historischen Augenblick, in dem alle anderen Wesen befangen scheinen. Durch Symbolisierung werden das Erinnern und andere Gedächtnisfunktionen ermöglicht und damit die Kategorie der Vergangenheit errichtet, ebenso wie durch antizipatorische, symbolische Vorstellung die Kategorie der Zukunft geschaffen wird" (Hacker, 1958, zit. nach Bucher, 1990, S. 187).

Daher trifft man in jeder Kultur zu jedem beliebigen Zeitpunkt auf ein vages Aggregat von Konzepten und Theorien, von Bildern und Schemata, von Normen und Haltungen, die sich auf das Vorwärtsschreiten im Alter und in verschiedenen Lebensaltern beziehen (vgl. Philibert, 1978). „Das menschliche Leben als einheitlichen und zugleich gestuften Vorgang zu beschreiben, bedarf einer Rahmung und einer Anschauungsform, um überhaupt als sinnvoll aufgefasst werden zu können. Ein Prozess, dessen Komplexität jedes Vorstellungsvermögen überschreitet, kann nicht allein diskursiv erfasst werden, sondern muss auch über Schemata und Topoi, über Narrative und Metaphern, in Anschauung überführt werden: das Leben etwa als Bogen, Kreis, Zyklus oder Weg" (Friedrich, 2011, S. 51).

Die Erschaffung der Symbole für den menschlichen Lebenslauf kann u. a. als ein Versuch betrachtet werden, Strukturen zu erschaffen, die den Menschen helfen, mit der Ungewissheit des eigenen Schicksals umzugehen und das Leben für sich fassbar und sinnvoll erscheinen zu lassen. Der Begründer der Transaktionsanalyse Eric Berne (2012) hat den „Hunger nach (Zeit-)Struktur" neben dem Hunger nach Stimulation und Hunger nach Streicheleinheiten unter den drei menschlichen Grundbedürfnissen aufgeführt. Die Altersstufen können als Wissensordnungen aufgefasst werden, die sich aus Strukturen und Semantiken zusammensetzen und die Wahrnehmung der Wirklichkeit determinieren. Die Alterszäsuren wären aus dieser Perspektive zum einen als systematische Ordnungen, zum anderen als Sinnbildungsmuster zu beschreiben. Sie vermitteln einerseits eine Struktur des menschlichen Lebens, die Kontinuität und Diskontinuität miteinander verbindet. Andererseits etablieren Altersstufen eine symbolische Ordnung, die in Sequenzen und Bildern ihren Ausdruck findet (vgl. Friedrich, 2011).

Das bekannte Symbol der Lebenstreppe kann daher als ein Beispiel der menschlichen Bestrebung interpretiert werden, die biologischen Prozesse des Alterns zu interpretieren und sie in vertrauten Denkfiguren wie dem zeitlichen Rhythmus der Natur oder dem abstrakten System der Mathematik zu ordnen (vgl. Ehmer, 1990). Assmann (2000) zufolge haben die Bilder somit eine handlungsermöglichende Funktion. Sie überwinden die lähmende, traumatisierende Wirkung des Todes und machen den Tod in gewisser Weise behandelbar. Ein Bild kann Geschichten auf eine ganz einfache Weise erzählen, es kann Lebensentwürfe beschreiben und erklären. Über einen visuellen Reiz kann ein Kunstwerk Gedanken und Einsichten vermitteln (vgl. Franzen, 2009). Diese Eigenschaft der Bilder war besonders in den früheren Zeiten wichtig, da nur ein geringer Teil der Bevölkerung lesen konnte. Deswegen waren die früheren Lebensentwürfe in Form von Bildern in den Kirchen oder anderen öffentlichen Versammlungsplätzen für die breiteren Bevölkerungsschichten sichtbar und verständlich gewesen.

Verschiedene wissenschaftliche Disziplinen wählen je nach ihren Forschungsinteressen und Präferenzen bestimmte Begriffe als Instrumente für die Analyse der unterschiedlichen Ausdrucksformen von Vorstellungen über den menschlichen Lebenslauf (vgl. Elm et al., 2009). Für die vorliegende Untersuchung wird der Begriff des Symbols als Träger der kulturell verbreiteten Vorstellungen über den Lebenslauf gewählt. In den folgenden Abschnitten wird die Entwicklungsgeschichte der Vorstellungen und Gliederungsschemata für den Lebenslauf vorgestellt sowie ein knapper Exkurs in die Darstellung von Lebenslauf in Kunst und Literatur unternommen.

Kurze Entwicklungsgeschichte der Lebenslaufvorstellungen

Die Vorstellungen über die Einteilung des menschlichen Lebens haben eine Geschichte, denn sie folgen nicht einer unwandelbaren Natur, sondern sind ständig einer kulturellen und gesellschaftlichen Deutung unterworfen (vgl. Elm et al., 2009). Alle verschiedenen Lebenslaufvorstellungen sind als Zeitstrukturen entworfen worden, denen eine natürliche Finalität eingeschrieben ist (vgl. Friedrich, 2011). Ein erster Grundzug antiker und späterer Konzeptionen von Lebenslauf bestand im Modell eines vollständigen bzw. abgeschlossenen Lebenslaufs, der von der Geburt bis zum Tod reicht und ein Sterbealter aufweist, das man als obere oder natürliche Grenze der menschlichen Lebensspanne ansah. Zweitens hatten Lebenslaufkonzepte, in Analogie zu den Kreisläufen der Natur, einen zyklischen Charakter. Ein dritter Grundzug war die Vorstellung, dass der menschliche Lebenslauf aus der Sequenz einzelner Phasen bestünde (vgl. Ehmer, 2008; Friedrich, 2011). Auch Sackmann (2013) unterscheidet drei Metaphern für den menschlichen Lebenslauf, die sich in den letzten Jahrhunderten als besonders eingängig erwiesen haben: eine sachliche Auflistung der Bereiche (Lebenslauf in Bewerbungsunterlagen), eine zyklische Prozessdarstellung (Lebenstreppe) und eine Deutung als linearer Reifungsvorgang (Lebensspannenpsychologie), obwohl er die dazu gehörigen Symbole anders als die meisten Autoren zuordnet.

In der deutschen Sprache wurde für den Lebenslauf bis ins 18. Jahrhundert und teilweise noch bis ins 19. Jahrhundert der Begriff von Lebensalter verwendet. Die in der europäischen Neuzeit vorherrschenden Vorstellungen vom Leben und seiner Gliederung gehen überwiegend auf Diskurse der griechisch-römischen Antike und auf deren Wiederentdeckung bzw. Modifikation in Humanismus und Renaissance zurück (vgl. Ehmer, 2008). Für das Mittelalter war der Lebenslauf z. B. keine kontinuierliche Folge, die an einem realen Einzelschicksal abgelesen werden konnte. Das Leben eines Einzelnen in dieser Welt war nicht so bedeutungsvoll wie sein Weiterleben nach dem Ablauf der begrenzten Zeit auf dieser Welt. Die Lebensaltersstufen gehörten als ein Bestandteil in eine Weltkonzeption, deren geistige Struktur auch in den Bildern der Kathedralen zu sehen war (vgl. Will, 1983). Die früheren Vorstellungen über das menschliche Leben wurden also überwiegend in größere Zusammenhänge eingebunden, seien es kosmische Rhythmen oder auf Mythen beruhende Glaubensvorstellungen (vgl. Ecarius, 1996). Eingebettet in kosmische und biologische Zusammenhänge war das Leben nichts Feststehendes, sondern stetigen Veränderungen unterworfen (vgl. Bake, 2005).

In Analogie zu den Kreisläufen der Natur wie Tageslauf, Zyklizität der Jahreszeiten oder Planetenzyklen hatten Lebenslaufkonzepte einen zyklischen Charakter (vgl. Ehmer, 2008). Während im Jahreszeitenzyklus der menschliche Lebenslauf mit einer Vorstellung von Wiedergeburt verbunden wurde, realisierte der Planetenzyklus die ewige Wiederkehr des Gleichen und die Anbindung an die übergeordnete transzendente Sinnordnung (vgl. Friedrich, 2011). Die Denker aus verschiedenen Epochen haben Lebenseinteilungen vorgeschlagen, die den natürlichen Erscheinungen wie den vier Jahreszeiten nachgebildet waren. Pythagoras (ca. 570–510 v. Chr.) setzte z. B. die Lebensalter in Bezug zu den vier Jahreszeiten und maß ihnen je 20 Jahre zu (vgl. Vavra, 2008). Seit dem Mittelalter war die Gleichsetzung der kalten Jahreszeit mit dem Ende des Lebens etabliert (vgl. Fitzon, 2009). Diese Gleichsetzung war der Renaissance genauso geläufig wie Albrecht Dürer (vgl. Rosenmayr, 1978). Noch Johann Wolfgang von Goethe hat diese Einteilung in einem Reimspruch mit dem Titel „Grabschrift" verwendet:

Als Knabe verschlossen und trutzig,
Als Jüngling anmaßlich und stutzig,
Als Mann zu Taten willig,
Als Greis leichtsinnig und grillig! –
Auf deinem Grabstein wird man lesen:
Das ist fürwahr ein Mensch gewesen!
(zit. nach Schenda, 1983, S. 11).

Bereits Aristoteles hat jedoch bemerkt, dass die Analogie der menschlichen Altersstufen mit den vier Jahreszeiten nur eine Metapher sein kann. Während das Leben von Pflanzen und Tieren dem Rhythmus der Jahreszeiten unterworfen ist, unterliege der Mensch den Kräften des Alters, also einem linearen Prozess. Draconitius hat diesen Gedanken im 5. Jahrhundert so ausgedrückt: „Völker wechseln, Zeit vergeht, die Natur hat ihre Zyklen, nur das menschliche Leben kehrt nicht zurück" (zit. nach Friedrich, 2011, S. 59). Neben der Natur ist also Geschichte als Bezugssystem eingetreten und die Notwendigkeit entstanden, den linearen

Verlauf des menschlichen Lebens in Altersphasen zu gliedern. Viele bildliche Darstellungen der Lebensalter basierten auf einer Einteilung des menschlichen Lebens in Abschnitten, deren gewählte Anzahl nach dem zugrunde liegenden allegorischen Sinn ausgerichtet war (vgl. Bake, 2005).

In Vergangenheit wie Gegenwart sprach und spricht man von dem Gegensatzpaar Jugend und Alter (vgl. Vavra, 2008). Das Gegensatzpaar jung/alt stellt ohne Zweifel die älteste und verbreitetste Periodisierung des Menschenlebens dar, da sie so einleuchtend wie der natürliche Wechsel von Morgen und Abend, Frühling und Herbst ist (vgl. Schenda, 1983). Zu allen Zeiten und in jeder Kultur scheint man zwischen Kindheit und Erwachsenenalter, zwischen Jugend und Greisenalter zu unterscheiden (vgl. Philibert, 1978). Man nahm an, dass in bestimmten Jahresperioden der Mensch eine völlige Umwandlung erfahre, die, durch körperliche Gegebenheiten ausgelöst, auch den seelisch-geistigen Zustand beeinflusse (vgl. Lehr, 1978).

Es gibt eine Reihe von Lebensaufteilungen, die auf Zahlensystemen basieren. Die Einteilung nach der Zahl Vier (vier Elemente, vier Jahreszeiten, vier Temperamente etc.), nach der Zahl Sechs (sechs Schöpfungstage entsprechend dem Buch Genesis der Bibel) und Sieben wurden die wirkungsvollsten Einteilungen (vgl. Rosenmayr, 1978). Die Festlegung der Lebensalter in dieser Art war grundsätzlich vom jeweils gebräuchlichen Umgang mit Zahlen und der damit verbundenen Zahlensymbolik abhängig und an übergeordneten Zeitvorstellungen orientiert (vgl. Vavra, 2008; Fitzon et al., 2011). Theorien zur Stufung der Lebensalter in drei, vier, fünf, sechs oder sieben Altersstufen wurden erstmalig in der Antike entwickelt. Die nachhaltigste Bedeutung hat die Einteilung in sieben Stufen gehabt. Sieben war in der Antike seit der pythagoreischen Lehre eine besondere, nicht nur in Astronomie und Astrologie, sondern auch im medizinischen Denken verankerte Zahl der Vollkommenheit (vgl. Rosenmayr, 1978; Ehmer, 2008). Um 600 v. Chr. schlug der Dichter und Staatsmann Solon in seiner „*Elegie vom menschlichen Leben*" eine Einteilung in zehn, aber nur je sieben Jahre dauernde Abschnitte vor, bei der die Entwicklung bis zum 42., die Blüte bis zum 56. und der Abstieg bis zum 70. Jahr vollzogen wird. Seine Hepdomadenlehre, dass das menschliche Leben nach zehn Siebenjahresphasen geordnet sei, ist als ein aus der Kosmologie bzw. Astrologie entlehnter, also auf populär einleuchtende Argumente gestützter Entwurf einer Lebensordnung aufzufassen. Eine Periodisierung in sieben Lebensalter, die der Siebenzahl der Planeten und/oder den Wochentagen entspricht, geht auch auf Hippokrates, Aristoteles und Ptolemaios zurück (vgl. Rosenmayr, 1978; Bake, 2005; auch Vavra, 2008).

Für Marcus Terentius Varro (116–27 v. Chr.) begann der Abstieg zum Greis mit 45 Jahren. Er teilte das Leben in fünf Stufen zu je 15 Jahren ein und bediente sich dabei der magischen Bedeutung der Zahl Fünf. Auf Isidor von Sevilla (um 560–636 n. Chr.) geht die seit über 1.000 Jahren in der abendländischen Welt gebräuchliche Altersgrenze mit dem Eintritt in das 50. Lebensjahr zurück. Auch seine Schlüsselzahl war die Sieben. Für das Mittelalter galt das 49. Lebensjahr als ein für den Menschen gefährliches Stufenjahr (vgl. Vavra, 2008). Die Einteilung nach Siebener-Perioden ist bis in das Barockzeitalter auffindbar. Diese Denkweise hat sogar ein wenig bis in die 1980er Jahren des vergangenen Jahrhunderts nachgewirkt. Niemand hat bezweifelt, dass Schuleintritt, Konfirmation und volle Mündigkeit ungefähr mit dem siebten, 14. und 21. Lebensjahr zusammenfallen sollten. Der Höhepunkt des Lebens lag nach dieser Einteilung um die 35 Jahre (vgl. Schenda, 1983).

Die mittelalterlichen Theorien über Alterszäsuren weisen laut Forschung die folgenden Modellierungen auf: Erstens das einfache ternäre Schema *augmentum*, *status* und *decrementum*, das den Lebenslauf in die natürliche Spannung von Wachstum, Reife und Verfall stellt; zweitens das humoralpathologische Vierstufenmodell *pueritia*, *adolescentia*, *inventus* und *senectus*, das das Leben systematisch den Qualitäten, Elementen, Säften und Temperamenten zuordnet; drittens verstärkt seit dem 12. Jahrhundert das astrologische Konzept, das Menschenleben den sieben Planeten- und zwölf Tierkreiszyklen unterwirft; viertens schließlich der theologische Entwurf der sechs Lebensalter, die in Korrespondenz zu den sechs Schöpfungstagen und sechs Weltaltern stehen (vgl. Friedrich, 2011).

Parallel zu dem am stärksten verbreiteten Siebenersystem ist in Europa das Dezimalsystem der Einteilung des Lebenslaufs entstanden. In deutschen Textquellen findet sich die erste Aufteilung in zehn Lebensalter zu je zehn Jahren seit dem 13. Jahrhundert (vgl. Knöll, 2009). Bildnerische Darstellungen der zehn Lebensstufen und die Verbreitung des Denkens in Altersdekaden dürfte erst eine Errungenschaft des 15. Jahrhunderts sein (vgl. Vavra, 2008). Das Besondere an dieser Lebenseinteilung ist, dass die Zehnteilung nicht auf ein theologisches oder astrologisches System zurückzuführen ist, sondern ihr ein abstraktes Zahlenschema zugrunde liegt (Blake, 2005). Der folgende Spruch über die zehn Altersstufen des Menschen gehörte seit 1482 bis in das 20. Jahrhundert zu den Merkversen, die den Kindern grundlegende Kenntnisse über das Leben vermitteln sollten (vgl. Schenda, 1983):

Zehen Jahr ein Kind,
Zwanzig Jahr ein Jüngeling,
Dreißig Jahr ein Mann,

Vierzig Jahr wohlgetan,
Funffzig Jahr stille stahn,
Sechszig Jahr gehet das Alter an,
Siebenzig Jahr ein alter Greiß,
Achtzig Jahr nimmer weiß,
Neunzig Jahr der Kinder Spott,
Hundert Jahr gnad dir Gott
(A. E. Imhof, 1984, zit. nach Ehmer, 1990, S. 9).

Und zu diesem Spruch kamen nach dem Dezimalsystem aufgebaute Bilder der linear angeordneten Darstellungen der Lebensalter und die Lebenstreppen. Die Einteilung des Lebenslaufs in Zehnjahresgruppen gewann in der Neuzeit Verbreitung auch außerhalb der gelehrten Welt in den breiteren Bevölkerungsschichten (vgl. Ehmer, 2008). Die Gliederung des Lebenslaufes nach Dekaden ist noch in manchen entwicklungspsychologischen Phasenmodellen des 20. Jahrhunderts, wie z. B. bei Havighurst (1963), zu finden (Thomae, 1978, S. 295–296).

Darstellungen der Lebensalter in Kunst

Von jeher stellte das menschliche Leben mit all seinen Zwiespälten einen der zentralen Ausgangspunkte für Malerei, Plastik und Literatur dar (vgl. Will, 1983). Das Werden und Vergehen des menschlichen Lebens sowie die Abfolge dessen Phasen wurden in der bildenden Kunst in unzähligen Darstellungen des Lebens verknüpft (vgl. Ehmer, 2008). Vorstellungen von Lebensphasen finden sich laut Rosenmayr (1978) nicht nur explizit und systematisch als stereotypisierte, zu didaktischen Zwecken angeordnete Bilder, sondern auch in eingekleideter Form in der bildenden Kunst als Figuren der Jugend und des Alters oder als zugrundeliegende Strukturen in Drama oder in Lyrik. Eine schematische Darstellungsform von Bildern der Lebensalter wird in Malerei nur selten gewählt. Zwar findet auch in der bildenden Kunst die Auseinandersetzung des Künstlers mit dem Ablauf bzw. dem Sinn des menschlichen Lebens statt, diese ist jedoch nicht schematisch aufgesetzt, sondern in sehr differenzierter und teilweise individualisierter Weise zum Ausdruck gebracht (vgl. Will, 1983).

In der bildenden Kunst wurde der menschliche Lebenslauf manchmal durch die Darstellung der Menschen aus mehreren Generationen thematisiert. Das Bild von Giorgione (Abbildung 1) aus dem Jahr 1520 zeigt einen jungen Mann mit einem Notenblatt in der Hand als Lernenden, einen Erwachsenen als Lehrenden und einen Greis, der am Geschehen teilnimmt, zugleich aber einen skeptischen Blick auf die Welt richtet. Musik soll den harmonischen Dreiklang der Generationen symbolisieren. Ein bekanntes Gemälde von Tizian; „Allegorie der Zeit und Klugheit", bindet drei Männerköpfe – eines Greises, eines Erwachsenen und eines Jünglings – eng aneinander und verknüpft sie mit den Tierköpfen eines Wolfes, eines Löwen und eines Hundes. In der beigefügten Inschrift wird diese Komposition folgendermaßen erklärt: „Auf der Basis der Vergangenheit handelt die Gegenwart klug damit die Zukunft ihr Handeln nicht ruiniert" (Ehmer, 2008, S. 681).

Abbildung 1: Giorgione, Die drei Lebensalter, Öl auf Holz, 1520, aus http://images.zeno.org/Kunstwerke/I/big/1720056a.jpg Zugriff: 18.06.2015

Die Lebensalter wurden weiterhin in der bildenden Kunst allegorisch mit Jahreszeiten ins Verhältnis gesetzt. Der Vergleich des hohen Alters mit dem Winter ist zu einem geläufigen Sinnbild für die Vergänglichkeit des Lebens geworden (vgl. Fitzon, 2009). Die barocke Dekorationsmalerei hat ebenfalls häufig Darstellungen der vier Lebensalter als Sinnbild der vier Jahreszeiten gezeigt (vgl. Rosenmayr, 1978). Auch später findet man bspw. in den Bildern von Caspar David Friedrich (1774–1840) aus dem Jahr 1835 die Analogie der vier Jahreszeiten zu den vier Lebensaltern. Sein Ziel war es nicht die Lebensalter eines bestimmten Menschen, sondern die Abfolge des menschlichen Lebens schlechthin darzustellen. Auch sein siebenteiliger Hamburger Sepia-Zyklus, überschrieben mit dem Titel „Die Lebensalter", rückt das menschliche Leben als eine Einheit ins Bild. Friedrich nutzt dafür die Zyklusform, um die Entfaltung von menschlichem Leben in der Natur als stets fortschreitenden und ineinandergreifenden Vorgang darzustellen. Auch bei Philipp Otto Runge (1777–1810) findet man die Einordnung des Menschen in den kosmischen Zusammenhang (vgl. Will, 1983).

Die Allegorie der Jahreszeiten erschöpft sich aber nicht in der Entsprechung der Naturbilder mit bestimmten Lebensaltern. Sie bringt vielmehr im Ablaufprogramm der Jahreszeiten auch zum Ausdruck, dass das menschliche Leben der Zeit unterworfen ist, mit der es einerseits in Einklang zu bringen ist und die anderseits dazu zwingt, dem Verlauf des Lebens einen Richtungssinn zu geben. Bis ins 18. Jahrhundert wurde die Zusammenschau von begrenzter Lebenszeit und Jahreszeitvergleich vorwiegend als *Memento mori* gedeutet – eine Aufforderung, das Leben zur rechten Zeit zu nutzen (vgl. Fitzon, 2011). Die Auseinandersetzung mit dem menschlichen Leben und seinen verschiedenen Altersstufen blieb ein zentrales Thema auch in der Kunst des 19. Jahrhunderts (vgl. Will, 1983). Das Thema der Lebensalter wurde ebenfalls in der Baukunst und Raumgestaltung aufgegriffen. Wenn bis zum Ausgang des Mittelalters der wichtigste Bestimmungsort für Lebensalterdarstellungen die Kirche war, übertrug man das Thema im 19. Jahrhundert auf das breite Gebiet des Profanbaus. Auch Schulen, Zoologische Gärten, Banken, Versicherungen und Rathäuser wurden zu neuen Bestimmungsorten. Charakteristisch für diese Darstellungen ist eher die empirische Auffassung des Lebens (vgl. Will, 1983).

Lebensalter in Literatur

Die Lebensalterthematik in der Literatur lässt sich in der Antike, im Alten Testament, in der mittelalterlichen Literatur und bis zum 20. Jahrhundert kontinuierlich nachweisen (vgl. Filz, 1983; Fitzon et al., 2011). Genauso wie in der Malerei wird eine schematische Darstellungsform der Lebensalter nur selten vorgenommen (vgl. Will, 1983). In der Literatur birgt die Umsetzung der Altersstufenvorstellung die Schwierigkeit, Begriffe zu finden, die die unterschiedlichsten Phänomene des komplexen Lebenslaufs treffend auf einen Nenner bringen. Die Lebensalter werden daher vorwiegend in literarischen Formen zum Thema gemacht, die sich wesensmäßig des knappen, pointierten Zeichens bedienen – in der Lyrik, besonders im Epigramm, in gewissen allegorisierenden Formen des Dramas, seltener hingegen in der Prosa (vgl. Filz, 1983). Vor allem nicht der lineare Prozess, sondern die Ruptur ist das poetisch Interessante. Nicht die Dauer oder der Verfall, sondern die Sprünge und Risse oder auch die Katastrophen des Lebens haben poetischen Reiz (vgl. Kern, 2011).

Das um Thorsten Fitzon, Dorothee Elm, Kathrin Liess und Sandra Linden begründete interdisziplinäre Projekt „Religiöse und poetische Konstruktion von Lebensalter. Konzeptualisierung und Kommentierung von Alterszäsuren im Lebenszyklus“ untersucht ausführlich aus literaturwissenschaftlicher, theologischer und historischer Perspektive Texte von der altorientalischen Zeit bis ins 20. Jahrhundert, wie das topische Wissen von verschiedenen Altersstufen variiert und zum Teil im Laufe der Geschichte umgedeutet wird. Es würde den Rahmen sprengen, nur annähernd die vielschichtigen Analysen aus den Beiträgen zu referieren, die mittlerweile in zwei Sammelbänden erschienen sind: „*Alterstopoi. Das Wissen von den Lebensaltern in Literatur, Kunst und Theologie*“ im Jahr 2009 und „*Alterszäsuren: Zeit und Lebensalter in Literatur, Theologie und Geschichte*“ im Jahr 2011. Die zentrale Zielsetzung des Projekts ist, zu verfolgen, wie sich seit der Antike mit den zum Teil topischen Beschreibungsmustern dennoch kulturelle Deutungsspielräume des menschlichen Lebenslaufs eröffneten. Vorwiegend textwissenschaftlich wird das Problem der Messbarkeit und sinnhaften Strukturierung von Lebenszeit in ihrer historischen Bedingtheit nachgezeichnet.

In der Literatur beginnt die neuzeitliche Tradition der Lebensalterthematik im Jahr 1515 mit einem Fastnachtsspiel von Pamphilus Gegenbach (ca. 1480–1524/25) „*Die zehn Alter dieser Welt*“. In dem Stück wird das Leben als Spiel mit zehn Rollen, die jeweils eine Lebensphase repräsentieren, dramatisiert (vgl. Ehmer, 2008). Ein Einsiedler passiert die Reihe der nebeneinander stehenden Lebensalter, indem er jede Person nach ihrem Lebenswandel befragt und ihr daraufhin Lehren erteilt. Das Stück hat eine moraltheologisch begründete Funktion, die Menschen zur Hinwendung zur Heilslehre zu bewegen. Damals kam die Ignoranz der Gesetzmäßigkeit der Stufenordnung der Lebensalter der Leugnung christlicher Weltordnung gleich. Im Zeitalter des Barock tritt der humanistisch geprägte Glaube an eine natürliche Sittlichkeit des Menschen ziemlich zurück. Der Mensch ist nichts als bloße Figur auf der „Weltbühne“, wie in der Komödie „*Wie es euch gefällt*“ von William Shakespeare aus dem Jahr 1599. Im 17. Jahrhundert waren in der Literatur eher pessimistische und abwertende Bilder der Lebensalter präsent. In der Zeit der Aufklärung erscheint in der Literatur eine idealisierende Typisierung des bürgerlichen Lebenslaufs, die von utopischen und idyllischen Werten geprägt ist. Schiller führt am Ende des 18. Jahrhunderts bspw. eine allegorisierende Darstellung eines Ideensystems vor, in der die platitüdenreiche Stilisierung kleinbürgerlichen Lebenslaufs zum Index einer humanitären Gesellschaft wird. Die Literatur im 19. Jahrhundert betreibt demnach anhand der Lebensstufen hauptsächlich kleinbürgerliche Selbstbespiegelung (vgl. Filz, 1983).

Im 19. Jahrhundert und in der ersten Hälfte des 20. Jahrhunderts waren die sogenannten „Alternsnarrative" verbreitet, die von einer Krise der mittleren Jahre als identitätsbedrohende Bewusstwerdung des Alterns in einer subjektivierten Form erzählt. Hierzu gehören neben Goethes „*Der Mann von funfzig Jahren*" (1817/29) viele Romane und Erzählungen, die mit ‚Ein Mann / Eine Frau von … Jahren' betitelt sind. Fitzon (2011) hebt hervor, dass die Zeit zwischen dem 35. und dem 50. Lebensjahr bereits vor der Thematisierung in der Literatur um 1800 als Zäsur im Lebensverlauf angesehen war und nicht erst durch die psychopathologische Beschreibung der „Midlife-Krise" in den 1960er Jahren.

Im 20. Jahrhundert werden die klassischen Lebensalter in Kunst und Literatur entweder ganz neu interpretiert oder ihre Richtigkeit wird angezweifelt (vgl. Filz, 1983) oder mit Humor betrachtet. Davon zeugen die ab den 1950er Jahren verbreiteten Karikaturen der Lebenstreppen (Abbildungen 13, 14, 15a & 15b). In der modernen Lyrik werden die Altersstufen manchmal launig kommentiert:

> „Die drei Lebensalter
> Da Da
> Bla Bla
> Ga Ga" (W. Vogt, 1973, zit. nach Filz, 1983, S. 99).

Man kann hier eine Bewegung Richtung Postmoderne und deren „Geisteshaltung und Praxis von Pluralität" im Sinne von Wolfgang Welsch (1988) feststellen (zit. nach Fues, 2001, S. 141). Der individuelle Lebensweg wird zum Thema in Kunst und Literatur des 20. Jahrhunderts. Dies spricht von der Widerlegung und dem Ende der alten Vorstellungen über den Lebenslauf, genauso wie Beck und Beck-Gernsheim (2012) über Individualisierung in modernen Gesellschaften aus der soziologischen Perspektive sprechen. Im Folgenden wird es genau um die symbolischen Darstellungen von Vorstellungsmustern des menschlichen Lebenslaufs gehen, die sich im 20. Jahrhundert scheinbar aufgelöst haben.

2.3.2 Frühere Lebenslaufdarstellungen und ihre Attribute

Es ist bislang noch nicht klar, wann die frühesten figürlichen Lebenslaufdarstellungen des Mittelalters entstanden sind. Man vermutet, dass ihre Prototypen bereits in karolingischen Reichskalendern zu finden gewesen sind. Die früheste erhaltene figürliche Lebensalterdarstellung stammt aus den Jahren 1022–1023. Die Darstellung der sechs Lebensalter befindet sich in einer Handschrift in der Klosterbibliothek in Montecassino. Vor einem neutralen Hintergrund sind fünf männliche Figuren in einer Reihe stehend dargestellt. Etwas vor die Reihe gerückt liegt links vorne ein Säugling (vgl. Knöll, 2009). Eine um 1220 entstandene *Bible moralisée* (heute Toledo) ordnet den einzelnen Figuren bereits Attribute zu: das ballspielende Kind, der Junge mit Pfeil und Bogen sowie der Jüngling mit einem Falken. Der Mann der nächsten Lebensphase spaltet mit einer Axt Holz. Der noch ältere Mann nimmt eine Melancholia-Pose ein. Der älteste Mann wird wieder zum Kind und wird von einer jungen Frau mit der Brust genährt (vgl. Knöll, 2009). Die Herausbildung klarer Attribute für die einzelnen Lebensabschnitte scheint sich erst im 14. Jahrhundert entwickelt zu haben.

In Europa waren hauptsächlich drei bildliche Darstellungsformen der Lebensalter verbreitet: der Kreis, die linear angeordneten Bilder der einzelnen Lebensalter und die Lebenstreppen. Ab dem 13. Jahrhundert sind die Darstellungen der Lebensalter als kreisförmige Anordnungen entstanden (vgl. Knöll, 2009). Die linear angeordneten Bilder der Lebensalter haben hauptsächlich ab dem 15. Jahrhundert ihre Verbreitung gefunden. Die im 16. Jahrhundert entstandenen Lebenstreppenbilder waren bis in das 19. Jahrhundert dann die dominierende Darstellungsform des Alterns (vgl. Biermann, 1983; Sackmann, 2013).

Der Lebenskreis

Ab dem 13. Jahrhundert sind die Darstellungen der Lebensalter als kreisförmige Anordnungen entstanden, die an die Vorstellung des Rades der Fortuna erinnern (vgl. Knöll, 2009). Seitdem haben die mittelalterlichen Autoren die verschiedenen Bezugssysteme des Lebens und deren Phasen graphisch immer wieder als kreisförmige Figuren dargestellt (vgl. Friedrich, 2011). Sie betrachteten das Leben als Rad. Das Volk kannte diese Vorstellung in erster Linie aus den Glasmalereien der Kirchenfenster (vgl. Dekkers, 2001). Das Glücksrad war oft auch Thema einer für höfische Kreise bestimmten Buchillustration und sollte dort das wechselhafte Geschick weltlicher Herrschaft demonstrieren. Aus diesen Darstellungen entwickelte sich im späten 15. Jahrhundert der Typus des Lebensrades, dessen sieben Speichen meist mit sieben Lebensaltern besetzt sind (vgl. Joerißen, 1983b). Die kreisförmige Anordnung der sieben oder zehn Lebensphasen des Menschen ist hauptsächlich von den mittelalterlichen Vorstellungen des Fortuna-Rades beeinflusst worden, das den Menschen nach oben zieht, aber auch wieder hinabstürzen lässt. Solche Darstellungen des Lebens sind vereinzelt bis in das 18. Jahrhundert auffindbar (vgl. Schenda, 1983).

Abbildung 2: Die sieben Alter und das Lebensrad, mittelrheinisch um 1470, aus Schenda, 1983, Abb. 2, S. 14

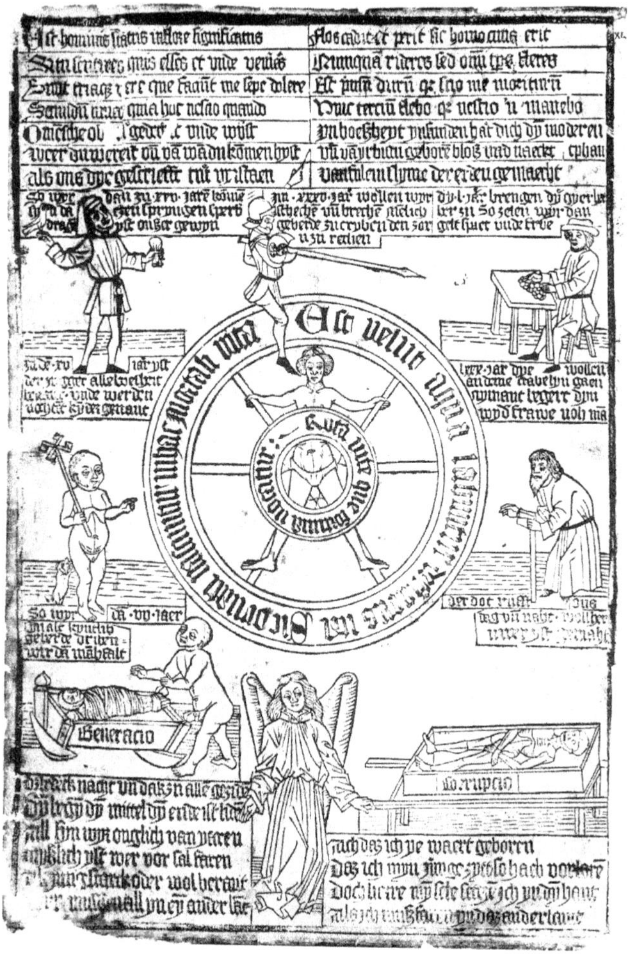

Die Abbildung 2 zeigt einen Einblattdruck aus dem letzten Drittel des 15. Jahrhunderts, in dessen Mitte sich das Rad des Glücks befindet. An den Bildrändern sind kreisförmig die Menschen von der *„generatio“* bis zur *„corruptio“* im Alter von sieben, 15, 25, 35, 50 und 70 Jahren angeordnet. In manchen Kreis-Mustern des Lebenslaufes erscheint in der Mitte des Rades nicht Gott oder Fortuna, sondern der Tod (vgl. Schenda, 1983). Die Schicksalsräder zählten sieben Lebensphasen und wiesen oft schon das Zubehör auf, das später auf der zehnstufigen

Treppe wiedererscheint: eine Wiege für das Baby, ein Steckenpferd für das Kind, ein Falke für den Heranwachsenden, eine Uniform für den Jüngling, Geld für den erwachsenen Mann, ein Stock für den Greis und ein Grab für den Sterbenden. Außerdem gehörten zu den sieben Lebensphasen auch Himmelskörper. Schon Ptolemäus lehrte, dass das Kind unter dem Einfluss des Modes steht, der ebenfalls schnell seine Gestalt verändert. Bis zum 14. Lebensjahr pflanzte Merkur dem jungen Mann die Saat des Wissens ein. Daraufhin sorgte Venus dafür, dass man den Kopf verlor. Über Sonne, Mars und Jupiter gelangte man schließlich zu Saturn, der einen sterben ließ (vgl. Dekkers, 2001).

In den vorhergegangenen spätmittelalterlichen Darstellungen des Lebensrades sind inhaltliche Aussage und Symbol noch identisch. Der Lebenslauf des Menschen wird in kreisförmigen Darstellungen als ausschließlich von der blinden Entscheidung des Schicksals abhängig begriffen. Die konkrete Wirklichkeit der einzelnen Lebensalter bleibt angesichts der Ohnmacht vor dem Schicksal belanglos und wird auch nicht ins Bild gebracht. Gegenüber diesen symbolhaften Darstellungen wird in einem 1558 in den Niederlanden erschienenen kolorierten großformatigen Holzschnitt das Lebensrad selbst wie ein konkreter Gegenstand wiedergegeben. Darüber hinaus ist in diesem Bild ein Ensemble mehrerer Bedeutungsebenen einbezogen. Auf dem Rad, das in Schrägsicht in eine Landschaft platziert ist, werden vier Lebensalter als ein nackter Knabe, ein Jüngling, ein Kaufmann und ein Greis dargestellt. Ungewöhnlich ist das Motiv der Flügel an den Füßen der Lebensalter, die Hinweise auf die „Flügel der Zeit" und den Gott Merkur geben sollen. Im Unterschied zu den früheren Lebensrad-Darstellungen bewegen hier die Lebensalter gewissermaßen selbst das Rad, das sich um die Welt dreht (vgl. Joerißen, 1983b).

Die Ikonographie der Lebensräder wird zunehmend weltlicher und bereitet Platz für die auf das Diesseits ausgerichteten bürgerlichen Werte. Dies hat auch die Auflösung des starren mittelalterlichen Begriff- und Bildschemas signalisiert. Der Bezug zu einem realen Lebensablauf gewann in zunehmendem Maß Bedeutung (vgl. Will, 1983). Das Lebensrad hat sich im 16. Jahrhundert kaum noch behaupten können, da es dem für die Etablierung des Bürgertums notwendigen Versprechen auf Erfolg und Verdienst keinen Spielraum ließ (vgl. Joerißen, 1983b).

Linear angeordnete Darstellungen der Lebensalter

In der zweiten Hälfte des 15. Jahrhunderts entstand in Ergänzung zu den bisherigen Formen die eines linearen Nebeneinanders von Formen. Die Lebensalter konnten als eine additive Zusammenstellung von Einzelbildern realisiert werden (vgl. Knöll, 2009). Das erste bekannte Blatt der linear nebeneinander angeordneten Bilder von verschiedenen Lebensperioden ist der nach 1464 in den Niederlanden entstandene Kupferstich des sogenannten „Meisters mit den Bandrollen“ (Abbildung 3). Hier entwickelt sich das menschliche Leben in zwei Bildreihen aus jeweils fünf spielkartenähnlichen Einzelbildern. Den zehn männlichen Altersrepräsentanten sind Tiere als Begleiter beigegeben (vgl. Wanders, 1983). Im Jahr 1482 folgte ein Holzschnitt, in dem nicht nur die Tiersymbole, sondern auch die Verse für jedes Lebensalter voll ausgebildet sind (vgl. Schenda, 1983).

Abbildung 3: Die zehn Stufen des Mannes, „Meister mit den Bandrollen“, 1464, aus Schenda, 1983, Abb. 4, S. 16

Zu Beginn der Reformation hatten neben dem Bürgertum auch die landesherrliche Obrigkeit und die Kirche Interesse daran, dem zunehmend ausschweifenden Weltleben eine Mahnung zur Besserung entgegenzuhalten. Die Annaberger Kirche ist in den Jahren zwischen 1520 und 1522 aus diesen Gründen mit einem aufwendigen Lebensalterrelief von Franz Maidburg ausgestattet worden. Abbildungen 4 und 5 zeigen drei Lebensalterbeispiele jeweils aus dem männlichen und weiblichen Relief. In der reihenden Darstellung der Lebensalter beider Geschlechter sollen die jeweils alters- und geschlechts- sowie standesspezifisch wünschenswerten Eigenschaften und Verhaltensweisen den Untertanen deutlich sichtbar werden. Durch die Anbindung in das traditionelle religiöse Programm werden diese als gottgewollte und zeitlose Normen legitimiert (vgl. Joerißen, 1983b). Die Tuffsteinreliefs der St.-Anna-Kirche in Annaberg sind die frühesten und in der ersten Hälfte des 16. Jahrhundert einzigen Beispiele für die bildkünstlerische Gestaltung der weiblichen Lebensalter (vgl. Joerißen, 1983b; Vavra, 2008).

Abbildung 4: Franz Maidburg, 1520–1522, Der Zehnjährige, Der Fünfzigjährige, Der Hundertjährige, Tuffsteinreliefs, Annaberg, St.-Annen-Kirche, aus Zemmrich, 1992, S. 25, 33, 43

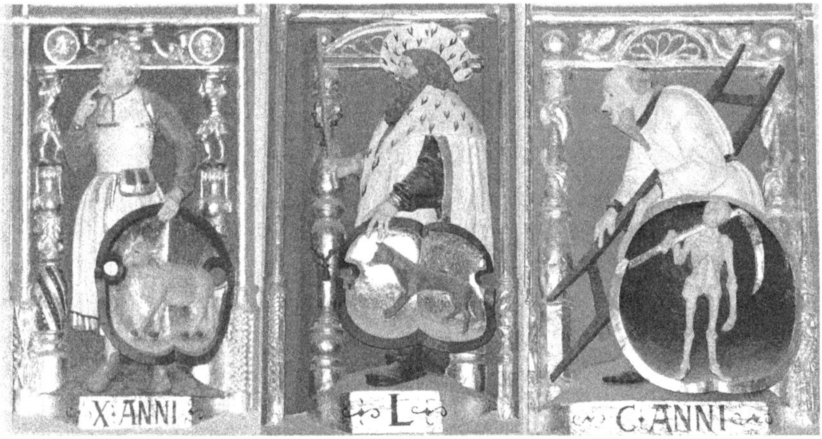

Abbildung 5: Franz Maidburg, 1520–1522, Die Zehnjährige, Die Fünfzigjährige, Die Hundertjährige, Tuffsteinreliefs, Annaberg, St.-Annen-Kirche, aus Zemmrich, 1992, S. 5, 12, 23

Mit diesen Bildern ist das Zehnersystem in den symbolischen Lebenslaufdarstellungen etabliert worden (vgl. Schenda, 1983; Wanders, 1983). Solche reihende, verknappende und schematisierende Bildgestaltung des menschlichen Lebenslaufs führt auch zur Typisierung der Lebensaltersstufen, die tendenziell nicht mehr nur die negative Charakterisierung der einzelnen Lebensalter durchscheinen lässt (vgl. Joerißen, 1983b). Im 16. Jahrhundert waren vor allem die Holzschnittillustrationen zu den verschiedenen Bühnenbearbeitungen des Lebensalterthemas populär. Es gab eine enge Wechselwirkung zwischen der bühnenmäßigen und der bildkünstlerischen Praxis der Lebensalter- und Weltgerichtsdarstellungen (vgl. Joerißen, 1983a). Aus den linear gereihten dekadischen Lebensalterdarstellungen hat sich später in der frühen Neuzeit die „Lebenstreppe" entwickelt.

Tierbilder in den dekadischen Lebensalterdarstellungen

Tiersymbole in den Lebenslaufdarstellungen verfolgen hauptsächlich die eine Absicht, dem Menschen als Spiegelbild seiner Eigenschaften die unterschiedlichen Tiercharaktere vorzuhalten. Das Motiv von Tieren steht in einer langen Tradition. Schon in der Antike ist eine eigene literarische Gattung der Tierfabel entstanden. Um 200 n. Chr. wurde das Werk „*Physiologus*" (der Naturkundige) verfasst, in dem die antike Naturlehre und christliche Heilslehre zu allegorischen Bildern verschmelzen. Fabel und Tierallegorie waren auch später ein fester Bestandteil der mittelalterlichen Lebensweisheiten und haben didaktisch sogar die humanistische Schule beeinflusst. Auf dieser Grundlage entwickelte sich in den dekadischen Lebensalterdarstellungen eine Form zur Charakterisierung des menschlichen Verhaltens durch Tiereigenschaften: Die Tiere wurden als Sinnbild benutzt, um altersspezifische Besonderheiten des Menschen zu kennzeichnen (vgl. Wanders, 1983; Raschke, 2009). Laut Dekkers (2001, S. 11) konnten so auch die Wertigkeiten von verschiedenen Lebensaltern „an den Mann gebracht werden": Ein 50-jähriger Mann wurde mit einem Fuchs abgebildet, der Löwe war für den 40-Jährigen reserviert. Offenbar sollte die größte Schläue des alten Fuchses den ersten Verlust körperlicher Kraft wettmachen und diese Altersstufe am attraktivsten erscheinen lassen.

Die älteste datierte Quelle im deutschen Sprachraum, die die zehn Lebensalter mit Tiermetaphern verbindet, ist ein Spruch aus dem Augsburger Liederbuch der Clara Hätzlerin von 1471:

> X jar ain kitz,
> XX jar ain kalb,
> XXX jar ain stier,

XL jar ain leo,
L jar ain fuchs,
LX jar ain wolf,
LXX jar ain katz,
LXXX jar ain hund,
LXXXX jar ain esel,
C jar ain gans.
(zit. nach Wanders, 1983, S. 61).

Die meisten nachfolgenden Sprüche und Darstellungen der Tiere in den Lebensalterbildern haben sich an diesem Kanon orientiert. In den Lebensalterdarstellungen der Annaberger Kirche von 1522 (Abbildung 4) weichen einzelne Tierattribute der männlichen Lebensalter davon ab (vgl. Wanders, 1983). Den weiblichen Altersstufen werden ausschließlich Vogelarten als Begleiter zugeordnet: dem 10-jährigen Mädchen das Küken; die Taube als Symbol der Liebe gehört der 20-Jährigen; die 30-Jährige trägt in ihrem Wappenschild die geschwätzige Elster; der 40-Jährigen wird der Pfau zugeteilt; die 50-Jährige bemuttert ihre Kinder wie ein Huhn; die Gans der 60-Jährigen ist die Hüterin des Hauses. Der 70-Jährigen wurde der Geier zugeordnet. Damit sind für diese Altersstufe der Frau die Charaktereigenschaften wie Raffsucht, ausbrechender Neid und Gier angedichtet. Die Eule der 80-Jährigen galt als der Schicksals- und Totenvogel. Für die 90-Jährigen steht die Fledermaus als Attribut der Nacht, und der Sensenmann als Tod ist schließlich der Begleiter der 100-Jährigen (nach Vavra, 2008, S. 4–5). In den späteren Darstellungen der Lebensalter werden bestimmten Altersstufen auch andere Vögel zugeordnet. In dem Annaberger Relief (Abbildung 5) ersetzt die Wachtel das Küken, die Elster fehlt, sodass Pfau und Henne die jeweils folgenden Lebensalter charakterisieren (vgl. Wanders, 1983). Eine Gegenüberstellung der Tiere, wie sie in jeweiligen Altersstufen am häufigsten dargestellt worden sind, findet sich in der Tabelle 1.

Tabelle 1: Tiersymbole des menschlichen Alters, in Anlehnung an Raschke, 2009, S. 7

Alter	**Mann**	**Frau**
10	Kitz, Kalb, Böckchen	Wachtel, Küken
20	Kalb, Bock, Falke	Taube
30	Stier, Widder, Falke	Elster
40	Löwe	Pfau
50	Fuchs	Henne

Alter	Mann	Frau
60	Wolf	Gans
70	Katz, Hund	Geier
80	Hund, Kater	Ente, Eule
90	Esel	Fledermaus
100	Gans, Hund	Gans

Das springende Böckchen charakterisiert meistens die Verspieltheit der Kindheit. Das Kalb oder der Bock, wie in der Lebensalterdarstellung in St. Annen, kennzeichnet die Ausgelassenheit und täppischen Bewegungen sowie fehlende Reife des 20-Jährigen. Abweichend von der Spruchtradition beziehen zahlreiche Lebensalterreihen des 16. Jahrhunderts bei dem 30-Jährigen den Falken in die Reihe der Symboltiere ein. Der Falke galt als ein zusätzliches Attribut des Mannes, der sich ein ungebundenes und ausschweifendes Leben bewahren möchte. Als Attribut dieser Stufe gilt auch der Stier als Symbol der Kraft, aber auch der Arbeit. Der Löwe gehört in alle Darstellungen des 40-Jährigen. Die bloße Kraft des Stieres wird hier durch Adel und Klugheit überhöht. Auf der Stufe des 50-Jährigen steht der Fuchs, der Kraft und Adel durch Schlauheit ersetzt. Zum 60-Jährigen gehört der Wolf. Er ist Attribut der Gefräßigkeit und Gier. Der Hund wird manchmal als Begleiter des 70-Jährigen dargestellt. Hier eröffnen sich viele Deutungsmöglichkeiten (vgl. Wanders, 1983). Der Hund betont z. B. die Nähe des Alten zum Tod: Als Cerberus war er Hüter der Unterwelt und im alten Persien diente er als Schutz des Sterbenden vor finsteren Gewalten. Vom Hund wird bei den Gebrüdern Grimm auf das Alter, die Hundejahre des Mannes geschlossen: „ [D]a liegt er in den Ecken, knurrt und hat keine Zähne mehr zum Beißen". Die Redensart „Auf den Hund kommen" meint auch, gesundheitlich am Ende der Kräfte zu sein (Bake, 2005, S. 125). Die Katze des 80-Jährigen galt in der indogermanischen Mythologie als Todesbote. Später sind ihr die Eigenschaften des Jähzorns und der Streitsucht zugeschrieben worden. Der dem 90-Jährigen zugeteilte Esel ist ein gebräuchliches Symbol der Faulheit und Trägheit. Die Gans als Vergänglichkeitssymbol wird den 100-Jährigen zugeordnet (vgl. Wanders, 1983).

Abbildung 6 zeigt eine Antwerpener Postinkunabel „*Der Dieren Palleys*" von 1520. Hier werden die zehn männlichen Lebensabschnitte vorgestellt. Die dazu gehörigen Tiere werden in extra dafür vorgesehenen Kästen dargestellt. Der Holzschnitt dient als Illustration für vierzeilige Reime zu den zehn Lebensaltern, die das menschliche Verhalten in Tierbildern beschreiben. Erläuternde Reime dieser Art waren selten den Abbildungen beigefügt. Sie dienen als eine wichtige Quelle, um die Aussagen dieser moralisierenden oder satirischen Mensch-Tier-Vergleiche zu entschlüsseln (vgl. Wanders, 1983).

Abbildung 6: Die Lebensalter des Mannes, Antwerpen 1520. Holzausschnitt aus: „Der Dieren Palleys", aus Wanders, 1983, Abb. 1, S. 60

Reihenform und Lebensalter-Tiere erhalten sich bis in das 19. Jahrhundert. Für die seit dem 17. Jahrhundert bevorzugte Form der symmetrischen Lebenstreppe ergab sich die Schwierigkeit, den zehnteiligen Spruch der Lebensalterreihen der ungeraden Stufenzahl der Treppen – meistens waren es neun – anzupassen. Dafür mussten manche Tiere ausgelassen werden. Mit der zunehmenden Popularisierung der Lebenstreppe und ihrer Tendenz, menschliches Leben zu disziplinieren und es den gesellschaftlich bedingten Kategorien von Aufstieg und Niedergang unterzuordnen, verloren die im Bild des Tieres beschworenen außermenschlichen und mythischen Kräfte an Bedeutung (vgl. Wanders, 1983).

2.3.3 Lebenstreppen: die alten und die modernen

Bei der Lebenstreppe handelt es sich um die dominierende Darstellungsform des Alterns zwischen dem 16. und 19. Jahrhundert in Europa (vgl. Biermann, 1983; Sackmann, 2013). Als Denk- und Wahrnehmungsmuster war die Lebenstreppe den Menschen des 16. Jahrhunderts noch fremd. Erst im 17. Jahrhundert ist sie zu einem allgemein verständlichen Schema für das Leben geworden (vgl. Joerißen, 1983a). Sie war dann in Form von Flugschriften, Drucken oder Holzschnitten im Alltag vieler Bürger der europäischen Neuzeit präsent (vgl. Ehmer, 1990). Die Verbreitung solcher Bilderbögen zieht sich bis ins frühe 20. Jahrhundert hinein (vgl. Herkommer, 2005; Joerißen & Will, 1983). Laut Kunsthistorikerin Korine Hazelzelt (1988) bekam man meist dann eine Lebenstreppe geschenkt, wenn man einen Meilenstein in seinem Leben erreicht hatte: zur Geburt oder zur Hochzeit. Bis ins 18. Jahrhundert war dieser Brauch den Reichen vorbehalten, die die Lebenstreppe in Silber oder Kristall gravieren ließen. Später wurde dann das Thema durch Volksdrucke populär, wie man sie bis vor kurzem noch auf Märkten in Italien und Griechenland erstehen konnte (zit. nach Dekkers, 2001, S. 10). Die Lebenstreppe gilt als das erste Sinnbild des menschlichen Lebens, das nicht mehr durch die Naturgegebenheiten und mythischen Lehren, sondern von den wirtschaftlichen Gegebenheiten und dem Wertesystem einer damals aufsteigenden bürgerlichen Gesellschaft beeinflusst worden ist. Sie erweist sich als ein Produkt der Neuzeit (vgl. Schenda, 1983).

Lebenstreppen stellten den menschlichen Lebenslauf in Form eines Halbkreises als Aufstieg, Stillstand und Niedergang dar (vgl. Ehmer, 1990). Auf einer siebenstufigen oder auch mehrheitlich einer zehnstufigen Lebenstreppe werden die wechselnden Zustände und Befindlichkeiten des menschlichen Lebens dargestellt (vgl. Herkommer, 2005). Veränderungen im Lebenslauf erfolgen hier in gleich großen Abständen in auf- und absteigender Richtung (vgl. Deutsch & Krause, 1999). Das Leben in diesem Modell macht keine Sprünge, sondern gleicht sich dem gleichmäßigen Lauf der Zeit an und wird auf diese Weise naturalisiert und harmonisiert (vgl. Fitzon et al., 2011). Die dazu gehörigen Illustrationen zeigen den Menschen – einen Mann oder eine Frau – oder ein Paar, der bzw. das von der Kindheit bis zum 50sten Lebensjahr eine Treppe hinaufsteigt und von dort wiederum hinunter, um sich mit 100 Jahren im Lehnstuhl niederzulassen (vgl. Ehmer, 1990). Die absolute Symmetrie hat veranlasst, dass der Mensch jede Stufe, die er höher gekommen ist, auch wieder hinunter muss. Dem Abstieg kam genauso viel Aufmerksamkeit zu wie dem Aufstieg. Um der Symmetrie und der runden Zahlen willen wurde das Leben auf 100 Jahre veranschlagt, sodass der Höhepunkt des Lebens bei 50 Jahren lag (vgl. Dekkers, 2001). Brückenbogenbilder aus dem früheren 16. Jahrhundert gelten als Vorstufe zu den klassischen Lebenstreppenbildern.

Brückenbogenbilder

Die früheste bekannte Form einer Alterstreppe stammt von dem Niederländer Cornelis Anthonisz, der zwischen 1527 und 1553 in Amsterdam tätig war. Die Abbildung 7 zeigt seinen Schnitt aus zwei Holzblöcken, auf dem zentral ein an einen Triumphbogen erinnerndes Gebäude dargestellt worden ist.

Abbildung 7: Die neun Lebensalter des Mannes von Cornelis Anthonisz, Amsterdam um 1540 aus Joerißen, 1983, Abb. 2, S. 27

Die Männer verschiedenen Alters sind mit Tiersymbolen eher noch kreisförmig als pyramidal dargestellt. Dabei werden die Altersstufen in einem Dreierrhythmus differenziert: Die ersten und die letzten drei sind an den Rand des Bildes gedrängt. Die Repräsentanten der mittleren Lebensjahrzehnte, der 40- bis 60-Jährige, werden monumental und bildbeherrschend auf dem Architrav stehend oder wie der 50-Jährige auf der bekrönenden Ädikula thronend platziert. Die drei mittleren Altersstufen unterscheiden sich nach Kleidung, Berufsstand und sozialer Stellung. Die Charakterisierung der Lebenstreppe bei Anthonisz ist von der Absicht geprägt, nicht mehr nur den Tod und das Jüngste Gericht, sondern vordergründig den materiellen Erfolg und gesellschaftliches Prestige als Verdienste eines erfolgreichen Menschenlebens vor Augen zu führen (vgl. Joerißen, 1983a; Schenda, 1983).

Aus dem Jahr 1540 stammt auch die Treppenbrücke von Jörg Breu dem Jüngeren (Abbildung 8).

Abbildung 8: Jörg Breu der Jüngere, Die neun Lebensalter des Mannes, Augsburg 1540 aus Joerißen, 1983, Abb. 2, S. 27

Unter ihrem Bogen eröffnet sich ein Blick auf das Jüngste Gericht mit Christus, der Gottesmutter und Johannes dem Täufer. Diese Szene wird von einer monumentalen bis an die Bildränder stoßenden Brückenbogenarchitektur überwölbt. In den Fenstern unter den Stufen befinden sich die Tierdarstellungen. Auf den Stufen befinden sich Podeste, auf denen die Repräsentanten der neun Lebensalter des Mannes Platz genommen haben. Hinter dem 50-Jährigen, der an eine Prophetenfigur der italienischen Renaissancekunst erinnert, steht der Tod mit Bogen und Pfeilen. Die Altersstufen sind hier weniger durch unterschiedliche Attribute, sondern vielmehr durch eine ausgeprägte Gebärdensprache charakterisiert. Die Altersstufen vom 50- bis hin zum 90-Jährigen werden nicht naturalistisch, sondern sinnbildhaft als Prophet, als Verkörperung der Melancholie, als Pilger und schließlich als Eremit geschildert, was die monumentale Wirkung des Bildes steigert. Breus Darstellung bleibt in der Tendenz noch den spätmittelalterlichen Totentanz-Darstellungen verhaftet (vgl. Joerißen, 1983a; Raschke, 2009).

Der in der Renaissance und im Barock verbreitete Brückenbogen konkretisierte sich allmählich zu deutlichen Treppendarstellungen und wurde zu einem abstrakten Darstellungsschema des menschlichen Lebens – eine Architekturform, die den Auf- und Abstieg sinnfällig macht (vgl. Will, 1983).

Die ersten Bilder von Lebenstreppen

Um 1550/60 bringt Kupferstecher Cristofano Bertelli aus Modena zwei elaborierte Kupferstiche mit Alterstreppen einmal mit Männern und einmal mit Frauen heraus. Die Abbildung 9 zeigt die Lebenstreppe mit den Frauen.

Abbildung 9: Die Lebensalter der Frau, Cristofano Bertelli, Modena um 1550/60aus Joerißen, 1983, Abb. 5, S. 30

Hier werden immer noch der Tod und das Jüngste Gericht einbezogen. Das Treppenschema wird hier schon aus einem stufenförmig abgetragenen Felsaufbau entwickelt. Im Zusammenhang mit den in antikisierende Gewänder gehüllten Repräsentanten der Lebensalter erinnert die aus dem Felsen herausgearbeitete Treppe an das Vorbild antiker Felsengräber (vgl. Joerißen, 1983a). Die Überschrift dazu lautet ins Deutsche übersetzt: „Hier siehst du, kluger und bescheidener Leser, und du, Beobachter von Frauen, die Treppe, die ich ganz neu zu euren Ehren aufrichte". Der zu der 40-jährigen Frau gehörige Spruch lautet auf Deutsch: „Der Vogel Strauß zeigt seine große Stärke, indem er das Eisen von solcher Härte verträgt; und so ist die Frau harte Arbeiten gewöhnt" (zit. nach Schenda, 1983, S. 18).

Die Treppen selbst sind zunehmend bescheidener geworden. Dagegen sind die menschlichen Figuren mit ihren Attributen sowie die Darstellung von Himmel und Hölle üppiger geworden. Vor dem Treppenbogen sind Tod, Engel und Teufel kämpfend dargestellt. Die ersten Lebenstreppen beinhalten also die altüberlieferten Formen, Formeln, Motive und Symbole. Sie sind traditionsgebunden in dem Sinne, dass sie Verbindungen zum Hochmittelalter und sogar zur Antike aufweisen (vgl. Schenda, 1983).

Die früheren Lebenstreppen erinnern radikal in christlichem Sinne an die Nichtigkeit und Vergänglichkeit des menschlichen Lebens. Die Stufen der Treppen sind daher oft von Schürzenjägern, Zechbrüdern und anderen verwerflichen Gestalten bevölkert gewesen. Eine Chance und Hoffnung oder Gnade wird ausschließlich dem Weiterleben im Jenseits eingeräumt (vgl. Joerißen, 1983a; Dekkers, 2001). Der Tod ist nicht nur das Ende des Lebens, sondern von Anfang an ein ständiger Begleiter, da man schon während der Geburt sterben kann (vgl. Friedrich, 2011).

Gegenüber antik geprägten Auffassungen der Lebensvorstellungen weisen die christlichen Grundauffassungen auf das Leben nicht in seiner Kontinuität, sondern in seiner Begrenztheit hin. Sie konzentrieren sich nicht auf die Lebenszeit, sondern auf die Endzeit, die gleichzeitig die Wende zu einer anderen Lebensform darstellt (vgl. Rosenmayr, 1978). In der Ausarbeitung der Lebenstreppe von Matthäus Merian dem Älteren im Jahr 1614 ist die Darstellung der Lebenstreppe einfacher gehalten: Die Personen haben eine menschliche Gestalt und alltägliche Attribute bekommen. So wird z. B. dem Kind eine Schulbank zugeordnet. Das Jüngste Gericht ist nicht mehr zu finden (vgl. Raschke 2009). Die Gestalten, die die einzelnen Lebensalter repräsentieren, sind vorwiegend gut und positiv geworden (vgl. Dekkers, 2001).

Darstellungen der Frau

Mit der Ausnahme der Lebensalterdarstellungen der Frau in St. Annen zu Annaberg im Jahr 1522 hielten erst ab 1550 die weiblichen Lebensalter als Pendants zu den männlichen Einzug in die erbauliche Literatur, in Kalender und Almanache (vgl. Bake, 2005; Knöll, 2009). Und erst im 17. Jahrhundert wurde in vereinzelten Darstellungen der Lebenstreppe die soziale Stellung der Frau immerhin soweit aufgewertet, dass sie nun an der Seite des Mannes den Lauf des Lebens durchschreitet (vgl. Joerißen, 1983b). Frauen und Männer werden meistens als jeweils in der ihnen eigenen Welt agierend dargestellt, wobei die der Frau stärker von sozialen Kontakten zwischen den Generationen geprägt ist (vgl. Bake, 2005).

Die damaligen Lebensalterdarstellungen führen deutlich vor Augen, welche Werte das Leben einer Frau bestimmen sollten: Schönheit wird als eitel entlarvt, bleibende Werte sind das Streben nach Tugend und die Erziehung der Kinder (vgl. Knöll, 2009). Während der Mann die finanzielle Basis für die Ernährung und den Unterhalt der Familie erarbeitete, war es Aufgabe der Frau, Kinder zu gebären und zu erziehen sowie den Haushalt zu organisieren. Diese von Luther eingeführte Festlegung der Rollen der bürgerlichen Ehegatten war maßgebend für die folgenden Jahrhunderte und hat zum Teil ihren Einfluss bis heute beibehalten (vgl. Joerißen, 1983b). Allein die Tatsache der Mutterschaft erforderte damals, wie in einem Text von Johann Fischart aus dem Jahr 1578 deutlich wird, die Achtung der Mitmenschen vor dem weiblichen Geschlecht (vgl. Bake, 2005).

Bei den Frauen werden die körperliche Gebrechlichkeit und das Nachlassen der physischen Attraktivität drastischer geschildert und benannt als bei den Männern. Es ist teilweise frappierend, in welchem Maße die körperlichen Kennzeichen des Alters bei Frauen in den Vordergrund gerückt werden (vgl. Knöll, 2009). Die Greisin in dem Holzschnitt von Tobias Stimmer aus dem Jahr 1576 wird z. B. als „Ungestalt“ bezeichnet und als in einem Krankenstuhl mit Nachttopf sitzend dargestellt. Dagegen werden zu dieser Zeit die alten Männer immer noch als relativ würdevoll geschildert und bevorzugt im Habitus von Prophetenfiguren gezeichnet (vgl. Joerißen, 1983b). Der Mann altert ohne auffallende Einschnitte oder Charakteristika (vgl. Bake, 2005). Das körperliche Altern des Mannes ist früher kaum thematisiert worden (vgl. Knöll, 2009).

Abbildung 10: Das Stufenalter der Frau, F. Leiber, Ed. Gustav May Söhne, Frankfurt/M. um 1900

Quelle: http://www.dhm.de/archiv/ausstellungen/lebensstationen/1_178.htm; Zugriff 25.07.2015

Das Stufenalter der Frau in der Abbildung 10 spannt seine Altersstufentreppe über drei rosenumrankte Medaillons: In der Mitte die Erschaffung Evas durch Gottvater nach dem volkstümlichen Spruch sowie Bilder des kleinen Kindes mit dem Schutzengel und dem der alten Frau mit dem Todesengel. Alle Bilder und Altersstufen sind mit dazugehörigen Versen wiedergegeben. Bei der Geburt, versinnbildlicht durch den Schutzengel, der den Säugling hält, lautet der Text: „Dem Kindlein ist fürs ganze Leben / Ein Engel Gottes beigegeben". 30 Jahre: Ein bürgerlich gekleidetes Ehepaar, die Frau hält ein Wickelkind auf dem Arm: „Mit dreißig dann die Mutterfreuden / Dem Weib die höchste Lust bereiten". Auf der höchsten Lebensstufe, mit 50 Jahren, steht die Frau an der Wiege ihres Enkelkindes: „Mit fünfzig ‚Stillstand' wie man sagt / Ein Enkel sie jetzt glücklich macht" (vgl. Joerißen & Will, 1983) Auch in dieser Darstellung wird die Frau klassisch in ihrer Rolle als Frau und Mutter dargestellt.

Anders als beim Mann, dessen Lebenslauf als ein Muster für das menschliche Leben schlechthin gelten sollte, wollte man dem Lebenslauf der Frau solche Verbindlichkeit kaum zuerkennen. In den Bildtiteln zu den weiblichen Lebensaltern werden nicht so sehr Aufstieg und Niedergang, weniger Stufen des Lebens, als vielmehr konkrete Tätigkeiten und alltägliche Formen weiblicher Praxis benannt (vgl. Joerißen, 1983b; Raschke, 2009). Die Betreuung der Kinder begleitet die erwachsene Frau ein Leben lang (vgl. Bake, 2005). Die Frauen werden im Vergleich zu den Männern eher abwertend auf Kinder, Küche und Kirche verwiesen, während dem Mann das Kultivieren eines ideellen Freiraumes zugestanden wird (vgl. Joerißen, 1983b). Ein weibliches Pendant der Lebensalterdarstellungen setzte sich nie durch. In all den populären Bildern drückt die Gegenüberstellung von Mann und Frau die Überzeugung aus, dass es ein spezifisch weibliches Altern gibt und dass männliche und weibliche Lebensentwürfe entscheidend voneinander abweichen. Bei der Einbeziehung von Frauen in die Lebensalterdarstellungen handelt es sich allerdings weniger um eine positive Anerkennung ihrer Andersartigkeit, als vielmehr um eine Maßnahme zur Disziplinierung des weiblichen Geschlechts (vgl. Knöll, 2009).

Die Blütezeit der Lebenstreppe im 18. und 19. Jahrhundert

Das 18. und das 19. Jahrhundert gelten als die Blütezeit der Bilder von Lebenstreppen. Grundlegend für die Verbreitung der Lebenstreppenbilder waren die besseren technischen Verarbeitungsmöglichkeiten durch den Buchdruck und die fortschreitende technische Entwicklung innerhalb der Druckgraphik. Diese erlaubte eine günstige, für die mittlere und untere Bevölkerungsschicht erschwingliche Herstellung und Vervielfältigung von Kunstreproduktionen, Zeitschriften, Bildpostkarten und Bilderbögen. Die Lebenstreppe wurde zu einem Massenprodukt, das man auf Kalendern, Zigarettenboxen und Bierflaschen finden konnte (vgl. Will, 1983; Ehmer, 1996, zit. nach Raschke, 2009, S. 14).

Der Sinn des Lebens scheint nach den Werken des 19. Jahrhunderts allein innerhalb der irdischen Welt zu liegen. Säkularisierung, Rationalisierung und Verwissenschaftlichung drängen religiöse Konzepte vom Leben zunehmend in den Hintergrund (vgl. Ecarius, 1996). Der religiöse Bezug ist kaum mehr gegeben. Der Tod und das Jüngste Gericht werden nicht mehr ins Bild gerückt (vgl. Will, 1983). Die Radierung in der Abbildung 11 zeigt eine Treppenanlage, die kreisförmig um das obere Drittel eines Erdglobus angeordnet ist. Abweichend von dem seit dem 17. Jahrhundert verbreiteten Schema wird der Mann hier in den ersten Lebensjahrzehnten als ein auf Partnerschaft und Ergänzung angewiesenes Individuum dargestellt. Als Junge braucht er einen Spielkameraden, als Student pflegt er enge Freundschaft mit einem Kommilitonen und der 30- und 40-Jährige zeigen sich im Feiertagsgewand in ihrer Rolle als Ehegatten. Der

50-Jährige steht jedoch alleine mit einem Ruhmeskranz zu Füßen auf der Höhe seiner Laufbahn und seines Erfolges. Er bleibt alleine bis an sein Lebensende (vgl. Joerißen & Will, 1983).

Abbildung 11: Die Stufenjahre des Menschen, Friedrich Campe, Nürnberg, um 1830 aus Joerißen, 1983, Kat. Nr. 35, S. 131

Im 19. Jahrhundert haben sich zunehmend die farbigen Darstellungen der Lebenstreppe verbreitet. Die Personen in der Abbildung 12 sind mit zusätzlichen Gegenständen abgebildet worden. Die Kleidung der Personen der jeweiligen Altersstufen, der Stil der Möbel und das Attribut des Schreib- oder Stehpultes sind typische Kennzeichen der Biedermeierkultur. Hier zeigt sich im Grunde genommen das klassische Muster eines bürgerlichen Lebens. Obwohl das Bild den Titel „Das Stufenalter des Menschen" trägt, verbildlicht dieser Musterlebenslauf nur den Werdegang des Mannes. Die Stufen des 20. und 30. Lebensjahres sind auf diesem Bild die einzigen Stufen, auf denen man die familiären Beziehungen und Frauen sehen kann. Eine besondere Aufmerksamkeit verdient hier die 60. Lebensstufe, auf der man auch ein Skelett abgebildet sieht. Dieses deutet auf etwas auf dem Tisch, an dem der Mann sitzt. Dieses sterbliche Symbol suggeriert, dass der Mensch sich in diesem Alter Gedanken zu seinem weiteren Leben machen sollte, auch zu dem, was aus seinem Besitz werden soll; das möchte er bitte in einem Testament festhalten. Bei der Figur unter der Treppe handelt es sich um Chronos, der als eine götterähnliche Gestalt mit Flügeln, einer Sanduhr und einer Sense dargestellt worden ist. So werden mehrere göttliche und sterbliche Elemente in einer Person vereinigt, was sie moderner und weniger streng wirken lässt (vgl. Joerißen & Will, 1983; Raschke, 2009).

Abbildung 12: Das Stufenalter des Menschen, 1835

Quelle: http://leserreporter.bergedorfer-zeitung.de/glinde/ratgeber/das-stufenalter-des-menschen-dekadenalterung-aus-wiki-m1046,302.html Zugriff 26.07.2015

Eine neue Variante der Lebensalterstreppen stellt die Karikatur des Auf- und Abstieges Napoleons I. dar (Abbildung 13). Hier wird sein steiler Aufstieg zur Höhe der Macht und sein Abstieg, der in mehreren flachgedehnten Stufen langsam fortschreitet sowie ein Stoß, der Napoleon die letzte Stufe stürzen lässt, dargestellt (vgl. Will, 1983).

Abbildung 13: Stufenleiter der Größe und des Sturzes Napoleons,, um 1814

Quelle: https://www.dhm.de/sammlung-forschung/sammlungen0/graphik/inhalt/die-lebenstreppenapoleons.html; Zugriff 28.06.2015

In dieser Karikatur wird zwar noch das Treppenschema angewendet. Die Symmetrie der klassischen Lebenstreppen wird hier aber aufgeweicht. Höchst wahrscheinlich wird hier zum ersten Mal der individuelle Lebenslauf realistischer dargestellt. Die beiden in dieser Darstellung sichtbaren Tendenzen – die Aufgabe der Symmetrie und Ernsthaftigkeit – haben sich in den modernen Darstellungen von Lebenstreppen fortgesetzt.

Die modernen Lebenstreppen

Nach dem Zweiten Weltkrieg sind die traditionellen Bilder der Lebenstreppe kaum mehr auffindbar. Die Künstler des 20. Jahrhunderts, wie z. B. Timm Ulrichs, Saul Steinberg und Joost Swarte (Abbildungen 14, 15a und 15b), nähern sich der Lebensalterproblematik eher mit einer ironischen Distanz. Wie man in ihren Zeichnungen sieht, ist uns mit dem Verschwinden der Lebenstreppe die Hälfte unseres Lebens abhandengekommen (vgl. Will, 1983).

Die fünf Jahre nach der Gründung der Bundesrepublik im Jahr 1954 veröffentlichte Zeichnung von Saul Steinberg (Abbildung 14) stellt weniger das private als das öffentliche Leben eines Mannes dar. Nach der Kindheit und Ausbildung folgt zielstrebig der berufliche Aufstieg und erarbeiteter Wohlstand unter südlicher Sonne (vgl. Raschke, 2009). Steinbergs Karikatur der Lebenstreppe macht aus dem Erwachsenwerden ein Größerwerden. Selbst wenn der Körper ausgewachsen ist, kann der Mensch noch größer werden, weil er an Status (und Statur) gewinnt. Am Ende steht er auf derselben Höhe, nur genau am anderen Ende der Lebenstreppe, wie das kleinste Kind in dem Bild (vgl. Deutsch & Krause, 1999).

Abbildung 14: Lebenstreppe, 1954, Saul Steinberg, aus Will, 1983, S. 91

Das Älterwerden und schließlich Sterben werden in den beiden Bildern von Saul Steinberg (Abbildungen 14 und 15a) also nicht mehr dargestellt wie in den klassischen Bildern der Lebenstreppe. In seiner Zeichnung *„Biographie“* (Abbildung 15a) sind von den zehn Stufen der Lebenstreppe nur noch fünf übrig, die möglichst weit gestreckt werden, bis man urplötzlich von der höchsten herunterfällt. Der postmoderne Lebenslauf bringt eine vorgetäuschte Lebensspanne hervor, die verspricht, dadurch das Leben zu verbessern, dass man das mittlere Alter in die Ewigkeit ausstreckt (vgl. Katz, 1995; Dekkers, 2001).

Abbildung 15a und 15b: Biography, Saul Steinberg, 1965, eine Postkarte © THE SAUL STEINBERG FOUNDATION, und Zeichnung von Joost Swarte, 1994, © Joost Swarte, aus Dekkers, 2001, S. 6

Entsprechend der Forderung der postmodernen Ästhetik nach Pluralismus, Subjektivität und Abkehr von der Abstraktion waren die Darstellungen von allgemeingültigen Lebenslaufmustern nicht mehr sinnvoll (vgl. Gern, 2003). Der postmoderne Lebenslauf zeichnet sich laut Katz (1995) durch Zeitlosigkeit und Verschwinden der traditionellen chronologischen Grenzen aus. In der zweiten Hälfte des 20. Jahrhunderts wird das klassische Bildschema von der Lebenstreppe im Sinne der postmodernistischen Forderung von Jacques Derrida dekonstruiert und verschwindet aus der künstlerischen Szene. In dem nicht weit entfernten osteuropäischen Land Litauen dagegen hat es weder Lebenstreppenbilder noch ihre Dekonstruktion gegeben.

2.3.4 Vorstellungen über den menschlichen Lebenslauf in der baltischen Kultur

Obwohl Litauen ein Teil Europas ist, unterscheiden sich die in der Geschichte verbreiteten Vorstellungen über den menschlichen Lebenslauf und ihre Ausdrucksformen ziemlich stark von den westeuropäischen. Aufgrund der speziellen historischen und sozialen Gegebenheiten hat es in Litauen keine von den Zyklen der Natur unabhängigen Lebenslaufvorstellungen gegeben. Die in Europa verbreiteten Lebenstreppen waren höchstens dem gebildeten litauischen Adel bekannt, der stark in seiner Bildung von der westeuropäischen Kultur beeinflusst gewesen ist. Allerdings machte der Adel nur einen ganz kleinen Teil der Bevölkerung aus. Da es nie eine breite bürgerliche Schicht und Aufstiegsmöglichkeiten in diese gegeben hat, fanden die Bilder von Lebenstreppen in Litauen keine ausgedehntere Streuung. Die in den breiteren Bevölkerungsschichten verbreiteten Vorstellungen über den Verlauf des menschlichen Lebens blieben bis in den Zweiten Weltkrieg hinein in der alten baltischen Kultur verwurzelt. Um diese Tatsache besser verständlich zu machen, wird eine kurze Geschichte der Balten geschildert. Anschließend wird das Schema „Rėdos ratas“ vorgestellt, das die baltischen Vorstellungen über den menschlichen Lebenszyklus darstellt.

Kurze Geschichte der Balten und ihrer Kultur

Erstmals werden die Bewohner am baltischen Meer „*Aesti*“ (lit. Aisčiai) durch den römischen Historiker Tacitus im Jahr 98 n. Chr. in seinem Werk „*Germania*“ erwähnt. Schon im 5. Jahrhundert v. Chr. waren die Stämme von „budi“ und „neuri“ durch Herodot erwähnt worden, die in dem heutigen Gebiet der baltischen Staaten lebten (vgl. Bumbliauskas, 2005). Der heute in der Umgangssprache und in der Wissenschaft geläufige Begriff „Balten“ ist noch nicht alt. Er stammt von dem deutschen Sprachforscher Georg H. F. Nesselmann (1811–1881). Er hat ihn zum ersten Mal in seinem Buch „*Die Sprache der alten Preußen an ihren Überresten erläutert*“ im Jahr 1845 verwendet. Heute zählen nur Litauen und Lettland zu den lebenden Vertretern dieser Kultur (vgl. Salys, 1995; Jovaiša, 2014). Obwohl der Begriff „Balten“ für manche Historiker wegen seiner deutschen Abstammung ein umstrittener ist, da die damaligen Menschen sich so nie genannt haben, wird er in der vorliegenden Untersuchung weiter für die Bezeichnung der alten baltischen Kultur benutzt, wie sie teilweise bis heute in Litauen und Lettland in der Folklore lebendig ist (vgl. Beresniavičius, 1997).

Es wird vermutet, dass die alten baltischen Stämme ihren Ursprung in den indogermanischen Stämmen haben. Es wird eine Ähnlichkeit der heutigen litauischen Sprache zu dem alten Sanskrit angenommen. Die litauische Sprache hat sich in der Mitte des ersten Jahrtausends geformt. Zu den Westbalten gehörten die Stämme von Preußen und Jotvingiai. Aus den Ostbalten gingen die heutigen Litauer und Letten hervor. Litauische Stämme haben dem Druck der Slaven standgehalten und in der Mitte des 12. Jahrhunderts ihr eigenes Königreich gegründet. Im Jahr 1387 ist Litauen offiziell zwar von der Katholischen Kirche getauft worden. Die Elemente der alten Religion haben ihren Einfluss aber bis in das 16. Jahrhundert, besonders in den ländlichen Gebieten, beibehalten. Erst im 18. Jahrhundert kann man von einer realisierten Christianisierung des Landes durch Jesuiten sprechen (vgl. Salys, 1995; Beresniavičius, 1997).

Trotz der Verbreitung der fast ausschließlich katholischen Kirche und ihrer Strukturen in Litauen hat die alte baltische Weltanschauung und Kultur ihren Einfluss in der Bevölkerung bis in die Nachkriegszeit beibehalten. Diese Tatsache wird u. a. dadurch erklärt, dass die Balten früher in schwer durchgängigen Gebieten in Wäldern und Sümpfen gelebt haben, fern von zentralen Handelsstraßen und großen Kulturzentren Europas (vgl. Bumbliauskas, 2005). In den Adelshäusern, die damals auch als Zentren der Kultur gegolten haben, und in der im Jahre 1579 Jahr gegründeten Universität von Vilnius sind die westliche Bildung und kulturellen Werte verbreitet worden. Man verzeichnet in der litauischen Kunst und Literatur, genauso wie in der europäischen Geschichte, die Epochen von Renaissance, Barock und Aufklärung. In der Literatur des 19. Jahrhunderts sind die Einflüsse der Romantik deutlich erkennbar. Die ländliche Bevölkerung dagegen hat weiterhin die universale Volkskultur gelebt. So blieben die baltische Kultur und Bräuche lange Zeit in ihren ursprünglichen Formen unverändert erhalten.

Später, ab dem 19. Jahrhundert war es der Geist von Widerstand gegen die russische Okkupation, der zu dem Erhalt von litauischer Folklore beitrug. Selbst die gebildeten Menschen, die früher ausschließlich polnisch und deutsch gesprochen haben, haben sich Ende des 19. Jahrhunderts für die Erhaltung der litauischen Sprache eingesetzt. Erst durch die Eingliederung Litauens in die Sowjetische Union nach dem Zweiten Weltkrieg ging die bäuerliche Kultur verloren. Die dörflichen Gemeinschaften sind durch Zwangskollektivierung auseinandergerissen worden. Die Bibliotheken wurden geräumt und die litauische und westliche Literatur verboten. Selbst das Propagieren der alten Bräuche oder Singen litauischer Lieder wurde strafbar. Die baltische Kultur war für 50 Jahre durch die proletarische Ideologie ersetzt worden (vgl. Zinkevičius, 2015).

Nach dem Wiedererlangen der Unabhängigkeit im Jahr 1990 ist das Interesse an der Erforschung von alten Bräuchen und verloren gegangener nationaler Identität wiedererwacht. Selbst der Kampf um die Unabhängigkeit Litauens und der anderen beiden baltischen Staaten trägt den Namen einer „Singenden Revolution". Man sang insbesondere traditionelle Volkslieder, die das Volk ideell und emotional vereinigten und somit von der gemeinsamen kulturellen Erfahrung zeugten. In den 1990ern war es üblich wieder die alten traditionellen Feste wie „Joninės“ (Sonnenwendfest) zu feiern und alte, aus Leinen genähte Trachten und Schmuck aus Messing zu tragen. Viele Wissenschaftler(innen) haben sich mit der Erforschung des vorchristlichen kulturellen Erbes, ihrer Weltanschauung und der Bedeutung der alten symbolischen Formen der Balten beschäftigt. „Rėdos ratas“ (dt. Rad des Werdens) integriert die baltischen Vorstellungen über den menschlichen Lebenszyklus in den Jahreszyklus von kalendarischen Festen sowie die Vorstellung über die Seins- und Weltordnung.

Lebenszyklus in der baltischen Kultur

Der Verlauf des menschlichen Lebens wird in der baltischen Kultur im Zusammenhang mit den wichtigsten kalendarischen Festen gesehen. In der Abbildung 16 zeigt das Schema die wichtigsten Wandlungspunkte des menschlichen Lebens: Geburt (Gimtuvės), Hochzeit (Vestuvės) und Tod (Lydėtuvės) in Verbindung mit den wichtigsten Jahresfesten Fasching (Užgavėnės), Sonnenwendfest (Rasa) und Totenfest (Ilgės). Der Verlauf des menschlichen Lebens wird hier in Entsprechung mit dem Vegetationszyklus der Pflanzen gesehen. Der höchste Entwicklungspunkt markiert die Reife der Pflanzen, die ab diesem Punkt auch abzusterben beginnen. Der niedrigste Punkt markiert Weihnachten (Kalėdos) mit dem tiefsten Abstieg in die Dunkelheit und der längsten Nacht des Jahres (vgl. Žarskus, 2009).

Abbildung 16: Rėdos ratas, aus Žarskus, 2009, S. 61

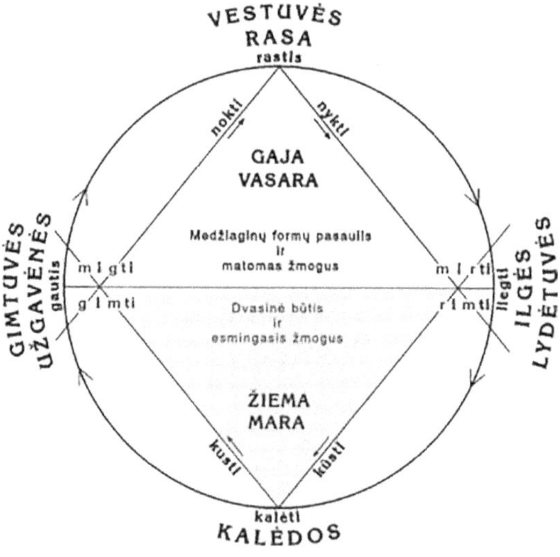

Ich habe bewusst das Schema in der Originalsprache gelassen, um die sprachlichen Formeln, die die wichtigsten Wandlungspunkte in den Eckpunkten und die dazu gehörigen Prozesse benennen, sichtbar werden zu lassen: **n**o**k**ti – **n**y**k**ti (reifen – verwelken), **kū**sti – **kus**ti (weniger werden – erwachen), m**i**rti – r**i**mti (sterben – ruhiger werden) und g**i**mti – m**i**gti (geboren werden – einschlafen). Hier werden nur die einzelnen Buchstaben ausgewechselt oder ihre Reihenfolge getauscht, um zu verdeutlichen, dass die Gegensätze Teile einer Einheit darstellen (vgl. Patackas & Žarskus, 2002; Žarskus, 2009).

Das menschliche Leben wird hier als eine Reihenfolge der Wandlungen (lit. Virsmas) verstanden. Zwischen den Wandlungspunkten gibt es gleichmäßige und ruhige Phasen von Kindheit, Schwester- oder Frausein. Die wichtigsten Ereignisse wie Geburt, Hochzeit und Tod wurden von der ganzen Gemeinschaft rituell markiert und gefeiert. Es gab die Vorbereitung für die Wandlung, ihre Kulmination und graduelles Verlassen der Wandlung. Wandlung wurde als ein nicht mehr rückgängig zu machender Prozess der Transformation verstanden, wobei man aus einem Seinszustand in einen qualitativ ganz neuen Seinszustand gewechselt hat. Die Hochzeit stellte die Kulmination des Lebens dar. Anders als in den meisten Kulturen war es ein trauriges Fest, da man glaubte, dass ab diesem Punkt die Lebenskräfte zu schwinden beginnen (vgl. Patackas & Žarskus, 2002).

Es ist nicht schwer, in diesem Schema eine Ähnlichkeit mit der auf- und absteigenden Lebenstreppe oder dem Lauf der Sonne am Tag zu sehen. Die einzelnen Stufen fehlen, da allein die Wandlungspunkte und nicht ein bestimmtes Alter die Aufteilung der Lebenslinie in die einzelnen Lebensphasen markieren. Gleichzeitig stellt „Rėdos ratas" eine zyklische Zeitvorstellung dar, da hier die vier Ecken auch die vier Jahreszeiten markieren. Das obere helle Dreieck stellt den Sommer (Vasara) und die grüne Jahreszeit (Gaja) dar. Das dunkle Dreieck stellt den Winter (Žiema) und die ruhende Vegetation (Mara) dar. „Rėdos ratas" vereint die linearen und die zyklischen Zeitvorstellungen miteinander. Das Rad symbolisiert das zyklische und die Unwiderruflichkeit der Wandlungen das lineare Fortschreiten im menschlichen Leben: „Das Rad von einer Pferdekutsche dreht sich im Kreis, aber die Pferdekutsche bewegt sich immer nach vorne" (Patackas & Žarskus, 2002, S. 102).

Diese Lebenslaufvorstellungen sind unter den Menschen durch verschiedene symbolische Ausdrucksformen wie Lieder, Sprüche, Märchen und Rätsel oder auch in der Form von geometrischen Mustern in der Kleidung und Architektur verbreitet gewesen. Einen besonderen Teil der sogenannten „Kleinen Architektur" bilden die Kreuze aus Holz oder aus Eisen, die stark symbolträchtig sind. Abbildung 17 zeigt zwei typische litauische Kreuze, die verschiedene Elemente wie Sonne, Mond, Gott, Sterne, Blätter und Blüten in sich vereinen. In solchen Kreuzen werden meistens auch die beiden aus den „Rėdos ratas" bekannten Formen von Kreis und Viereck sichtbar. Das Kreuz symbolisiert den auch im mittelalterlichen Europa bekannten Lebensbaum. Eine bekannte litauische Weissagung bringt das Leben mit dem Kreuz in Verbindung: „Das ganze Leben ist ein Kreuz" (vgl. Ambražiejienė, 2003).

Abbildung 17: Litauische Eisenkreuze, aus Ambražiejienė, 2003, S. 33

Auch wenn die wenigsten Menschen die tiefe Bedeutung der einzelnen Symbole oder Wandlungsrituale verstanden haben, haben sie sich zum größten Teil daran gehalten. Die einzelnen Personen sind nie dargestellt worden. Bilder über den Verlauf des Lebens der Individuen, die mit der Lebenstreppe vergleichbar wären, gibt es nicht, da das Individuum sich immer nur als ein Teil der Gemeinschaft verstanden hat. Historisch gesehen gab es in Litauen nur ausnahmsweise Möglichkeiten zu einem individuellen bürgerlichen Aufstieg. Durch das regelmäßige Feiern der kalendarischen Jahresfeste und gemeinschaftliches Feiern der wichtigsten Lebensereignisse wurde das menschliche Leben in größere Entitäten eingebettet und erhielt daraus seinen Sinnzusammenhang. Nach Ecarius (1996) würde man den „Rėdos ratas" den heidnischen Vorstellungen zuordnen, wobei die einzelnen Lebensabschnitte nur Tableaus bilden, die nicht unbedingt mit einer biographischen Sinneinheit verbunden sind. Vielmehr gibt der äußere Rahmen den Sinnhorizont vor, in dem sich das Leben der Einzelnen entfalten kann. Die Symbole haben ihre den Lebenslauf strukturierende Funktion erfüllt.

2.3.5 Sinngehalt und Funktionen von symbolischen Lebenslaufdarstellungen

Lebensphasentheorien und ihre Darstellungen sind historisch gesehen immer Korrelate allgemein moralphilosphischer, geschichtstheologischer und anderer Grundkonzeptionen eines Systems gewesen (vgl. Rosenmayr, 1978). Die zentralen Lebenslaufmetaphern des vergangenen Jahrtausends – der mittelalterliche Lebenszyklus, der frühneuzeitliche Lebensbogen („Lebenstreppe") und die moderne Karrierelinie – verraten in ihrem Sinngehalt grundsätzlich die Abhängigkeit der jeweils dominanten Lebenslaufkonzepte von den historisch-gesellschaftlichen Konstellationen (vgl. Alheit, 2011). „Den zahlreichen Variationen, die die ‚ewige Wahrheit' in der jeweiligen sozialen, historischen und geistig-kulturellen Situation erfährt, bleibt eins gemeinsam: Sie bieten ein Ordnungs- und Orientierungsschema, das den unabsehbaren Lebenslauf absehbar machen will, sie bilden eine Form der Daseinsbewältigung" (Filz, 1983, S. 93).

Die in der Kunst verbreiteten Bilder des Lebenslaufs, wie z. B. Lebenstreppen, sind keine Abbilder von damaliger sozialer Wirklichkeit, sondern Sinnbilder für den Geist der Zeit (vgl. Deutsch & Krause, 1999). Die künstlerischen und philosophischen Darlegungen, Symbolisierungen und Normierungen des Lebensphasenproblems sind keine Reaktionen auf und Verarbeitungen von realen historischen Verhältnissen. Es ist wichtig zwischen den symbolischen Darstellungen und Normen von Lebensphasen und tatsächlichen gesellschaftlichen Verhältnissen zu unterscheiden (vgl. Rosenmayr, 1978). In der historisch- und kulturvergleichenden Perspektive wird deutlich, dass die Vorstellung von Lebensläufen gesellschaftlich variiert und weit davon entfernt ist, einen vermeintlich „natürlichen" Rhythmus des Lebens abzubilden (vgl. Elwert et al. 1990).

In den früheren Lebenslaufdarstellungen kann man auch keinerlei Logik erkennen, da es den damaligen Menschen nicht um einleuchtende Erklärungen ging. Sie suchten hauptsächlich nach Harmonie und Struktur, was ihre Welt übersichtlicher machte (vgl. Dekkers, 2001). Die von außen an das Leben angelegten Rhythmen gaben dem Leben eine Struktur, weswegen die früheren Lebensalteraufteilungen sich an der Natur orientiert hatten. Dabei war die subjektive Sicht auf das Leben nicht von großer Bedeutung (vgl. Ecarius, 1996). Die bildlichen Lebenslaufdarstellungen spiegeln also weniger wider, wie individuelle Menschen ihren eigenen Lebenslauf verstehen, sondern vielmehr, welche Vorstellungen vom Lebenslauf in einer Zeit im Umlauf gewesen sind (vgl. Deutsch & Krause, 1999).

Die Lebenstreppe deutet Ehmer (1996) als ein Symbol für die Suche der damaligen Gesellschaft nach Stabilität, als einen Bewältigungsversuch und damit zugleich als Ausdruck der Unsicherheit und Unberechenbarkeit der damaligen

Lebensläufe. Dies trifft besonders auf die Mittelschicht damaliger Gesellschaft zu. Besonders die erste Hälfte der Lebenstreppe hat symbolisch eine helfende Stellung gegen einen möglichen sozialen Abstieg eingenommen. Die Lebenstreppe fungierte somit als Symbol für den bisher erreichten Standard und den weiteren Aufstieg der Menschen (zit. nach Raschke, 2009, S. 19).

Die Standardisierung der Lebensläufe durch Wahlrecht, allgemeines Recht und Schulpflicht hat erst im 19. Jahrhundert angefangen. Und erst ab dem 20. Jahrhundert kann man von der Absicherung der Lebensläufe durch soziale staatliche Systeme und somit Institutionalisierung des Lebenslaufs im Sinne von Kohli sprechen. Bis zu dieser Zeit war das Leben eher zufällig, von nicht vorhersehbaren Ereignissen und Absicherung von den Familien abhängig. Kohli (1988) fasst daher den Modernisierungsprozess grundsätzlich als einen Übergang von einem Muster der Zufälligkeit der Lebensereignisse zu einem Muster des vorhersagbaren Lebenslaufs auf. Aus dieser Sicht ist es nicht verwunderlich, dass die damaligen Menschen ein Bild für den Lebenslauf suchten, welches den idealtypischen Ablauf des Lebens darstellte (vgl. Raschke, 2009). Je mehr Harmonie sie in solchen Bildern fanden, desto übersichtlicher war für sie die Welt (vgl. Dekkers, 2001).

Die Ordnung des Lebens mit den zehn Stufen in einer Lebenstreppe umfasst nicht die durchschnittliche Lebensspanne einzelner Menschen, sondern die maximale Lebenserwartung eines idealen Lebens. Nur in den allerseltensten Fällen stimmte ja der ideale Lebenslauf mit irgendeinem realen Lebenslauf überein. Für die meisten damaligen Menschen waren 100 Jahre noch weniger erreichbar als für uns heute, jedoch nicht unmöglich. Die erschreckend niedrige Lebenserwartung ging vor allem auf die hohe Kindersterblichkeit zurück. Die auf- und absteigende Form der Lebenstreppe mit ihren symmetrisch angeordneten gleichmäßigen Stufen weckt bei uns die Vorstellung, dass wir gleichmäßig und in konstantem Tempo älter werden. Dies kann aus biologischer Sicht nicht bestätigt werden, da in einem jungen Körper die Abbauprozesse viel schneller stattfinden als in einem alten Körper. Das Bedürfnis nach Harmonie und Gleichmäßigkeit war auch in diesem Aspekt wichtiger als die Realität. Für die Menschen war die Lebenstreppe also nie ein Abbild der Wirklichkeit, sondern ein Sinnbild für eine Ordnung, die in den menschlichen Lebenslauf eingeschrieben war (vgl. Deutsch & Krause, 1999; Deutsch & Borges, 2007; Dekkers, 2001).

Die damaligen Lebenslaufdarstellungen stellen dem Betrachter ein fiktives Ideal bürgerlichen Lebens vor Augen (vgl. Bake, 2005). Die Lebenstreppe zeigte den Menschen, wie man ideal leben sollte und verkörperte das, was man damals nicht haben konnte – die Stabilität (vgl. Raschke, 2009). Deswegen kommt auch der frühe Tod oder Tod als Katastrophe in diesen Bildern nicht vor (vgl. Schenda,

1983). Auch die linear angeordneten Bilderfolgen der Lebensalter sollten nicht als Abbild der Realität missverstanden werden, da in ihnen konsequent jeglicher Konfliktstoff ausgeblendet wird. Das gemeinsame Altern eines Paares war keineswegs selbstverständlich, da der Familienalltag in der Frühen Neuzeit vom Tod der Kinder und/oder des Ehepartners durch Erkrankungen oder Kriege gekennzeichnet war. Die damaligen Lebensaltermodelle sind also unabhängig von der Lebenserwartung entwickelt worden (vgl. Bake, 2005; Vavra, 2008).

Die Lebenstreppe verdeutlicht weiterhin, welchen Stellenwert die einzelnen Generationen einer Familie im Haus hatten und nach welcher Hierarchie die Familie funktionierte. Die Personen zwischen dem 40. und 60. Lebensjahr hatten die meisten Privilegien und wurden als Hausherren dargestellt. Dies war auch der Zeitraum, in dem man seine berufliche Karriere durch den Aufbau eines Geschäftes oder die Bewirtschaftung eines Stückes Land vorantrieb. Ermöglicht wurde dies meistens durch das Vermachen von Land oder eines Teils des Vermögens der Eltern (vgl. Ehmer, 1990).

In der Lebenstreppe zeigt sich ein weiteres an alte Traditionen anknüpfendes Merkmal von neuzeitlichen Lebenslaufmodellen – die Konzeptualisierung des Lebens als Auf- und Abstieg, das im mittleren Alter seinen Höhepunkt erreicht (vgl. Ehmer, 2008). Die Analogie zum täglichen Lauf der Sonne, der in seiner Mitte der Vollkommenheit am nächsten sei, ist erkennbar. Schon Aristoteles hat den Höhepunkt des Lebens in der Mitte in seiner Nikomachischen Ethik begründet: Das Mittlere ist das „Äußerste", das der Mensch leisten kann. Den Menschen der mittleren Jahre charakterisiert er durch eine Zusammenschau der positiven Eigenschaften der Extremgruppen von Jugend- und Greisenalter (zit. nach Rosenmayr, 1978, S 40). Auch Thomas von Aquin hatte das menschliche Leben in eine „Bewegung des Aufbaus", die „Blüte der Jahre" und die „Bewegung des Abbaus" gegliedert. Anschließend daran hat Dante diese Bewegung als einen symmetrischen Bogen beschrieben, „der von der Erde zum Himmel aufsteigt bis zum Kulminationspunkt, von dem aus er wieder absteigt" (zit. nach Ehmer, 2008, S. 683–684).

Die Sicht des menschlichen Lebens als einen zunächst auf einen „Höhepunkt", sodann auf die Ablösung und „Reife" gerichteten Vorgang wurde auch in wissenschaftlichen psychologischen Ansätzen, wie z. B. bei Charlotte Bühler, hervorgehoben. Mit der Lebenstreppe wird also ein Ablaufmodell der Lebensalter etabliert, das an der klassischen Theorie des Dramas orientiert ist: Nach mehreren Vorbereitungsphasen wird ein Höhepunkt erreicht, von dem aus das Geschehen dann entweder dem tragischen Ende oder doch einer weniger erfüllten und wertvollen Zeit zustrebt (vgl. Thomae, 1978). Auch C. G. Jung nimmt für die

Lebensmitte die tiefgreifenden Veränderungen in der Persönlichkeitsstruktur an, die in dieser „Lebenswende" geschehen, an der das Leben wie der Lauf der Sonne eine andere Richtung nimmt. Zu dieser Betrachtung des Lebenslaufs gehört auch der populäre Begriff der „Midlife-Krise", der sich als Umbruchphase spätestens seit den 1960er Jahren ins allgemeine Bewusstsein einprägte (vgl. Fitzon, 2011).

Funktionen von Lebenstreppenbildern

Kunst erfüllt in der Formulierung von Walter Schelling grundsätzlich eine „seismographische Funktion". Sie kann die Probleme einer Zeit tiefer und gründlicher erfassen und den Lebensentwurf einer Epoche zum Ausdruck bringen (zit. nach Franzen, 2004, S. 12). Neben der repräsentativen Funktion – die Werte und Vorstellungen der Menschen über ihren Lebenslauf zu symbolisieren – hatten besonders die schematischen Lebenslaufdarstellungen eine didaktische Aufgabe zu erfüllen. Die meisten Lebenstreppen sind nicht als Unikate geschaffen worden, sondern als Reproduktionen einer vorher durch die weltlichen oder religiösen Herrscher dieser Zeit bei den Künstlern beauftragten Vorlage im Umlauf gewesen (vgl. Deutsch & Krause, 1999). Die Lebenstreppe diente als Zeichen an der Wand, das in jeder Lebensphase vor den Verführungen warnte (vgl. Dekkers, 2001). Die Propagierung der Wertvorstellungen des Bürgertums mit dem männlichen Aufstiegsstreben, mit weiblichem Stillhalten, der Minderwertigkeit der Kindheit und des Greisenalters hat ihre zeitspezifischen Gründe und Erklärungen in dem jeweiligen soziokulturellen System (vgl. Joerißen, 1983a). Die künstlerischen Interventionen haben in den meisten Lebensalterdarstellungen auf stereotype ikonografische Vorlagen zurückgegriffen und sich so in der Darstellung mit normativen Vorstellungen verbunden (vgl. Bake, 2005).

Die früheren Lebenstreppen belehren zudem, dass das menschliche Leben in abgrenzbaren Schritten verläuft, die einem unausweichlichen Ende entgegenstreben. Die immer präsente Drohung mit dem Jüngsten Gericht verlangt einen frommen und tugendhaften Lebenswandel. Der Tod liegt in den Bildern allerdings immer nur am Ende oder wird im 16. Jahrhundert als immer präsent in der Mitte des Bildes dargestellt (vgl. Schenda, 1983). Das eigentliche Ziel dieser Darstellungsform war, genauso wie das der früheren theologischen Lebenslaufdarstellungen, eindeutig normativ und nicht empirisch (vgl. Schweitzer, 2011). In erzieherischem Sinn versuchte die populäre Druckgraphik ihrem Publikum die Unterscheidung von „Gut und Böse" nahezubringen. „Gut" in dieser Verwendung hieß, sich an die herrschenden Normen anzupassen. Alles was außerhalb der akzeptierten Normen lag, wurde durch Ausschluss aus der Gesellschaft bestraft. Anpassung brachte den damaligen Bauern und Bürgern höchstwahrscheinlich die Harmonie und Zufriedenheit, in der sie ruhig leben konnten (vgl. Will, 1983).

Die Lebenstreppe im 17. und 18. Jahrhundert hatte vordergründig dem Erbaulichen im Diesseits gedient. Die meisten Bilder des 19. Jahrhunderts lehren hauptsächlich bürgerliches Wohlverhalten, Fleiß und Strebsamkeit in Richtung auf einen hohen sozialen Status und den Erwerb von Gütern – ausgedrückt durch vornehme Kleidung –, das waren damals wichtige Werte. In der absteigenden Linie war dann aber der zunehmende Verzicht auf Herrschaft und wachsende Hinnahme der gesellschaftlichen Bedeutungslosigkeit erwünscht. Besonders den Frauen werden ihre Rollen vorgezeichnet: schön sein, heiraten, Kinder gebären und aufziehen, diese als Großmutter beaufsichtigen und letztendlich von der Familienbühne abtreten (vgl. Schenda, 1983).

Die Lebenstreppe kann theoretisch als ungeschriebenes Gesetz angesehen werden, das die Generationenbeziehungen regelte (vgl. Raschke, 2009). Die verschiedenen „Lebensgestalten", so Romano Guardini (1950), sind „Wertfiguren", da in ihnen bestimmte Werte auftauchen, die unter bestimmten Dominanten stehen und so charakteristische Gruppen bilden. Sie stellen die sittlichen Möglichkeiten und Aufgaben der betreffenden Lebensphase dar (zit. nach Schweitzer, 2011, S. 4). Die einzelnen Stufen der Lebenstreppe sollten außerdem die jeweiligen Generationsnormen vermitteln. Das System von Altersstufen und Altersnormen hatte bspw. die Funktion zu verhindern, dass die Erwachsenen ihre Verantwortungen vor Absolvierung der Schulpflicht übernehmen (vgl. Neugarten & Datan, 1978). Die Heirat sollte zwischen dem 20. und 30. Lebensjahr vollzogen werden. In der damaligen Zeit begann in diesem Alter auch der Übergang zwischen den Generationen. Das bedeutet, dass man in seinen 30er Jahren überdies Kinder bekommen sollte. Dies sollte idealerweise dazu führen, dass, wenn man sich an seinem vermeintlichen Höhepunkt mit 50 Jahren befindet, die Kinder bereits im heiratsfähigen Alter waren. So konnte ein reibungsloser Generationswechsel vollzogen werden. Die jüngere Generation hat die Lebenstreppe als Vorwand der Betriebs/Familienübernahme vorgebracht. Sie wurde als eine Legitimation angesehen, dass die Alten ihren Besitz übertragen und sich allmählich zurückziehen (vgl. Ehmer, 2005).

Die heutige Metapher von Lebenslauf als „the universal escalator on which everyone rides" gilt als eine „industrielle" und lineare Alternative zu der Lebenstreppe, die eine soziologische Beschreibung des Lebenslaufs als eine Sequenz von Statuspassagen in sich birgt. Levy und Widmer (2013) zufolge hat sie einen sensibilisierenden, sogar einen suggestiven Wert. Sie platziert nicht nur im Mittelpunkt die Tatsache, dass alles im Leben in einem Prozess von Zeit geschieht, sondern suggeriert in gewisser Weise, dass dieser Prozess „nach oben“ verläuft. Die verschiedenen Altersgraduierungen für die Statusübergänge von der Schule in den Arbeitsmarkt oder von diesem in die Verrentung werden mit der Höhe der Stufen der Rolltreppe verglichen (vgl. Born & Krüger, 2001). Die Metapher des Eskalators impliziert auch, dass der Prozess des Lebenslaufs nicht zufällig oder individuell, sondern in gewissem Maße durch die äußeren Bedingungen eingerahmt ist.

Die Bilder vom menschlichen Lebenslauf erweisen sich genau als das: als Bilder und damit konstruktive Darstellungen. Sie spiegeln nicht die Empirie, sondern sind normativ und geben einen Maßstab oder eine Norm vor. Sie prätendieren eine Regelmäßigkeit, die sich gegenüber allen Abweichungen dann als Kanon darstellt. Das Normale in ihnen wird zur Norm (vgl. Schweitzer, 2011). Das Verschwinden von Bildern der Lebenstreppe deutet darauf hin, dass auch die Normen über den ‚normalen‘ Lebenslauf sich verändert haben. Andere mögliche Erklärungen für den Untergang der Lebenstreppen werden im folgenden Abschnitt erläutert.

2.3.6 Warum sind die Lebenstreppen verschwunden?

Das Bildnis der Lebenstreppe hat eine starke Wandlung vollzogen: von einem stark durch Religion geprägten Bild bis zu einem massentauglichen Bildnis im 18. und 19. Jahrhundert (vgl. Raschke, 2009). Im 20. Jahrhundert ist das Bild selten geworden. Aus den Wohnungen der Menschen unterschiedlicher sozialer Schichten ist es in die Handbücher zur Kunst- und Sozialgeschichte gewandert. Manchmal hat es noch den Umschlag von Büchern geziert, die in die Entwicklungspsychologie einführen. Schließlich findet man die Lebenstreppe als Gemälde in Museen. Sie ist heutzutage fast nur noch ein Motiv von kunsthistorischem Interesse geworden (vgl. Deutsch & Krause, 1999).

In einer Zeit, in der das Leben noch nicht so gleichförmig wie heute verlief, war die Lebenstreppe ein guter Leitfaden für den eigenen Lebenszyklus. Diese Aufgabe verlor das Bildnis jedoch allmählich durch die Standardisierung der Lebensläufe durch die sozialen Sicherungssysteme, durch Industrialisierung und den fortschreitenden Bildungsstandard am Anfang des 20. Jahrhunderts (vgl. Raschke, 2009). Ab dem Ersten Weltkrieg verschwand die Lebenstreppe zunehmend von der Bildfläche. Nur noch in sehr kleinen, wirtschaftlich schwachen Regionen konnte man vergleichbare Bildnisse antreffen (vgl. Ehmer, 1996, zit. nach Raschke, S. 17). Dass sie letztendlich in der Zeit um den Ersten Weltkrieg verschwand, ist u. a. auch auf die besonderen Umstände des Krieges zurückzuführen. Für viele bedeutete das Leben während des Krieges und danach eine völlige

Umkehrung. An die Lebensführung, die sich an den Vorkriegszeiten orientierte, war nicht mehr zu denken. Und so verlor auch die Lebenstreppe ihre Bedeutung (vgl. Rachke, 2009).

Auch in der Literatur des früheren 20. Jahrhunderts machen sich Zweifel um die Richtigkeit des Lebenstreppenbildes breit. Ehm Welk führt in seinem Roman „*Die Lebensuhr des Gottlieb Grambauer. Beichte eines einfältigen Herzens*" von 1937 in dem Rückblick eines 90-Jährigen auf sein in zwölf Stunden eingeteiltes Leben das Bild vom Auf- und Abstieg anhand der eigenen Erfahrung ad absurdum:

> [E]s ist nach meinem Dafürhalten mit dem Leben nicht so, wie es die Dichter und Prediger gern sagen. Nämlich dass des Menschen Lebenslauf ist wie ein Weg, welcher über einen Berg geht, der in der Mitte des Weges liegt, so um die Jahre fünfzig, und dass sich der Weg dann wieder bergab neigt [...] Es ist vielmehr für alle so [...] dass da überhaupt kein richtiger Weg ist, höchstens ein Pfad im Gras oder ein Feldweg auf dem Acker. Und es ist kein Wegweiser da [...] Und der Mensch ist niemals am Ziel, und wird er auch neunzig oder hundert Jahre alt (zit. nach Filz, 1983, S. 99).

Biermann (1983) sieht für das Verschwinden der Lebenstreppe zwei Gründe: Der Verlust der althergebrachten für wahr genommenen Seinsordnung, die jedem – ob Kind ob Greis – in seiner jeweiligen Altersstufe seinen festen Platz zuwies. Schon die Ergebnisse der Jugend- und Altersforschung in den 1980er Jahren haben gezeigt, dass die Grenzen hier fließender, die Zustände differenzierter, aber auch übergreifender geworden sind. Zum anderen ergeben sich Schwierigkeiten, die durch Psychoanalyse und Soziographie beschriebenen Altersstufenprobleme bildhaft darzustellen, zumal sich hierfür weit bessere Medien wie Film und Fernsehserien anbieten. In der gleichen sogenannten volkstümlichen Manier der Bilderbogenproduktionen von einst würden sie aus der Sicht von Biermann (1983, S. 8) „die Bedürfnisse der Menschen nach trostvollen Surrogaten vorbildlicher Lebensläufe als Ersatzhandlungen für das eigene Ungenügen" befriedigen. Die Fernsehserien versuchen heutzutage die verfilmten Lebensmuster an den Mann zu vermitteln. Die Intentionen sind die gleichen geblieben. Nur die Mittel haben sich angesichts der Komplexität der heutigen Anschauung, so Biermann (1983), geändert.

Eine weitere mögliche Erklärung bietet die zunehmende Individualisierung von Lebensläufen im 20. Jahrhundert im Sinne von Beck. Friedrich Schweitzer (2011, S. 14) spricht in diesem Zusammenhang von „postmodernen Lebensbildern", „die das Leben in einer bloßen Vielfalt momentaner Erfahrungen von risk and fun zerfließen lassen". Seit den späten 1960ern gilt der Trend zur Individualisierung und Pluralisierung von Lebensläufen in den meisten westlichen Ländern sowohl in Bezug auf die Arbeits- als auch auf die familiären Verläufe (vgl.

Widmer & Ritschard, 2012). Die Lebenstreppe präsentiert ein Bild des menschlichen Lebenslaufs, das die Mentalität der vergangenen Zeiten zum Ausdruck bringt, in denen Individuelles im Allgemeinen aufging. Moderne Lebensläufe orientieren sich nicht mehr an einem normativen Ideal, das Werden und Vergehen gleichermaßen berücksichtigt. Vielmehr geht es darum, bestimmte Entwicklungszustände, die mit Wohlergehen und Lebensfreude verbunden sind, wie in dem Bild der „Lebenstreppe" von Saul Steinberg (siehe Abbildung 14), möglichst lange aufrechtzuerhalten. „Welche Fünfzigjährigen denken heute daran, dass es von nun an bergab geht?" (vgl. Deutsch & Krause, 1999, S. 13).

Ähnlich sieht es der holländische Biologe Midas Dekkers. Er ist der Meinung, dass der heutige Mensch das Leben eher als Leiter betrachtet, die schrittweise erklommen werden will, Stufe um Stufe, je höher desto besser. Für uns ist der aufsteigende Teil gut, der absteigende schlecht. Am liebsten würden wir, aus seiner Sicht, unser ganzes Leben lang jung auf der Spitze der gesellschaftlichen Leiter bleiben. So ist es auch kein Zufall, dass die Lebenstreppe im 20. Jahrhundert von den Wänden verschwand. Wir wollen die letzte Phase des Lebens nicht sehen. Unsere Kinder lernen in der Schule alles über Geburt und Wachstum, nicht aber über Tod und Verfall. Mit dem Verschwinden der symmetrisch ausgerichteten Lebenstreppe ist uns die Hälfte unseres Lebens abhandengekommen. Das Alter ist in unserer Gesellschaft nicht mehr gut oder schlecht. Es wird einfach ignoriert (vgl. Dekkers, 2001). Auch bei Saul Steinberg wird in den beiden Karikaturen der Alterungsprozess (siehe Abbildungen 14 und 15a) nicht mehr dargestellt. Die „Lebenstreppe" endet im Paradies auf Erden. Die klassische normative Lebenstreppe bis in das 20. Jahrhundert hat Gebrechen und Tod dagegen nicht ausgeblendet, sondern drastisch ins Bild gebracht (vgl. Deutsch & Krause, 1999).

Ein weiterer Grund kann auch die veränderte Auffassung des Entwicklungsprozesses an sich in der zweiten Hälfte des 20. Jahrhunderts sein. Das Konzept der Kontinuität der Lebensentwicklung, wobei die Entwicklung durch eine geradlinig ansteigende und nach einem Kulminationspunkt abfallende Kurve dargestellt wird, konnte in der empirischen Forschung nicht mehr bestätigt werden. Wesentlich war dabei die Erkenntnis, dass sich die psychischen Veränderungen während des Lebensablaufs nicht primär und in Parallele zu oder gar in Abhängigkeit vom biologischen Status ergeben, sondern vielmehr von sozialpsychologischen, soziologischen und ökologischen Gegebenheiten mitbeeinflusst werden, sodass ein kontinuierlicher Verlauf unwahrscheinlich wird (vgl. Lehr, 1978). Das von Thomae (1978) kritisierte „dramaturgische" Lebenslaufmodell mit einem „Höhepunkt" in der Mitte hat sich durch die empirische Forschung als nicht mehr haltbar erwiesen, genauso wie die Gliederung des Lebens in allgemein gültige

Phasen. Da die klassische Lebenstreppe die stufenweise auf- und absteigende Lebenslaufvorstellung symbolisiert, erweist sie sich als Symbol für die heutigen Lebenslaufvorstellungen als nicht mehr passend.

Lehr hat schon im Jahr 1978 davor gewarnt, „den Fluss des Lebensablaufs durch ein äußeres Schema an eine Gliederung zwingen zu wollen, – einerlei, ob diese sich an biologischen Geschehnissen orientiert, ob vom ‚Rollenwechsel' bzw. von bestimmten Markierungspunkten im Lebenszyklus ausgegangen wird oder ob gar bestimmte Jahreszahlen wie der Sieben-Jahres-Rhythmus oder auch der Wechsel von einer Dekade in die andere als ausschlaggebend angesehen werden" (Lehr, 1978, S. 333). Hier erklingt schon die Frage, ob es überhaupt noch allgemein verbreitete Vorstellungen, Schemata und Gliederungen des menschlichen Lebenslaufs sowie ihre symbolischen Ausdrucksformen in der postmodernen Gesellschaft gibt.

2.4 Verbindung zwischen Symbol und Lebenslauf in dieser Untersuchung

2.4.1 Kultur, Symbole und der eigene Lebenslauf

Im weitesten Sinne wird Kultur als „ein System von Konzepten, Überzeugungen, Einstellungen, Wertorientierungen, die sowohl im Verhalten und Handeln der Menschen als auch in ihren geistigen und materiellen Produkten sichtbar wird", definiert (Maletzke, 1996, S. 16). Sie kann weiterhin als Produkt und zugleich als Voraussetzung menschlicher Handlungen (als letztlich geistiger Prozess) gesehen werden. Als Produkte menschlicher Handlungen werden nicht nur die materiellen, sondern vor allem alle „geistigen", im engeren Sinne „kulturellen" Ergebnisse gesehen, wie z. B. die sozialen Regeln, Institutionen, Mythen, Symbole, Wissenschaft und Kunst (Kornadt, 2010, S. 30). Eine handlungsrelative Bestimmung von „Kultur" wird auch in der semantischen Sozialpsychologie unternommen: Kultur ist demnach „ein Zeichen-, Wissens- und Regelsystem, das einerseits als kulturspezifisches Fundament und als Kontext von Handlungen begriffen werden kann, andererseits aber selbst im Vollzug der Handlungs- und Lebenspraxis gebildet oder konstruiert bzw. verändert wird" (Straub, 1992, zit. nach Laucken, 1994, S. 117). Kultur kann also als eine vom Menschen geschaffene, für die individuelle Handlungsorganisation unerlässliche Koordination subjektiver Handlungsvorstellungen betrachtet werden (vgl. Krewer, 1992). Sie ist in ihren zentralen und normativen, anspruchsvollen Aspekten und Motiven nichts anderes als die symbolische Realisierung eines umgreifenden Horizonts, ohne den die Menschen nicht leben können (vgl. Assmann, 2000).

Jede kulturelle Praxis ist stets und notwendig von Akten der Symbolproduktion und -rezeption begleitet, in denen eine Kultur „symbolische Ordnungen" stiftet, sich über sie verständigt und sich ihnen unterwirft (vgl. Berndt, 2005). Das Konzept der anthropologischen Selbstbestimmung besagt, dass Kultur einen nicht reduzierbaren Anteil der menschlichen Selbstverwirklichung darstellt. Der Begründer der symbolischen Anthropologie, Geertz (1970), gibt der Kultur und ihren symbolischen Werkzeugen, genauso wie Cassirer und Langer, eine Zivilisation stiftende und Individualität erschaffende Bedeutung: „When seen as a set of symbolic devices for controlling behavior, extrasomatic sources of information, culture provides the link between what men are intrinsically capable of becoming and what they actually, one by one, in fact become. Becoming human is becoming individual, and we become individual under the guidance of cultural patterns, historically created systems of meaning in terms of which we give form, order, point, and direction to our lives" (zit. nach Krewer, 1990, S. 220). Wenn man mit Max Weber annimmt, dass der Mensch ein in einem Gewebe aus selbst erschaffenen Bedeutungen gefangenes Tier ist, definiert Geertz (1973) die Kultur als dieses Gewebe, deren Bedeutung durch eine interpretative Wissenschaft gefunden werden kann.

Symbole können – vereinfacht ausgedrückt – als sinnliche Zeichen für die kulturelle Aktivität des Menschen aufgefasst werden (vgl. Berndt & Drügh, 2009; auch Krewer, 1990). Sie sind sozusagen das Medium, wodurch sich die Kultur, speziell die Vorstellungen und Konzepte zum Lebenslauf, auf der kollektiven Ebene ausdrücken und für den einzelnen Menschen wahrnehmbar werden. Menschliches Handeln vollzieht sich laut Boesch (1980) im Kontext der Kultur, die das Biotop des Menschen bildet (zit. nach Jäger-Kopido, 2008/09, S. 47). Auch die Metaphern sind mit anderen kulturellen Standardbildgebungen kohärent. Dazu gehört z. B., dass die Bewegung in einem Zeit-Raum im Verlauf eines menschlichen Lebens vorgestellt wird (vgl. Buchholz, 2012). Nach Lakoff und Johnson (1980) haben die Metaphern eine lebenssteuernde Funktion: „Unser konzeptuelles System, in dem wir sowohl denken als auch handeln, ist grundsätzlich metaphorisch. Die Konzepte, die unser Denken leiten, sind nicht bloß Gegenstände des Intellekts. Sie leiten unser tägliches Funktionieren bis hinab zu den kleinsten Details. Unsere Konzepte strukturieren, was wir wahrnehmen, wie wir uns in unserer Welt bewegen und wie wir Beziehung zu anderen Menschen aufnehmen" (Schmitt, 1996, S. 4).

Die Theorien des Lebenslaufes gehen im Allgemeinen davon aus, dass Kulturen unterschiedliche Einflüsse auf den Lebenslauf ausüben. Die kulturellen

Konzepte des Lebenslaufes werden ihrerseits von historischen, wirtschaftlichen und institutionellen Kräften beeinflusst. Die dynamischen Modelle des idealen Lebenslaufszenarios haben Effekte auf die Verbreitung vom aktuellen Lebenslaufmuster, indem sie mindestens zu einem gewissen Grad das Tempo und den Prozess der menschlichen Entwicklung in jeder Gesellschaft regulieren. Lebenslauf wird einerseits als Produkt der gesellschaftlichen Institutionen, kollektiv vermittelter kultureller Einflüsse, andererseits als Ergebnis der individuell getroffenen Entscheidungen verstanden. Wie schon Charles Wright Mills im Jahr 1959 bemerkte, dass Lebenslaufszenarien (engl. Life course scripts) die Augenlinsen seien, durch die wir den Schnittpunkt der persönlichen Biographie und Geschichte beobachten können. Ähnlich verhält es sich mit der Kultur (vgl. Furstenberg, 2003).

Valsiner (2000) unternimmt eine Unterteilung zwischen einer „persönlichen Kultur" und einer „kollektiven Kultur". Diese Unterscheidung benutzt er eher wie ein heuristisches Werkzeug, um uns daran zu erinnern, dass die Person in ihrer Einmaligkeit durch die Prozesse der konstanten Internalisation und Externalisation in die Welt der kulturellen Bedeutungen eingebunden ist. Eine ähnliche Unterscheidung zwischen einer subjektiven und einer objektiven Kultur hat der deutsche Soziologe Georg Simmel am Ende des 19. Jahrhunderts getroffen. Die subjektive und objektive Kultur sind eng miteinander verbunden. Die kollektive Kultur besteht aus Externalisationen der persönlichen Bedeutungssysteme. Da nur limitierte Gruppen der Personen ihre Bedeutungen symbolisch ausdrücken, bleibt die kollektive Kultur relativ stabil. Sperber (1993) spricht in diesem Zusammenhang von mentalen und öffentlichen (engl. public) Repräsentationen. Wenn die mentalen, zuerst nur dem Subjekt bekannten Repräsentationen kommuniziert werden, werden die öffentlichen Repräsentationen geformt, was dazu führt, dass andere Individuen ähnliche Repräsentationen entwickeln. Unter kommunizierten Repräsentationen gibt es einen kleinen Anteil, der wiederholt und über eine längere Zeit kommuniziert wird und dann „kulturelle Repräsentationen" genannt werden kann.

Bestimmte Symbole des Lebenslaufes, wie das Lebensrad oder die Lebenstreppe sind daher als bestimmte kulturell vermittelte Repräsentationen der Lebenslaufkonzepte zu betrachten, die relativ stabil über eine längere Zeit in einer bestimmten Gesellschaft verbreitet wurden. Wenn sich die Individuen durch diese in ihrer Lebensgestaltung leiten lassen, werden diese Symbole zur „persönlichen Kultur" und übernehmen ihre orientierende und handlungsleitende Funktion im Leben des Einzelnen.

2.4.2 Symbolische Lebenslaufdarstellungen und Lebenslaufforschung

Das Leben kann weder vom Subjekt noch von einem externen Beobachter in seiner Totalität erfasst werden. „Lebenslauf" ist aus der Sicht von Hermann Leitner (1982) allemal die Vorstellung über einen Begriff von Lebenslauf. Schon die Unendlichkeit der den Lebenslauf konstituierenden Elemente schließt dies aus. Es können laut Leitner (1982) immer nur ausgewählte Erinnerungen und Erfahrungen nach einer bestimmten Logik zu einem Bild zusammengefügt werden (zit. nach Ecarius, 1998, S. 132; vgl. Hahn, 1988). Ein Bild oder eine Metapher stellen die einfachste, für jeden Menschen zugängliche Form eines alltagstheoretischen Modells eines Gegenstandes dar (vgl. Sackmann, 2013). Symbolische Lebenslaufdarstellungen erfassen den gesamten Lebenslauf und spiegeln die in der konkreten Zeit geläufigen, kulturell verbreiteten Vorstellungen und Konzepte über das Leben. Sie geben auch keine persönlichen Ansichten wieder, sondern durch die Brille der Kunst oder Karikatur allgemeine Vorstellungen vom Lebenslauf in einer bestimmten Zeit (vgl. Deutsch & Krause, 1999).

„Bilder spiegeln eine kulturelle Wirklichkeit und nicht eine abstrakte Realität" (Pöppel, 2006, S. 153). Man kann zwar mit ihrer Erforschung keine Fakten über die tatsächlich verlaufenden Lebensläufe gewinnen (vgl. Ecarius, 1996). Ihre Bedeutung als Ausdrucksformen der internen Lebenslaufkonzepte ist aber nicht zu unterschätzen, da die Handlungen grundsätzlich erst durch ihren Sinn konstituiert werden. Sozialer Wandel drückt sich nicht allein durch beobachtbare „objektive" Handlungsresultate aus, wie sie meist durch Lebenslaufforschung erforscht werden, sondern auch durch die mit dem Bedeutungswandel einhergehenden veränderten Handlungslogiken (vgl. Zinn, 2001). Nur aus kulturell-symbolischen Manifestationen der Subjektivität sind die Selbst- und Weltbezüge der Menschen zu verstehen. Durch die Auslegung der kulturell-symbolischen Manifestationen kann man herausbekommen, wie Angehörige einer bestimmten Kultur ein Verhältnis zu sich, zu ihrer natürlichen und sozialen Umwelt aufgebaut haben (vgl. Marotzki, 2011). Auch wenn die Bilder und ihre Interpretation in der qualitativen Sozialforschung erst eine eher marginale Rolle gespielt haben, wird ihre handlungsleitende und Welt konstituierende Bedeutung immer mehr anerkannt. „Dabei ist die Herstellung der Welt durch Bilder nicht lediglich in dem Sinne zu verstehen, dass die *Deutung* der Welt sich wesentlich im Medium der Ikonizität vollzieht. Vielmehr sind Bilder *handlungsleitend*" (Bohnsack, 2011, S. 19).

Die in den verschiedenen historischen Epochen verbreiteten symbolischen Lebenslaufdarstellungen haben hauptsächlich eine Vorbild- und Orientierungsfunktion. Vorstellungen vom menschlichen Lebenszyklus sind niemals einfach harmlos. „Sie setzen Normen, die verfehlt werden können" (vgl. Schweitzer, 2011, S. 14). Neben biologischen Tatsachen und sozialen Konstellationen wird die Entwicklung eines jeden Menschen auch durch die Vorstellungen geprägt, die in einer Gesellschaft über Entwicklung im Umlauf sind (Wenglorz & Deutsch, 2001, S. 19). Labouvie-Vief (2003) geht so weit zu sagen, dass die bildlichen und symbolischen Aspekte, die auf unseren Verkörperungs- und Gefühlserfahrungen basieren, immer präsent sind, sogar in den meist exaltierten abstrakten theoretischen Konstrukten über das menschliche Leben. Bspw. wird das Bild vom Lebenslauf als „the universal escalator on which everyone rides" nach Glaser und Strauss (1971) als plastisches Erklärungsmodell auch in der soziologisch ausgerichteten Lebenslaufforschung benutzt, um die gesellschaftlichen Gestaltungsvarianzen zu illustrieren (zit. nach Born & Krüger, 2001).

Die Eigenschaft der symbolischen Lebenslaufdarstellungen, die Gesamtgestalt des menschlichen Lebenslaufs zu erfassen, findet sich in ähnlichen Ansätzen in der soziologischen Lebenslaufforschung. Hier wird auch versucht mit den Begriffen von „Trajekt", „Karriere" und „Biographie" den Gesamtverlauf des Lebens zu erfassen. Die holistische Kritik an der modernen empirischen Lebenslaufforschung richtet sich im Sinne von Abbott (1990) darauf, dass die herrschende Lebenslaufsoziologie mit dem breiten Einsatz der Ereignisdatenanalyse zwar unsere Kenntnisse zu einzelnen Lebenslaufereignissen erweitern vermag. Sie habe aber dabei die Gestalt des gesamten Lebenslaufs aus dem Auge verloren, da sie über keine adäquaten methodischen Instrumente zur Analyse von gesamten Verläufen verfüge (zit. nach Sackmann & Wingens, 2001, S. 28–31). Auch Lehr (1978) hat die einseitige Beachtung und selektive Untersuchung bestimmter „Übergangsstadien" kritisiert, da man sich so den Blick für die Betrachtung des gesamten Lebensablaufs verschließt.

Die Beschäftigung mit den Symbolen des Lebenslaufs eröffnet den Zugang dazu, wie die Menschen sich ihren Lebenslauf als Ganzes vorstellen, und gibt Auskunft darüber, durch welche Lebenslaufvorstellungen sie sich in ihrer Lebensgestaltung leiten lassen.

2.4.3 Symbole des Lebenslaufs als Untersuchungsgegenstand

„Leben setzt immer Sinn und Deutung voraus – solange es nicht auf ein *Sichverhalten oder Dahinleben* reduziert wird. Leben ist Erleben und Handeln, zugleich aber auch Beschreibungen und Thematisierungen des eigenen Lebens oder Teile davon" (Ecarius, 1998, S. 130). Jeder Mensch hat eine Vorstellung darüber, wie sein Leben verläuft: „Erwachsene tragen bestimmte Vorstellungen hinsichtlich des normalen, vorhersehbaren Lebenszyklus in sich, ob sie diese leicht in Worte fassen können oder nicht“ (Neugarten & Datan, 1978, S. 176). Diese Vorstellungen drücken sich in verschiedenen symbolischen Formen aus. Symbole des Lebenslaufs sind kulturell verbreitet und werden durch einzelne Individuen oder Gruppen internalisiert, dann wiederum externalisiert und dadurch verändert. Symbolische Bedeutungen sind immer die Ergebnisse eines Symbolbildungsprozesses durch das Subjekt in der Interaktion mit den soziokulturellen Angeboten und Einflüssen seiner Um- und Mitwelt und infolgedessen notwendig vom Subjekt geprägt (vgl. Bucher, 1990).

Ehmer (2008) unterscheidet zwischen kultureller Konstruktion des Lebenslaufs als einer symbolischen Ordnung und seiner sozialen Konstruktion durch gesellschaftliche Institutionen. Während die Lebenslauf- und Biographieforschung sich bemüht, ein bestimmtes Grundlagenproblem des Gegenstandsbereichs – nämlich die soziokulturelle Kontingenz der Strukturen des Lebenslaufs – methodologisch in den Griff zu bekommen (vgl. Kelle & Kluge, 2001), richtet die vorliegende Untersuchung ihre Aufmerksamkeit auf die kulturelle Konstruktion des Lebenslaufs als eine symbolische Ordnung. Im Sinne von Langer (1979) ist das, was ein Symbol vermittelt, in Wirklichkeit nicht der Gegenstand, sondern der Begriff dieses Gegenstandes. Der gleiche Begriff ist aus ihrer Sicht in einer Vielzahl von Vorstellungen verkörpert. Er ist eine Form, die in allen gedanklichen oder bildhaften Versionen erscheint, die das betreffende Objekt konnotieren könnte. Schon im Kapitel 2.2 ist dargestellt worden, dass die Menschen ihren „Begriff“ von Lebenslauf im Laufe der Geschichte in verschiedenen Symbolen ausgedrückt haben. Es ist anzunehmen, dass die klassisch-modernen Vorstellungen vom menschlichen Leben in der Situation eines grundlegenden Umbruchs stehen (vgl. Schweitzer, 2011). In der vorliegenden Untersuchung geht es um die Erforschung der aktuell verbreiteten bildlichen und sprachlichen Symbole von inhärenten Lebenslaufvorstellungen in zwei verschiedenen Ländern, Altersgruppen und Geschlechtern.

2.4.4 Forschungsstand

In den 1970ern erwachte in Deutschland das Interesse an Lebensformen in unterschiedlichen historischen Epochen. Das Ziel war, die Darstellungen des Lebenslaufs in Religion, Kunst und Literatur zu erforschen, um darüber Erkenntnisse über die damaligen Strukturen des Lebenslaufs zu erhalten. Solche Quellen hat Susanne Barth in ihrem im Jahr 1971 erschienenen Buch „*Lebensalter-Darstellungen im 19. und 20. Jahrhundert: Ikonographische Studien*“ untersucht. Auch das von Leopold Rosenmayr im Jahr 1978 herausgegebene Werk „*Die menschlichen Lebensalter. Kontinuität und Krisen*“ stellt die interdisziplinären Bemühungen damaliger Forscher aus Medizin, Psychologie, Psychiatrie, Philosophie und Soziologie vor die Frage, zu beantworten, ob man den menschlichen Lebenslauf theoretisch und praktisch sinnvoll in Hauptabschnitte gliedern kann. Ihr Hauptanliegen war, über Textanalysen zu Aussagen über die Vorstellungen des Lebens von der Antike bis zur Neuzeit zu gelangen (vgl. Ecarius, 1996). Eine ähnliche Zielsetzung verfolgt das schon erwähnte interdisziplinäre Projekt „*Religiöse und poetischen Konstruktion von Lebensalter. Konzeptualisierung und Kommentierung von Alterszäsuren im Lebenszyklus*“ um Thorsten Fitzon, Dorothee Elm, Kathrin Liess und Sandra Linden. In diesem Forschungsprojekt werden ausführlich Texte von der altorientalischen Zeit bis ins 20. Jahrhundert aus literaturwissenschaftlicher, theologischer und historischer Perspektive mit der Frage untersucht, wie das topische Wissen von verschiedenen Altersstufen variiert und zum Teil im Laufe der Geschichte umgedeutet wird. Vorwiegend textwissenschaftlich wird das Problem der Messbarkeit und sinnhaften Strukturierung von Lebenszeit in ihrer historischen Bedingtheit nachgezeichnet.

Quellenanalysen unterscheiden sich von empirischen Untersuchungen, indem die von ihnen analysierten Materialen nicht gelebtes Leben und die jeweilige gesellschaftliche Sozialstruktur wiedergeben, sondern Vorstellungen über das Leben. Herausgearbeitet werden können daraus die Verbreitung sozialer Typisierungen über das Leben und die Wünsche sowie Phantasien verschiedener Epochen (vgl. Ecarius, 1996). Diese Art von Forschung beschäftigt sich mit den kollektiv verbreiteten Symbolen des Lebenslaufes oder seiner Gliederung in Altersstufen, wie sie in Kirchen und im Museum oder als Druckbilder zu sehen waren oder in Kunst und Literatur als kollektives Kulturgut für die Menschen zur Verfügung standen oder stehen. Es gibt auch einige Projekte und Untersuchungen, die sich mit der Rezeption oder Internalisierung der kulturell verbreiteten Symbole durch individuelle Menschen befassen.

Wie die Schüler in Kleve auf die Ausstellung der Bilder von Lebenstreppen reagierten

Die Initiatoren der Ausstellung des Landschaftsverbandes Rheinland und des Rheinischen Museumsamtes in Zusammenarbeit mit dem Städtischen Museum Haus Koekkoek in Kleve wollten sich im Jahr 1982 nicht damit begnügen, die Geschichte des einst populären Bildmotivs der „Lebenstreppe“ durch Ausstellungsobjekte und eine ausführliche Information zu dokumentieren und dem Betrachter näherzubringen. Sie wollten von Anfang an einen Schritt weitergehen und in der Ausstellung durch Exponate demonstrieren, wie das Thema der menschlichen Lebensalter damals im Schuljahr 1982/83 von Schülern aufgenommen wird, welche Überlegungen es freisetzt und zu welchen Aktivitäten die Auseinandersetzung mit dieser Problematik führen kann. Schon während der Einführung der Lehrer in die Thematik verstärkte sich bei den Teilnehmern der Eindruck, dass Bildthema und Bildform der „Lebenstreppe“ eine kaum geahnte Aktualität und Relevanz besaßen (vgl. Joerißen & Will, 1983).

Die Kinder eines ersten und dritten Schuljahres der katholischen Grundschule Kleve Unterstadt befassten sich mit dem Thema „Mein Leben“. Zunächst haben die Schüler eine Gliederung ihrer Lebenszeit vorgenommen. Die Erstklässler wählten folgende Abschnitte: „Kleinkind sein“, „Schulkind sein“, „Jugendlich sein“, „Erwachsen sein“ und „Alt sein“. Die Drittklässler haben die Phase „Jugendlich sein“ ausgelassen, dafür die Phase „Tot sein“ aufgenommen. Durch die gestalterische Arbeit mit Knetmasse ist deutlich geworden, dass die Kinder ihr Leben in Handlungsbildern sehen: „Festumrissene bewegte Vorstellungsbilder also, keine abstrakten statischen Beschreibungen. Älterwerden bedeutet einen Zuwachs an Können“ (Diedenhofen, in Joerißen & Will, 1983, S. 169).

Nach der Besprechung der zwei Bilderbögen von Bertelli zum Lebensalter des Mannes bzw. der Frau gestalteten die Schüler einer achten Klasse eine Lebenstreppe (Abbildung 9 zeigt die weibliche Variante). Die Mädchen wählten vornehmlich die weiblichen und die Jungen die männlichen Lebensalter. Es sollte nicht der Bertelli-Bilderbogen des 16. Jahrhunderts wiedergegeben werden, sondern ein neuer, „moderner“ Lebenslauf. Die Übernahme bestimmter Details, wie z. B. Himmel und Hölle, war jedoch nicht bei allen zu verhindern. Es überwogen jedoch die damals aktuellen Bilder aus dem Alltag und Medien oder persönliche Lebenserfahrungen der einzelnen Kinder. Ähnliche Aufgaben wurden dann in Verbindung mit einem Museumsbesuch anderen Jahrgängen gestellt. Die Darstellungsformen reichten von Malen, Herstellung von Altersmasken bis zu Schattenspielen oder Collagen. Das aktive und lustvolle Auseinandersetzen der Schüler mit dem Thema des Lebensverlaufs zeugte von seiner Aktualität in jedem Alter. Die Bilder der Lebenstreppe haben dabei als Anregung gedient, das eigene Leben mit dem in der Lebenstreppe dargestellten zu vergleichen (vgl. Joerißen & Will, 1983).

Forschung aus Japan

Yōko Yamada und Yoshinobu Katō untersuchen in ihrer im Jahr 2004 veröffentlichten Studie die Darstellungen der Seele nach dem Tod durch japanische und französische Studenten. Sie interessierten sich für die „alltäglichen“ Konzepte der Seele, insbesondere die Struktur ihrer kulturellen Repräsentationen. Die Autoren verfolgten dabei einen gemeinsamen Ansatz mit der Volkspsychologie, Kulturpsychologie und Psychologie der sozialen Repräsentationen, der die Relevanz der Glaubensvorstellungen (engl. folk beliefs) berücksichtigt, mit deren Hilfe Menschen ihre Handlungen im täglichen Leben sinnvoll gestalten.

Die Untersuchung erfolgte mittels eines vierteiligen Fragebogens. Die Untersuchung von 2004 referiert nur die Ergebnisse des zweiten Teiles. Die Untersuchungsteilnehmer wurden zuerst gefragt, ob sie sich das Überleben der Seele nach dem Tod vorstellen können. Anschließend wurden sie aufgefordert, eine Zeichnung darüber anzufertigen, die zeigt, wie sie sich den Weg der Seele aus dieser in die andere Welt und, falls der Untersuchungsteilnehmer daran glaubt, aus der anderen Welt zurück in diese Welt vorstellen. Sie konnten nach Wunsch ihre Zeichnungen mit verbalen Erklärungen ergänzen. Die Darstellungsform der Seele wurde in drei Kategorien unterteilt: menschliche Form, Luftform und Feuerkugelform. Die japanischen Studenten haben, ähnlich wie in der traditionellen japanischen Kunst und Literatur üblich, die Seele am häufigsten in Feuerkugelform dargestellt. Die Franzosen dagegen haben häufiger die Luftform gewählt. Die Häufigkeit der menschlichen Form der Seele war in beiden Gruppen ähnlich. Etwa zwei Drittel der japanischen Studenten konnten sich die Wiederkehr der Seele aus der anderen Welt vorstellen. In der französischen Gruppe haben nur 37,8 % die Wiederkehr der Seele und das nur nach der Aufforderung im Fragebogen in ihren Zeichnungen dargestellt.

Die Autoren merken in ihren Schlussfolgerungen an, dass, während die französischen Studenten hauptsächlich die Idee von Plato verfolgen, wobei die Seele als eine ewig unveränderte, ultimative Entität verstanden wird, die japanische Kultur die Seele als eine Existenz betrachtet, die ständig Form und Inhalt verändert. Bisher haben die westliche Philosophie, Theologie und Anthropologie Methoden wie den logischen, systematischen und funktionellen Strukturalismus benutzt, um die nicht westlichen, inklusiven japanischen Volksvorstellungen zu untersuchen. Die durch Yamada und Katō entwickelte innovative nicht westliche Methode der graphischen Repräsentation erlaubt aus ihrer Sicht eine kulturunabhängige Erforschung und ein besseres Verstehen der Psychologie der Volksvorstellungen (vgl. Yamada und Katō, 2004).

In ihrem im Jahr 2006 veröffentlichten Artikel stellen die gleichen Autoren Yamada und Katō ein „Generatives Modell des Lebenszyklus" (engl. Generativ Life Cycle Model) vor. Während in der westlichen Lebensspannenpsychologie, aber auch insgesamt in der westlichen Kultur die Vorstellung einer linearen Zeit herrscht, schlagen die Autoren vor, auch die Metaphern von Zyklus und Spirale bei der Erforschung von Vorstellungswelten der Menschen über Leben und Tod zu berücksichtigen. Die lineare progressive Zeitauffassung basiert zuerst auf der Annahme, dass die Zeit linear, irreversibel, unidirektional und progressiv sei. Die zweite Annahme besagt, dass die Zeit eine externe Entität ist, die mit bestimmten Instrumenten, wie z. B. einer Uhr, gemessen werden kann. Neben der linearen Zeitauffassung sind in vielen Kulturen immer noch die zyklischen Zeitvorstellungen verbreitet. Diese letzten Vorstellungen untersuchten die Autoren mit Hilfe von Zeichnungstechnik (engl. Image Drawing Technik) in verschiedenen Kulturen. Die erste Studie befasst sich mit den Bildern des Lebenslaufes.

In den Jahren 2002, 2003 und 2004 hat Yamada die erste Studie durchgeführt, um zu verstehen, wie die Menschen ihre Lebensläufe visualisieren. Insgesamt 874 japanische Studenten wurden darum gebeten, eine imaginäre Karte für ihr Leben (Vergangenheit, Gegenwart und Zukunft) im Freistil zu zeichnen und ihre Zeichnungen zu erklären. Sie wurden angeregt, möglichst viele verschiedene Bilder in ihre Zeichnungen aufzunehmen. Die Ergebnisse zeigten zwei gegensätzliche Arten der visuellen Darstellungen:

1. *Aufsteigende*: Viele Studierende haben für die Darstellung ihres Lebens die Bilder von fortschreitendem Verlauf und Aufstieg benutzt. Dies repräsentiert den linearen Progressivismus und Individualismus, die mit den westlichen Modellen der Entwicklungspsychologie übereinstimmen.
2. *Kreisförmige*: Eine Reihe der Bilder sind als Darstellungen klassifiziert worden, die die zyklische Natur von Leben repräsentieren. Basierend auf dieser Art der Darstellungen hat Yamada ihr „Generatives Modell des Lebenszyklus" konstruiert.

Das Modell kann in Verbindung mit verschiedenen Kontexten mehrere Varianten aufweisen und gibt dem Konzept des Zyklus eine neue Bedeutung. Hier wird der Prozess an sich als fundamental verstanden, im Gegensatz zu dem linearen Modell, in dem der Anfang (der Ursprung) und das Ende (das Ziel oder der Zweck) wichtig sind. Die Prozesse des Alterns und der Tod werden in dem „Generativen Modell des Lebenszyklus" nicht negativ bewertet, da der Schwerpunkt hier auf den natürlichen Zyklus des Überganges gelegt wird. Weiterhin ist hier keine Phase des individuellen Lebens wichtiger als die andere, da jede Phase in diesem Modell ihre eigenen Eigenschaften, Nuancen und Bedeutungen beinhaltet. Das Modell stellt die Irreversibilität der Zeit und den in modernen Gesellschaften verbreiteten linearen Progressivismus in Frage, in dem die positive Veränderung nur die Prozesse des Aufstieges beinhaltet und die Konzepte der Optimierung, Kompetenz oder des Fortschrittes als eine Funktion der Zeit verstanden werden (Yamada, 2002, 2004, zit. nach Yamada und Katō, 2006, S. 149). Yamada und Katō (2006) plädieren für die parallele Koexistenz beider Zeitmodelle in der heutigen

Kultur und für die Aufnahme der multiplen Zeitperspektiven und Formen von Zeitbewusstsein in das wissenschaftliche Denken.

Eine explorative Untersuchung der bildlichen Repräsentationen von Lebenslauf

Die explorative Studie „*Draw your life!*" von Deutsch und Börges (2007) befasst sich mit den folgenden Fragen: Sind die bildlichen Lebenslaufdarstellungen wie die Lebenstreppe nur Relikte aus einer Zeit der vorwissenschaftlichen Entwicklungspsychologie und stellen sie eine frühere menschliche Kultur dar? Gab es überhaupt früher und gibt es heute einen Zugang zu dem eigenen Lebenslauf über die Bilder? Oder haben die Bilder als Methode für die Beleuchtung der inneren Prozesse, Gedanken und Gefühle der Menschen längst ausgedient?

In der Vorlesung „Einführung in die Entwicklungspsychologie" wurde immer wieder die Erfahrung gemacht, dass die klassischen Bilder der Lebenstreppe die Studierenden zur Reflexion über die Struktur des eigenen Lebenslaufes anregen. Obwohl die Lebenstreppe eigentlich eine veraltete Lebenslaufvorstellung symbolisiert, haben viele Studierende spontan angefangen, Bilder oder Kollagen zum eigenen Lebenslauf anzufertigen. Die Bilder hatten jedoch meistens aktuelle Motive. Es entstand die Frage, welche ikonographische Struktur am besten zu dem heutigen Lebenslauf passt. Die Studierenden an der TU Braunschweig, die die Vorlesung „Einführung in die Entwicklungspsychologie" im Wintersemester 2005/06 besucht haben, wurden gebeten, eine Zeichnung zu ihrem eigenen Lebenslauf anzufertigen. Das Ergebnis war ein Haufen von Zeichnungen, Kollagen und Bildern. Drei von ihnen sind nach den folgenden Kriterien ausgesucht worden: Die Beispiele sollten sich auf möglichst unterschiedliche Art und Weise von den originalen Bildern der Lebenstreppe unterscheiden; sie konnten nach den benutzten Symbolen für das eigene Leben differenziert werden und ihre Autoren mussten bereit sein, mit einem der Untersucher ein Interview über ihre Zeichnungen zu führen.

Die erste Kollage „Sterne des Lebens" gehörte einer 20-jährigen amerikanischen Studentin. Sie hat insgesamt sechs diagonal angeordnete gelbe fünfzackige Sterne auf ein schwarzes Papierblatt geklebt. In der Mitte der Sterne befinden sich kleine Zeichnungen, die die einzelnen Lebensszenen darstellen. In dieser Darstellung hat der Lebenslauf nur eine Richtung. Im Vergleich mit der Lebenstreppe wird hier nur der Aufstieg ohne Abstieg dargestellt. Dennoch umfasst die Zeichnung die ganze Lebensspanne vom Beginn des Lebens als ein Baby bis zur Transformation der verstorbenen Frau in einen Engel. Das Interview diente als Ergänzung zur Kollage, indem die Untersuchungsteilnehmerin bestätigte, dass sie die zweite Hälfte des Lebens als Steigerung der ersten Hälfte betrachte. Die zweite Zeichnung „Meine Lebensstraße“ wurde von einem 22-jährigen deutschen Studenten angefertigt (Abbildung 18). Hier stehen eher die sozialen Institutionen, von denen die Entwicklung der meisten Menschen im Lebenslauf abhängt, im Vordergrund. Die Straße verläuft von der unteren linken Ecke des Blattes bis zu der oberen rechten Ecke. Die Bedeutung der einzelnen Motive, besonders die persönliche Bedeutung für den Zeichner, wie z. B. die Darstellung der Fahrräder oder des Internets, ist erst durch das Interview deutlich geworden.

Abbildung 18: Straße des Lebens, Deutsch & Börges, 2007, S. 92

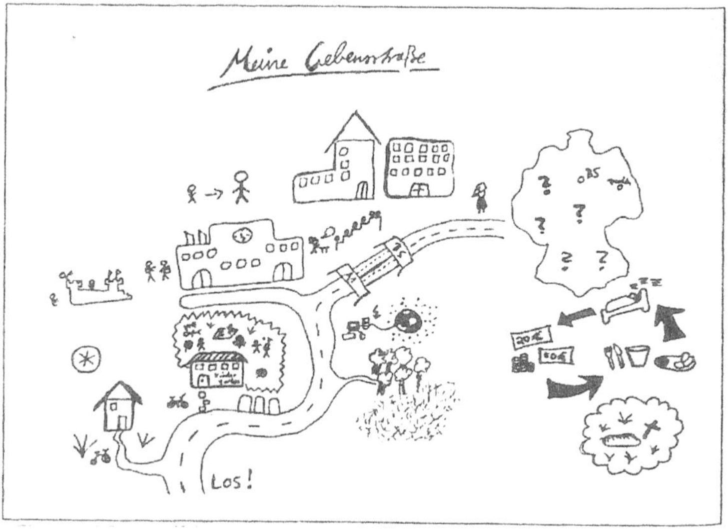

Die dritte Zeichnung „Der Felsen des Lebens“ verbindet eine Zeichnung mit narrativen Elementen, indem sie auf dem Felsen zehn verschiedene Überschriften wie z. B.: „ein Mädchen vor dem Spiegel“, „Krankenhaus“ oder „Türklingel“ aufreiht. Hier wird deutlich sichtbar, wie intensiv eine 20-jährige Studentin in der Zeichnung ihre schmerzlichen Erfahrungen aus der Kindheit und Jugend verarbeitet. Ihre Bewältigung resultierte in einem Schema des Lebens mit klar umrissenen Zielen für die Zukunft. Die Untersuchungsteilnehmerin hat ihren Lebenslauf sowohl als eine erzählte Sequenz als auch ein Symbol (den Felsen) dargestellt.

Die vorgestellten Beispiele zeigen, wie kritisch das Symbol Lebenstreppe beurteilt wird und wie stark in Wirklichkeit das Bedürfnis nach individuellen Formen und Motiven in der Darstellung des eigenen Lebenslaufes ist. Selbst innerhalb der ziemlich homogenen Stichprobe der Psychologiestudenten gibt es eine Vielzahl der Lebenslaufdarstellungen, die sich in unterschiedlichen Maßen von der Lebenstreppe unterscheiden. Diese Ergebnisse signalisieren, dass die Lebensläufe nicht mehr als vorgegebene, durch sozialen Status, Geschlecht, Religion und Alter determinierte Vorbilder wahrgenommen werden. Sie werden eher als variable Formen interpretiert, die mehr oder weniger dem eigenen Lebenslauf entsprechen (vgl. Deutsch & Börges, 2007).

3 Fragestellungen und Hypothesen

Bislang sind die Symbole des Lebenslaufes hauptsächlich unter der Fragestellung ihrer kollektiven Verbreitung und ihrem historischen Wandel in einzelnen Kulturen untersucht worden. Das Hauptziel der vorliegenden Untersuchung ist es, die Rezeption oder die Internalisation der kollektiven Symbole des Lebenslaufes im Sinne von Valsiner (2000) durch die einzelnen Personen zu erforschen. Die in Kapitel 2.4.4 beschriebenen Studien haben schon die individuellen bildlichen Darstellungen des Lebenslaufes mit Hilfe der freien Zeichnung untersucht. Die vorliegende Untersuchung möchte vorerst eine grundlegende Frage klären, ob die heutigen Menschen überhaupt noch verschiedene symbolische Formen mit ihrem Leben in Verbindung bringen oder ob es sich bei den Symbolen um eine veraltete und ausgediente Form des Ausdrucks von den Vorstellungen des eigenen Lebenslaufes handelt. Stimmt es, dass unser modernes Denken die Beziehung zu sinnhaltigen Symbolen und einem ganzheitlichen Erfassen der Wirklichkeit verloren hat (vgl. Fromm, 1951; Meier-Seethaler, 1993)? Falls die Untersuchungsteilnehmer doch noch etwas mit den Symbolen anfangen können, gilt es zu klären, ob die Lebenstreppe als Sinnbild des menschlichen Lebenslaufes noch aktuell ist. Da die theoretischen Ausführungen und Ergebnisse aus ähnlichen Untersuchungen Anlass zu der Annahme geben, dass dies wenig wahrscheinlich sein wird, wird mit Hilfe der freien Zeichnung untersucht, welche Motive die einzelnen Untersuchungsteilnehmer verwenden, um ihren Lebenslauf bildlich darzustellen.

Aufgrund der Komplexität des Untersuchungsgegenstandes werden die explorativen und deduktiven Aspekte miteinander so kombiniert, dass bei den offenen Fragestellungen explorativ vorgegangen wird, während die einzelnen Hypothesen bestimmte deduktive Vermutungen prüfen sollen. Alle Fragestellungen und Hypothesen der Untersuchung sind um drei Hauptfragestellungen gruppiert worden: Die erste Hauptfragestellung befasst sich mit den abstrakten Symbolen des Lebens, die zweite mit dem Bild der Lebenstreppe und die dritte mit den individuellen Zeichnungen zum eigenen Lebenslauf. Im Folgenden werden die einzelnen Fragestellungen und Hypothesen näher beleuchtet und begründet.

1. **Verbinden die Untersuchungsteilnehmer abstrakte geometrische Formen mit ihrem Leben? Gibt es alters-, kultur- oder geschlechtsbedingte Unterschiede in der Wahl von abstrakten Symbolen zu dem eigenen Leben?**

Geometrische Formen stellen die einfachsten Formbildungen dar. Ein Grundanliegen des Menschen, gleich ob es sich um einen prähistorischen Menschen oder den heutigen Wissenschaftler handelt, ist es, die grundlegenden Strukturen und Formen des Lebens zu verstehen und zu erfassen. Davon zeugen die verschiedenen komplexen und abstrakten Muster, die sich aus einfachen geometrischen Formen wie Kreisen oder Kreuzen zusammensetzen (vgl. Ambražiejienė, 2003). Hampe (1990) begründet, wie sich in den frühen Bildstrukturen und Grundformen das Verhältnis zu Raum und Zeit formiert. In dem transkulturellen Vergleich der früheren Bildsymbole fallen hinsichtlich der kosmogonischen Bezüge Ähnlichkeiten in der Struktur- und Sinngebung auf, die besagen, dass diese frühen Bildstrukturen durch Elementarformen gestaltet worden sind.

Da in der baltischen Kultur hauptsächlich abstrakte geometrische Formen das Leben symbolisiert haben, wurde für diese Untersuchung die Entscheidung getroffen, mit den „Elementarformen", wie z. B. einer Linie, einem Dreieck oder einer Spirale, anzufangen und zu klären, ob alle Untersuchungsteilnehmer auch solche abstrakten Formen als passende Symbole für ihr Leben betrachten und auch in ihrer eigenen Lebenslaufdarstellung verwenden.

Da die Untersuchungsteilnehmer aus Litauen einer stärkeren Verbreitung abstrakter symbolischer Formen in ihrer Kultur ausgesetzt waren als die deutschen, lässt sich die Vermutung begründen, dass sie andere abstrakte Symbole als passend für ihr Leben wählen werden als die Untersuchungsteilnehmer aus Deutschland.

Hypothese 1.1: Es werden statistisch signifikante Unterschiede in der Wahl bzw. Ablehnung der abstrakten Symbole für das Leben zwischen den deutschen und litauischen Untersuchungsteilnehmern angenommen.

In der Lebenslaufforschung gilt, dass Lebensläufe geschlechtsspezifisch geprägt sind: Betriebliche Personalstrategien werden immer noch geschlechtsspezifisch gehandhabt und auch der Familienlebensverlauf basiert auf unterschiedlichen Statuspositionen von Männern und Frauen (vgl. Allmendinger, 1990). Wie im Kapitel 2.2.5 ausführlicher dargelegt worden ist, ist die Dichotomie der Geschlechter tief und auf vielen Ebenen symbolisch in unserer Kultur verankert. Infolgedessen lässt sich vermuten, dass die Frauen andere abstrakte symbolische Formen für ihr Leben wählen werden als die Männer.

Hypothese 1.2: Es werden statistisch signifikante Unterschiede in der Wahl bzw. Ablehnung der abstrakten Symbole für das Leben zwischen Frauen und Männer angenommen.

Weiterhin könnte man annehmen, dass die Menschen, die eher am Anfang ihres Lebens stehen, ihr Leben als Ganzes anders betrachten als diejenigen, die eher in der Mitte oder sogar am Ende ihres Lebens stehen. Dies begründet die

Hypothese, dass die Untersuchungsteilnehmer aus der jüngeren Altersgruppe andere abstrakte Symbole als zu ihrem Leben passend auswählen werden als die Untersuchungsteilnehmer, die der älteren Altersgruppe angehören.

Hypothese 1.3: Es werden statistisch signifikante Unterschiede in der Wahl bzw. Ablehnung der abstrakten Symbole für das Leben zwischen der jüngeren und älteren Altersgruppe angenommen.

Obwohl es sicherlich schwierig ist darüber zu diskutieren, warum es so ist, lässt sich die Tatsache nicht leugnen, dass die Symbole verschiedener Kulturen einander hinsichtlich Form und Bedeutung ähneln. Baum, Berg oder Kreis haben z. B. fast überall eine symbolische Bedeutung. Die Attribute, die ihnen von verschiedenen Menschengruppen zugewiesen werden, unterscheiden sich nicht (vgl. Spineto, 2003). Die sprachlichen Erklärungen zu der Wahl bzw. Ablehnung bestimmter Symbole erlauben es festzustellen, ob die Untersuchungsteilnehmer auch die gleichen Metaphern zu den gleichen Symbolen attribuieren.

Fragestellung 1.1: Werden durch die Untersuchungsteilnehmer die gleichen Metaphern als sprachliche Begründung für die Wahl bzw. Ablehnung der gleichen abstrakten Symbole angegeben?

2. Ist das Sinnbild der Lebenstreppe noch aktuell?

Die Frage nach der Aktualität der Lebenstreppe haben sich schon Deutsch und Krause (1999) gestellt. Ihrer Meinung nach sind das Bild und eine von ihm suggerierte Lebensordnung aus unserem Leben ziemlich verschwunden, da die modernen Lebensläufe sich nicht mehr an einem normativen Ideal, das Werden und Vergehen gleichermaßen berücksichtigt, orientieren. Vielmehr geht es den meisten Menschen darum, bestimmte Entwicklungszustände, die mit Wohlergehen, Gesundheit und Lebensfreude verbunden sind, möglichst lange aufrechtzuerhalten. Auch schon in den 1970ern hat sich die Vorstellung von einem „dramaturgischen" Lebenslaufmodell mit einem „Höhepunkt" in der Mitte durch die empirische Forschung als nicht mehr haltbar erwiesen (vgl. Thomae, 1978). Nach der Meinung von John Meyer (1988) waren die internalisierten und stark religiös begründeten Normen über den Lebenslauf vielleicht vom 17. bis 19. Jahrhundert angemessen und verbreitet. Den heutigen Gesellschaften, wo eine sehr flexible situative Anpassung gefordert ist, würden sie als sehr dysfunktional vorkommen (zit. nach Mayer, 2003, S. 474). Zuerst gilt es zu klären, ob die Bilder der Lebenstreppe überhaupt noch bekannt sind.

Fragestellung 2.1: Sind die Bilder der Lebenstreppe bekannt?

Wie in Kapitel 2.3.6 ausgeführt, sind die Bilder der Lebenstreppe in der zweiten Hälfte des 20. Jahrhunderts aus der Öffentlichkeit verschwunden. Man kann annehmen, dass das Bild der Lebenstreppe eher der älteren Altersgruppe bekannt sein wird als der jüngeren.

Hypothese 2.1: Die Bekanntheit der Lebenstreppe ist in der älteren Altersgruppe höher als in der jüngeren.

In Litauen gab es gar keine öffentliche Verbreitung der Bilder von der Lebenstreppe, was die Vermutung zulässt, dass dieses Bild eher den deutschen Untersuchungsteilnehmern bekannt sein wird als den litauischen.

Hypothese 2.2: Die Bekanntheit der Lebenstreppe ist unter den deutschen Untersuchungsteilnehmern höher als unter den litauischen.

Es gibt keinen Grund anzunehmen, dass es geschlechtsspezifische Unterschiede bei der Frage der Bekanntheit der Bilder der Lebenstreppe geben könnte, da Frauen und Männer den gleichen Zugang zu den kulturell verbreiteten Symbolen haben.

Die zweite wichtige Frage ist, ob das Bild der Lebenstreppe noch auf den heutigen Lebenslauf passt. Können sich die Untersuchungsteilnehmer ihren Lebenslauf als eine Treppe vorstellen?

Fragestellung 2.2: Können sich die Untersuchungsteilnehmer ihren eigenen Lebenslauf auch als eine Lebenstreppe vorstellen?

Vieles spricht also gegen die Lebenstreppe als ein passendes Symbol für den heutigen Lebenslauf; das gibt Anlass für die Vermutung, dass sich die Lebenstreppe als wenig passendes Symbol für den Lebenslauf herausstellen wird. Höchstens die älteren Untersuchungsteilnehmer werden die Lebenstreppe als ein passendes Bild für ihren Lebenslauf sehen.

Hypothese 2.3: Die älteren Untersuchungsteilnehmer werden statistisch signifikant häufiger als die jüngeren sich ihren Lebenslauf als eine Lebenstreppe vorstellen können.

Es ist schwer zu sagen, ob es statistische Unterschiede zwischen litauischen und deutschen Untersuchungsteilnehmern bei der Beantwortung dieser Frage geben wird. Auch die konkreten Hypothesen über solche Unterschiede sind aus den theoretischen Vorüberlegungen und dem Nicht- Vorhandensein von entsprechenden empirischen Daten nicht zu begründen. Aus diesem Grund habe ich mich an dieser Stelle für eine offene Fragestellung entschieden:

Fragestellung 2.3: Gibt es statistische Unterschiede in der Betrachtung von dem Bild der Lebenstreppe als ein passendes Symbol für den eigenen Lebenslauf zwischen deutschen und litauischen Untersuchungsteilnehmern?

Genauso wenig eindeutig begründbar erscheinen die Vermutungen über die möglichen Geschlechterunterschiede bezüglich der Vorstellung des eigenen Lebenslaufes als eine Lebenstreppe. Einerseits gab es schon seit dem 16. Jahrhundert die weiblichen Lebenstreppen. Andererseits stellen die Lebenstreppen symbolisch eher das männliche, auf das Streben nach oben und Karriere orientierte Lebenslaufmodell dar (vgl. Labouvie-Vief, 2003). Bezüglich der Unterschiede zwischen Männern und Frauen bei der Frage, ob sie sich ihren Lebenslauf auch als eine Treppe vorstellen können, gibt es eine offene Fragestellung:

Fragestellung 2.4: Gibt es statistische Unterschiede in der Betrachtung von dem Bild der Lebenstreppe als ein passendes Symbol für den eigenen Lebenslauf zwischen männlichen und weiblichen Untersuchungsteilnehmern?

3. Welche Symbole entsprechen den heutigen Lebenslaufvorstellungen?

Die Ergebnisse der explorativen Studie von Deutsch und Börges (2007) haben gezeigt, wie stark das Bedürfnis der meisten Studierenden nach individuellen Formen und Motiven in der Darstellung des eigenen Lebenslaufes ist. Die Frage, ob die Menschen ihre Lebenslaufvorstellungen (noch) nach kollektiven Leitbildern ausrichten oder sich von ganz individuellen, selbst entworfenen Bildern leiten lassen, kann der hoch brisanten Debatte über die Destandardisierung des Lebenslaufes zugeordnet werden. Der Gedanke, menschliches Leben sei etwas, das entworfen werden könne, ist keineswegs selbstverständlich, sondern hat sich im Laufe der Modernisierung entwickelt (vgl. Geissler & Oechsle, 2012). Seit den späten 1960ern gilt der Trend zur Individualisierung und Pluralisierung von Lebensläufen (vgl. Widmer & Ritschard, 2012). Ziemlich gleichzeitig sind die letzten Bilder zum Lebenslauf, wie z. B. die Karikaturen von Saul Steinberg, aus der Kunstszene verschwunden. Das Verschwinden von kollektiv vorgegebenen symbolischen Lebenslaufdarstellungen aus der Kunst kann vorsichtig als ein Zeichen der Individualisierung des menschlichen Lebenslaufs interpretiert werden. Die Untersuchung stellt somit die Frage, ob die kollektiven Symbole für den Lebenslauf für die Untersuchungsteilnehmer überhaupt noch bedeutsam sind.

Am Ende des Fragebogens (siehe Kapitel 4.2) werden die Untersuchungsteilnehmer darum gebeten, ihre eigene Lebenslaufdarstellung anzufertigen. Damit wird das Ziel verfolgt zu erkunden, ob sich die Untersuchungsteilnehmer von vorher gesehenen Symbolen leiten lassen oder ihre ganz individuellen Bilder und Motive für die Darstellung ihres Lebenslaufes verwenden. Kann man heutzutage überhaupt noch von kollektiven Lebenslaufsymbolen sprechen? Die Individualisierungsthese lässt annehmen, dass die Untersuchungsteilnehmer mehr individuelle als in dem Fragebogen vorgegebene Symbole in den eigenen Darstellungen ihrer Lebensläufe zeichnen werden.

Fragestellung 3.1: Verwenden die Untersuchungsteilnehmer in ihren eigenen Lebenslaufdarstellungen die in dem Fragebogen vorgegebenen symbolischen Formen?

Daraus folgt die dritte Hauptfragestellung der Untersuchung über die heutigen bildlichen Symbole, die die Untersuchungsteilnehmer wählen, um ihre individuellen Lebenslaufvorstellungen darzustellen:

Fragestellung 3.2: Welche Symbole entsprechen den heutigen Lebenslaufvorstellungen?

Weiterhin ist das Ziel der Auswertung der Zeichnungen zu dem eigenen Lebenslauf zu klären, ob es alters- und geschlechtsbedingte Unterschiede in den Zeichnungen zu dem eigenen Lebenslauf gibt sowie ob sich die Zeichnungen der deutschen und litauischen Untersuchungsteilnehmer voneinander unterscheiden. Aufgrund der schon für die Hypothese 1.1 ausgeführten Tatsache, dass in der litauischen Kultur eher abstrakte Symbole des Lebens verbreitet worden sind, ist anzunehmen, dass sich die Zeichnungen der litauischen und der deutschen Untersuchungsteilnehmer zu ihrem eigenen Lebenslauf unterscheiden werden:

Hypothese 3.1: Die Lebenslaufdarstellungen von deutschen und litauischen Untersuchungsteilnehmern werden unterschiedlich sein.

Genauso wie für die Wahl der abstrakten symbolischen Formen lässt sich aufgrund der tiefen symbolischen Verankerung der Dichotomie von Geschlechtern in der Kultur vermuten, dass die Frauen höchst wahrscheinlich andere Motive in ihren eigenen Lebenslaufdarstellungen zeichnen werden als die Männer:

Hypothese 3.2: Die Lebenslaufdarstellungen von weiblichen und männlichen Untersuchungsteilnehmern werden unterschiedlich sein.

Die Hypothese über die möglichen Altersunterschiede schließt sich an die in der ersten Fragestellung geäußerte Vermutung an, dass die Menschen, die eher am Anfang ihres Lebens stehen, ihren Lebenslauf mit größerer Wahrscheinlichkeit anders betrachten und zeichnen werden als diejenigen, die eher in der Mitte oder am Ende ihres Lebens stehen:

Hypothese 3.3: Die Lebenslaufdarstellungen von jüngeren und älteren Untersuchungsteilnehmern werden unterschiedlich sein.

Die Metapher vom Lebenslauf als „the universal escalator on which everyone rides“ nach Glaser und Strauss (1971) suggeriert, dass der Prozess des Lebenslaufs „nach oben“ verläuft (zit. nach Born & Krüger, 2001). Auch Deutsch und Krüger (1999) sowie Dekkers (2001) haben festgestellt, dass der absteigende Teil des Lebenslaufs nicht nur aus der Kunstszene, sondern aus der westlichen Kultur so ziemlich verschwunden ist. Weiterhin hat Ingrid Riedel (2005) dargelegt, dass es selbst in der Malerei aus dem frühen Mittelalter eine von der unteren linken Ecke in die obere rechte Ecke aufsteigende Lebenslinie als Raumaufteilungsschema gab. Es ist anzunehmen, dass auch die Untersuchungsteilnehmer ihren Lebenslauf als eine aufsteigende Linie oder Verlaufskurve ohne Darstellung eines absteigenden Teils zeichnen werden:

Hypothese 3.4: Der Lebenslauf wird in den eigenen Lebenslaufdarstellungen einen diagonal von der unteren linken Ecke auf die oberen rechten Ecke aufsteigenden Verlauf zeigen.

4 Methode

4.1 Erläuterung zum methodischen Vorgehen

Beide Konzepte – das Symbol und der Lebenslauf – verlangen nach einer interdisziplinären Orientierung (vgl. schon bei C. Bühler, 1959) und Kombination mehrerer Forschungsmethoden. Die Untersuchungsmethode wurde daher den Untersuchungsgegenstand und die Fragestellung angepasst. In der vorliegenden Untersuchung werden qualitative und quantitative Forschungselemente sowohl in der Datenerhebung als auch in der Datenauswertung miteinander kombiniert. Dieses Verfahren entspricht der pragmatischen Auffassung der epistemologischen Grundlage von „Mixed Methods" nach Johnson und Omwuegbuzie (2004) (zit. nach Schreier & Odag, 2010, S. 266–267). Das methodische Vorgehen der Untersuchung ist eine Triangulation von qualitativen und quantitativen Daten mit dem primären Ziel, ein möglichst breites und umfassendes Bild zu den Symbolen des Lebenslaufes zu bekommen. Die Anwendung der Triangulation wird in dieser Untersuchung nicht als eine Validierungsstrategie gesehen (vgl. Flick, 2011).

Nach Kelle und Erzberger (2001) entspricht die Suche nach sich ergänzenden Ergebnissen dem „Komplementaritätsmodell der Triangulation". Dessen Idee besteht darin, dass mit Hilfe verschiedener Methoden verschiedene Sachverhalte oder Aspekte der untersuchten Phänomene in den Blick geraten, die sich komplementär zueinander verhalten können. Schon Norman K. Denzin (1978) hat sich in der Entwicklung des Konzepts der methodologischen Triangulation für die Verwendung und Kombination von verschiedenen Datensorten ausgesprochen. Die Daten-Triangulation wird in der vorliegenden Untersuchung dadurch realisiert, dass mit einem Fragebogen verschiedene Modalitäten der Symbole des Lebenslaufs abgefragt werden. Die Untersuchungsteilnehmer werden gebeten, nicht nur die Symbole zu benennen, die zu ihrem Leben passen oder nicht passen, sondern auch sprachliche Erklärungen für die Wahl bestimmter bildlicher Symbole abzugeben. Die sprachlichen Aussagen dienen nicht nur als Erklärungen für die Wahl, sondern sind selbst Metaphern (sprachliche Bilder) für das Leben, die sich komplementär zu den bildlichen Symbolen verhalten. Weiterhin werden die Untersuchungsteilnehmer darum gebeten, die Frage zu beantworten, ob ihnen die Lebenstreppe bekannt sei und ob sie sich ihren Lebenslauf auch als eine Treppe vorstellen können, sowie eine sprachliche Erklärung abzugeben, warum. Schließlich werden sie darum gebeten, ihre eigene Lebenslaufdarstellung anzufertigen. Das vordringliche Ziel ist dabei, die unterschiedlichen Daten zu den symbolischen Formen des Lebenslaufs systematisch zu nutzen, wechselseitig zu ergänzen, um möglichst viele Erkenntnisse von unterschiedlichen Facetten des Untersuchungsgegenstands zu gewinnen (vgl. auch Fiske, 2011).

Die Triangulation von quantitativen und qualitativen Methoden wird durch die ziemlich große Anzahl der Untersuchungsteilnehmer (400) ermöglicht. Die quantitative Datenauswertung erfolgt durch den statistischen Vergleich zwischen verschiedenen Gruppen, die je nach Geschlecht, Nationalität und Alter aufgeteilt worden sind. Die Ergebnisse der quantitativen Datenauswertung stellen die Verteilung verschiedener Lebenslaufsymbole in den verschiedenen Gruppen dar. Die qualitativen Daten wie die sprachlichen Begründungen für die Wahl dieser Symbole helfen, die möglichen Gründe für diese Wahl, aber auch für das Zustandekommen der quantitativen Ergebnisse zu identifizieren. Das gesamte gesammelte Material der vorliegenden Untersuchung wird also sowohl quantitativ statistisch als auch qualitativ analysiert und ausgewertet. Die durch die statistische Auswertung gewonnenen Erkenntnisse dienen nicht dem Ziel der Bestätigung oder Validierung der qualitativen Daten, sondern vorrangig, um ein breiteres, umfassenderes Bild des untersuchten Gegenstandes zu liefern. So kann nicht nur untersucht werden, welche Symbole die Untersuchungsteilnehmer für ihren Lebenslauf wählen, sondern auch, ob es Unterschiede in der Wahl der Symbole zwischen Geschlechtern, Nationalitäten oder Altersgruppen gibt.

Die Wahl und Darstellung der Symbole zum eigenen Lebenslauf erfolgt sowohl bewusst als auch unbewusst. Wie weit bestimmte mögliche unbewusste Mechanismen oder Konflikte bei der Wahl von Symbolen im Einzelfall vertreten sind, kann man in dieser Untersuchung nicht beantworten. Das Alter der Untersuchungsteilnehmer (ab 16 Jahren) ermöglicht eine reflexions- und abstraktionsfähige Auswahl der Symbole, die für das eigene Leben passen. Die Ergebnisse der Untersuchung können nur das Resultat der Wahl, nicht jedoch den Prozess dieser Auswahl erfassen. So können auch keine Schlüsse über die inneren Bilder oder Vorstellungen des Lebenslaufes gezogen werden. Es wird im Grunde genommen untersucht, mit welchen manifest wahrnehmbaren symbolischen Formen die Untersuchungsteilnehmer ihre inneren individuellen Vorstellungen des Lebenslaufes in Verbindung bringen.

4.2 Erhebungsinstrument

Der Fragebogen „Mein Lebenslauf" (siehe Anhang A für die deutsche und Anhang B für die litauische Variante) wurde speziell für die vorliegende Untersuchung entwickelt. Die einzelnen Items sind der Fragestellung der Untersuchung angepasst worden. In allen Items werden die Untersuchungsteilnehmer in erster

Person angesprochen, wie z. B. „Wendepunkte in meinem Leben" im ersten Item oder „Ich kann mir meinen Lebenslauf als Treppe vorstellen/nicht vorstellen, weil …" im sechsten Item, um Zugang zu den individuellen Vorstellungen über den eigenen Lebenslauf zu erhalten.

In der Einleitung des Fragebogens habe ich mich als Untersucherin vorgestellt und die Rahmenbedingungen dieser Untersuchung erklärt. Den Befragten wurde versichert, dass alle Ihre Angaben streng vertraulich behandelt werden und dass bei der Auswertung der Daten die erste Seite des Fragebogens mit den persönlichen soziodemographischen Daten abgetrennt und an einer sicheren Stelle aufbewahrt wird. Des Weiteren wurden die Untersuchungsteilnehmer um die folgenden Angaben gebeten: Name, Vorname, Alter, Beruf oder Berufswunsch, Nationalität und religiöse Orientierung.

Der Fragebogen ist insgesamt acht Seiten lang und gliedert sich in folgende Abschnitte:

1. Wendepunkte in meinem Leben
2. Lebenszufriedenheit
3. Vergangenheit, Gegenwart, Zukunft
4. Symbole des Lebens, die zu meinem Leben passen
5. Symbole des Lebens, die nicht zu meinem Leben passen
6. Lebenstreppe
7. Eigene Lebenslaufdarstellung

Die ersten drei Items befassen sich nicht mit den Symbolen des Lebenslaufes. Sie laden die Untersuchungsteilnehmer ein, über das eigene Leben zu reflektieren, indem sie zuerst eine Entscheidung treffen müssen, welche die wichtigsten Wendepunkte in ihrem Leben gewesen sind. Anschließend werden sie aufgefordert, ihre Lebenszufriedenheit sowie die Bedeutung von Vergangenheit, Gegenwart und Zukunft einzuschätzen. Dabei wird eine globale Sicht auf das eigene Leben angeregt. Die Untersuchungsteilnehmer haben sich somit schon mit ihrem Leben als Ganzes befasst bevor sie ihre Vorstellung dann in den anschließenden Items direkt mit den einzelnen Symbolen in Verbindung bringen können. Die Entscheidung für diese Vorgehensweise wurde deshalb getroffen, weil beim Ausprobieren des Fragebogens ohne die „aufwärmenden" Fragen die Erfahrung gemacht worden war, dass die Menschen nur sehr wenig mit der Frage nach Symbolen des Lebens anfangen konnten, wenn diese unvermittelt gestellt wird. Die Items vier bis sieben befassen sich direkt mit den Symbolen des Lebenslaufes. Im Weiteren werden die einzelnen Items und ihre Auswertung differenziert dargestellt und erläutert.

4.2.1 Frage nach den Wendepunkten im Leben

Wendepunkt (engl. turning point) wird in der Lebenslaufforschung als Wechsel der Richtung eines Verlaufs innerhalb eines bestimmten Zeitraumes definiert (vgl. Sackmann & Wingens, 2001). Der Begriff „Wendepunkt“ anstatt „Übergang“ wurde gewählt, weil diese Untersuchung sich mit der subjektiven Perspektive der Untersuchungsteilnehmer auf die Veränderungen in ihrem gesamten Lebenslauf beschäftigt und der Begriff „Wendepunkt“ eine subjektive Ebene darstellt (vgl. Elder et. al., 2003). Es ist weder theoretisch noch methodisch geklärt worden, ab wann ein Übergang oder eine Veränderung als ein Wendepunkt klassifiziert werden kann (vgl. Hackstaff, 2012). Auch in der Diskussion um die kritischen Lebensereignisse herrscht mittlerweile ein gewisser Konsens darüber, dass die subjektive Bedeutung, die die Menschen bestimmten Ereignissen in ihrem Leben beimessen, am wichtigsten ist (vgl. Lehr, 1998). Bei diesem Item können die Untersuchungseilnehmer selbst entscheiden, welche Ereignisse in ihrem Leben Wendepunkte für sie bedeutet haben. Ihre Auswertung wird nur qualitativ in den Einzelfalldarstellungen erfolgen. Dabei wird versucht zu erkennen, ob die einzelnen Wendepunkte auch in der eigenen Lebenslaufzeichnung (Item Nr. 7) dargestellt werden.

4.2.2 Lebenszufriedenheit

Mit diesem Item wird eine globale Einschätzung des Wohlbefindens einer Person in Bezug auf das eigene Leben abgefragt. Im Sinne des theoretischen Konstrukts der Lebenszufriedenheit reflektiert der durch dieses Item erhobene Punktwert idealtypischerweise eine kognitive Beurteilung der individuellen Lebenssituation, des bisherigen Lebensverlaufes sowie zukünftige Erwartungen an das eigene Leben unter den gegebenen Rahmenbedingungen (vgl. Frey & Stutzer, 2002; zit. nach Richter, 2014, S. 10). Die Untersuchungsteilnehmer werden aufgefordert, ein Kreuz auf der nicht skalierten 10 cm langen Linie von „total zufrieden“ bis „total unzufrieden“ zu markieren.

4.2.3 Bedeutung von Vergangenheit, Gegenwart und Zukunft

Der „biographische Gesamtzusammenhang“ bzw. der „subjektive Lebensraum“ schließt die Vergangenheit, die Gegenwart und die Zukunft des Individuums mit ein (vgl. Kruse, 1987). Laut Charlotte Bühler (1959, S. 30–31) ist Lebensdauer, Vergangenheit, Gegenwart und Zukunft für den Menschen nicht einfach gegeben, sondern er hat einen gewissen Einfluss auf die Rolle, die Vergangenheit, Gegenwart und Zukunft in seinem Leben spielen. Hierzu nimmt der Mensch bewusst eine Stellung ein. Sie vermutet allerdings speziell für Jugendliche, dass diese sich im Allgemeinen nur sporadisch mit ihrer Vergangenheit und Zukunft ins Einvernehmen setzen, obwohl sie zum ersten Mal erfassen, dass ihr eigenes Leben eines Tages seinen Abschluss erfahren wird. Gleichzeitig sehen sie zum ersten Mal ihr eigenes Leben als eine abgeschlossene Ganzheit und Zeitgestalt von der Geburt bis zum Tod.

Das Ziel dieses Items ist, zu erfassen, ob es Unterschiede zwischen den Gruppen im Hinblick darauf, wie wichtig die Vergangenheit, Gegenwart und Zukunft ist, gibt. Sie werden genauso wie in dem vorherigen Item darum gebeten, jeweils ein Kreuz auf der nicht skalierten 10 cm Linie von „total wichtig" bis „total unwichtig" zu markieren. Die Ergebnisse werden nur in Einzelfällen interpretiert.

4.2.4 Auswahl der abstrakten Symbole für das eigene Leben

Was laut Langer (1979) die Symbole ausmacht, ist, dass sie nicht Stellvertretung ihrer Gegenstände sind, sondern Vehikel für die Vorstellung von Gegenständen. Was allen adäquaten Vorstellungen eines Gegenstandes (in diesem Fall des Lebens) gemeinsam sein muss, ist der Begriff des Gegenstandes. Der gleiche Begriff ist in einer Vielzahl von Vorstellungen verkörpert. Er ist eine Form, die in allen gedanklichen oder bildhaften Versionen, die das betreffende Objekt konnotieren könnte, erscheint. Eine Form, die für jeden Geist in eine andere Hülle sinnlicher Wahrnehmung gekleidet ist. Weiterhin heißt es bei Langer, dass, was ein Symbol in Wirklichkeit uns vermittelt, ein Begriff ist. „Im selben Augenblick jedoch, in dem der Begriff uns im Symbol vermittelt ist, verwandelt unsere Einbildungskraft ihn in eine eigene, persönliche Vorstellung, die wir von dem mitteilbaren, allgemein zugänglichen Begriff nur durch einen Abstraktionsprozess unterscheiden können. Jeden Begriff, mit dem wir es zu tun haben, müssen wir in einer besonderen Präsentation besitzen, durch die hindurch wir ihn erfassen können" (Langer, 1979, S. 79).

Das vorliegende Item hat das Ziel zu erschließen, mit welchen abstrakten Symbolen die Untersuchungsteilnehmer ihre persönlichen Vorstellungen vom Leben in Verbindung bringen. Es geht um Initiierung bewusster Reflexionsprozesse, wobei die eigene Vorstellung vom Leben mit den abstrakten Figuren verglichen wird. Die getroffene Wahl der abstrakten Formen in dieser Aufgabe ist exemplarisch, d. h. ohne Anspruch auf Vollständigkeit. Es wurde sich bewusst für die abstrakten Symbole entschieden, die auch als „Elementarformen" betrachtet werden können, aus denen sich komplexere oder individuelle Symbole zusammensetzen können. Bei der Wahl der Symbole wurde mit der Linie als Verbindung von zwei Punkten angefangen. Dann folgten das Dreieck als Verbindung zwischen drei und das Viereck als Verbindung zwischen vier Punkten. Der Kreis und die Spirale sind als Exemplare der runden Formen aufgenommen worden. Dazu sind noch das Labyrinth und die Doppelhelix als ein wenig komplexere Symbole des Lebens hinzugefügt worden. Die Figuren sind randomisiert auf einer Seite in dem Fragebogen verteilt worden. Im Folgenden werden die Einzelsymbole kurz beschrieben. Da es viele verschiedene kollektive Symbolbedeutungen gibt, werden hier nur die allgemeinsten Bedeutungen aufgeführt und besonders die, die mit dem Leben oder mit dem Lebenslauf in Zusammenhang stehen. In diesen Items wurde der Begriff von „Leben" und nicht von „Lebenslauf" angewendet, da der Lebenslauf einen komplexeren Begriff darstellt und nach komplexeren symbolischen Formen, wie z. B. der Lebenstreppe, verlangt. Wie man in den folgenden Beschreibungen sehen wird, dienten die abstrakten geometrischen Formen in verschiedenen Kulturen und Epochen als Symbole des Lebens.

Das Labyrinth

Aufgrund seiner Verbreitung von den Ländern des Mittelmeeres bis nach Indien, Java, Sumatra und im Südwesten der USA könnte man behaupten, dass das Labyrinth als gemeinsamer Besitz des Menschen und mit einer mehr als 5.000 Jahre langen Geschichte als ein Urbild angesehen werden kann (vgl. Jaskolski, 1994). Das Labyrinth vereint in sich das Quadrat und den Kreis zu einer Figur und wird manchmal ein Mandala der westlichen Kultur genannt (vgl. Jaskolski, 1994). Er gilt als Symbol der Ganzheit, der Welt und des Lebens (vgl. Hofacker & Wolf, 2002; Riedel, 2002).

In der europäischen Geistesgeschichte ist das Labyrinth ein Bild des Lebens gewesen, in das wir mit der Geburt eintreten. Entgegen den allgemeinen Vorstellungen ist das Labyrinth kein Irrgarten. Alle alten Labyrinthe hatten weder Verleitungen noch Kreuzungen noch Sackgassen. Die einzige Sackgasse ist das Zentrum, in dem der das Labyrinth Durchschreitende umkehren muss, um den Ausgang wiederzufinden. In der christlichen Adaption wurde die sinnzentrierte Bedeutung des Labyrinths akzentuiert: Alles in unserem Leben führt uns zu der Mitte des Labyrinths und zur Erlösung hin (vgl. Kirschhoff, 1988; Jaskolski, 1994). Erst in der Neuzeit der europäischen Geschichte erlangte das Labyrinth eine negative Bedeutung. Ein Kupferstich von Gottfried Eichler (1715–1770), „*Die Welt*", zeigt z. B. ein Labyrinth aus hohen Mauern, das der Mensch in seinem Leben irrend zu durchkreisen hat, bis er im Zentrum dieses Irrgartens ein Skelett findet – seinen Tod (vgl. Schenda, 1983). Das Labyrinth spricht von den Schwierigkeiten des Lebens, aber auch vom Ankommen in der Mitte und von der neuen Freiheit, wenn man aus dem Labyrinth wieder heraus ist (vgl. Riedel, 2002). Es stellt einen Hinweis darauf dar, dass es ein Innen und Außen gibt, Spannung und Dynamik. Es ist Symbol des Weges, den wir gehen. Der aber kann ein Weg sowohl des Heils als auch des Unheils sein (vgl. Jaskolski, 1994).

Das Viereck

Ganz allgemein sind Quadrat und Rechteck Zeichen menschlicher Einteilung, Ordnung und Kultivierung. Sie bilden die Grundgestalt vieler Plätze und Gebäude (vgl. Lurker, 1988). Das Quadrat war ursprünglich ein Zeichen zur Darstellung der Erdoberfläche und gilt bisher als Symbol der Erde, die die Basis bildet (vgl. Beigbeder, 1998). Als Symbol hat das Quadrat etwas Hartes und betont die Endlichkeit. Es stellt eine strukturgebende Grundform dar und bietet Schutz gegen Chaos und gegen eine vereinnahmende Umwelt (vgl. Riedel, 2002).

Ambražiejienė (2003) sieht eine Ähnlichkeit in der Bedeutung von Quadrat und Kreis in der Hinsicht, dass beide Figuren einen sicheren Raum eingrenzen und etwas Heimliches oder Heiliges symbolisieren, wobei das Quadrat eher für das Irdische und der Kreis eher für das Göttliche steht. Das Viereck symbolisiert eine abgeschlossene Schöpfung – einen in den materiellen Bereich, durch das menschliche Handeln geschaffenen Raum, da in der Natur die geraden Linien so gut wie gar nicht vorkommen.

Die Linie

Die in der westlichen Kultur verbreitete lineare Zeitvorstellung ist eng mit der Vorstellung verbunden, dass die Zeit und das Leben sich in die Richtung von der Vergangenheit durch die Gegenwart in die Zukunft bewegen. Bis in das 5. Jahrhundert v. Chr. wurde das Leben auch in China als eine Linie oder ein Faden vorgestellt, die die Vergangenheit und Gegenwart miteinander verbinden (vgl. Yamada & Katō, 2006). Eine gerade Linie ist mathematisch gesehen die kürzeste Verbindung zwischen zwei Punkten. Das Prinzip der Geradlinigkeit gilt in der westlichen Kultur als eine hoch geschätzte ethische Kategorie, die mit offenem, folgerichtigem und transparentem Denken und Handeln in Verbindung gebracht wird. Jede andere Verhaltensweise ist in diesem Licht kurzfristig und kurzatmig und führt letztendlich in eine Sackgasse des Scheiterns (vgl. Stolte, 2004). Ganz anders warnte Hildegard von Bingen schon im 12. Jahrhundert in ihrem verbreiteten Zitat vor den geraden Linien: „Die Engel fliegen in Spiralen, der Teufel nur geradeaus". Im Jahr 1953 schrieb der Künstler Hundertwasser einen Aufsatz mit dem Titel: „*Die gerade Linie führt zum Untergang*". Man sollte sich vor der geraden und vor der betrunkenen Linie hüten. „Aber besonders vor der geraden Linie". Aus seiner Sicht liegt die Spirale genau dort, wo die leblose Materie sich in Leben umwandelt.

Die Spirale

Die Spirale erweist sich schon aus den Beobachtungen der Natur als eine Urform des Lebens (vgl. Riedel, 2002). Als Sinnbild der Auffassung, dass der Kreislauf des Lebens weder Anfang noch Ende hat, gilt die Spirale seit der Eiszeit als ein Zeichen für die weibliche Schöpfungskraft. Man findet die Spirale in der vorgeschichtlichen Welt von Westeuropa bis nach Russland, von Nordeuropa bis in den Mittelmeerraum. In ihrer Form ist abzulesen, dass ihre von innen nach außen sich entfaltende Linie ein Zeichen des Wachstums und des Lebens ist und ein von außen nach innen sich rollendes Band das Symbol der Rückkehr zum Urbeginn und des Todes (vgl. Meier-Seethaler, 2011). In der Spirale spiegelt sich so der polare Verlauf des Lebens: in der Entwicklung allen Lebens vom Keim bis zum Höhepunkt und seiner darauffolgenden Wiedereinrollung hin zum Altern und zum Tode (vgl. Riedel, 2002).

Für den Künstler Friedensreich Hundertwasser ist die Spirale das Symbol des Lebens und zugleich des Todes und deshalb ein wesentliches Motiv in seinem künstlerischen Schaffen. Seiner Überzeugung nach geht unser ganzes Leben in Spiralen vor sich: „Unsere Erde beschreibt den Lauf der Spirale, das heißt also, wir gehen im Kreis, aber wir kommen nie wieder an den Punkt zurück, der Kreis schließt sich nicht, wir kommen nur in die Nähe des Punktes, wo wir gewesen sind. Das ist typisch für eine Spirale, dass es ein scheinbarer Kreis ist, der sich nie schließt" (Hundertwasser, 1974).

Im Vergleich mit dem Kreis, Dreieck und Quadrat ist die Spirale die „freieste" der vier Grundformen. Sie ist ein offener Kreis, der sich ständig erweitert, größer wird und zu neuer Form heranwächst. Sie repräsentiert die Dynamik des Lebens. Sie steht als Sinnbild von Wandel und Wiederkehr für zahlreiche Entwicklungsprozesse im Leben (vgl. Champeaux & Stercks, 1990). Die Spirale wird in dem „Generativen Modell des Lebenszyklus" von Yamada und Katō (2006) verwendet, um die repetitive und nicht geschlossene Beschaffenheit der Zeit zu repräsentieren. Während die Spirale eher das Relative und das Endliche symbolisiert, steht der Kreis für die fortwährende Wiederholung (vgl. Beigbeder, 1998).

Der Kreis

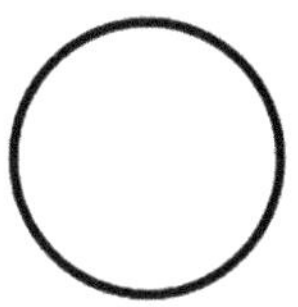

Der Kreis ist zunächst die Ausdehnung des Punktes und wird in vielen alten Kulturen in Verbindung mit Vollkommenheit und Einheitlichkeit gebracht (vgl. Champeaux & Stercks, 1990; Ambražiejienė, 2003). Der Kreis als eine Figur, die keinen Anfang und kein Ende ausweist, wird als Abbild des Universums, des Kosmischen, der ewigen Wiederkehr aller Dinge verwendet (vgl. Riedel, 2002). Die Kreisbewegung ist beständig, ohne Anfang und Ende oder Variationen. Somit ist sie geeignet, als Sinnbild der Zeit zu fungieren, wenn man die Zeit als eine ständige und unveränderliche Abfolge von stets gleichen Augenblicken betrachtet (vgl. Champeaux & Stercks, 1990). Auch im Zusammenhang mit dem Sonnenlauf wird die Zeit als Bewegung im Raum erlebt. Der Lauf der Sonne im Tierkreis erscheint als Weltenuhr. Auch unsere alltäglich benutzte Uhr trägt die Form eines Kreises (vgl. Lurker, 1988).

Der Lebenskreis oder das Lebensrad gehörten, wie in Kapitel 2.3.2 dargestellt, zu den mittelalterlichen Lebenslaufdarstellungen in Europa. Auch die Hindus gaben dem Kreis die Macht, das menschliche Schicksal zu gestalten. Die Kreisform impliziert Zentriertheit und Stabilität und hat sich als passendes Symbol herausgestellt, um die systematische Ordnung, die Gott aus dem Chaos erschaffen hat, zu symbolisieren (vgl. Eliade, 1996). Die Vorstellung, dass das menschliche Leben entsprechend dem Kreislauf der Natur verläuft, war als „Rėdos ratas" in der baltischen Kultur verbreitet (vgl. Žarskus, 2009). Auch heute noch wird der Kreis oder das Rad als Symbol des Lebens gesehen: „*Das Rad des Lebens*" heißt z. B. die Autobiographie von Elisabeth Kübler Ross (2002).

Die Treppe

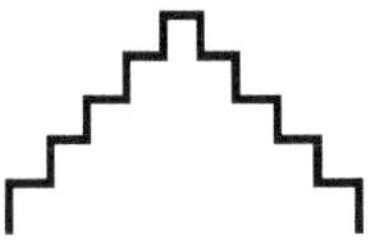

Hier wird die Treppe den Untersuchungsteilnehmern zuerst einmal als ein abstraktes Bild vorgestellt. Die Figur ist nicht nur eine abstrahierte Lebenstreppe, sondern erinnert in ihrer Form an die stufenförmigen Pyramiden, wie sie durch Azteken, Mayas oder Altägypter gebaut worden sind. Schon diese Stufenpyramiden galten als eine Stiege zum Himmel mit dem Ziel, den Göttern näher zu sein. Ganz allgemein gilt die Treppe, genauso wie die Leiter, als Symbol des Aufstiegs (vgl. Lurker, 1988).

„Oben-unten" gehören zu den elementarsten menschlichen Erfahrungen. Dabei wird angenommen, dass das Hohe, Erhabene und Gute zum Himmel strebt. Das Untere wird als den Trieben und dem Irdischen verhaftet angesehen (vgl. Lurker, 1988). „Oben-unten" gehört laut Lakoff und Johnson (2008) zu den Orientierungsmetaphern, die unsere Wahrnehmung in Zeit und Raum bestimmen. Damit sind solche kulturell verbreiteten Überzeugungen verbunden, wie z. B., dass Gesundsein und Leben „oben" sind bzw. Krankheit und Tod „unten" oder dass Macht und hoher Status „oben" dagegen niedriger Status „unten" sind. Insgesamt wird alles, was „oben" ist als gut bewertet, und alles, was „unten" ist, als schlecht. Tugend ist „oben", weil tugendhaftes Handeln aus gesellschaftlicher Sicht mit dem sozialen Wohlergehen gleichgesetzt wird. Die Figur der Lebenstreppe oder der Pyramide kann daher als ein bildliches Äquivalent und Ausdruck dieser Metapher betrachtet werden.

Das Dreieck

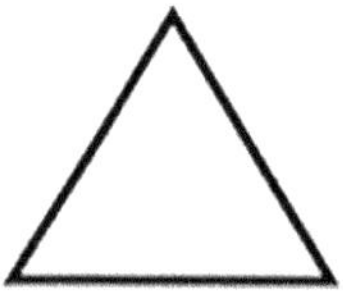

In der christlichen Religion symbolisiert das Dreieck bekanntlich die Dreieinigkeit Gottes oder auch die Dreifaltigkeit des Universums: Himmel, Erde und der Mensch. Ein gleichseitiges Dreieck symbolisiert die totale Harmonie und Ausgeglichenheit dieser Elemente, da alle seine Ecken gleich weit vom Zentrum entfernt sind. Die Bedeutung des Dreiecks wurde auch danach unterschieden, ob seine Spitze nach oben oder nach unten zeigt. Das nach oben zeigende Dreieck wird mit dem Männlichen, Licht, Aktivität, Kraft und Gott in Verbindung gebracht. Das nach unten zeigende Dreieck dagegen mit der Weiblichkeit, Dunkelheit, Intuition, Sensitivität und Erde. Beide Elemente besitzen die gleiche Wertigkeit und bilden z. B. zusammen den Davidstern (vgl. Riedel, 2002; Ambražiejienė, 2003).

Nach Riedel (2002) steht das Dreieck für Zeitlichkeit: Es verbindet Vergangenheit, Gegenwart und Zukunft, wie die drei Phasen des Lebens von Jugend, Lebensmitte und Alter. Alle Dreiecksformen symbolisieren eine Balance, in der sich Dynamik und Statik auf subtile Weise die Waage halten. Die Statik verdankt sich der Basislinie, die Dynamik den beiden einander zustrebenden Schrägen (vgl. Riedel, 2002).

Die Doppelspirale

Seit den 1960er Jahren hat das Bild der Doppelhelix an Bedeutung im Rahmen der Fortschritte in der Entschlüsselung der DNA-Struktur gewonnen. Das Bild wird als Symbol einer genetischen Entschlüsselung vom „Geheimnis des Lebens" im Jahr 1953 betrachtet. Autoren wie Martina Heßler (2007) sprechen in diesem Zusammenhang von einer

„kulturellen Ikone“ und Gerhard Paul (2008) von einer „Medienikone“ (vgl. Rehberger, 2009). Für den Kunsthistoriker Martin Kemp (2003) ist das Bild der Doppelhelix vergleichbar mit „Mona Lisa der modernen Wissenschaft“ (zit. nach Drewes, 2010, S. 21). Rehberger (2009) dagegen zweifelt die Ikonizität der Doppelhelix an, da diese nicht schon vor ihrer „Entdeckung“ im Jahr 1953 existierte und nur eine Visualisierung eines wissenschaftlichen Objekts darstellt. Weiterhin dauerte es ganze 15 Jahre bis die Doppelhelix erstmals mit dem Begriff „Geheimnis des Lebens“ in Verbindung gebracht wurde.

Die Doppelspirale in ihrer alten Fassung gilt als Symbol der Einigkeit der Gegensätze (vgl. Riedel, 2002). In der baltischen Kultur waren sich verbindende Kreuze in X-Form ein stark verbreitetes Motiv in Ornamenten, die Kleidungsstücke, Häuser und viele Gebrauchsgegenstände im Haushalt verziert haben. Die Punkte der Kreuzungen haben die Wandlungspunkte des menschlichen Lebens, wie die Geburt, die Hochzeit oder den Tod symbolisiert (vgl. Ambražiejienė, 2003).

4.2.5 Sprachliche Begründungen für die Wahl der Symbole für das eigene Leben

In der Interaktionstheorie wird die Metapher als ein semantisches Element beschrieben, das in Interaktion mit einem anderen Element tritt und verschiedene Bedeutungs-Domänen zusammenbringt (vgl. Ullmann, 2012). In den sprachlichen Begründungen für die Wahl der abstrakten Symbole werden zwei unterschiedliche semantische Konzepte – nämlich das Leben und das abstrakte Symbol – miteinander verknüpft. Im Zusammentreffen der beiden Konzepte entsteht eine metaphorische Bedeutung. Der Bildempfänger „Das eigene Leben“ wird durch eine metaphorische Projektion im Sinne von Lakoff und Johnson mit abstrakten Symbolen als verschiedenen Bildgebungen in Verbindung gebracht.

In der vorliegenden Untersuchung wird mit Hilfe dieser Aufgabe in dem Fragebogen exploriert, ob auch die abstrakten Bilder dazu dienen können, das metaphorische Denken bei den Teilnehmern dieser Untersuchung anzuregen. Die abstrakten Bilder werden hier dazu genutzt, die Metaphern zu „provozieren“, die die Menschen mit ihrem Lebenslauf in Verbindung bringen. Anhand der Ergebnisse kann man natürlich nicht erklären, ob die sprachlichen Metaphern für das Leben die Wahl der abstrakten Bilder beeinflussen oder die abstrakten Symbole die Generierung von bestimmten Metaphern. Die Vertreter der neuen Bildwissenschaften gehen von dem Primat des Bildlichen aus. Laut Böhm (1978) partizipieren Bild und Sprache an einer gemeinsamen Ebene der „Bildlichkeit“

(zit. nach Bohnsack, 2011, S. 19). Cassirer (2010) hat im ersten Band der „*Philosophie der symbolischen Formen*“ systematisch begründet, dass alle symbolische Formen, die eine kulturelle Gemeinschaft entwickelt haben, in ihren grundsätzlichen Strukturierungsleistungen von der Sprache abhängen (vgl. auch Berndt & Drügh, 2009). „Ein Satz ist ein Symbol für einen Sachverhalt und bildet seinen Charakter ab“ (Langer, 1979, S. 80). Aus diesen Gründen können sowohl die abstrakten Figuren als auch die sprachlichen Begründungen für ihre Wahl als Symbole des Lebens betrachtet werden.

Das Ziel dieses Items ist, rein explorativ zu untersuchen, mit welchen Metaphern für das eigene Leben die Untersuchungsteilnehmer ihre Wahl von abstrakten Figuren für das eigene Leben in Verbindung bringen. Die Metaphern bestehen aus drei Komponenten. Sie haben einen bild*empfangenden* Bereich (in diesem Fall „Mein Leben“) und einen Bild*spender*. Der Bildempfänger ist „leer“, weshalb er mit verschiedenen sinnlichen Anschauungen, d. h. in unserem Fall mit abstrakten Symbolen, aufgeladen wird. Deshalb kann das eigene Leben mal als Dreieck oder als Linie imaginiert werden. Dieser Prozess wird von Lakoff und Johnson als metaphorische Projektion bezeichnet. Die metaphorische Projektion bewirkt, dass wir „Dasselbe“ mit ganz verschiedenen Bildgebungen versehen können (vgl. Buchholz, 2012).

4.2.6 Das Bild der Lebenstreppe

Das Ziel des sechsten Items ist zu erfahren, ob den Untersuchungsteilnehmern das klassische Bild der Lebenstreppe bekannt ist und ob sie sich ihren Lebenslauf auch als eine Treppe vorstellen können. Anschließend werden sie um eine Erklärung gebeten, warum sie sich ihren Lebenslauf als Treppe vorstellen/nicht vorstellen können. Weiterhin wird an dieser Stelle erwartet, dass die Präsentation des Bildes der Lebenstreppe die darauffolgende eigene Darstellung des Lebenslaufes den Untersuchungsteilnehmern erleichtern wird. „Betrachten wir Bilder, so begegnen wir einem Teil von uns in dem Wiedererkennen von Formen, die unserem Erfahrungsfeld nahekommen. In diesem Sinne hat das Betrachten vielfach mit dem Gewohnten zu tun, während das Nicht-Vertraute veränderte Denkprozesse von uns abverlangt“ (Hampe, 1990, S. 9).

Im Kapitel 2.4.4 sind die Erfahrungen aus dem Projekt des Städtischen Museums Haus Koekkoek in Kleve mit Schülern und in der explorativen Studie „*Draw your Life!*“ mit Studierenden beschrieben worden, die davon zeugen, dass besonders die Bilder der Lebenstreppe ihre Betrachter dazu motivierten, über die Struktur des eigenen Lebenslaufs nachzudenken. Die Studierenden

z. B. fingen an, über das Bild zu ihrem eigenen Leben zu reflektieren, indem sie selbst nach einer langen kreativen Pause eigene Zeichnungen oder Kollagen zu ihrem Leben herzustellen begannen (vgl. Deutsch & Börges, 2007). Für die vorliegende Untersuchung wurde das aus der Mitte des 17. Jahrhunderts stammende Bild eines anonymen Künstlers (Abbildung 19) ausgewählt. Dieses Bild unterscheidet sich in der Darstellungsform von den meisten Lebenstreppen und verdient besondere Aufmerksamkeit, weil das Thema der „Lebenstreppe" nur äußerst selten in dem repräsentativen Medium des Leinwandgemäldes dargestellt worden ist. Im Unterschied zu den Kupferstichillustrationen der Zeit wird in der Klever „Lebenstreppe" auf anekdotische Nebenszenen und das allegorische Beiwerk vor dem Treppenpodest verzichtet. Im Sinne einer eher mehr auf Monumentalität und theatralische Wirkung bedachten Inszenierung öffnen in der Bildmitte zwei posaunenblasende Engel die Türen zum Jüngsten Gericht. Die einzelnen Lebensalter werden hier nach ihrer Tätigkeit und ihrer sozialen Stellung charakterisiert (vgl. Joerißen, 1983). Für alle Teilnehmer stellt das Bild eine historisch gesehen „ferne Realität" dar, unabhängig davon, ob die Untersuchungsteilnehmer aus Deutschland oder Litauen stammen und welcher Altersgruppe sie angehören.

Abbildung 19: Die Lebenstreppe, Anonym, Haarlem Mitte 17. Jahrhundert, Kleve, Städtisches Museum Haus Koekkoek, aus Joerißen, 1983, S. 99

4.2.7 Eigene Lebenslaufdarstellung

Bei dem siebten Item werden die Untersuchungsteilnehmer darum gebeten, ihre eigene Lebenslaufdarstellung in dem vorgegebenen Rahmen mit der folgenden Instruktion anzufertigen: „Am besten passt auf meinen Lebenslauf die folgende Zeichnung:". Der Rahmen sollte beachtet und nicht überschritten werden. Die Untersuchungsteilnehmer sind auch darum gebeten worden, ihre Zeichnungen mit einem für sie zur Verfügung gestellten schwarzen Stabilo Stift (fine 0,4) anzufertigen.

Nicht nur in der kognitiven Linguistik wird die Entstehung der das Leben strukturierenden Metaphern mit den körperlichen Erfahrungen im Raum in Verbindung gebracht, sondern auch aus gestaltpsychologischer Sicht beschreibt Rudolf Arnheim, dass die Organisation visueller Formen im Kunstwerk immer auch auf Grunderfahrungen der menschlichen Existenz verweist (vgl. Franzen, 2009). Ingrid Riedel (2005) bezeichnet die Bildfläche als eine Widerspiegelung des persönlichen Lebensraumes, die als ein Orientierungsmodell für das menschliche Dasein dient. Raumsymbolisch bildet ein Mensch, der mit ausgebreiteten Armen steht, ein Koordinatenkreuz, deswegen entspricht eine Aufteilung der Projektionsebene (der Bildfläche) in den Quadranten dem menschlichen Orientierungssinn im Raum. Diese Projektion nimmt oft eine quadratische oder rechteckige Form an, was der körperlichen Selbsterfahrung und dem Orientierungssinn entspricht. Wenn der Raum als ein Koordinatensystem betrachtet wird, wo die Abszisse die vergangene Zeit und die Ordinate die Höhe des Erreichten symbolisiert, wird die Diagonale zwischen diesen beiden Ecken nichts anderes als eine Lebenslinie (vgl. Riedel, 2005).

Simultane Darstellungen des Lebenslaufs werfen auch die Frage auf, wie die Zeit ins Bild kommt. Wird der Lebenslauf als eine Folge von Ereignissen verstanden, die linear ablaufen, oder stehen die Ereignisse in einer zyklischen Ordnung, bei dem Anfang und Ende zusammenfinden? Da im Bild die ablaufende Zeit nicht darstellbar ist, tritt an ihre Stelle der Raum. Zeitlich aufeinander folgende Lebensabschnitte werden im Bild – meistens von links nach rechts – räumlich nacheinander dargestellt (vgl. Deutsch, 2006).

Das Ziel dieses Items ist, herauszufinden, ob die Untersuchungsteilnehmer sich von den in den vorangegebenen Items vorhergegebenen Bildern beeinflussen lassen oder ihre ganz individuellen Zeichnungen für ihren Lebenslauf anfertigen. Der Inhalt der Zeichnungen wird qualitativ ausgewertet. Die quantitative Auswertung der Zeichnungen dient der Beantwortung der Frage, ob die Untersuchungsteilnehmer bei ihren Lebenslaufdarstellungen eher die linksunteren und rechtsoberen Quadranten der Bildfläche bevorzugen, d. h. eine aufsteigende Lebenslinie zeichnen.

4.3 Stichprobe

4.3.1 Stichprobenauswahl

Bei der Stichprobenwahl wurde die Strategie einer theoriegeleiteten, an die Fragestellung der Untersuchung angepassten Stichprobenziehung angewandt. Im Gegensatz zum „theoretical sampling" nach Glaser und Strauss (1967) werden bei diesem Vorgehen der Stichprobenumfang und die Ziehungskriterien vor der Erhebung festgelegt. Die Erfassung von Heterogenität durch die Festlegung von a priori Kriterien wird in der Literatur auch von qualitativ orientierten Autoren, etwa von Bryman (1988) oder Merkens (2000), gefordert (zit. nach Kluge, 2001, S. 47). Durch die bereits aufgeführten theoretischen Überlegungen und aufgrund dieser Überlegungen gestellten Fragestellungen und Hypothesen ist zu erwarten, dass je nach Geschlecht, Nationalität und Altersgruppe die Untersuchungsteilnehmer verschiedene Symbole für ihren Lebenslauf wählen werden. Als wesentliche soziodemographische Merkmale für die Stichprobenziehung wurden also die Nationalität, das Geschlecht und die Altersgruppe mit den folgenden Ausprägungen festgelegt:

Tabelle 2: Merkmalausprägungen in der Stichprobe[3]

Merkmal	Ausprägungen
Geschlecht	weiblich/männlich
Nationalität	deutsch/litauisch
Altersgruppe	jünger (16–22 Jahre) /älter (36–89 Jahre)

Die Wahl dieser Altersgruppen hat mehrere Gründe. Es ist davon auszugehen, dass Jugendliche und junge Erwachsene eine bewusste Fähigkeit zum symbolischen und metaphorischen Denken entwickelt haben. Das bedeutet, dass sie in der Lage sind, die bei dieser Untersuchung zur Auswahl gestellten abstrakten Symbole und das Bild der Lebenstreppe als symbolische Repräsentation des Lebenslaufes anzusehen, oder anders ausgedrückt, eine symbolische Beziehung zwischen einer bildlichen Darstellung und ihrem eigenen Lebenslauf herzustellen. Im Sinne von Neugarten und Datan (1978) wird angenommen, dass erst im Erwachsenenalter sich im Individuum der Begriff „Lebenszyklus" entwickelt, der in der Erwartung und Anerkennung der unabwendbaren Aufeinanderfolge von Ereignissen besteht, die eintreten, während der Mensch erwachsen wird, alt wird und stirbt.

3 Näheres zu der Verteilung der einzelnen Merkmalsausprägungen in der Stichprobe wird in Kapitel 4.3.2 beschrieben.

In der vorliegenden Untersuchung ist mir die Problematik des Generationsbegriffes durch die Unterscheidung der zwei Generationen durch ihr kalendarisches Alter bewusst. Auch in der Umgangssprache wird das Alter oft zur Abgrenzung von Generationen herangezogen, wenn man z. B. von der „jungen“ oder der „älteren Generation“ spricht. Aus der Sicht von Szydlik und Künemann (2009) ist es daher hilfreich, in solchen Fällen von „Altersgruppe“ statt von „Generationen“ zu sprechen, um der Verwechslungsgefahr mit dem gesellschaftlichen Abgrenzungskriterium zu entgehen. Bei diesem Kriterium wird der historische Zeitpunkt mit den Gemeinsamkeiten im Sinne von generationstypischen Erfahrungen und möglicherweise als Konsequenz gemeinsamer Werte und Lebensstile akzentuiert (vgl. Szydlik & Künemund, 2009). „Altersgruppe“ dagegen meint lediglich die Zugehörigkeit von Personen z. B. zu „den Jungen“ oder „den Alten“ zu einem bestimmten Zeitpunkt. Bezeichnungen wie „junge Generation“ im Sinne gesellschaftlicher Generationen vermischen damit Altersgruppe und Generation (Szydlik, 2004, S. 8–9). Bereits Mannheim (1928) merkte an, dass „wohl niemand behaupten wolle, die chinesische und deutsche Jugend um 1800 herum gehörten einer Generation an“ (zit. nach Szydlik & Künemund, 2009, S. 10). Da in der vorliegenden Untersuchung nicht von gemeinsamen historischen Erfahrungen der Untersuchungsteilnehmer, wie z. B. der „68er-Generation“, ausgegangen werden kann, scheint es hier angemessener den Begriff „Altersgruppe“ zu verwenden.

Das Land Litauen wurde für die Untersuchung vorrangig aus dem Grund gewählt, weil ich selbst aus Litauen stamme. Die Sprach- und Kulturkenntnisse ermöglichten mir die Aufarbeitung der Literatur sowie die Datenerhebung und -auswertung in der Originalsprache. Der Begriff der Kultur wird in der vorliegenden Untersuchung allerdings nicht dazu verwendet, eine Gruppe von Menschen oder ein Land mit gemeinsamen Überzeugungen, Erfahrungen oder Geschichte zu definieren. Es ist also nicht gemeint, dass Deutschland und Litauen zwei verschiedene Kulturen darstellen (vgl. Maletzke, 1996; Valsiner, 2000). Die modernen Gesellschaften sind drastischen soziokulturellen Veränderungen unterworfen. Es ist daher nicht mehr möglich, sich vorzustellen, dass jede Gesellschaft eine einzigartige isolierte und von anderen unabhängige Kultur besitzt (vgl. Yamada & Kato, 2006). Die vorliegende Untersuchung interessiert sich speziell für die möglichen Unterschiede zwischen den Ländern, die in der historischen und kulturellen Verbreitung von Symbolen des menschlichen Lebenslaufes bestehen.

In Deutschland wurden die Fragebögen nach Genehmigung seitens der Schulleitungen an der Großen Schule in Wolfenbüttel und an der Integrierten Gesamtschule Franzsches Feld in Braunschweig sowie an Jugendliche ab 16 Jahren im Freundes- und Bekanntenkreis verteilt. In Litauen wurden Fragebögen nach Rücksprache mit dem Schuldirektor an dem Gymnasium von Kaunas Technologie Universität und an Jugendliche ab 16 Jahren im Freundes- und Bekanntenkreis verteilt. Die Fragebogen für die ältere Gruppe wurden in beiden Ländern nach dem „Schneeball-Prinzip" über Multiplikatoren im Bekanntenkreis verteilt.

4.3.2 Beschreibung der Stichprobe

Insgesamt liegen die Daten von insgesamt 400 vollständig ausgefüllten Fragebögen aus einer beruflich gesehen sehr heterogenen Stichprobe vor. Selbst wenn 58 jüngere Untersuchungsteilnehmer keinen Berufswunsch und sieben aus der älteren Altersgruppe ihren Beruf nicht angegeben haben, konnte ich insgesamt 85 verschiedene Berufe bzw. Berufswünsche unter den Untersuchungsteilnehmern aufzählen. Am stärksten waren die Lehrer mit insgesamt 40 Personen vertreten. 22 Mal waren Ingenieure, 20 Mal Ärzte verschiedener Fachrichtungen, 16 Mal Betriebswirte, 14 Mal Sozialpädagogen, zwölf Mal Architekten und Buchhalter vertreten. Auch jeweils zehn Landwirte, Juristen, Psychologen und Designer haben an der Untersuchung teilgenommen. Weiterhin gab es viele Teilnehmer aus verschiedensten handwerklichen Berufen, wie z. B. Gärtner, Hausmeister, Schreiner, Klempner und Reinigungskräfte. Ebenfalls vier Schwimmtrainerinnen, vier Polizisten, sechs Bankkauffrauen, vier Mechaniker, fünf Schauspieler haben an der Untersuchung teilgenommen.

200 Fragebogen wurden von litauischen und 200 von deutschen Untersuchungsteilnehmern ausgefüllt. Ursprünglich war das Ziel, drei Altersgruppen für die Untersuchung zu gewinnen. Es hat sich leider herausgestellt, dass nur die wenigsten Menschen über 80 Jahre in der Lage waren den Fragebogen vollständig auszufüllen. Daraufhin ist die Entscheidung gefallen, die Stichprobe in zwei Altersgruppen aufzuteilen: 16–22 Jahre und 36–89 Jahre. Die ganze Stichprobe von 400 Untersuchungsteilnehmern kann man in vier kleinere Gruppen von 100 Probanden, je nach Nationalität (deutsch/litauisch) und Alter (16–22 Jahre und 36–89 Jahre) unterteilen. Sowohl in Deutschland als auch in Litauen machen die Frauen zwei Drittel und die Männer ein Drittel der jeweiligen Stichprobe aus.

Geschlechterverteilung

Die Verteilung der Geschlechter ist statistisch gesehen in beiden Ländern gleich. Die Kreuztabellenanalyse, wobei der Chi-Quadrat-Test ($X^2(1) = 1{,}159$) mit exakter Signifikanz $p = 0.33$ und der Korrelationskoeffizient nach Pearson (-0,054) sowie der Kontingenzkoeffizient 0.054 mit $p = 0.28$ ausgerechnet wurden, ergab keine statistisch signifikante Abhängigkeit zwischen Geschlecht und Nationalität. In der Verteilung der Geschlechter bei der jüngeren und älteren Altersgruppe gemäß dem Chi-Quadrat-Test gibt es auch keinen statistisch signifikanten Unterschied (X^2 (1) = 1.75; p = 0.19). D. h., dass sich sowohl die Länderstichproben als auch die nach der Altersgruppe unterteilten Stichproben in Bezug auf Geschlechtsverteilung vergleichen lassen. Abbildung 20 zeigt die Geschlechterverteilung in der deutschen und litauischen Stichprobe. Man kann sehen, dass der überwiegende Anteil der gesamten Stichprobe (68,3 %) weiblich ist.

Abbildung 20: Geschlechterverteilung in der deutschen und litauischen Stichprobe

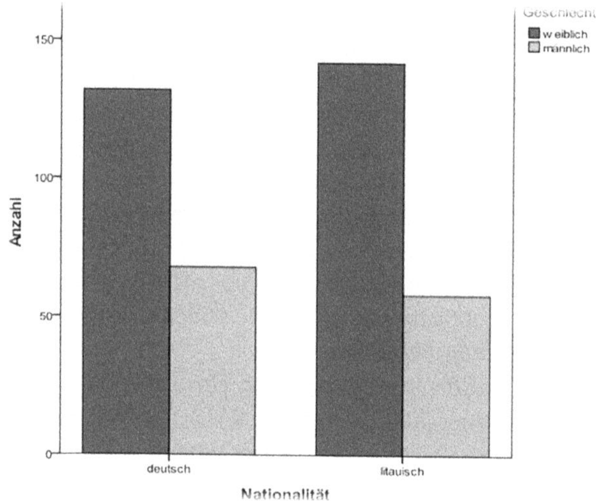

Die Geschlechterverteilung bei beiden Nationalitäten und Altersgruppen sind in der Tabelle 3 aufgeführt.

Tabelle 3: Geschlechterverteilung in Deutschland und Litauen in beiden Altersgruppen

Land / Altersgruppe	Deutschland				Litauen			
	männlich	**%**	**weiblich**	**%**	**männlich**	**%**	**weiblich**	**%**
Älter (36–89 J.)	35	35	65	65	23	23	77	77
Jünger (16–22 J.)	33	33	67	65	35	35	65	65
Insgesamt	68	34	132	66	58	29	142	71

Wie man Tabelle 3 entnehmen kann, besteht der größte Unterschied zwischen den Ländern in der älteren Altersgruppe. In Deutschland haben in dieser Altersgruppe 35 Männer und in Litauen 23 Männer teilgenommen.

Alter der Untersuchungsteilnehmer

Um zu überprüfen, ob sich das Alter der Untersuchungsteilnehmer in Deutschland und Litauen statistisch signifikant unterscheidet, wurde der Mann-Whitney-U-Test angewandt. Der $p = 0.311$ ergab keinen statistisch signifikanten Altersunterschied zwischen den beiden Ländern, ebenso wie zwischen beiden Geschlechtern. Der t-Test (2-seitig) für unabhängige Stichproben ergab mit einem $p = 0.723$ keinen statistisch signifikanten Unterschied. D. h., dass sich die sowohl nach dem Land als auch nach dem Geschlecht unterteilten Teilstichproben in Bezug auf Altersverteilung vergleichen lassen. In der Tabelle 4 ist das Alter der Untersuchungsteilnehmer, unterteilt nach Nationalität, Altersgruppe und Geschlecht abgebildet.

Tabelle 4: Alter der Untersuchungsteilnehmer, unterteilt nach Nationalität, Altersgruppe und Geschlecht

Merkmalausprägungen der Stichprobe	**Zahl der Personen**	**Alter in Jahren**		
		Mittelwert	**St. Abw.**	**Min., Max**
Deutschland	200	33,4	17,04	[16 ; 89]
Litauen	200	35,3	19,28	[16 ; 83]
Jünger (16–22 J.)	200	17,5	1,09	[16 ; 22]
Älter (36–89 J.)	200	51,1	9,67	[36 ; 89]
männlich	126	34,5	17,98	[16 ; 72]
weiblich	274	33,8	18,70	[16 ; 89]
Insgesamt:	400	34,3	18,20	[16 ; 89]

Die Fragebögen der über 70- und 80-Jährigen sind beibehalten worden, um diese qualitativ analysieren zu können. In der deutschen Stichprobe wurden insgesamt neun Fragebögen von Personen über 60 ausgefüllt. Die älteste deutsche Teilnehmerin war zu dem Zeitpunkt der Untersuchung 89 Jahre alt. In der litauischen Stichprobe wurden 20 Fragebögen von Personen über 60 ausgefüllt. Die ältesten zwei Untersuchungsteilnehmerinnen waren hier 80 und 83 Jahre alt. Sowohl unter den deutschen als auch unter den litauischen über 60-Jährigen waren jeweils fünf Personen männlich.

Die Daten der ältesten Untersuchungsteilnehmer werden in der Ergebnisdarstellung gesondert berücksichtigt. Wie man in der Tabelle 4 sieht, unterscheiden sich die Altersmittelwerte der litauischen und deutschen Stichproben nicht signifikant voneinander und lassen statistische Vergleiche zwischen den Altersgruppen zu.

4.4 Durchführung der Untersuchung

Die Datenerhebung erfolgte im Zeitraum vom 26.08.2009 bis zum 20.11.2009 in Deutschland und Litauen. Die Instruktion erfolgte, wie bereits erwähnt, schriftlich in der Einleitung des Fragebogens. Die Fragebögen sind in Deutschland an der Großen Schule in Wolfenbüttel und an der Integrierten Gesamtschule Franzsches Feld in Braunschweig sowie an Jugendliche ab 16 Jahren im Freundes- und Bekanntenkreis verteilt worden. Der Rücklauf in der jüngeren Altersgruppe lag bei ca. 40 %. Die Fragebögen für die ältere Gruppe wurden nach dem „Schneeball-Prinzip“ über Multiplikatoren im Bekanntenkreis verteilt. Der Rücklauf bei der älteren Gruppe lag bei ca. 60 %. In Litauen wurden Fragebögen an dem Gymnasium von Kaunas Technologie Universität und an Jugendliche ab 16 Jahren im Freundes- und Bekanntenkreis verteilt. Der Rücklauf lag hier bei ca. 65 %. Die Fragebögen für die ältere Generation wurden ebenso wie in Deutschland nach dem „Schneeball-Prinzip“ über den Bekannten- und Verwandtenkreis verteilt. Der Rücklauf lag hier bei ca. 70 %.

Die Untersuchungsteilnehmer konnten selbst entscheiden, wo sie ihre Fragebögen ausfüllen. Sie wurden nur darum gebeten, die Bögen innerhalb von zwei Wochen fertigzustellen. Das Ziel war, 400 vollständig ausgefüllte Fragebogen zu bekommen, jeweils 200 in jedem Land. In jedem Land wurden 100 vollständig ausgefüllte Fragebogen von Heranwachsenden im Alter von 16 bis 22 Jahren (MW = 17,48; SD = 1,09) und von 100 Erwachsenen im Alter von 36 bis 89 Jahren (MW = 51,07; SD = 9,77) gesammelt. 37 Fragebögen sind aufgrund der fehlenden eigenen Darstellung des Lebenslaufs aussortiert worden. Die Fragebögen wurden so lange verteilt bis insgesamt 400 vollständig ausgefüllten Fragebogen vorlagen: 200 aus Deutschland und 200 aus Litauen, davon jeweils 100 aus der jüngeren und 100 aus der älteren Altersgruppe.

4.5 Datenauswertung

Im Anschluss erfolgte die schriftliche Aufzeichnung aller individuellen Antworten und die Erfassung der standardisierten Daten in einer digitalen Form. Alle aufgezeichneten Daten befinden sich im Anhang E. Die Fragebogen sind dabei nummeriert worden. Um die Auswertung zu erleichtern, wurden die Fragebögen und

Zeichnungen von deutschen Untersuchungsteilnehmern mit den Nummern von 1 bis 200, die von den litauischen mit den Nummern von 201 bis 400 versehen. Alle Zeichnungen des eigenen Lebenslaufes sind mit einem Scanner in einer Auflösung von 100 dpi (dot per inch) abgetastet worden und im Anhang D aufgeführt. Das Deckblatt mit den Namen und anderen soziodemographischen Daten wurde von den restlichen Seiten des Fragebogens abgetrennt. Die weitere Auswertung erfolgte anhand von anonymisierten Daten. Das gesamte Untersuchungsmaterial wurde sowohl qualitativ als auch quantitativ ausgewertet. Für den quantitativen Vergleich zwischen den Gruppen wurden statistische Verfahren eingesetzt. Die statistischen Analysen der Daten erfolgte mit den Statistik-Programmen SPSS 18.0, R 3.2.2 und dem Programmpaket BiAS 9.17.

Im Folgenden wird die ausführliche Beschreibung der Auswertung der durch die einzelnen Items des Fragebogens gewonnenen Daten erfolgen.

4.5.1 Auswahl der abstrakten Symbole für das eigene Leben

Zunächst wurde erfasst, wie häufig einzelne Symbole für das eigene Leben gewählt bzw. abgelehnt worden sind. Für jedes Symbol wurden Kreuztabellen erstellt, um die quantitativen Vergleiche zwischen zwei Ländern, Altersgruppen und Geschlechtern zu ermöglichen. Die statistischen Signifikanzen sind mittels des Chi-Quadrat-Tests geprüft worden.

4.5.2 Sprachliche Begründungen für die Wahl der abstrakten Symbole

Die sprachlichen Begründungen für die Wahl der abstrakten Symbole oder Metaphern sind in der Diplomarbeit von Sabine Drewes aus dem Jahr 2010 *„Symbole und Metaphern für ‚mein Leben'. Ein Vergleich zwischen 400 Jugendlichen und Erwachsenen aus Deutschland und Litauen"* an der Technischen Universität Carolo-Wilhelmina zu Braunschweig sowohl qualitativ als auch qualitativ ausgewertet worden. An dieser Stelle wird die von Drewes durchgeführte Datenauswertung zitiert.

Für die Auswertung wurden zunächst alle deutschen sprachlichen Aussagen direkt in einer digitalen Form aufgezeichnet, nachdem die litauischen Aussagen zuerst ins Deutsch übersetzt worden waren. Um eine bessere Lesbarkeit zu erreichen, wurden bei den litauischen Aussagen die Satzbaufehler behoben (vgl. Mayring, 2002, zit. nach Drewes, 2010, S. 39). Um das Material zu systematisieren, wurde ein Kategoriensystem nach Mayring (1993) gebildet. Die anschließende Auswertung der sprachlichen Aussagen unterliegt dem Konzept der systematischen Metaphernanalyse nach Schmitt (2010).

Aufbau des Kategoriensystems

Die Kategorien sind induktiv gebildet worden, d. h. aus einzelnen Beobachtungen sind erste Vermutungen entstanden, die dann durch weitere systematische Beobachtungen erhärtet worden sind. Im ersten Schritt wurden die Metaphern nach der Wahl der Symbole „ja/nein" zusammenfassend kategorisiert. Die häufigsten Sinngehalte der Aussagen wurden nach den verwandten Themen zusammengefasst und mit den entsprechenden Definitionen in Tabelle 5 dargestellt.

Tabelle 5: Kategorienbildung nach Wahl bzw. Ablehnung der Symbole (Drewes. 2010, S. 54)

Kategorie	**Definition**	**Beispiel**
1. Labyrinth JA	Verwirrung	„ich [muss] meinen Weg erst finden"
2. Labyrinth JA	Ausweg	„es manchmal keinen Ausweg mehr zu geben scheint, jedoch sich nach reiflicher Überlegung ergibt"
3. Labyrinth NEIN	Verwirrung	„ich mich nicht so durcheinander und auf der Suche fühlte wie in einem Labyrinth"
4. Labyrinth NEIN	Komplexität	„mein Leben nicht kompliziert ist und ich denke, dass ich es überschauen kann"
5. Quadrat JA	Ordnung	„es Ruhe und Ordnung ausdrückt"
6. Quadrat JA	Struktur	„Weil ich mich gerne in einem geordneten Rahmen bewege"
7. Quadrat NEIN	Begrenzung	„es mich an ein Gefängnis erinnert"
8. Linie JA	Gradlinigkeit	„Mein Leben ging immer weiter und immer geradeaus"
9. Linie JA	Zielorientierung	„die Richtung klar ist und eine Leitlinie zu dem Ergebnis führen kann"
10. Linie NEIN	Langweile	„ich kein langweiliges und strukturiertes Leben führe"
11. Linie NEIN	Gradlinigkeit	„nie immer alles ‚glatt' läuft. Es gibt immer Höhen und Tiefen"
12. Spirale JA	Entwicklung	„ich kein langweiliges und strukturiertes Leben führe"
13. Spirale JA	Anfang & Ende	„ausgehend vom Mittelpunkt als Geburt, das Leben immer größere Kreise zieht, sich aber letztlich immer um alle gemachten Erfahrungen herum dreht [...]"

Kategorie	Definition	Beispiel
14. Spirale NEIN	Drehen im Kreis	„ich mich nicht im Kreis bewege, sondern immer Neues ausprobiere“
15. Spirale NEIN	Verwirrung	„es ähnlich ist wie das Labyrinth“
16. Kreis JA	„Alles läuft rund“	„alles rund/perfekt laufen muss. Nichts darf unorganisiert oder dem Zufall überlassen sein“
17. Kreis JA	Harmonie	„Ruhe und Ausgeglichenheit / Wohlfühlen“
18. Kreis NEIN	Drehen im Kreis	„mein Leben [soll] kein Kreislauf sein, das heißt keinen ewigen gleichen Rhythmus“
19. Kreis NEIN	Ausgeglichenheit	„mein Leben nicht ruhig ist und nicht immer harmonisch“
20. Treppe JA	Höhen & Tiefen	„es wie in einer Achterbahn immer auf und ab geht“
21. Treppe JA	Entwicklung	„ich Schritt für Schritt, Treppenstufe für Treppenstufe gehen musste, um dies zu erreichen“
22. Treppe NEIN	Abstieg am Ende	„ich den Altersabstieg nicht als solchen begreife“
23. Dreieck JA	Dreidimensionalität	„Freunde, Familie und Beruf können drei Eckpunkte sein“
24. Dreieck NEIN	Aggressivität	„es durch die drei Spitzen aggressiv wirkt“
25. Dreieck NEIN	Begrenzung	„siehe Viereck, aber noch viel enger“
26. Doppelspirale JA	Dualität	„persönliche Entscheidungen auch von Familie und Umfeld geprägt sind“
27. Doppelspirale NEIN	Wirrwarr	„das Verworrene dieses Symbols sich nicht in meinem Leben wiederfindet“
28. Doppelspirale NEIN	*Keine Bedeutung*	„ich damit nichts anfangen kann“

Die Analyse der sprachlichen Aussagen ergab, dass verschiedenen Symbolen sinnverwandte Metaphern zugeschrieben wurden, so wurde z. B. die Definition „Verwirrung“ als Begründung sowohl für die Wahl von Labyrinth als auch von Spirale oder Doppelspirale angegeben. Nach dem Sinngehalt von sprachlichen Aussagen konnten die Metaphern in 13 Kategorien unterteilt werden. Tabelle 6 zeigt die Kategorien und die dazugehörigen Symbole. Die Kategorien sind überarbeitet und reduziert worden, was ihre anschließende quantitative Auswertung ermöglicht hat.

Tabelle 6: Metaphernkategorien und dazugehörige Symbole (Drewes, 2010, S. 55)

1.	Das Leben ist nicht vorhersehbar, verwirrend, komplex	Labyrinth, Spirale, Doppelspirale
2.	Das Leben ist die Suche nach dem richtigen Weg	Labyrinth, Linie
3.	Der Weg ist das Ziel	Labyrinth, Linie
4.	Das Leben ist ein Kreislauf	Kreis, Spirale
5.	Das Leben ist Drehen im Kreis	Kreis, Spirale
6.	Das Leben ist ausgeglichen und harmonisch	Kreis
7.	Das Leben ist verschlossen	Kreis, Quadrat, Dreieck
8.	Monotonie, Routine	Linie, Kreis
9.	Das Leben ist die ständige Entwicklung	Treppe, Kreis, Spirale
10.	Zielstrebigkeit im Leben	Linie, Treppe
11.	Stabilität und Sicherheit	Quadrat, Kreis, Linie
12.	Ruhe, Ordnung, Klarheit	Quadrat, Kreis
13.	Das Leben ist zweiseitig (Höhen &Tiefen)	Treppe, Doppelspirale

Quantitative Auswertung der sprachlichen Aussagen

Um die sprachlichen Aussagen quantitativ auszuwerten und quantitative Unterschiede zwischen den Gruppen erfassen zu können, sind die Häufigkeiten der einzelnen Kategorien in der jeweiligen Gruppe ausgezählt worden. Die Ergebnisse der sowohl qualitativen als auch quantitativen Auswertung der sprachlichen Aussagen sind anschließend im Zusammenhang analysiert worden (vgl. Drewes, 2010).

4.5.3 Das Bild von der Lebenstreppe

Es wurde erfasst, wie häufig das Bild der Lebenstreppe den Untersuchungsteilnehmern bekannt bzw. unbekannt ist und wie häufig die Untersuchungsteilnehmer angegeben haben, sich ihren Lebenslauf auch als eine Treppe vorstellen/nicht vorstellen zu können. Für die beiden Fragen wurden Kreuztabellen erstellt, um die quantitativen Vergleiche zwischen zwei Ländern, Altersgruppen und Geschlechtern zu ermöglichen. Die statistischen Signifikanzen sind mittels des Chi-Quadrat-Tests geprüft worden.

4.5.4 Eigene Lebenslaufdarstellung

Die bildlichen Lebenslaufdarstellungen sind der Gruppe der „Zeichnungen von Laien" zuzuordnen. Im Gegensatz zu „professionellen Zeichnungen" sind die eigenen Lebenslaufdarstellungen in dieser Untersuchung nicht in künstlerischer, kultureller oder anderer gestaltender Absicht, wie z. B. als Werke der bildenden Kunst, geschaffen. Es handelt sich hier vielmehr um Laienkunst von Personen, die normalerweise nur im Rahmen der Freizeitgestaltung oder im Rahmen ihrer Schulausbildung zeichnerisch tätig sind oder sogar erstmalig nach vielen Jahren einen Stift in die Hand genommen haben (vgl. Billmann-Mahecha, 2010).

Auch die Zeichnungen des eigenen Lebenslaufes sind sowohl quantitativ als auch qualitativ ausgewertet worden. Die quantitative Auswertung ist durch Tatiana Udina im Rahmen ihrer Bachelorarbeit aus dem Jahr 2010 „*Quantitative Analyse von symbolischen Lebenslaufdarstellungen*" an der Technischen Universität Carolo-Wilhelmina zu Braunschweig durchgeführt worden. Bei der folgenden Beschreibung der quantitativen Auswertung wird ihre Arbeit zitiert. Die qualitative Auswertung der gezeichneten Motive erfolgte durch mich mit Hilfe eines Kategoriensystems. Auch hier sind anschließend die Häufigkeiten der Motive in bestimmten Gruppen ausgezählt und die Unterschiede zwischen den Gruppen statistisch verglichen worden.

Qualitative Auswertung der eigenen Lebenslaufdarstellungen

Das grundlegende Ziel der qualitativen Auswertung ist, festzustellen, welche symbolischen Formen und Motive die Untersuchungsteilnehmer in ihren eigenen Lebenslaufdarstellungen verwendet haben. Dabei wird der Versuch unternommen, zunächst zu ermitteln, inwieweit die Untersuchungsteilnehmer in ihren Zeichnungen die Symbole aus dem Fragebogen verwendet haben und anschließend die weiteren Motive systematisch zu charakterisieren. Für diesen Zweck wurde ein Kategoriensystem gebildet.

Aufbau des Kategoriensystems zur Einordnung der Motive von den Zeichnungen

Zuerst sind die acht abstrakten Symbole aus dem vierten Item in das Kategoriensystem übernommen worden, um ausrechnen zu können, wie viele Untersuchungsteilnehmer aus bestimmten Teilstichproben in ihren eigenen Lebenslaufdarstellungen die vorher gesehenen geometrischen Elementarformen verwendet haben. Für den Inhalt der restlichen Zeichnungen habe ich aus der Beobachtung des Materials auf induktivem Wege Kategorien gebildet, um diese systematisch ordnen zu können. Das Kategoriensystem stellt somit eine gemischte Form aus deduktiven und induktiven Elementen dar. Deduktive Kategorien sind direkt aus dem Fragebogen übernommene abstrakte symbolische Formen. Die induktiven Kategorien sind aus der Beobachtung der Motive der restlichen Zeichnungen abstrahiert worden (vgl. Bortz & Döring, 2002).

In Tabelle 7 sind die Kategorien der Motive mit dazugehörigem Inhalt und Beispielen von Zeichnungen aufgelistet. Die ersten acht Kategorien erfassen die Symbole aus dem Fragebogen. Die Kategorien von neun bis zwölf stellen den Versuch dar, die abstrakten Motive zu systematisieren. Kategorie Nr. 9 soll z. B. die Kombination aus den abstrakten Symbolen aus dem Fragebogen erfassen. Die Kategorie 13 erfasst die Zeichnungen, die den Lebensverlauf in mehreren Szenen darstellen. Die Kategorien 14–19 erfassen konkrete Zeichnungsmotive, wie z. B. Darstellungen von Menschen, Tieren, Bäumen oder Straßen.

Tabelle 7: Kategorien zur Einordnung der Motive von Zeichnungen zum eigenen Lebenslauf

Nr.	**Kategorie**	**Motive der Zeichnung**	**Beispiel**
1.	Labyrinth	Ein deutlich erkennbares Labyrinth	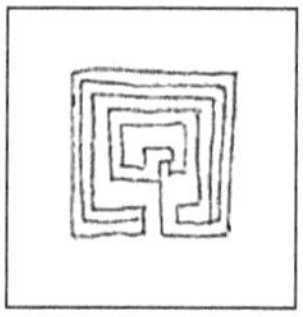
2.	Quadrat	Eine deutlich erkennbare abstrakte quadratische Form	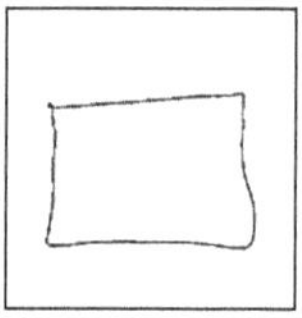
3.	Linie	Horizontal oder diagonal verlaufende gerade Linie oder Pfeil	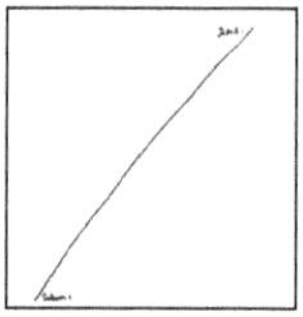
4.	Spirale	Deutlich erkennbare Spirale ohne andere Elemente	

Nr.	Kategorie	Motive der Zeichnung	Beispiel
5.	Kreis	Kreisförmige Figuren ohne andere Elemente (wie z. B. Sonnenstrahlen)	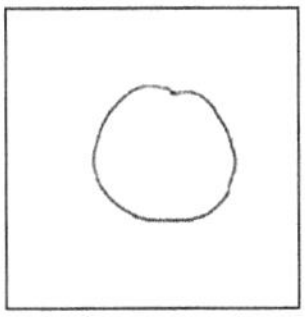
6.	Treppe	Deutlich erkennbare abstrakte Treppendarstellungen, auch ohne Darstellung des absteigenden Teils, mit und ohne Beschriftung oder anderen Elementen	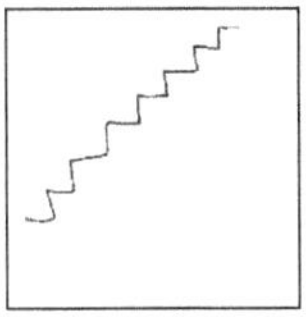
7.	Dreieck	Deutlich erkennbare, vollständig dargestellte Dreiecke	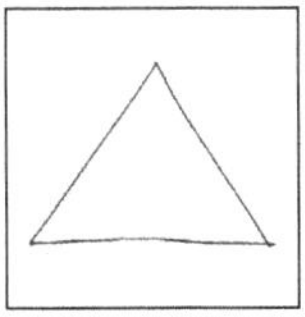
8.	Doppelspirale oder längliche Spirale	Deutlich erkennbare länglich gezogene Doppelspirale oder auch Einzelspirale	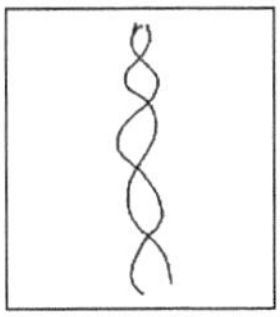
9.	Kombination aus mehreren abstrakten Symbolen	Kombination aus mehreren abstrakten geometrischen Formen, die in dem Fragebogen vorgegeben worden sind	
10.	Verlaufskurven und -linien	Abstrakte wellenartige oder zackige linienartige Verlaufskurven und Diagramme sowie geschwungene Linien	
11.	Abstrakte Schemata	Abstrakte Modelle, die teilweise an die gängigen statistischen Diagramme erinnern und meistens beschriftet sind; mathematische Formeln	

Nr.	Kategorie	Motive der Zeichnung	Beispiel
12.	Muster, Kritzel und andere abstrakte Symbole	Zackige oder runde Kritzel, die manchmal über die ganze Darstellungsfläche verteilt sind; einzelne geometrische Formen oder individuelle abstrakte Symbole, deren Bedeutung nicht deutlich in den vorher genannten Kategorien einzuordnen ist	
13.	Lebensverlauf aus mehreren Szenen	Darstellung von mindestens drei hintereinander folgenden Szenen, die linear, aber auch spiralförmig angeordnet sein können. Die einzelnen Szenen können durch Menschen, Gegenstände, aber auch als Wachstumsphasen von Pflanzen dargestellt sein	
14.	Konkrete Bilder oder Szenen	Darstellung einer konkreten, mehr oder weniger realistischen einzelnen Szene des Lebens oder Landschaft mit oder ohne Menschen, auch Motive wie Fluss, Meer oder Naturerscheinungen, die die ganze Bildfläche beanspruchen	
15.	Andere konkrete Symbole, Zeichen oder Gegenstände	Smiley, Sonne, Flügel, Herzen, Pfeile, Kreuze, Musiknoten und Ähnliches, was nicht zu der lebendigen Natur gehört	
16.	Menschen	Einzelne oder mehrere Menschen, auch „Strichmännchen“	
17.	Tiere	z. B. Bären, Schmetterlinge und andere Tiere oder Insekten	

Nr.	Kategorie	Motive der Zeichnung	Beispiel
18.	Pflanzen	Bäume, Blumen	
19.	Weg oder Straße	Straßen, Feldwege, Bahngleise, dargestellt als Einzelmotiv oder in einer Landschaft	

Die Zeichnungen sind von mir und einer weiteren Beurteilerin (C. R.) den 19 Kategorien zugeordnet worden. Jede Zeichnung konnte nur einer Kategorie zugeordnet werden. Die Tabellen mit der Zuordnung der einzelnen Zeichnungen mit ihren Nummern durch einzelne Beurteilerinnen befinden sich im Anhang C. Für die Ermittlung der Beurteilerüberstimmung wurden Kappa-Koeffizienten nach Cohen berechnet. Dieser Koeffizient hat gegenüber der einfachen Ermittlung der Beurteilerübereinstimmung in Prozenten den Vorteil, dass die zufällige Beurteilungsübereinstimmung geschätzt und korrigiert wird. Je weniger Kategorien verwendet werden, desto höher ist der Prozentsatz der Zufallsübereinstimmung. Bei den Kappa-Werten über 70 spricht man von einer guten Übereinstimmung (vgl. Bortz & Döring, 2002). Die Berechnung von Cohens Kappa erfolgte mithilfe des Pakets irr (Gamer et al., 2012) in R 3.2.2 (R Core Team, 2015). Das ermittelte Kappa von .893 ist nach Wirtz und Caspar (2002, S. 59) als Indikator für eine sehr gute Übereinstimmung anzusehen. Die Tabelle mit der Beurteilerübereinstimmung der Zuordnung von Zeichnungen zu Motivkategorien ist ebenfalls im Anhang C zu finden.

Quantitative Analysen der Zeichnungsmotive

Für die Untersucheng des Zusammenhangs von Alter, Geschlecht und Nationalität mit der Wahl der Motive für die Lebenslaufdarstellungen wurden Chi-Quadrat-Tests berechnet. Für die weitere Analyse dieses Befundes wurde eine Konfigurationsfrequenzanalyse (KFA, vgl. etwa Krauth, 1993) durchgeführt. Die KFA ist quasi ein Post-Hoc-Verfahren für die Analyse von Kreuztabellen. Während die Chi-Quadrat-Analyse eine Aussage darüber erlaubt, ob zwei Variablen in

Zusammenhang stehen oder nicht, identifiziert die KFA Merkmalskombinationen dieser Variablen, die statistisch häufiger oder seltener als erwartet auftreten. Kombinationen, die häufiger auftreten, werden Typen, seltenere Antitypen genannt.

Für die Berechnung der KFAn wurde das Programmpaket BiAS 9.17 (Ackermann, 2012) eingesetzt.

In Bezug auf die Altersgruppierung (wie auch bei den Variablen Geschlecht und Nationalität) liegt eine ausbalancierte Stichprobe mit je zwei Gruppen vor; in jeder Gruppe befinden sich je 200 Personen. Dies führt in der KFA dazu, dass sich ein Typus in der einen Gruppe als Antitypus in der anderen Gruppe spiegelt, die erwartete Häufigkeit ist gleich der Summe der beobachteten Häufigkeiten geteilt durch Zwei. So entsprechen sich auch die χ^2- und p-Werte. Sie werden deshalb nur je einmal berichtet. Für eine konfirmatorische Analyse empfiehlt Ackermann (2012) die Anwendung der Bonfferroni-Korrektur. Legt man ein anfängliches $\alpha = .05$ fest und teilt entsprechend der Anzahl der Merkmalskombinationen durch 38[4], so ergibt sich ein $\alpha^* = .0013$. Unter diesem schärferen Kriterium wäre keine der dargestellten Merkmalskombinationen signifikant häufiger oder seltener als erwartet aufgetreten. Damit würden sich auch die Altersgruppen nicht in der Wahl ihrer Lebenssymbole unterscheiden.

Ein weiteres Problem in der vorliegenden Analyse ist das Vorhandensein von Zellen, die eine Häufigkeit von Null aufweisen. Ebenso sollte man bei asymptotischen Chi-Quadrat-Tests fordern, dass mindestens 80 % der Zellen eine (erwartete) Häufigkeit von größer als Fünf aufweisen. Dies ist hier nicht der Fall. Nur 21 der 38 Zellen bzw.55 % sind größer als Fünf. In diesem Sinne sollte man die berichteten Analysen mit Vorsicht nur im Sinne einer Tendenz oder eines Hinweises interpretieren. Diese Einschränkungen gelten auch für die anderen Analysen entsprechend den vorgefundenen Häufigkeiten.

Da es einen signifikanten Zusammenhang zwischen den Variablen Nationalität und Kategorienauswahl gab, wurde anschließend gesondert geprüft, inwieweit sich die Variablen Geschlecht und Alter auf die Kategorienauswahl in der deutschen und litauischen Teilstichprobe auswirken. Für die Auswertungen innerhalb der nationalitätenbezogenen Stichproben gilt das oben über die Anforderungen des Chi-Quadrat-Tests Gesagte in besonderem Maße, da die (Teil-)Stichprobengröße hier ja nur 200 beträgt, somit die Häufigkeiten innerhalb der 38 Zellen nochmals kleiner ausfallen.

---

4 Die Zahl 38 ergibt sich, indem man 19 Motivkategorien durch zwei Merkmale je Variable multipliziert.

Die Analyse der Interaktionseffekte von Alter, Geschlecht und Nationalität auf die Kategorienwahl wäre auch durch die Anwendung einer KFA (vgl. Krauth, 1993) oder auch durch ein log-lineares Modell einer mehrdimensionalen Kontingenztabelle (Bortz, 1999, S. 168; für die Umsetzung in R siehe Wollschläger, 2014, S. 317) möglich gewesen. Da aber nur der Vergleich von Geschlechtern und Altersgruppen innerhalb der jeweiligen Nationalität von Interesse war, bot es sich an, in Bezug auf die Darstellung die schon eingeführten zweidimensionalen Kreuztabellen und KFAs beizubehalten und jeweils nach Nationalität getrennte Tabellen und Tests mit jeweils Alter oder Geschlecht und der Motivkategorienwahl in eigenen Lebenslaufdarstellungen als Variablen zu rechnen. Ein weiteres Argument ist, dass auch bei einem log-linearen Modell eine geringe Zellenbesetzung problematisch sein kann. Auch hier wären die Ergebnisse eher vorsichtig in Sinne einer Tendenz zu betrachten[5].

Quantitative Auswertung der Zeichnungsfläche in eigenen Lebenslaufdarstellungen

Frau Udina stand noch nicht der gesamte Datensatz zur Verfügung. Es fehlten acht Bilder in der deutschen Stichprobe. Weiterhin gab es Untersuchungsteilnehmer, die erheblich mehr gezeichnet haben als die anderen. Nach der statistischen Überprüfung wurde festgestellt, dass die „Ausreißer" die statistischen Ergebnisse beeinflussen. Aus diesem Grund wurde beschlossen, diese von dem zweiten Berechnungsverlauf auszuschließen. Um die „Ausreißer" zu identifizieren ist ein Box-Plot erstellt worden. Die Bilder mit den Nummern 19, 39, 77, 258, 290, 349, 352, 353 und 359 (siehe Anhang D) sind als Ausreißer identifiziert worden. Die Stichprobe für die quantitative Auswertung der Bilder umfasste insgesamt 383[6] Zeichnungen und hatte die folgende Zusammensetzung: 193 gehören der jüngeren Altersgruppe, 190 der älteren Altersgruppe an; 190 Zeichnungen stammen von den deutschen Untersuchungsteilnehmern und 193 von litauischen.

Um die Mittelwerte der Pixelmasse in unterschiedlichen Quadranten vergleichen zu können, wurde die digitalisierte Bildfläche in I = 756 Bildzeilen und J = 664 Bildspalten aufgeteilt. Dies entspricht insgesamt 664x756 = 501984 Pixel. Diese Bildfläche wurde nach dem Kartesischen Koordinatensystem in Anlehnung an das Raum-Schema nach Susan Bach (1966) in vier Quadranten folgendermaßen aufgeteilt: I Quadrant (++), II Quadrant (+-), III Quadrant (- -) und IV Quadrant (-+) (zit. nach Riedel, 2005, S. 31):

---

5 Bei der Datenanalyse habe ich mich durch Alexander Teichmann beraten lassen.

6 400 – (9 Ausreißer + 8 fehlende Fragebogen) = 383

Abbildung 21: Aufteilung der Bildfläche in Quadranten

IV. Quadrant – +	I. Quadrant + +
III. Quadrant – –	II. Quadrant + –

Jeder Quadrant hat die Fläche von 125496 Pixeln. In Photoshop wurde in jedem Quadrant von jeder Zeichnung ein Farbbereich ausgewählt, der exakt der Farbe Weiß entsprach. Die „bemalte Fläche" entstand also als ein Subtraktionsergebnis von der Quadrant-Fläche und der Weiß-Fläche. Um die individuelle Bevorzugung einzelner Quadranten zu berücksichtigen, wurden neue Variablen gebildet, die die Anteile der Gesamtzeichnung im jeweiligen Quadranten abbilden. Die Berücksichtigung der Ausreißer ist in diesem Fall nicht mehr nötig, da die Berechnung mit relativen Zahlen erfolgt. Die statistischen Unterschiede in der Pixelmasse von vier Quadranten sind zwischen zwei Ländern und zwei Altersgruppen mittels t-Test verglichen worden (vgl. Udina, 2010).

5 Ergebnisse

Im Folgenden werden die Ergebnisse der Untersuchung dargestellt und interpretiert. Die zusammenfassende Diskussion der Ergebnisse findet in Kapitel sechs statt.

5.1 Auswahl der abstrakten Symbole für das eigene Leben

5.1.1 Wahl der Symbole in der gesamten Stichprobe

Die Abbildung 22 zeigt die Wahl der abstrakten Symbole, die als passend und die als nicht passend zu dem eigenen Leben in der gesamten Stichprobe von N = 400 angekreuzt worden sind. Die Symbole in der Abbildung sind in der Rangfolge entsprechend der Häufigkeit ihrer Wahl angeordnet. Die blaue Farbe zeigt die Anzahl der Nennungen von Symbolen, die als passend zu dem eigenen Leben angekreuzt worden sind. Die negative Wahl – die Häufigkeiten der Nennungen der Symbole, die als nicht zu dem eigenen Leben passend angekreuzt worden sind – ist in Orange dargestellt. Die Zahlen am Balken zeigen, wie häufig die einzelnen Symbole insgesamt gewählt worden sind. Die absolute Häufigkeit der Nennungen ist größer als 400, da die Untersuchungsteilnehmer bis zu drei Symbole als passend oder unpassend nennen konnten.

Abbildung 22: Wahl und Ablehnung der abstrakten Symbole für das eigene Leben in der gesamten Stichprobe

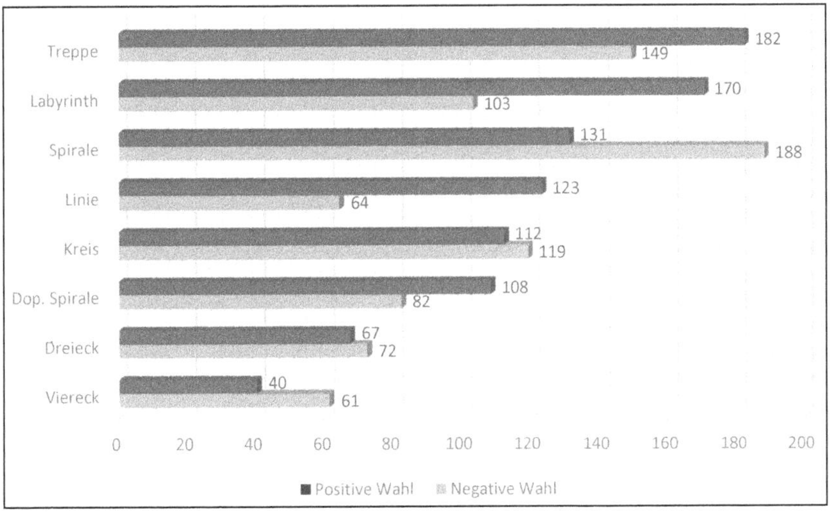

Das abstrakte Bild der Treppe ist mit 182 Zustimmungen das am häufigsten gewählte Symbol. Nur zwölf Mal weniger wurde das Labyrinth gewählt. Mit 131 Nennungen folgte die Spirale, mit 123 die Linie, mit 112 der Kreis und mit 108 die Doppelspirale. Das Viereck mit 40 Mal und das Dreieck mit 67 Mal wurden am wenigsten als passende Symbole für das Leben gesehen. Die einfache Spirale wurde mit 188 am häufigsten als ein unpassendes Symbol für das Leben gesehen. Die abstrakte Treppe ist insgesamt 149 Mal und der Kreis 119 Mal abgelehnt worden. Das Quadrat und das Dreieck haben jeweils mit 61 und 72 Ankreuzungen auch die wenigsten Ablehnungen erhalten.

Wie man sieht, hat die Treppe als ein abstraktes Bild mit insgesamt 182+148 = 331 Ankreuzungen in der gesamten Stichprobe am meisten Aufmerksamkeit erhalten. Die Gründe dafür werden erst nach der Auswertung der sprachlichen Begründungen für die Wahl genauer interpretierbar. Wie man in Kapitel 5.2 sehen wird, haben die Untersuchungsteilnehmer sehr unterschiedliche Metaphern und Bedeutungen mit diesem Symbol in Verbindung gebracht. Die Spirale mit insgesamt 131+188 = 319 Nennungen hat sich als zweitwichtigste geometrische Form herausgestellt. Sie ist allerdings häufiger als nicht passendes Symbol für das eigene Leben gewählt worden. Das Labyrinth mit insgesamt 170+103 = 273 Nennungen erscheint hier als drittwichtigstes Symbol. Die drei Symbole stellen im Vergleich zu den anderen, ausgenommen vielleicht der Doppelspirale, die komplexeren abstrakten Formen dar.

Diese Ergebnisse machen deutlich, dass alle Untersuchungsteilnehmer bestimmte abstrakte geometrische Grundformen als Symbole für ihr Leben betrachten können. Die darauffolgenden sprachlichen Begründungen zeigen, dass die Wahl dieser Symbole mit Hilfe bestimmter bewusster Reflexionsprozesse erfolgte. Die erste allgemeine Fragestellung der Untersuchung, ob die Untersuchungsteilnehmer abstrakte geometrische Formen mit ihrem Leben in Verbindung bringen, kann mit einem „Ja“ beantwortet werden. Alle Teilnehmer dieser Untersuchung haben einen bestimmten Zugang zu den Symbolen gezeigt, was vorerst gegen die Auffassung spricht, dass die Symbole eine für den modernen Menschen „vergessene Sprache“ darstellen (vgl. Fromm, 1951). Im Folgenden werden die Unterschiede zwischen deutschen und litauischen Untersuchungsteilnehmern, dann zwischen den beiden Geschlechtern und Altersgruppen analysiert. Anschließend folgt die Beschreibung der Wahl von abstrakten Symbolen unter den ältesten Untersuchungsteilnehmern.

5.1.2 Unterschiede zwischen Ländern in der Wahl der abstrakten Symbole

Bei der Wahl der abstrakten Symbole, die zum eigenen Leben passen, haben sich die deutschen Untersuchungsteilnehmer statistisch signifikant häufiger als die litauischen für den Kreis entschieden. Den größten statistisch signifikanten Unterschied gab es bei dem Symbol der Treppe. Die Treppe ist 109 Mal durch die litauischen Untersuchungsteilnehmer und 73 Mal durch die deutschen Untersuchungsteilnehmer als passendes Symbol für das eigene Leben gewählt worden. Tabelle 8 zeigt die Häufigkeiten der Nennungen von einzelnen Symbolen (n) und die prozentualen Anteile der gesamten Nennungen des Symbols in dem deutschen und litauischen Anteil der Stichprobe. In den letzten Spalten der Tabelle sind die exakten Signifikanzen (2-seitig) des Chi-Quadrat-Tests nach Pearson und die p-Werte abgetragen. Wie man der Tabelle 8 entnehmen kann, ist die Wahl von Labyrinth, Quadrat, Linie und anderen Symbolen, außer dem Dreieck, in beiden Ländern fast identisch. Die Deutschen haben das Dreieck tendenziell häufiger gewählt als die Litauer.

Tabelle 8: Unterschied zwischen dem deutschen und litauischen Teil der Stichprobe in der Wahl der abstrakten Symbole, die zu eigenem Leben passen

Nr.	Symbole	Deutsch		Litauisch		$\chi^2(1)$	p-Wert
		n	%	N	%		
1.	Labyrinth	83	48,8	87	51,2	0.164	0.762
2.	Quadrat	21	52,5	19	47,5	0.111	0.434
3.	Linie	62	50,4	61	49,6	0.012	1.000
4.	Spirale	66	50,4	65	49,6	0.011	1.000
5.	Kreis	**67**	59,8	**45**	42,2	**6.002**	**0.014***
6.	Treppe	**73**	40,1	**109**	59,9	**13.066**	**0.000****
7.	Dreieck	39	58,2	28	41,8	2.169	0.180
8.	Doppelspirale	57	52,8	51	47,2	0.457	0.573

*Anmerkung: **p<.001; *p<.01*

Tabelle 9 zeigt die Häufigkeiten der Ablehnung bestimmter abstrakter geometrischer Formen in den deutschen und litauischen Teilen der Stichprobe.

Tabelle 9: Unterschied zwischen dem deutschen und litauischen Teil der Stichprobe in der Wahl der abstrakten Symbole, die ***nicht*** *zu dem eigenen Leben passen*

Nr.	Symbole	Deutsch		Litauisch		$\chi^2(1)$	p-Wert
		N	%	N	%		
1.	Labyrinth	84	56,4	65	43,6	3.861	0.062
2.	Quadrat	48	46,6	55	53,4	0.641	0.493
3.	Spirale	94	50,0	94	50,0	0.000	1.000
4.	Linie	35	54,7	29	45,3	0.670	0.496
5.	Kreis	49	**41,3**	70	**58,8**	**5.275**	**0.028***
6.	Treppe	53	**64,6**	29	**35,4**	**8.836**	**0.004****
7.	Dreieck	39	**58,2**	28	**41,8**	**5.488**	**0.026***
8.	Doppelspirale	27	44,3	34	55,7	0.948	0.404

*Anmerkung: **p<.01; *p<.05*

Genauso wie in der Tabelle 8 sind in der Tabelle 9 die Häufigkeiten der Ablehnungen von einzelnen Symbolen (n) sowie die prozentualen Anteile der gesamten Ablehnungen der Symbole in dem deutschen und litauischen Anteil der Stichprobe dargestellt. In den letzten Spalten der Tabelle sind die exakten Signifikanzen (2-seitig) des Chi-Quadrat-Tests nach Pearson und die p-Werte abgetragen.

Statistisch signifikante Unterschiede zwischen den deutschen und litauischen Untersuchungsteilnehmern gab es bei der Ablehnung von Treppe, Dreieck und Kreis. Der größte Unterschied mit einer Signifikanz von p = 0.004 konnte in der Ablehnung der Treppe festgestellt werden. Die deutschen Untersuchungsteilnehmer haben die Treppe deutlich häufiger als ein unpassendes Symbol für das Leben empfunden als die litauischen. Sie haben auch statistisch signifikant häufiger (p = 0.026) das Dreieck abgelehnt als die litauischen. Die litauischen Untersuchungsteilnehmer haben dagegen signifikant häufiger den Kreis als unpassendes Symbol für ihr Leben angekreuzt.

Diese Ergebnisse bestätigen die Hypothese 1.1: Es gibt statistisch signifikante Unterschiede zwischen den deutschen und litauischen Untersuchungsteilnehmern in der Wahl und Ablehnung der abstrakten Symbole für das eigene Leben.

5.1.3 Geschlechterunterschiede in der Wahl der abstrakten Symbole

Statistisch signifikante Unterschiede zwischen Männern und Frauen gab es bei der Wahl von Symbolen von Quadrat und Treppe als passende Symbole für das eigene Leben. Während die Männer mit einer Signifikanz von p = 0.001 häufiger das Quadrat gewählt haben, haben die Frauen statistisch signifikant häufiger (p =

0.009) die Treppe gewählt. Die Tabelle 10 zeigt die Häufigkeiten der Nennungen von einzelnen Symbolen (n) durch weibliche und männliche Untersuchungsteilnehmer, die prozentualen Anteile der Nennungen des Symbols durch das entsprechende Geschlecht.

Tabelle 10: Geschlechterunterschiede in der Wahl der abstrakten Symbole, die zum eigenen Leben passen

Nr.	Symbole	Weiblich		Männlich		$\chi^2(1)$	p-Wert
		N	%	n	%		
1.	Labyrinth	124	45,3	46	36,5	2.703	0.104
2.	Quadrat	18	**5,6**	22	**17,5**	**11.375**	**0.001****
3.	Linie	84	30,7	39	31,0	0.004	1.000
4.	Spirale	93	33,9	38	30,2	0.561	0.492
5.	Kreis	71	25,9	41	32,5	1.880	0.188
6.	Treppe	137	**50,0**	45	**35,7**	**7.103**	**0.009***
7.	Dreieck	40	14,6	27	21,4	2.887	0.112
8.	Doppelspirale	74	27,0	34	27,0	0.000	1.000

*Anmerkung: **p<.001; *p<.01*

In den letzten Spalten der Tabelle 10 sind die exakten Signifikanzen (2-seitig) von des Chi-Quadrat-Tests nach Pearson und die p-Werte abgetragen. Wie man der Tabelle 3 entnehmen kann, haben die Frauen tendenziell häufiger (45,3 % der Frauen und 36,5 % der Männer) das Labyrinth gewählt, während die Männer (21,4 % der Männer und 14,6 % der Frauen) tendenziell häufiger das Dreieck gewählt haben.

Tabelle 11 zeigt die Häufigkeit der Wahl von Symbolen durch Frauen und Männer, die als nicht passend für das eigene Leben empfunden worden sind.

*Tabelle 11: Geschlechterunterschiede in der Wahl der abstrakten Symbole, die **nicht** zum eigenen Leben passen*

Nr.	Symbole	Weiblich		Männlich		$\chi^2(1)$	p-Wert
		n	%	**n**	%		
1.	Labyrinth	97	35,4	52	41,3	1.272	0.268
2.	Quadrat	78	28,5	25	19,8	3.359	0.084
3.	Linie	132	48,2	56	44,4	0.482	0.519
4.	Spirale	41	15,0	23	18,3	0.695	0.463

Nr.	Symbole	Weiblich		Männlich		$\chi^2(1)$	p-Wert
		n	%	n	%		
5.	Kreis	86	31,4	33	26,2	1.115	0.346
6.	Treppe	51	18,6	31	24,6	1.900	0.183
7.	Dreieck	50	18,2	22	17,5	0.036	0.889
8.	Doppelspirale	47	17,2	14	11,1	2.438	0.135

In der Tabelle 11 sind auch die Nennungen von einzelnen Symbolen (n) durch weibliche und männliche Untersuchungsteilnehmer, die prozentualen Anteile der Nennungen des Symbols durch das entsprechende Geschlecht dargestellt. In den letzten Spalten der Tabelle sind die exakten Signifikanzen (2-seitig) des Chi-Quadrat-Tests nach Pearson und die p-Werte abgetragen.

Bei der Wahl der Symbole, die nicht zum eigenen Leben passen, ergaben sich keine statistisch signifikanten geschlechtsspezifischen Unterschiede. Den größten tendenziellen Unterschied gab es bei der Ablehnung des Quadrates: 28,5 % der Frauen und 19,8 % der Männer haben das Quadrat als nicht passendes Symbol für das eigene Leben empfunden.

Die im Abschnitt 5.1.3 aufgeführten Ergebnisse bestätigen nur teilweise die Hypothese 1.2: Es gibt statistisch signifikante Unterschiede zwischen den weiblichen und männlichen Untersuchungsteilnehmern in der Wahl der abstrakten Symbole, die für das eigene Leben passen. Bei der Ablehnung der abstrakten Symbole ergaben sich keine statistisch signifikanten Unterschiede zwischen Frauen und Männern.

5.1.4 Unterschiede zwischen Altersgruppen in der Wahl der abstrakten Symbole

Statistisch signifikante Unterschiede zwischen der jüngeren Altersgruppe (16–22 Jahre) und der älteren Altersgruppe (36–89 Jahre) in der Wahl von abstrakten Symbolen, die zu eigenem Leben passen, gab es bei der Wahl von Labyrinth, Linie und Doppelspirale. Während die jüngeren Untersuchungsteilnehmer statistisch signifikant häufiger das Labyrinth ($p = 0.054$) und die Doppelspirale als passende Symbole zu dem eigenen Leben gewählt haben ($p = 0.050$), haben die älteren Untersuchungsteilnehmer sich statistisch signifikant häufiger ($p = 0.000$) – in Prozenten ausgedrückt mit 40,0 % fast doppelt so häufig wie die jüngeren mit 21,5 % – für die Linie entschieden.

Tabelle 12 zeigt die Häufigkeiten der Nennungen von einzelnen Symbolen (n) durch jüngere und ältere Untersuchungsteilnehmer und die prozentualen

Anteile der Nennungen des Symbols durch die entsprechende Altersgruppe. In den letzten Spalten der Tabelle sind die exakten Signifikanzen (2-seitig) des Chi-Quadrat-Tests nach Pearson und die p-Werte abgetragen.

Tabelle 12: Unterschiede zwischen den Altersgruppen in der Wahl von Symbolen, die zu dem eigenen Leben passen

Nr.	Symbole	Altersgruppe (16–22 J.)		Altersgruppe (36–89 J.)		$\chi^2(1)$	p-Wert
		n	%	n	%		
1.	Labyrinth	95	**47,5**	75	**37,5**	**4.092**	**0.054***
2.	Quadrat	18	9,0	22	11,0	0.444	0.618
3.	Linie	43	**21,5**	80	**40,0**	**16.072**	**0.000****
4.	Spirale	63	31,5	68	34,0	0.284	0.670
5.	Kreis	52	26,0	50	30,0	0.794	0.436
6.	Treppe	87	43,5	95	47,5	0.645	0.482
7.	Dreieck	33	16,5	34	17,0	0.180	1.000
8.	Doppelspirale	67	**33,5**	41	**20,5**	**8.574**	**0.050***

*Anmerkung: **p<.001; *p<.05*

In der Wahl der abstrakten Symbole, die nicht zum eigenen Leben passen, konnten statistisch signifikante Unterschiede zwischen den jüngeren und den älteren Untersuchungsteilnehmern sogar bei fünf Symbolen festgestellt werden. Die stärksten statistischen Unterschiede zwischen der jüngeren und der älteren Altersgruppe konnten mit einer Signifikanz $p = 0.000$ in der Ablehnung von Linie und Dreieck festgestellt werden. Während die jüngere Altersgruppe insgesamt $n = 115$ Mal die Linie als ein unpassendes Symbol für das eigene Leben angekreuzt hat, gab es in der älteren Gruppe dagegen nur $n = 73$ Ablehnungen dieses Symbols. Die älteren Untersuchungsteilnehmer haben mehr als doppelt so häufig $n = 50$ als die jüngeren mit $n = 22$ das Dreieck als ein unpassendes Symbol für das eigene Leben ausgewählt. Die älteren Untersuchungsteilnehmer haben weiterhin statistisch signifikant häufiger als die jüngeren das Labyrinth ($p = 0.004$), das Quadrat ($p = 0.006$) und die Doppelspirale ($p = 0.025$) als unpassende Lebenssymbole genannt.

Tabelle 13 zeigt die Häufigkeiten der Ablehnungen von einzelnen Symbolen (n) durch jüngere und ältere Untersuchungsteilnehmer und die prozentualen Anteile der Ablehnungen des Symbols durch die entsprechende Altersgruppe. In den letzten Spalten der Tabelle sind die exakten Signifikanzen (2-seitig) des Chi-Quadrat-Tests nach Pearson und die p-Werte abgetragen.

Tabelle 13: Unterschiede zwischen den Altersgruppen in der Wahl von Symbolen, die ***nicht*** *zum eigenen Leben passen*

Nr.	Symbole	Altersgruppe (16–22 J.)		Altersgruppe (36–89 J.)		$\chi^2(1)$	p-Wert
		n	%	n	%		
1.	Labyrinth	60	**30,0**	89	**44,5**	**8.995**	**0.004****
2.	Quadrat	39	**19,5**	64	**32,0**	**8.172**	**0.006****
3.	Linie	115	**57,5**	73	**36,5**	**17.704**	**0.000*****
4.	Spirale	26	13,0	38	19,0	2.679	0.133
5.	Kreis	65	32,5	54	27,0	1.447	0.274
6.	Treppe	35	17,5	47	23,5	2.209	0.173
7.	Dreieck	22	**11,0**	50	**25,0**	**13.279**	**0.000*****
8.	Doppelspirale	22	**11,0**	39	**19,5**	**5.590**	**0.025***

*Anmerkung: ***p<.0001; **p<.01; *p<.05*

Diese Ergebnisse bestätigen komplett die Hypothese 1.3, dass es statistisch signifikante Unterschiede zwischen den Altersgruppen in der Wahl und in der Ablehnung der abstrakten Symbole für das eigene Leben gibt.

Wahl der abstrakten Symbole unter den ältesten Untersuchungsteilnehmern

Die Wahl der abstrakten Symbole unter den über 60 Jahre alten Untersuchungsteilnehmern wird nur deskriptiv vorgestellt, da die Gruppen zu klein und zu unterschiedlich sind, um statistische Vergleiche durchzuführen. Die über 60 Jahre alten Untersuchungsteilnehmer (N = 29) haben am häufigsten die Linie (16 Mal) und die Treppe (14 Mal) gewählt. An dritter Stelle folgten das Labyrinth und die Spirale mit insgesamt neun Nennungen. Am wenigsten wurde die Doppelspirale gewählt, gefolgt von Dreieck und Quadrat. Das Labyrinth hat unter den Ältesten, besonders den Deutschen, aber auch die meisten Ablehnungen erfahren (14 Mal). Mehr als die Hälfte der ältesten Untersuchungsteilnehmer aus Litauen haben den Kreis (elf Mal) als ein unpassendes Symbol für ihr Leben empfunden.

Die Häufigkeit der positiven Wahl und Ablehnung der einzelnen Symbole unter den deutschen und litauischen Älteren sowie die prozentualen Anteile sind in Tabelle 14 dargestellt.

Tabelle 14: Wahl der abstrakten Symbole unter den ältesten Untersuchungsteilnehmern

Nr.	Symbole	Deutsche über 60 Jahre (N = 9)		Litauer über 60 Jahre (N = 20)		Gesamt
		Positive Wahl	**Ablehnung**	**Positive Wahl**	**Ablehnung**	
1.	Labyrinth	2 (22,2 %)	**6** (66,7 %)	7 (35,0 %)	8 (40,0 %)	**23**
2.	Quadrat	2 (22,2 %)	2 (22,2 %)	4 (20,0 %)	7 (35,0 %)	15
3.	Linie	2 (22,2 %)	3 (33,3 %)	**14** (70,0 %)	2 (10,0 %)	21
4.	Spirale	3 (33,3 %)	2 (22,2 %)	6 (30,0 %)	6 (30,0 %)	17
5.	Kreis	4 (44,4 %)	0	3 (15,0 %)	11 (55,5 %)	18
6.	Treppe	4 (44,4 %)	0	10 (50,0 %)	4 (20,0 %)	18
7.	Dreieck	2 (22,2 %)	4 (44,4 %)	2 (10,0 %)	4 (20,0 %)	12
8.	Doppelspirale	2 (22,2 %)	3 (33,3 %)	1 (5,0 %)	2(10,0 %)	8

Die häufigste Wahl der Linie in der Gruppe der Ältesten stimmt mit der häufigen Wahl dieses Symbols in der gesamten älteren Altersgruppe (36–89 Jahre) überein (siehe Tabelle 12). Die Linie wurde, wie man aus der Tabelle 13 entnehmen kann, statistisch signifikant häufiger von den jüngeren Untersuchungsteilnehmern (16–22 Jahre) als unpassendes Symbol für das Leben gewählt. Das Labyrinth wurde durch die über 60-Jährigen, genauso wie in der gesamten älteren Altersgruppe, häufiger abgelehnt als positiv gewählt. Die häufige Ablehnung des Kreises und die positive Wahl der Treppe in der litauischen Gruppe der über 60-jährigen Untersuchungsteilnehmer stimmt eher mit den Ergebnissen überein, die bei dem Vergleich der Wahl dieser Symbole in den gesamten Stichproben beider Länder als statistisch signifikant gelten. Wie man den Tabellen 8 und 9 entnehmen kann, haben alle litauischen Untersuchungsteilnehmer im Vergleich zu allen deutschen statistisch signifikant häufiger die Treppe als ein passendes Symbol und den Kreis als nicht passendes Symbol für ihr Leben gewählt. Die deutschen Untersuchungsteilnehmer haben dagegen statistisch signifikant häufiger den Kreis als ein passendes Symbol und die Treppe als nicht passendes Symbol für ihr Leben gewählt.

Die Frauen der ältesten Gruppe (n = 19) haben, genauso wie die meisten Frauen in dieser Untersuchung, sichtlich häufiger (zwölf Mal = 63,2 %) als die Männer (zwei von zehn Männern) die Treppe als ein passendes Symbol für ihr Leben gewählt. Die Männer haben, entsprechend der Tendenz in der gesamten Männerstichprobe, häufiger (40,0 % vs. 10,5 %) im Quadrat ein passendes Symbol für ihr Leben gesehen. Den größten Unterschied, der so in der gesamten männlichen Stichprobe nicht vorgekommen ist, gab es bei der Ablehnung des

Labyrinths. Das Labyrinth wurde kein einziges Mal unter den zehn Männern als passendes Symbol gewählt und sogar sieben Mal als nicht passendes Symbol für das Leben angekreuzt.

Tendenziell ähnelt die Wahl der abstrakten Symbole in der Gruppe der über 60-Jährigen der Wahl und Ablehnung von abstrakten Symbolen für das Leben in der gesamten älteren Altersgruppe. Auch die Unterschiede zwischen den beiden Ländern und Geschlechtern passen zu den statistisch signifikant gefundenen Unterschieden zwischen den Stichproben, unterteilt nach Land und Geschlecht. Die Daten der über 60-Jährigen stellen also keine „Ausreißer“ dar und lassen sich gut in die größeren Stichproben, aufgeteilt nach Land oder Altersgruppe, einfügen.

5.2 Sprachliche Begründungen für die Wahl der abstrakten Symbole

Wie schon in Abschnitt 4.5.2 beschrieben, wurden zuerst alle sprachlichen Aussagen nach ihrem häufigsten Sinngehalt in Kategorien unterteilt. Die Ergebnisse dieser Zusammenfassung sind in Tabelle 5 dargestellt. Die Analyse der Aussagen ergab, dass identische oder sinnverwandte Metaphernzuschreibungen zu den verschiedenen Symbolen gefunden werden konnten. Umgekehrt wurden auch die gleichen Symbole durch die Untersuchungsteilnehmer unterschiedlich gedeutet. Der Begriff „Verwirrung“ konnte z. B. in den Begründungen der Wahl bzw. Ablehnung von Labyrinth, Spirale und Doppelspirale gefunden werden. Nach der zweiten Analyse konnten 13 Metaphernkategorien herauskristallisiert werden, die in Tabelle 6 aufgelistet worden sind. Die einzelnen sprachlichen Begründungen wurden anschließend diesen 13 Kategorien zugeordnet und quantitativ ausgewertet, indem die Häufigkeiten der einzelnen Kategorien ausgezählt worden sind. Im Folgenden werden die Ergebnisse der qualitativen und quantitativen Auswertung der sprachlichen Begründungen durch Drewes (2010) zu den einzelnen Symbolen durch mich paraphrasiert[7] und zusammengefasst vorgestellt.

5.2.1 Labyrinth

Die meisten deutschen Untersuchungsteilnehmer haben das Labyrinth mit Unklarheit bis Verwirrung sowie Ausweg aus der Krise assoziiert. Die litauischen Untersuchungsteilnehmer haben ihre Wahl des Labyrinths mit der dritten Metaphernkategorie – Suche und Entscheidung für den richtigen Weg – begründet.

7 Die Darstellung der Ergebnisse ist meinerseits mit den Angaben der VPNR-n und Altersangaben der Untersuchungsteilnehmer ergänzt worden.

Auch Lebensphasen der Ungewissheit, der Orientierungslosigkeit oder auch Irrwege des Lebens sind in den sprachlichen Begründungen mit diesem Symbol in Verbindung gebracht worden. Tabelle 15 zeigt die Häufigkeit der drei Metaphernkategorien, die in der gesamten Stichprobe (N = 400) vorgekommen sind.

Tabelle 15: Antwortkategorien zum Symbol Labyrinth

Metaphernkategorien	**Häufigkeit**
Das Leben ist nicht vorhersehbar, verwirrend, komplex	103
Der Weg ist das Ziel	100
Das Leben ist die Suche nach dem richtigen Weg	61

Die Komplexität des Labyrinthes wurde insgesamt als eher negativ empfunden, daher die Ablehnung des Symbols und die Zugehörigkeit zu der Kategorie „Das Leben ist nicht vorhersehbar, verwirrend, komplex". Besonders für die älteren Menschen aber symbolisiert das Labyrinth die Krise, aus der auch wieder Wege herausführen können. Bei mehreren Nennungen ging es um den Weg, die Suche nach dem (richtigen) Weg und Umwege, die gegangen werden müssen. Bei den jungen litauischen Männern überwog die Aussage, dass sie mit diesem Symbol eine Suche nach dem Wohin, nach dem richtigen Lebensweg verbinden. Bei Schicksalsschlägen wird das Labyrinth häufig als etwas Tröstendes empfunden, was darauf hindeutet, dass die Schwierigkeiten überwunden werden können.

5.2.2 Das Quadrat

Das Quadrat gehört zu einem der am wenigsten gewählten Symbole. Besonders bei den litauischen Frauen gab es eine starke Ablehnung dieses Symbols. Die jungen litauischen Frauen assoziieren damit etwas Geschlossenes. Die älteren haben sogar das Eingesperrtsein mit dem Quadrat in Verbindung gebracht: „[I]ch bin nicht in einem geschlossenen Quadrat" (VPNR 374, 60 Jahre, weiblich). Tabelle 16 zeigt die Häufigkeit der drei Metaphernkategorien, die als Begründung für die Wahl oder Ablehnung dieses Symbols in der gesamten Stichprobe (N = 400) angegeben worden sind.

Tabelle 16: Antwortkategorien zum Symbol Quadrat

Metaphernkategorien	**Häufigkeit**
Das Leben ist verschlossen	50
Monotonie, Routine	20
Ruhe, Ordnung, Klarheit	12

Auch die Deutschen lehnten das Symbol eher ab, mit der Begründung, dass sie das Quadrat mit Eingeschlossensein und auch Eintönigkeit verbinden. Eine Ausnahme bildeten die deutschen Männer der älteren Altersgruppe. Sie verbinden mit dem Quadrat Ruhe, Ordnung und Struktur.

5.2.3 Die Linie

Bei der sprachlichen Formulierung der Begründung für die Ablehnung der Linie fand sich eine seltene Übereinstimmung bei Untersuchungsteilnehmern aller Gruppen. Deutsche Frauen aus der älteren Altersgruppe formulierten in vielfachen Aussagen, dass das Leben nicht gerade, nicht gradlinig und nicht linear verläuft. Junge deutsche und litauische Frauen beschreiben die Linien als langweilig, monoton, geradlinig und belanglos: „Mein Leben ist nicht monoton und immer gleich" (VPNR 202, 17 Jahre). Tabelle 17 zeigt die Häufigkeit der drei Metaphernkategorien, die als Begründung für die Wahl oder Ablehnung der Linie in der gesamten Stichprobe (N = 400) angegeben worden sind.

Tabelle 17: Antwortkategorien zum Symbol Linie

Metaphernkategorien	**Häufigkeit**
Monotonie, Routine	73
Zielstrebigkeit im Leben	50
Stabilität und Sicherheit	22

In zehn von 38 Aussagen verbinden ältere litauische Frauen Zielorientierung und Geradlinigkeit sowie ein Leben, das immer weiter geht und ohne Umwege läuft, mit dem Symbol der Linie. Unter den deutschen Männern aus der jüngeren Altersgruppe fand die Linie mit der häufigen Begründung Zustimmung: „Ich will meinen Weg gehen und diesen möglichst straight und ohne Hindernisse vollziehen" (VPNR 104, 19 Jahre, männlich). Junge litauische Männer verbinden mit der Linie Stabilität.

5.2.4 Die Treppe

Das abstrakte Symbol der Treppe wurde häufig mit Wachstum, Karrierestreben oder auch Aufsteigen assoziiert. 34 sprachliche Begründungen beinhalten Worte wie „hoch" (neun), „Höhe" (sechs) „auf" (sechs) oder „steigen" in Richtung Karriere. Ein Beispiel von einer 53 Jahre alten Frau aus Deutschland (VPNR 021): „Beruflich lief alles bestens und ich konnte Stufe für Stufe berufliche Erfahrungen und Aufstiege erleben. Es gab aber auch durch berufliche Veränderungen Abstiege, um dann wieder Stufe für Stufe zu erklimmen. Zudem war ich Leistungssportler. Das Symbol Treppe passt sehr gut – da ich erfolgreich auf Landesebene war. Deshalb kann die Treppe auch als Symbol für meinen gesamten Lebensweg gelten."

Tabelle 18 zeigt die Häufigkeit der zwei Metaphernkategorien, die als Begründung für die Wahl der abstrakten Treppe in der gesamten Stichprobe (N = 400) angegeben worden sind.

Tabelle 18: Antwortkategorien zum Symbol Treppe

Metaphernkategorien	**Häufigkeit**
Das Leben ist die ständige Entwicklung	54
Das Leben ist zweiseitig (Höhen und Tiefen)	72

Mit dem abstrakten Bild der Treppe wird allerdings nicht nur ein einmaliges Hinauf und wieder Hinunter assoziiert. Vor allem junge deutsche Männer sehen in der Treppe das Bergauf und Bergab (bzw. Auf und Ab) des Lebens als eine Art Wechselspiel: „[E]s [geht] im Leben immer auf und ab" (VPNR 008, 17 Jahre). Manche bringen die Treppe auch mit der sich wiederholenden Sonnenlaufbahn in Verbindung: „Alles geht hoch und runter. Die Sonne geht auf und unter. Ich steige hoch und runter. Zusammen mit der Sonne. Ich falle und stehe wieder auf. Ich gehe den Weg meines Glücks." (VPNR 235, 18 Jahre, weiblich).

5.2.5 Die Doppelspirale

Bei der Wahl dieses Symbols kamen 28 Mal in der gesamten Stichprobe die sprachlichen Aussagen, die der Metaphernkategorie „Das Leben ist zweiseitig" zugeordnet werden konnten. Bei den Antworten zur Doppelspirale war die Dualität für die Untersuchungsteilnehmer das Wichtigste bei diesem Symbol. Die meisten verbinden die Gegensätze wie gut – schlecht, Schule – zu Hause, hoch – runter oder ich – andere damit. Auch Parallelität und Synchronizität fallen in diese Kategorie: „Mein Leben ist mit dem Leben meines Mannes eng miteinander verbunden. Auch wenn der Abstand mal größer ist" (VPNR 084, 41 Jahre, weiblich) oder „Manchmal muss ich ein doppeltes Gesicht haben" (VPNR 398, 17 Jahre, weiblich). Ältere deutsche Frauen verbinden mit diesem Symbol das Verflochtene oder verwoben, verknüpft und verschlungen zu sein: „Ich fühle mich mit jemandem sehr verschlungen. Aus zwei wird eins" (VPNR 078, 42 Jahre, weiblich).

5.2.6 Der Kreis

Die meisten Untersuchungsteilnehmer, die dieses Symbol für ihr Leben gewählt haben, begründen ihre Wahl mit den Aussagen, die die Wiederkehr der Dinge betonen: „Es symbolisiert die gleichmäßige Wiederholung von allem, ohne Höhen und Tiefen im Leben“ (VPNR 269, 18 Jahre, weiblich) oder „Ich sehe es als Kreislauf. Jeder Punkt auf dem Kreis hat seine Bedeutung und ist mir wichtig“ (VPNR 182, 54 Jahre, männlich). In Tabelle 19 sind die Häufigkeit der vier Metaphernkategorien aufgeführt, die als sprachliche Begründung für die Wahl oder Ablehnung des Kreises in der gesamten Stichprobe (N = 400) angegeben worden sind.

Tabelle 19: Antwortkategorien zum Symbol Kreis

Metaphernkategorien	**Häufigkeit**
Das Leben ist ein Kreislauf	53
Das Leben ist Drehen im Kreis	48
Das Leben ist ausgeglichen und harmonisch	41
Das Leben ist verschlossen	23

Die negativen Assoziationen zu dem Kreis beziehen sich auf das Drehen, den Teufelskreis: „Im Kreis gibt es keinen Anfang und kein Ende“. Zu der Metaphernkategorie „Das Leben ist verschlossen“ gehört die Aussage einer Litauerin aus der jüngeren Altersgruppe: „Jeden wichtigen Augenblick versuche ich in meinem Gedächtnis zu verewigen. Manchmal ist mein Leben wie ein stehengebliebener Augenblick, eingerahmt und in Harmonie“ (VPNR 271, 20 Jahre, weiblich).

5.2.7 Das Dreieck

Das Symbol des Dreiecks gehört, genauso wie das Quadrat, zu den am wenigsten gewählten Symbolen für das Leben. In den Begründungen seiner Ablehnung wird das Dreieck meistens durch weibliche Untersuchungsteilnehmerinnen mit spitzen Ecken, einem engen Rahmen, sogar mit Gefahr in Verbindung gebracht: „Mein Leben ist kein Gefängnis und schon gar nicht mit drei spitzen Winkeln. Mein Leben ist frei, an der frischen Luft, unter blauem Himmel, aus dem es auch mal regnet. Aber das gehört dazu“ (VPNR 196, 48 Jahre, weiblich). Tabelle 20 zeigt die Häufigkeit der zwei Metaphernkategorien, die als Begründung für die Wahl des Dreiecks in der gesamten Stichprobe (N = 400) angegeben worden sind.

Tabelle 20: Antwortkategorien zum Symbol Dreieck

Metaphernkategorien	**Häufigkeit**
Das Leben ist verschlossen	12
Dreidimensionalität	11

Die mit Dreieck verbundene Dreidimensionalität spiegelt sich in den Aussagen der Untersuchungsteilnehmer über die Dreieinigkeit der Familie (Vater – Mutter – Kind), Zeit (Vergangenheit – Gegenwart – Zukunft), Beziehungen (Familie – Beruf – Ich), oder auch Glaube – Liebe – Hoffnung: „Das Dreieck steht für die Beziehung zwischen Familie, dem Beruf und mir selbst. Sowohl ein guter Beruf als auch eine heile und glückliche Familie sind für mich sehr wichtig" (VPNR 012, 18 Jahre, männlich).

5.2.8 Die Spirale

In den sprachlichen Aussagen zu der Spirale konnten vier Metaphernkategorien identifiziert werden. In Tabelle 21 sind die Häufigkeit der vier Metaphernkategorien, die als sprachliche Begründung für die Wahl oder Ablehnung der Spirale in der gesamten Stichprobe (N = 400) angegeben worden sind, dargestellt.

Tabelle 21: Antwortkategorien zum Symbol Spirale

Metaphernkategorien	**Häufigkeit**
Das Leben ist nicht vorhersehbar, verwirrend, komplex	14
Das Leben ist ein Kreislauf	16
Das Leben ist Drehen im Kreis	15
Das Leben ist die ständige Entwicklung	19

Auch hier ist die Entwicklung, genauso wie bei der Treppe, die am häufigsten genannte Metapher. Entwicklung und Reife, ausgehend von einem Mittelpunkt des Lebens oder hinführend zu einem Mittelpunkt, sind häufig mit diesem Symbol in dieser Untersuchung in Verbindung gebracht worden: „[M]ein Leben [entwickelt] [sich] langsam immer weiter. Es hat klein angefangen und wird immer größer. Durch jede kleine neue Erfahrung wächst die Spirale" (VPNR 115, 17 Jahre, weiblich). Die Ablehnung dieses Symbols wurde mit der Begründung erklärt, dass die Untersuchungsteilnehmer ihr eigenes Leben nicht so verwirrend empfinden, wie die Spirale es darstellt. Sie assoziierten auch die Orientierungslosigkeit und Unsicherheit mit diesem Symbol: „[I]ch [verbinde] die Spirale mit Kontrollverlust und Ungewissheit. Das trifft nicht auf mich zu“ (VPNR 137, 17 Jahre, weiblich).

Bei dem Vergleich der sprachlichen Begründungen der Wahl von abstrakten Symbolen zwischen den jüngeren und älteren Untersuchungsteilnehmern wird deutlich, dass die Älteren eher ein ihre aktuelle Lebenssituation beschreibendes Symbol wählen oder ein Symbol, was ihre bisherige Lebenserfahrung zu erfassen vermag. Die sprachlichen Aussagen von jüngeren Untersuchungsteilnehmern sind dagegen durch ihre Erwartungen und Vorstellungen, wie sich ihr Leben entwickeln wird, getragen. In ihren Begründungen drücken sie ihre Wünsche, Ängste und Vorfreude aus (vgl. Drewes, 2010, S. 57–68).

Die Analyse der sprachlichen Begründungen zu der Wahl bzw. Ablehnung der abstrakten Symbole für das Leben lässt die Fragestellung 1.1 – ob die Untersuchungsteilnehmer die gleichen Metaphern mit bestimmten Symbolen in Verbindung bringen – eher mit einem „Nein“ beantworten. Zwar sind in den sprachlichen Aussagen zu den bestimmten Symbolen, wie Drewes (2010) gezeigt hat, ähnliche Zuschreibungen und somit bestimmte Metaphernkategorien erkennbar. Aber die gleichen Attribute der Symbole, die hier als Metaphern für das eigene Leben analysiert wurden, sind von manchen Untersuchungsteilnehmern für die Begründung der Wahl bestimmter Symbole, von anderen Untersuchungsteilnehmern wiederum als Begründung für die Ablehnung angegeben worden.

5.2.9 Interpretation der Ergebnisse über die Wahl von abstrakten Symbolen

Die abstrakte Treppe als bedeutendstes Symbol

Das Bild von der abstrakten Treppe wurde in der gesamten Stichprobe am häufigsten als passendes Symbol für das Leben gewählt. Die litauischen Untersuchungsteilnehmer haben mit einer deutlichen statistischen Signifikanz öfter die Treppe als passendes Symbol für ihr Leben gewählt als die deutschen. Diese haben dagegen die Treppe statistisch signifikant häufiger als die Litauer als ein unpassendes Symbol für ihr eigenes Leben empfunden. Die Treppe ist auch durch die Frauen signifikant öfter als ein passendes Symbol für das Leben gewählt worden als durch die Männer. Zwischen den Altersgruppen gab es keine Unterschiede in der Wahl dieses Symbols.

Im Hinblick auf die Unterschiede der Metaphern zu der abstrakten Treppe zwischen den Ländern hat sich ergeben, dass die Litauer die Treppe eher philosophisch mit mehreren Höhen und Tiefen des Lebens in Verbindung bringen, während die Deutschen das Bild eher „buchstäblich“ als Modell für eine Entwicklung betrachten, die ab einem gewissen Alter wegen der geringeren Leistungsfähigkeit zu einem gesellschaftlichen Abstieg führt. Die Treppe ist häufig durch die deutschen Untersuchungsteilnehmer mit einer Karrierelaufbahn verglichen worden. Die Ablehnung der Treppe beruhte meistens auf der Aussage, dass das Leben im Alter nicht zwangsläufig einen Abstieg bedeutet (vgl. Drewes, 2010). Eine 17-jährige Deutsche (VPNR 019) hat die folgende Begründung für die Ablehnung des abstrakten Symbols der Treppe abgegeben: „[D]ie Höhe des Lebens [liegt] nicht unbedingt in der Mitte. Als Kind war vieles schöner, aber auch jetzt gibt es viele schöne Momente". Die meisten, die die Treppe gewählt haben, haben in ihren sprachlichen Begründungen angegeben, dass es mehrere Höhen und Tiefen gibt: „[E]s [geht] wie in einer Achterbahn immer auf und ab" (VPNR 018, 16 Jahre, weiblich, deutsche Schülerin). Die jüngeren Untersuchungsteilnehmer sahen in der Treppe ein Symbol für die Entwicklung: „Die Treppe symbolisiert im Laufe der Zeit das Aufsteigen, das Besserwerden des Lebens" (VPNR 203, 18 Jahre, männlich).

Gerade die Aussagen über die Betonung von Entwicklung und Aufstieg nehme ich als einen Anlass für meine erste Interpretationshypothese für die etwas überraschend ausgefallenen Ergebnisse bezüglich der Wahl der Treppe in Litauen und Deutschland: Während die (meisten) Deutschen einen guten Lebensstandard schon erreicht haben, müssen die (meisten) Litauer immer noch danach streben und dafür arbeiten. Die Treppe ist mit 53 Mal (gefolgt vom Labyrinth mit 43 Mal) das am häufigsten gewählte Symbol bei den jüngeren Untersuchungsteilnehmern aus Litauen. Im Vergleich haben die jüngeren Untersuchungsteilnehmer aus Deutschland die Treppe 34 Mal als ein passendes Symbol für ihr Leben gewählt. Die Aussage von einem jungen Mann von 17 Jahren aus Litauen (VPNR 213) ist ein gutes Beispiel dafür: „Alles, was ich anstrebe, erreiche ich stufenweise durch Arbeit". Ein in dem Fragebogen leider nicht aufgenommener, nur beim Ausfüllen des Fragebogens mitgeschriebener Kommentar von einem 65-jährigen Deutschen (VPNR 088) über die Treppe war: „Ich musste nicht nach oben. Ich bin oben geboren und werde oben sterben". Dieser Untersuchungsteilnehmer hat die Linie mit der Begründung „Ich reihe mich in die lange Reihe von Vorfahren ein" als passendes Symbol für sich ausgewählt und in der eigenen Lebenslaufdarstellung gezeichnet.

In Litauen gab es bis zu der Wende in den 1990ern keine Möglichkeiten zum sozialen Aufstieg. Im sozialistischen System gab es auch kaum soziale Unterschiede. Meine Vermutung ist, dass für die Menschen in Litauen die Treppe höchst wahrscheinlich die Möglichkeiten des individuellen sozialen Aufstiegs durch die eigenen Leistungen symbolisiert. Nicht zu übersehen ist auch eine rein formale

Ähnlichkeit zwischen dem abstrakten Symbol der Treppe und dem Modell des Lebens „Rėdos ratas" (siehe Abbildung 16). Beide Modelle stellen einen Höhepunkt des Lebens in der Mitte dar, der für manche Untersuchungsteilnehmer ihrer Vorstellung vom Leben als Auf- und Abstieg entspricht. Die meisten sprachlichen Begründungen für die Wahl der Treppe zeugen allerdings entweder von einem Lebensverständnis mit mehreren Höhen und Tiefen oder von einer kontinuierlichen Entwicklung im Lebensverlauf ohne Abstieg.

Die wenigen Unterschiede zwischen den Geschlechtern in der Wahl von abstrakten Symbolen

Die männlichen Untersuchungsteilnehmer haben statistisch signifikant häufiger das Quadrat bevorzugt, während die weiblichen Untersuchungsteilnehmerinnen sich signifikant häufiger als die Männer für die Treppe entschieden haben. Die meisten Frauen haben die Treppe als Symbol ihres Aufstiegs und Schaffens im Leben gesehen: „Alles, was ich heute besitze und erreicht habe, habe ich durch schwere Arbeit, genauso, Stufe für Stufe, geschafft" (VPNR 222, 56 Jahre, weiblich, Lehrerin aus Litauen). Ich würde für die Geschlechtsunterschiede eine ähnliche Interpretationshypothese äußern wie für die Unterschiede zwischen litauischen und deutschen Stichproben bei der Wahl der Treppe. Man könnte vorsichtig annehmen, dass für die Frauen die kontinuierliche Entwicklung und der Aufstieg im Leben, die sie mit diesem Symbol in ihren sprachlichen Aussagen in Verbindung bringen, wichtiger ist als für die Männer, da der weibliche Lebenslauf faktisch noch nicht die für Männer üblichen Möglichkeiten erreicht hat. Für die männlichen Untersuchungsteilnehmer scheinen solche Themen weniger aktuell zu sein. Sie bevorzugen dagegen mehr als die Frauen das Raumeinteilung und Ordnung symbolisierende Quadrat.

Die insgesamt wenigen Unterschiede zwischen den Geschlechtern bei der Wahl von abstrakten Symbolen für das Leben würde ich versuchen mit der Gegebenheit zu erklären, dass es hier sich um die abstrakten geometrischen Grundformen handelt, die als Symbole des Lebens in den meisten Kulturen geschlechtsneutral gewesen sind. Allerdings gab es und gibt es immer noch Symbole, die wie z. B. die Spirale, mit der Großen Mutter in Verbindung gebracht werden oder im Laufe der Geschichte einen Wandel vom Weiblichen in das Männliche durchgemacht haben (vgl. Meier-Seethaler, 1993; 2011). Mit ihrem Leben als Ganzes haben die Untersuchungsteilnehmer beider Geschlechter, außer im Hinblick auf Treppe und Quadrat, eine ziemlich homogene Wahl von abstrakten Symbolen getroffen. Erst die späteren differenzierteren Darstellungen des Lebenslaufes wie die Lebenstreppe vermochten die gesellschaftlich bedingte und geschlechtsspezifische Rollenverteilung wiederzugeben.

Das Leben als Labyrinth für die Jüngeren und als Linie für die Älteren

Das Labyrinth als ein passendes Symbol für das eigene Leben wurde durch jüngere Untersuchungsteilnehmer 10 % häufiger als durch die älteren gewählt ($p = 0.054$). Ältere Untersuchungsteilnehmer haben 14,5 % häufiger das Labyrinth als nicht passendes Symbol für ihr Leben gewählt ($p = 0.004$). Von den über 60 Jahre alten Untersuchungsteilnehmern wurde das Labyrinth von allen Symbolen am häufigsten abgelehnt. Den größten statistischen Unterschied zwischen den Altersgruppen ($p = 0.000$) gab es jedoch in der Wahl der Linie: Ältere Untersuchungsteilnehmer haben 18,5 % häufiger die Linie als passendes Symbol für ihr Leben gewählt als die jüngeren. Die jüngeren Untersuchungsteilnehmer haben wiederum ganze 21 % häufiger die Linie als ein nicht passendes Symbol für ihr Leben empfunden.

Wie man der Analyse der sprachlichen Begründungen für diese Wahlen und Ablehnungen entnehmen konnte, haben die älteren Untersuchungsteilnehmer mit dem Labyrinth eher die Krisen des Lebens, die Verwirrung und Komplexität in Verbindung gebracht. Die jüngeren Untersuchungsteilnehmer verbinden dagegen mit Labyrinth die Suche nach dem richtigen (Lebens-)weg. Diese Ergebnisse belegen sowohl die in der Symbolforschung als auch in der populären Literatur verbreitete Deutung des Labyrinthes als Urbild für das Leben und für den Lebensweg. Besonders häufig wird das Labyrinth mit Übergangssituationen, Initiationsritualen und Wendepunkten des Lebens in Zusammenhang gebracht. Die zahlreichen Ratgeberbücher der populären Literatur, wie z. B. die von dem österreichischen Autor Gernot Candolini (2012, 2013), beschreiben, wie man die Formen von Labyrinthen als Hilfe für die Selbst- und Lösungsfindung im Leben anwenden kann. Da den jüngeren Untersuchungsteilnehmern die Findung ihres Lebensweges noch bevorsteht, haben sie eher das Labyrinth als ein passendes Symbol für ihr Leben empfunden als die Älteren. Die meisten älteren Untersuchungsteilnehmer haben ihren Weg schon gefunden, es sei denn sie befinden sich oder befanden sich an einem wichtigen Lebenswendepunkt oder in einer Lebenskrise, aus der sie einen Weg suchen mussten. Die Linie symbolisiert für die älteren Untersuchungsteilnehmer, wie man in einer der sprachlichen Kategorien der Begründungen für die Wahl dieses Symbols erkennen kann, die im Leben schon höchst wahrscheinlich erreichte „Stabilität und Sicherheit“ (vgl. Drewes, 2010).

Das Leben als Kreis – Unterschiede zwischen den Ländern

Der Kreis ist signifikant häufiger durch die deutschen Untersuchungsteilnehmer als passendes Symbol gewählt worden als durch die litauischen. Die Untersuchungsteilnehmer aus Litauen haben dieses Symbol auch signifikant häufiger abgelehnt als die Deutschen. Obwohl die Unterschiede bei dem Kreis nicht so groß waren wie bei der Treppe, würde ich diese mit gewisser Vorsicht auf die in den jeweiligen Sprachen geläufigen Redewendungen zurückführen. Während in Deutschland die Redewendungen in Verbindung mit der Kreisform eher positive Konnotationen haben, wie z: B. „Alles läuft rund" oder „ein großes Rad drehen", werden sie in Litauen eher mit negativ besetzten Konnotationen wie „geschlossener Kreis" oder „Teufelskreis" in Verbindung gebracht. Wirklich alt werden, heißt für einen Deutschen, einen Kreis schließen (vgl. Candolini, 2012). Die Untersuchungsteilnehmer aus Litauen haben für die Ablehnung dieses Symbols in ihren Begründungen Worte wie Routine, Monotonie oder die litauische Entsprechung von Hamsterrad – sich wie ein Eichhörnchen im Kreis drehen – benutzt. Manche haben den Kreis auch mit „eingesperrt sein" oder „nicht frei sein" in Verbindung gebracht, was eine negative Verbindung mit der sowjetischen Okkupation vermuten lässt. Wie man hier beobachten kann, spielen in den persönlichen Deutungen der Symbole in Verbindung mit dem Leben sowohl die sprachlich als auch historisch bedingten Gegebenheiten hinein, die in diesem Fall die Unterschiede zwischen deutschen und litauischen Untersuchungsteilnehmern erklären können.

Dreieck und Viereck – die am wenigstens gewählten Formen für das Leben

In der gesamten Stichprobe wurden das Dreieck und das Quadrat am seltensten von den acht abstrakten Formen in Verbindung mit dem Leben gebracht. Bei diesen Symbolen gab es statistisch signifikante Unterschiede nur bei ihrer Ablehnung. Zwischen den Ländern konnte ein Unterschied bei der Ablehnung des Dreiecks beobachtet werden: Die deutschen Untersuchungsteilnehmer haben signifikant häufiger das Dreieck abgelehnt als die litauischen. Das Quadrat wurde statistisch signifikant häufiger durch Frauen abgelehnt. Beide Symbole fanden statistisch signifikant mehr Ablehnung in der älteren Altersgruppe als in der jüngeren.

Beide geometrischen Formen sind geschlossen, was sich auch in den sprachlichen Begründungen für die Ablehnung dieser Symbole als Metaphernkategorie „Das Leben ist verschlossen" herauskristallisiert hat (vgl. Drewes, 2010). Die geschlossenen Formen eignen sich scheinbar weniger als Symbole für das Leben, da sie keinen Verlauf, wie z. B. Treppe oder Spirale, darstellen. Ein männlicher

Untersuchungsteilnehmer (61 Jahre) aus Deutschland hat diese beide Figuren, zusammen mit dem Kreis, mit der gleichen sprachlich ausgedrückten Begründung „Einengung“ abgelehnt (VPNR 53).

Doppelspirale als Ikone der Moderne?

Die Doppelspirale in der Gestalt einer Doppelhelix wurde in dieser Untersuchung als das einzige moderne Symbol aufgenommen. Sie ist statistisch signifikant häufiger in der jüngeren Altersgruppe als ein passendes Symbol für das Leben gewählt worden. Durch die älteren Untersuchungsteilnehmer ist sie dagegen signifikant häufiger abgelehnt worden als durch die jüngeren. Unter den ältesten Untersuchungsteilnehmern (über 60-Jährige) wurde sie am wenigstens genannt.

Die Doppelspirale als zwei nebeneinander gezeichnete und in entgegengesetzte Richtungen sich drehende Spiralen gilt als eines der Symbole, die die Einigkeit der Gegensätze repräsentieren (vgl. Riedel, 2002). Interessanterweise bedeutet für die meisten, die dieses Symbol als passendes für ihr Leben gesehen haben, die Doppelspirale Dualität, Zweisamkeit, Verwobenheit oder Überschneidung der Lebenswege mehrerer Menschen. In ihren sprachlichen Aussagen konnte die Metaphernkategorie „Das Leben ist zweiseitig“ identifiziert werden. Wie man hier sieht, haben die Untersuchungsteilnehmer eher die ältere Bedeutung des Symbols zum Ausdruck gebracht. Nur fünf junge Untersuchungsteilnehmer (von insgesamt 108, die die Doppelspirale gewählt haben) aus Litauen (VPNR 204, 256, 277, 281, 353) haben die Doppelspirale mit dem Bild der DNA Sequenz assoziiert. Die weiblichen Untersuchungsteilnehmerinnen haben mit diesem Symbol das Verwobene und Verflochtene von Lebenswegen mehrerer Menschen in Verbindung gebracht (vgl. Drewes, 2010). Hier kann man eine Ähnlichkeit mit dem modernen Konzept der Verflechtung der Lebensläufe erkennen (vgl. Heinz, 2001).

5.3 Das Bild von der Lebenstreppe

5.3.1 Wahl der Lebenstreppe in der gesamten Stichprobe

Den Untersuchungsteilnehmern ist im sechsten Item das Bild der Lebenstreppe aus der Mitte des 17. Jahrhunderts präsentiert worden. In Teil a) dieses Items konnten sie die Frage, ob ihnen solche Bilder bekannt sind, mit einem „Ja“ oder „Nein“ beantworten. In der gesamten Stichprobe (N = 400) waren solche Bilder insgesamt 221, d. h. 55,25 % aller Untersuchungsteilnehmer, bekannt. Die Fragestellung der Untersuchung 2.1, ob die Bilder der Lebenstreppe überhaupt noch bekannt seien, kann also größtenteils mit einem „Ja“ beantwortet werden.

In Tabelle 22 sind die Ergebnisse der Auswertung der Antworten in verschiedenen Merkmalsausprägungen der Stichprobe dargestellt. Die statistischen Unterschiede zwischen den Altersgruppen, Ländern und Geschlechtern sind mit Hilfe des Chi-Quadrat-Tests nach Pearson überprüft worden. In den letzten Spalten der Tabelle 22 sind die exakten Signifikanzen (2-seitig) des Chi-Quadrat-Tests und die entsprechenden p-Werte abgetragen.

Tabelle 22: Wie bekannt ist die Lebenstreppe

Aufteilung nach dem Land, Geschlecht und Altersgruppe	**Lebenstreppe bekannt**		**$\chi^2(1)$**	**p-Wert**
	N	**%**		
Jünger (16–22 J.)	96	43,4	8,504	**0.005***
Älter (36–89 J.)	125	56,6		
Deutschland	88	39,8	20,476	**0.000****
Litauen	133	60,2		
Männlich	66	29,9	0,612	0.450
Weiblich	155	70,1		

*Anmerkung: **p<.000; *p<.005*

Wie in Hypothese 2.1 vermutet, war das Bild der Lebenstreppe für die ältere Altersgruppe statistisch signifikant (p = 0.005) bekannter als für die jüngere. Bei dem Vergleich zwischen Deutschland und Litauen gab es eine Überraschung: Den litauischen Untersuchungsteilnehmern waren die Bilder der Lebenstreppe mit einer deutlichen statistischen Signifikanz (p = 0.000) bekannter als den deutschen. Die Hypothese 2.2, dass die Lebenstreppe für die deutschen Untersuchungsteilnehmer statistisch signifikant bekannter ist als für die litauischen, wurde somit widerlegt.

In Teil b) des sechsten Items wurden die Untersuchungsteilnehmer gefragt, ob sie sich ihren Lebenslauf auch als eine Lebenstreppe vorstellen können. Sie konnten mit einem „Ja“ oder „Nein“ antworten. In der gesamten Stichprobe (N = 400) konnten sich insgesamt sogar 243 (60,75 %) aller Untersuchungsteilnehmer ihren Lebenslauf als eine Lebenstreppe vorstellen. Somit kann auch die Fragestellung der Untersuchung 2.2, ob die Untersuchungsteilnehmer sich ihren eigenen Lebenslauf auch als eine Lebenstreppe vorstellen können, mit einem „Ja“ beantwortet werden. In Tabelle 23 sind die Ergebnisse der Auswertung von Antworten in verschiedenen Merkmalsausprägungen der Stichprobe dargestellt. Die statistischen Unterschiede zwischen den Ländern, Geschlechtern und Altersgruppen sind wieder mit Hilfe des Chi-Quadrat-Tests nach Pearson überprüft worden. In den letzten Spalten der Tabelle 23 sind die exakten Signifikanzen (2-seitig) des Chi-Quadrat-Tests sowie die entsprechenden p-Werte abgetragen.

Tabelle 23: Wie passend fanden die Untersuchungsteilnehmer das Bild der Lebenstreppe für ihren Lebenslauf

Aufteilung nach Land, Geschlecht und Altersgruppe	**Kann sich eigenen Lebenslauf als eine Lebenstreppe vorstellen**		**$\chi^2(1)$**	**p-Wert**
	N	**%**		
Deutschland	89	36,6	44,298	**0.000****
Litauen	154	63,4		
Männlich	67	53,2	4,427	0.037*
Weiblich	176	64,2		
Jünger (16–22 J.)	110	45,3	5,546	0.024*
Älter (36–89 J.)	133	54,7		

*Anmerkung: **p<.000; *p<.05*

Wie man aus der letzten Spalte der Tabelle 23 entnehmen kann, konnten bei dieser Frage statistisch signifikante Unterschiede zwischen allen Merkmalsausprägungen der Stichprobe festgestellt werden. Die Hypothese 2.3, dass die älteren Untersuchungsteilnehmer sich ihren Lebenslauf als eine Lebenstreppe statistisch signifikant häufiger vorstellen können, wurde mit einem p-Wert von 0.024 bestätigt. Den größten statistischen Unterschied (p = 0.000) gab es jedoch zwischen den deutschen und den litauischen Untersuchungsteilnehmern. 63,4 % aller litauischen Untersuchungsteilnehmer können sich ihren Lebenslauf als eine Lebenstreppe vorstellen, im Vergleich dazu nur 36,6 % aller deutschen Untersuchungsteilnehmer. Die offene Fragestellung der Untersuchung 2.3, ob es statistische Unterschiede in der Betrachtung des Bildes der Lebenstreppe als ein passendes Symbol für den eigenen Lebenslauf zwischen deutschen und litauischen Untersuchungsteilnehmern gibt, kann mit einem „Ja" beantwortet werden.

Sogar zwischen den Geschlechtern konnte bei diesem Item ein statistisch signifikanter Unterschied festgestellt werden. Die weiblichen Untersuchungsteilnehmerinnen können sich ihren eigenen Lebenslauf eher als die männlichen als eine Lebenstreppe vorstellen. Die Fragestellung der Untersuchung 2.4 kann somit mit einem „Ja" beantwortet werden – es gibt statistische Unterschiede in der Betrachtung von dem Bild der Lebenstreppe als ein passendes Symbol für den eigenen Lebenslauf zwischen den Geschlechtern.

5.3.2 Analyse der sprachlichen Aussagen zu dem Bild der Lebenstreppe

Die sprachlichen Begründungen für die Wahl oder Ablehnung der Lebenstreppe als ein Symbol für den eigenen Lebenslauf sind ähnlich denen ausgefallen, die als Begründungen zu der Wahl des abstrakten Symbols der Treppe angegeben worden sind. In den meisten sprachlichen Begründungen ist die Rede von mehreren Höhen und Tiefen des Lebens oder das Leben wird als eine kontinuierliche, nie aufhörende Entwicklung begriffen. Die Lebenstreppe wird auch nicht mehr wegen des von ihr suggerierten einzigen Höhepunkts in der Mitte des Lebens als passendes Symbol für den eigenen Lebenslauf akzeptiert.

Für die älteste Untersuchungsteilnehmerin (VPNR 050, 89 Jahre) aus Deutschland ist es selbstverständlich, dass „das Leben bergauf und bergab geht". Es gab aber auch unter den jüngeren Untersuchungsteilnehmern viele Aussagen, die den in der Lebenstreppe dargestellten Lebensverlauf bejaht haben: „[M]an [hat] oft das Gefühl, dass es im Leben erst bergauf geht und dann irgendwann, wenn man alt und gebrechlich wird, geht es wieder bergab. Das Problem ist nur, dass man diese Tatsache oft nicht wahrhaben will" (VPNR 010, 16 Jahre, weiblich, Schülerin aus Deutschland). Manche Untersuchungsteilnehmer haben in ihren sprachlichen Begründungen den in der Lebenstreppe dargestellten Verlauf von Auf und Ab mit der biologischen Entwicklung in Verbindung gebracht.

Die meisten Untersuchungsteilnehmer waren mit der durch das Bild der Lebenstreppe repräsentierten Lebenslaufvorstellung von einem symmetrischen und stufenweise verlaufenden Auf- und Abstieg nicht mehr einverstanden, auch wenn sie die Frage, ob sie sich ihren eigenen Lebenslauf als eine Lebenstreppe vorstellen können, mit einem „Ja" beantwortet haben. Sie haben ihre Bedingungen und Modifikationen für die Lebenstreppe vorgestellt, wie diese 18 Jahre alte Schülerin aus Deutschland (VPNR 018): „Ich kann mir meinen Lebenslauf nur als Treppe vorstellen, wenn sie nicht eine feste Form hätte. Also mal nach oben und mal nach unten geht. Man kann das Leben nicht in eine feste Kurve packen. Das Leben hat Hochs und Tiefs". Hier geht es also genauso wie bei dem Bild der abstrakten Treppe darum zu betonen, dass das Leben viele Höhen und Tiefen hat, wie auch ein 55-Jähriger aus Deutschland in seiner Begründung geschrieben hat: „Es gibt nicht nur einen Höhepunkt" (VPNR 070). Eine 43 Jahre alte Deutsche (VPNR 071) würde sich ihren Lebenslauf schon als Lebenstreppe vorstellen können, „allerdings als Treppe, die von zwei Seiten nach oben verläuft. Symbolisch kann ich sowohl von der einen die beruflichen Stufen nehmen und von der anderen die privaten/familiären Stufen steigen. Der Tod wäre dann oben die oberste Stufe". Die von Thomae (1978) geäußerte Kritik an dem „dramaturgischen" Lebenslaufmodell findet viel Zustimmung. Ein Beispiel ist die Aussage einer 16 Jahre alte Schülerin aus Deutschland (VPNR 054): „Diese Art der Darstellung suggeriert, dass der Höhepunkt des Lebens in der Mitte liegt und dem stimme ich nicht zu".

Ein 40-jähriger Deutscher (VPNR 077) entlarvt das Bild der Lebenstreppe als eine Idealvorstellung des Lebenslaufs, genauso wie die Autoren Deutsch und Krause (1999), Bake (2009) oder Raschke (2009). Dieser Untersuchungsteilnehmer kann sich seinen eigenen Lebenslauf nicht als eine Lebenstreppe vorstellen, da „Treppen etwas durch Menschenhand Vorgefertigtes, Aufgestelltes darstellen – eine Art Idealvorstellung des Lebens, um es berechenbar zu machen [...]". Einem männlichen Untersuchungsteilnehmer aus Deutschland (VPNR 162, 45 Jahre) kam das Bild auch zu schematisch vor: „[I]ch [sehe] mich ungern in einem Schema". Der nächste Deutsche (VPNR 163, 57 Jahre) hat eine ähnliche Aussage getroffen: „[I]ch [begreife] das Leben eher als etwas Fließendes".

Einer der häufigsten Gründe für die Ablehnung der Lebenstreppe ist die Darstellung des Alterungsprozesses in der Lebenstreppe als einen Abstieg. Eine etwas sarkastische Begründung zur Ablehnung stammt von einem 57 Jahre alten Untersuchungsteilnehmer aus Deutschland (VPNR 026): „Unlogisch, weil das Absteigen ist beschwerlicher als das Aufsteigen, außerdem schafft der Greis mit Stock die Stufen gar nicht". Eine 46 Jahre alte Untersuchungsteilnehmerin aus Deutschland (VPNR 034) begründet die Ablehnung etwas ernsthafter: „Ich bin nicht der Meinung, dass es mit dem Alter abwärts geht. Das Alter ist etwas Besonderes und der Tod gehört nicht nach unten, sondern nach oben". Ein anderer 57-jährige Deutscher (VPNR 041) hat sich in seiner Begründung der Ablehnung des Symbols der Lebenstreppe ähnlich geäußert: „Jeder Lebensabschnitt sollte einen eigenen Höhepunkt darstellen und der Tod stellt den letzten Höhepunkt dar". Auch eine 17-jährige Deutsche (VPNR 046) ist nicht bereit herunterzusteigen: „Ich habe nicht vor, dass mein Lebenslauf wieder heruntergeht. Auch als alter Mensch habe ich nicht vor die Treppe wieder hinabzusteigen". Das Absteigen in der Lebenstreppe wird durch manche Untersuchungsteilnehmer direkt als negativ bewertet: „Bei der Treppe ist mir das Absteigen, das Ende zu negativ." (VPNR 036, 52 Jahre, weiblich).

Eine 51 Jahre alte Sozialpädagogin aus Deutschland (VPNR 039) hat als einzige das Fehlen der weiblichen Sicht in der Lebenstreppe in der Begründung ihrer Ablehnung angegeben: „Es ist mir zu linear gestaltet. Fähigkeiten, Fertigkeiten, Erfahrungen sind zu wenig berücksichtigt. Besonders die weibliche Sicht fehlt hier". Geschlechterunterschiede sind sonst in den sprachlichen Aussagen zu der Lebenstreppe nicht kommuniziert worden. Manchmal wird das Bild der Lebenstreppe als eine Illustration der körperlichen Entwicklung akzeptiert, „geistiges

Wachstum stelle ich mir allerdings anders vor. Also mit Altersweisheit, nicht nur absteigend“ (VPNR 076, 41 Jahre, weiblich). Die wichtigste Botschaft der sprachlichen Aussagen war die kontinuierliche Entwicklung und das Aufsteigen nur nach oben.

5.3.3 Bedeutung der Lebenstreppe für die ältesten Untersuchungsteilnehmer

Die größte Mehrheit (22 von insgesamt 29) der über 60-Jährigen kann sich ihren eigenen Lebenslauf als eine Lebenstreppe vorstellen. In ihren sprachlichen Begründungen schreiben die meisten aus ihrer eigenen Lebenserfahrung: „Es [entspricht] empirisch meinem Leben“ (VPNR 028, 62 Jahre, männlich, deutsch) oder „[W]eil das Leben wie eine Treppe verlaufen ist“ (VPNR 293, 78 Jahre, weiblich, litauisch). Diejenigen, die sich ihren Lebenslauf nicht als eine Treppe vorstellen können, haben auf ihre immer noch gute Lebensqualität hingewiesen, wie z. B. diese 61 Jahre alte Frau aus Litauen (VPNR 326): „Im Rentenalter lebe ich immer noch großartig, genieße das Leben, bin guter Gesundheit und bewege mich weiter nach vorne“. Drei ältere Untersuchungsteilnehmer aus Litauen haben keine Begründung dafür angegeben, warum sie sich ihren Lebenslauf nicht als eine Lebenstreppe vorstellen können. Unter den deutschen über 60-Jährigen gab es folgende Begründungen, warum sie sich ihren Lebenslauf nicht als eine Lebenstreppe vorstellen können: „[D]as Ende des Lebens [ist] nicht vorgegeben“ (VPNR 053, 61 Jahre, männlich) oder „Auf- und Abstieg [idealisieren] den tatsächlichen Lebenslauf allzu schematisch“ (VPNR 079, 62 Jahre, männlich).

5.3.4 Vergleich zwischen der Wahl des abstrakten Bildes von der Treppe und des Gemäldes aus der Mitte des 17. Jahrhunderts

Manche Untersuchungsteilnehmer haben die abstrakte Form der Treppe und die Lebenstreppe als gleiche Symbole gesehen und bei Teil c) im sechsten Item (Ich kann meinen Lebenslauf als Treppe vorstellen/nicht vorstellen, weil …) auf ihre Antworten im viertem Item (Das Symbol … passt zu meinem Leben, weil…) verwiesen (z. B. VPNR 128 oder 175). Genauso haben manche Untersuchungsteilnehmer für die Ablehnung beider Symbole nur eine Antwort angegeben (z. B. VPNR 115 oder 157).

Die Treppe als ein abstraktes Bild wurde 182 Mal in der gesamten Stichprobe (N = 400) als ein passendes Symbol für das eigene Leben gewählt. Auf die Frage, ob die Untersuchungsteilnehmer sich ihren eigenen Lebenslauf auch als eine Lebenstreppe vorstellen können, haben insgesamt 243 Untersuchungsteilnehmer mit einem „Ja“ geantwortet. Es gab aber auch 25 Untersuchungsteilnehmer, die die abstrakte Treppe zwar als ein passendes Symbol für ihr Leben gewählt haben, im sechsten Item haben sie jedoch geantwortet, dass sie sich ihren Lebenslauf nicht als eine Lebenstreppe aus dem 17. Jahrhundert vorstellen können. Wenn man die sprachlichen Begründungen dieser Untersuchungsteilnehmer liest, dann merkt man, dass die meisten von ihnen die abstrakte Treppe mit sich immer wiederholenden Höhen und Tiefen oder nur mit dem Aufstieg in Verbindung bringen.

19 Untersuchungsteilnehmer haben zwar das abstrakte Bild der Treppe als nicht passend für ihr Leben gewählt, können sich ihren eigenen Lebenslauf allerdings als eine Lebenstreppe vorstellen. Die meisten haben die abstrakte Treppe abgelehnt, weil sie z. B. das Auf und Ab nicht mögen (z. B. VPNR 015, 53 Jahre, männlich, deutsch), aber ihren eigenen Lebenslauf als Lebenstreppe für „vorstellbar" halten, „da es im Leben zumindest körperlich bergab gehen wird". Die abstrakte Treppe wurde von manchen auch wegen des absteigenden Teils abgelehnt: „Ich möchte nicht runtergehen" (VPNR 377, 46 Jahre, weiblich, litauisch). Die Lebenstreppe wird aber durch diese Untersuchungsteilnehmerin als ein passendes Bild für den Lebenslauf akzeptiert: „So ist das Leben". Die Lebenstreppe wird hier mit einem „natürlichen Lebensprozess" und der biologischen Entwicklung in Verbindung gebracht.

Insgesamt 66 Untersuchungsteilnehmer haben das abstrakte Bild der Treppe weder als passendes noch als unpassendes Symbol für ihr Leben gewählt, können sich ihren Lebenslauf aber als eine Lebenstreppe vorstellen. Die Begründungen dafür reichen von der Akzeptanz der in der Lebenstreppe dargestellten Entwicklung („in der Natur verändert sich alles nach solcher Ordnung", VPNR 384, 43 Jahre, männlich, litauisch) bis zu der Akzentuierung nur noch des aufsteigenden Teils („ich möchte nie runtersteigen, wenn ich verstanden habe, dass ich den Gipfel des Lebens erreicht habe", VPNR 335, 49 Jahre, weiblich, litauisch).

Die Ergebnisse zeigen ganz allgemein, dass die Menschen eher dazu geneigt sind, ihr Leben oder ihren Lebenslauf mit einem konkreten Bild als mit einer abstrakten geometrischen Figur in Verbindung zu bringen. Das gilt auch dann, wenn sie dieses Bild nicht komplett akzeptieren und meistens für sich individuell modifizieren und anpassen.

5.3.5 Interpretation der Ergebnisse über das Bild der Lebenstreppe aus dem 17. Jahrhundert

Die Lebenstreppe fungierte laut Ehmer (1996) als Symbol für den bisher erreichten Standard und den weiteren Aufstieg der Menschen (zit. nach Raschke, 2009, S. 19). Diese Aussage könnte als eine mögliche Erklärung für den größten statistischen Unterschied zwischen den deutschen und litauischen Untersuchungsteilnehmern bei der Wahl der Lebenstreppe dienen. Wie schon in der Erklärung der Wahl der abstrakten Treppe geäußert, ist die Entwicklung für die litauischen Untersuchungsteilnehmer immer noch wichtiger als für die deutschen. In Litauen haben die meisten Menschen bei weitem nicht den gleichen Lebensstandard erreicht wie in Deutschland. Auch der tatsächliche Lebenslauf der Frauen hat noch nicht den Standard eines männlichen Lebenslaufs erreicht.

Die Lebenstreppe ist in den meisten sprachlichen Begründungen der Untersuchungsteilnehmer modifiziert worden. Selbst wenn manche Untersuchungsteilnehmer sich ihren Lebenslauf als Lebenstreppe vorstellen können, erwähnen sie in ihrer Begründung nur den aufsteigenden Teil: „Ich merke, dass es aufwärts geht" (VPNR 038, 43 Jahre, weiblich, deutsche Untersuchungsteilnehmerin). In der Begründung zur Ablehnung der Lebenstreppe durch eine 48-jährige deutsche Lehrerin (VPNR 027) steht: „[M]ein Lebensweg [verläuft] eher stringent bzw. immer ein wenig bergauf (mit starken Tälern zwischendurch)". Der absteigende Teil der Lebenstreppe wird in vielen Aussagen einfach nicht erwähnt. Die symmetrisch auf- und absteigende Lebenstreppe scheint zu einem immer nach oben führenden Eskalator geworden zu sein, weil „es immer bestimmte Ereignisse gibt, die einen eine Stufe weiterführen" (VPNR 153, 39 Jahre, weiblich). „Der Höhepunkt ist der Tod. Ich steige die Treppe nur auf und mit dem Tod brauche ich sie nicht mehr. Ich genieße mein Leben mit jedem Tag mehr", bringt ein 16 Jahre alter Schüler aus Deutschland (VPNR 150) die veränderte Vorstellung über den Lebenslauf zum Ausdruck.

5.4 Eigene Lebenslaufdarstellung

5.4.1 Ergebnisse der Motivanalysen von Lebenslaufdarstellungen

Motive der Lebenslaufdarstellungen in der gesamten Stichprobe

Die Abbildung 23 zeigt die Verteilung der Motivkategorien in der gesamten Stichprobe (N = 400). Die Zahlen am Balken zeigen, wie häufig ein bestimmtes Motiv gezeichnet worden ist. In dem Diagramm ist meine persönliche Zuordnung der Zeichnungen angegeben, da es eine sehr gute Beurteilerübereinstimmung mit der anderen Raterin gab (Cohens Kappa = .893). Wie man in der Darstellung sehen kann, haben die meisten Untersuchungsteilnehmer (n = 122) ihren Lebenslauf als eine Verlaufskurve oder -linie dargestellt. Die Raterin C. R. hat n = 115 Zeichnungen dieser Kategorie zugeordnet.

Abbildung 23: Häufigkeiten der Motivkategorien in der gesamten Stichprobe

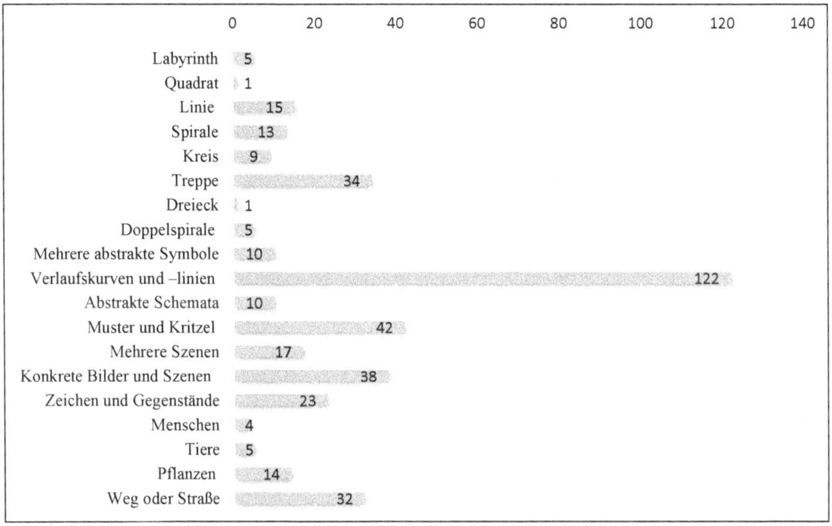

Nur 23,25 % (93 von insgesamt 400) der Untersuchungsteilnehmer haben in ihren Zeichnungen die abstrakten Symbole oder Kombinationen dieser Symbole für die Darstellung ihres eigenen Lebenslaufes verwendet. Hier war die Treppe, genauso wie in der Wahl der abstrakten Symbole, das beliebteste Symbol. Die Fragestellung 3.1, ob die Untersuchungsteilnehmer in ihren eigenen Lebenslaufdarstellungen überhaupt noch die in dem Fragebogen vorgegebenen abstrakten symbolischen Formen verwenden, kann mit einem „Ja“ beantwortet werden. Allerdings haben mehr als drei Viertel aller Untersuchungsteilnehmer andere Motive in ihren eigenen Lebenslaufdarstellungen gezeichnet. Es folgt die Antwort auf die Fragestellung 3.2: Welche Symbole entsprechen den heutigen Lebenslaufvorstellungen?

30,50 % der Untersuchungsteilnehmer haben ihren Lebenslauf als Verlaufskurve oder -linie dargestellt. 10,50 % (laut C. R. sogar 11,25 %) haben in ihren Lebenslaufdarstellungen bestimmte Muster, Kritzel oder andere abstrakte Symbole dargestellt, die nicht den im Fragebogen vorgegebenen abstrakten Symbolen zugeordnet werden konnten. 9,5 % der Untersuchungsteilnehmer haben für ihre Lebenslaufdarstellungen konkrete, mehr oder weniger realistische einzelne Szenen ihres Lebens oder Landschaften ausgewählt. 8 % haben ihren Lebenslauf als einen Weg dargestellt. Nur 5,75 % haben bestimmte konkrete Symbole, wie

z. B. Stern, Smiley oder Sonne, dargestellt. In der gesamten Stichprobe gab es 17 Darstellungen (18 bei C. R.), bei denen der Lebenslauf durch mehrere hintereinander folgende Szenen dargestellt worden ist. 14 Lebenslaufdarstellungen haben als Motiv Pflanzen beinhaltet. Der Baum wurde hier am häufigsten dargestellt, was sofort an den „Lebensbaum" denken lässt. Der Baum kam insgesamt in sechs Zeichnungen von insgesamt 29 Lebenslaufdarstellungen der über 60-Jährigen vor. Zehn Untersuchungsteilnehmer haben in ihren Darstellungen statistische Modelle oder mathematische Formeln verwendet. Die wenigsten haben Menschen oder Tiere dargestellt. Im Folgenden werden die Ergebnisse der quantitativen Analysen der Motivverteilung in den Ländern, Geschlechtern und Altersgruppen vorgestellt.

Quantitative Analysen der Verteilung der Zeichnungsmotive in verschiedenen Merkmalsausprägungen der Stichprobe

Für die Untersuchung des Zusammenhangs von Alter, Geschlecht und Nationalität mit der Motivwahl für die Lebenslaufdarstellungen wurden Chi-Quadrat-Tests berechnet. Anschließend wurde eine Konfigurationsfrequenzanalyse (KFA) durchgeführt.

Zusammenhänge mit der Nationalität

Bei der statistischen Analyse der Variablen Motivkategorienwahl und Nationalität zeigt sich, dass diese Variablen statistisch signifikant zusammenhängen. Die gefundene Abhängigkeit von Motivkategorienwahl und Nationalität ($p = .001$) wurde mithilfe einer KFA näher untersucht. Hier finden sich zwei Motivkategorien, die sich zwischen den Nationalitäten signifikant unterscheiden. Die Kategorie 5 (Kreis) tritt überzufällig häufiger bei Deutschen auf (8 vs. 4.5, $\chi^2(18) = 2.722$, $p = .018$). Dieses Ergebnis stimmt mit der Wahl des abstrakten Symbols des Kreises überein. Wie schon im Anschnitt 5.1.2 beschrieben worden ist, haben die deutschen Untersuchungsteilnehmer statistisch signifikant häufiger als die litauischen den Kreis als passendes Symbol für ihr Leben gewählt. Bei den Litauerinnen und Litauern kommt es häufiger zur Darstellung des Weges (Symbolkategorie 19, 29 vs. 16, $\chi^2(18) = 10.562$, $p = .001$). Hierzu muss man wissen, dass der „Lebenslauf" im Litauischen als „Lebensweg" bezeichnet wird.

In Tabelle 24 sind die Häufigkeiten der Motivkategorien in den deutschen bzw. litauischen Teilen der Stichprobe dargestellt.

Tabelle 24: Häufigkeiten der Motivkategorien, getrennt nach Nationalität

Nr.:	**1**	**2**	**3**	**4**	**5**	**6**	**7**	**8**	**9**	**10**	**11**	**12**	**13**	**14**	**15**	**16**	**17**	**18**	**19**
Motivkategorien / Nationalität	Labyrinth	Quadrat	Linie	Spirale	Kreis	Treppe	Dreieck	Doppelspirale	Abstrakte Symbole	Verlaufskurven	Abstrakte Schemas	Muster, Kritzel	Mehrere Szenen	Konkrete Bilder	Zeichen, Gegenstände	Menschen	Tiere	Pflanzen	Weg oder Straße
deutsch	1	0	8	7	8	13	1	4	5	70	8	20	12	14	13	3	2	8	3
litauisch	4	1	7	6	1	21	0	1	5	52	2	22	5	24	10	1	3	6	29

$\chi^2(18) = 47.937, p = .001$

Tendenzielle Ergebnisse mit einem Lehmacher-p zwischen .05 und .1 finden sich für die Symbolkategorien 10, 11, 13 und 14. Verlaufskurven (zehn) werden in deutschen Stichproben häufiger als erwartet gezeichnet (70 vs. 61, $\chi^2(18) = 1.328$, p = .051), die Kategorie 11 (Abstrakte Schemata) kommt ebenfalls in der deutschen Stichprobe häufiger vor (8 vs. 5, $\chi^2(18) = 1.800$, p = .055), ebenso wie die Kategorie 13 (Lebenslauf in mehreren Szenen, 12 vs. 8.5, $\chi^2(18) = 1.441$, p = .083). Die Kategorie 14 (Konkrete Bilder) scheint in der Tendenz typischer in der litauischen Stichprobe zu sein (24 vs. 19, $\chi^2(18) = 1.316$, p = .089).

Die Hypothese 3.1, dass die Lebenslaufdarstellungen von deutschen und litauischen Untersuchungsteilnehmern unterschiedlich sein werden, wurde somit bestätigt.

Zusammenhänge mit dem Geschlecht

Die statistischen Analysen für die Variablen Geschlecht und Motivkategorienwahl ergaben keine statistisch signifikanten Zusammenhänge. Es ist also davon auszugehen, dass Frauen und Männer die gleichen Motive für ihre eigenen Lebenslaufdarstellungen präferieren. In der Tabelle 25 sind die Häufigkeiten der Motivkategorien in den männlichen und weiblichen Teilen der Stichprobe abgebildet.

Tabelle 25: Häufigkeiten der Motivkategorien, getrennt nach Geschlechtern

Nr.:	1	2	3	4	5	6	7	8	9	10	11	12	13	14	15	16	17	18	19
Motivkategorien / Geschlecht	Labyrinth	Quadrat	Linie	Spirale	Kreis	Treppe	Dreieck	Doppelspirale	Abstrakte Symbole	Verlaufskurven	Abstrakte Schematas	Muster, Kritzel	Mehrere Szenen	Konkrete Bilder	Zeichen, Gegenstände	Menschen	Tiere	Pflanzen	Weg oder Straße
männlich	0	0	10	4	3	13	0	0	4	37	5	11	3	9	7	2	0	6	11
weiblich	5	1	5	9	6	21	1	5	6	85	5	31	14	29	16	2	5	8	21

$\chi^2(18) = 23.980, p = .156$

Die Hypothese 3.2, in der vermutet wurde, dass die Lebenslaufdarstellungen von weiblichen und männlichen Untersuchungsteilnehmern unterschiedlich sein werden, konnte nicht bestätigt werden.

Zusammenhänge mit dem Alter

Vergleicht man die beiden Altersgruppen miteinander, so ergibt sich eine statistisch bedeutsame Abhängigkeit von Motivkategorienwahl und Altersgruppe. In Tabelle 25 sind die Häufigkeiten der Motivkategorien in der jüngeren und älteren Altersgruppe abgebildet.

Tabelle 26: Häufigkeiten der Motivkategorienwahl, getrennt nach Alter

Nr.:	1	2	3	4	5	6	7	8	9	10	11	12	13	14	15	16	17	18	19
Motivkategorien / Altersgruppe	Labyrinth	Quadrat	Linie	Spirale	Kreis	Treppe	Dreieck	Doppelspirale	Abstrakte Symbole	Verlaufskurven	Abstrakte Schematas	Muster, Kritzel	Mehrere Szenen	Konkrete Bilder	Zeichen, Gegenstände	Menschen	Tiere	Pflanzen	Weg oder Straße
Jünger (16–22 J.)	2	1	8	1	3	15	0	2	4	55	7	23	11	26	10	1	3	4	24
Älter (36–89 J.)	3	0	7	12	6	19	1	3	6	67	3	19	6	12	13	3	2	10	8

$\chi^2(18) = 37.167, p = .005$

Für die weitere Analyse dieses Befundes wurde eine Konfigurationsfrequenzanalyse durchgeführt. Bei dem festgelegten Entscheidungskriterium, dem ein p-Wert nach Lehmacher (1981) mit einem p = .05 zugrunde liegt, ergibt sich, dass die Kombination „jung, Motivkategorie 4" seltener als erwartet auftritt. Die beobachtete Häufigkeit beträgt 1, die erwartete 6.5. Jüngere Untersuchungsteilnehmer, die die Spirale als Symbol für ihre eigenen Lebenslaufdarstellungen wählen, stellen also einen Antitypus dar ($\chi^2(18) = 4.654$, $p = .002$). Entsprechend taucht die Spirale bei älteren Personen häufiger als erwartet auf (12 gegenüber 6.5), ältere Untersuchungsteilnehmer mit der Spirale als ein Symbol für ihre eigenen Lebenslaufdarstellungen sind also ein Typus.

Die Motivkategorie 14 (Konkrete Bilder) wird von jungen Untersuchungsteilnehmern häufiger gewählt (26 vs. 19, $\chi^2(18) = 2.579$, $p = .018$), folglich sind die älteren Untersuchungsteilnehmer hier die Antitypen, diese haben zwölf Mal das konkrete Bild gewählt. Auch in Bezug auf die Motivkategorie 19 (Weg oder Straße) unterscheiden sich Untersuchungsteilnehmer je nach ihrer Altersgruppe. Der Weg wird von jungen Personen signifikant häufiger als erwartet gewählt (24 vs. 16, $\chi^2(18) = 4.000$, $p = .003$), das entgegen gesetzte Ergebnis findet sich bei älteren Personen, hier beträgt die beobachtete Häufigkeit 8 gegenüber 16.

Diese Ergebnisse bestätigen die Hypothese 3.3, dass die Lebenslaufdarstellungen von jüngeren und älteren Untersuchungsteilnehmern sich unterscheiden.

Ergebnisse der Analysen in der deutschen Teilstichprobe

In der deutschen Teilstichprobe sind die Variablen Geschlecht und Kategorienauswahl unabhängig voneinander. In Tabelle 27 sind die Häufigkeiten der Motivkategorien in den männlichen und weiblichen Teilen der deutschen Stichprobe abgebildet.

Tabelle 27: Häufigkeiten der Motivkategorien in der deutschen Teilstichprobe, getrennt nach Geschlechtern

Nr.:	**1**	**2**	**3**	**4**	**5**	**6**	**7**	**8**	**9**	**10**	**11**	**12**	**13**	**14**	**15**	**16**	**17**	**18**	**19**
Motivkategorien / Geschlecht	Labyrinth	Quadrat	Linie	Spirale	Kreis	Treppe	Dreieck	Doppelspirale	Abstrakte Symbole	Verlaufskurven	Abstrakte Schematas	Muster, Kritzel	Mehrere Szenen	Konkrete Bilder	Zeichen, Gegenstände	Menschen	Tiere	Pflanzen	Weg oder Straße
männlich	0	7	4	2	5	0	0	2	17	3	8	2	5	6	2	0	3	1	0
weiblich	1	1	3	6	8	1	4	3	53	5	12	10	9	7	1	2	5	2	1

$\chi^2(17) = 23.891$, $p = 0.122$

In dem deutschen Teil der Stichprobe konnte auch kein Zusammenhang der Variablen Altersgruppe und Motivkategorienwahl gefunden werden. Tabelle 28 zeigt die Häufigkeiten der Motivkategorien unter den jüngeren und älteren Untersuchungsteilnehmern in der deutschen Stichprobe.

Tabelle 28: Häufigkeiten der Motivkategorien in der deutschen Teilstichprobe, getrennt nach Altersgruppe

Nr.:	1	2	3	4	5	6	7	8	9	10	11	12	13	14	15	16	17	18	19
Motivkategorien / Altersgruppe	Labyrinth	Quadrat	Linie	Spirale	Kreis	Treppe	Dreieck	Doppelspirale	Abstrakte Symbole	Verlaufskurven	Abstrakte Schematas	Muster, Kritzel	Mehrere Szenen	Konkrete Bilder	Zeichen, Gegenstände	Menschen	Tiere	Pflanzen	Weg oder Straße
Jünger (16–22 J.)	1	3	1	3	8	0	1	1	41	5	8	8	9	6	0	0	3	2	1
Älter (36–89 J.)	0	5	6	5	5	1	3	4	29	3	12	4	5	7	3	2	5	1	0

$\chi^2(17) = 21.807, p = 0.192$

Ergebnisse der Analysen in der litauischen Teilstichprobe

In Tabelle 29 sind die Häufigkeiten der Motivkategorien in den männlichen und weiblichen Teilen der litauischen Stichprobe dargestellt. In der litauischen Stichprobe zeigt sich ein tendenzieller Zusammenhang zwischen der Variablen Geschlecht und der Wahl der Symbolkategorie.

Tabelle 29: Häufigkeiten der Motivkategorien in der litauischen Teilstichprobe, getrennt nach Geschlechtern

Nr.:	1	2	3	4	5	6	7	8	9	10	11	12	13	14	15	16	17	18	19
Motivkategorien / Geschlecht	Labyrinth	Quadrat	Linie	Spirale	Kreis	Treppe	Dreieck	Doppelspirale	Abstrakte Symbole	Verlaufskurven	Abstrakte Schematas	Muster, Kritzel	Mehrere Szenen	Konkrete Bilder	Zeichen, Gegenstände	Menschen	Tiere	Pflanzen	Weg oder Straße
männlich	0	0	3	0	1	8	0	0	2	20	2	3	1	4	1	0	0	3	10
weiblich	4	1	4	6	0	13	0	1	3	32	0	19	4	20	9	1	3	3	19

$\chi^2(17) = 25.885, p = 0.077$

Ebenso gibt es eine hochsignifikante Abhängigkeit der Variablen Alter und Motivkategorienwahl in dem litauischen Teil der Stichprobe. Tabelle 30 zeigt die Häufigkeiten der Motivkategorien unter den jüngeren und älteren Untersuchungsteilnehmern in der litauischen Stichprobe.

Für dieses Ergebnis wurde eine weitere KFA berechnet. Es zeigte sich, dass die Kategorie 4 (Spirale) bei den jungen Personen bedeutsam häufiger auftritt (6 vs. 3, $\chi^2(18) = 3.000$, $p = .013$). Gleiches gilt für die Kategorie 10 (Verlaufskurven, 38 vs. 26, $\chi^2(18) = 5.538$, $p = .001$). In der älteren Altersgruppe wurden Symbole der Kategorie 14 (Konkrete Bilder) signifikant häufiger gezeichnet (17 vs. 12, $\chi^2(18) = 2.083$, $p = .023$). Auch die Häufigkeit der Motivkategorie des Weges (Kategorie 19) in der litauischen Stichprobe unterscheidet sich in der älteren Altersgruppe bedeutsam von der jüngeren Altersgruppe (22 vs. 14.5, $\chi^2(18) = 3.879$, $p = .003$).

Tendenzielle Ergebnisse gibt es für die Kategorien 12 (Muster und Kritzel traten in der älteren Altersgruppe häufiger auf: 15 vs. 11, $\chi^2(18) = 1.455$, $p = .071$), 17 (Tiere, in der älteren Altersgruppe häufiger: 3 vs. 1.5, $\chi^2(18) = 1.500$, $p = .082$) und 18 (Pflanzen, in der jüngeren Altersgruppe häufiger: 5 vs. 3, $\chi^2(18) = 1.333$, $p = .098$).

Tabelle 30: Häufigkeiten der Motivkategorien in der litauischen Teilstichprobe, getrennt nach Altersgruppe

Nr.:	**1**	**2**	**3**	**4**	**5**	**6**	**7**	**8**	**9**	**10**	**11**	**12**	**13**	**14**	**15**	**16**	**17**	**18**	**19**
Motivkategorien / Altersgruppe	Labyrinth	Quadrat	Linie	Spirale	Kreis	Treppe	Dreieck	Doppelspirale	Abstrakte Symbole	Verlaufskurven	Abstrakte Schematas	Muster, Kritzel	Mehrere Szenen	Konkrete Bilder	Zeichen, Gegenstände	Menschen	Tiere	Pflanzen	Weg oder Straße
Jünger (16–22 J.)	1	1	5	0	0	7	0	1	3	14	2	15	3	17	4	1	3	1	22
Älter (36–83 J.)	3	0	2	6	1	14	0	0	2	38	0	7	2	7	6	0	0	5	7

$\chi^2(17) = 48.997$, $p = 0.001$

5.4.2 Quantitative Auswertung der Zeichnungsfläche in Lebenslaufdarstellungen

Das Ziel der Bachelorarbeit von Tatjana Udina (2010) war es in erster Linie zu überprüfen, ob das aus der Kunsttherapie stammende Raumschema der Vierteilung der Bildfläche auch quantitativ auswertbar und für die Überprüfung von statistischen Unterschieden zwischen den Gruppen anwendbar ist. Die zentrale Fragestellung war festzustellen, wie die Untersuchungsteilnehmer die Bildfläche benutzen, wenn sie ihren ganzen Lebenslauf in Form einer Zeichnung anfertigen. Im Folgenden wird eine Zusammenfassung der Ergebnisse ihrer Auswertung dargestellt.

Unterschiede zwischen den Altersgruppen

Der Vergleich zwischen der gesamten Pixelmasse der Zeichnungen hat ergeben, dass die jüngeren Untersuchungsteilnehmer grundsätzlich mehr gezeichnet haben als die älteren ($p = .000$, $p<.0001$). Auch die Mittelwertvergleiche der absoluten Zahlen haben gezeigt, dass die jüngeren Untersuchungsteilnehmer mit oder ohne Ausreißer signifikant mehr in allen Quadranten gezeichnet haben ($p = .004$). Der Vergleich der relativen Zahlen (Anteile der Gesamtzeichnung in einzelnen Quadranten) ergab keine Altersunterschiede in der Bevorzugung unterschiedlicher Quadranten ($p_1 = .571$; $p_2 = .973$; $p_3 = .528$; $p_4 = .870$).

Unterschiede zwischen Litauen und Deutschland

Zwischen den deutschen und litauischen Untersuchungsteilnehmern haben sich insgesamt keine signifikanten Unterschiede ergeben ($p = .15$). Die Mittelwertvergleiche der Pixelmasse in unterschiedlichen Quadranten der gesamten Stichprobe ($N = 392$) haben signifikante Unterschiede im III. Quadranten (links unten) ergeben. Litauer haben statistisch signifikant mehr in diesem Quadrant gezeichnet als Deutsche ($p = .043$). Die Wiederholung dieses Vergleiches in der Stichprobe ohne Ausreißer hat keine signifikanten Unterschiede gezeigt (von $p = .150$ bis $p=.988$).

Der Vergleich der relativen Zahlen hat ergeben, dass signifikante Unterschiede zwischen deutschen und litauischen Untersuchungsteilnehmern im Quadranten I und III bestehen. Deutsche haben mehr im Quadranten I (oben rechts) ($p = .004$), Litauer mehr im Quadranten III (unten links) ($p = .002$) gezeichnet. Auch der Vergleich zwischen den Altersgruppen hat die gleichen Ergebnisse gezeigt: Sowohl die älteren ($p = .037$) als auch die jüngeren Untersuchungsteilnehmer ($p = .056$) aus Deutschland zeichneten tendenziell mehr im I. Quadranten. Die älteren (p = .0.29) und die jüngeren Untersuchungsteilnehmer (p = .037) aus Litauen mehr im III. Quadranten.

Bevorzugung einzelner Quadranten

Es gibt einen signifikanten Unterschied in der Gesamtstichprobe: Quadrant IV (oben links) unterscheidet sich signifikant von allen anderen. Dieser wurde am wenigsten „bemalt". Außerdem ist Quadrant I (oben rechts) signifikant weniger bemalt als Quadrant III (unten links).

Sowohl bei jüngeren als auch bei älteren Untersuchungsteilnehmern wurden die Zeichnungen entlang der Hauptdiagonale im I. und III. Quadranten platziert. Die Summe der relativen Zahlen im I. und III. Quadranten ist signifikant größer (p = .002) als die Summe der Zahlen im II. und IV. Quadranten. Außerdem tendieren alle Zeichnungen zur linken Seite (p = .000, p < .0001). Es ergaben sich keine signifikanten Unterschiede zwischen oberen und unteren Teilen des Bildes, sowohl bei den jüngeren (p = .197) als auch bei älteren Untersuchungsteilnehmern (p = .543). Die jüngeren Untersuchungsteilnehmer aus Deutschland tendierten eher zu dem oberen Teil der Bildfläche (p = .051) (vgl. Udina, 2010, S. 19–20).

Die Ergebnisse der quantitativen Auswertung von Zeichnungen unterstützen die Hypothese 3.4 – die eigenen Lebenslaufdarstellungen sind auf einer von der unteren linken Ecke auf die obere rechte Ecke verlaufenden Diagonale ausgerichtet. Die Untersuchungsteilnehmer haben in ihren eigenen Lebenslaufdarstellungen den III. (unten links) und den I. Quadranten (oben rechts) statistisch signifikant mehr bemalt als andere Quadranten. Der gefundene Unterschied zwischen den Ländern – dass die deutschen Zeichnungen mehr im I. Quadranten und die litauischen Zeichnungen mehr im III. platziert sind – unterstützt zusätzlich die in der Hypothese 3.1 geäußerte Vermutung, dass die Lebenslaufdarstellungen von deutschen und litauischen Untersuchungsteilnehmern unterschiedlich sein werden.

5.4.3 Weitere Analysen der Zeichnungen zum eigenen Lebenslauf

Abstrakte Symbole in den eigenen Lebenslaufdarstellungen

93 von insgesamt 400 Untersuchungsteilnehmer (23,25 %) haben in ihren Zeichnungen die abstrakten Symbole oder Kombination dieser Symbole für die Darstellung ihres eigenen Lebenslaufes verwendet. Manche Untersuchungsteilnehmer haben direkt eine in dem Fragebogen vorgegebene geometrische Form in ihren eigenen Lebenslaufdarstellungen verwendet, wie z. B. die 45 Jahre alte Frau aus Litauen, die eine Spirale gezeichnet hat (Zeichnung Nr.: 308 in Abbildung 24).

Abbildung 24: Zeichnungen 308, 311 und 048

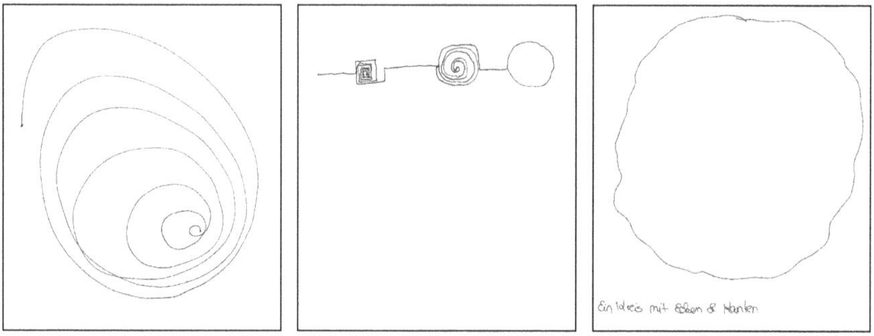

Die zweite Zeichnung mit der Nummer 311 in Abbildung 24 ist ein Beispiel, bei dem drei abstrakte Symbole aus dem Fragebogen in Verbindung miteinander gezeichnet worden sind. Diese Lebenslaufdarstellung ist von einer 57 Jahre alten Frau, ebenfalls aus Litauen, angefertigt worden. Manchmal sind nur die Grundformen übernommen und modifiziert worden, wie z. B. in der Zeichnung mit der Nummer 048 (Abbildung 24) von einer 18-jährigen deutschen Schülerin, die einen unebenen Kreis gezeichnet hat mit einer Unterschrift darunter: „Ein Kreis mit Ecken und Kanten".

Hier zeigt sich ein Phänomen, das, selbst wenn die vorgegebenen symbolischen Formen durch die Untersuchungsteilnehmer übernommen werden, sie miteinander kombiniert, modifiziert und auf diese Weise individualisiert und den eigenen individuellen Vorstellungen über den Lebenslauf angepasst werden. Insgesamt 83 Untersuchungsteilnehmer von 400 haben die vorgegebenen geometrischen Formen direkt übernommen und unverändert für die individuellen Lebenslaufdarstellungen angewendet.

Darstellungen des Lebensverlaufs mit einem Höhepunkt

Ich konnte insgesamt 29 Zeichnungen unter 400 (7,25 %) mit einem deutlich dargestellten einzelnen Höhepunkt in der Mitte finden. Die Tabelle mit allen Nummern der 29 Zeichnungen befindet sich im Anhang C. Der Lebensverlauf ist in diesen Lebenslaufdarstellungen mehr oder weniger konkret mit ziemlich symmetrisch auf- und absteigenden Teilen dargestellt worden. Die Abbildung 25 zeigt drei Beispiele, die eine im Sinne von Thomae „dramaturgische" Lebenslaufvorstellung mit einem Höhepunkt in der Mitte ausdrücken.

Abbildung 25: Zeichnungen 011, 037 und 276

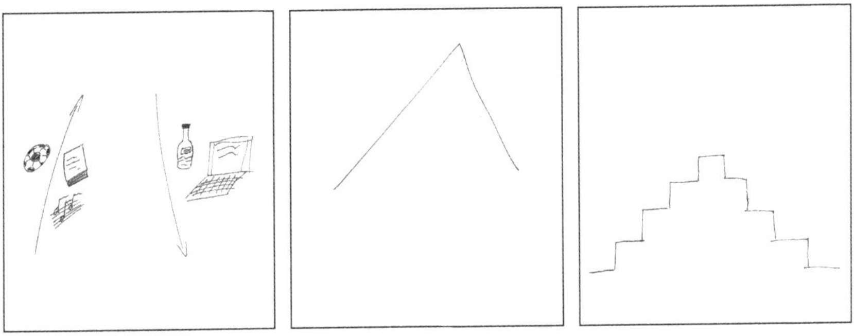

Die Zeichnung mit der Nummer 011 stammt von einem 19 Jahre alten deutschen Schüler, der, wie man gut erkennen kann, konkrete Gegenstände wie Fußball, ein Buch, Musiknoten für den aufsteigenden Teil und eine Flasche und ein Laptop für den absteigenden Teil seines Lebenslaufs gezeichnet hat. Der Verlauf des Lebens ist hier mit einem diagonal rechts nach oben zeigenden Pfeil und einem nach unten zeigenden Pfeil dargestellt. Die zweite Zeichnung in Abbildung 25 wurde von einer 44 Jahre alten deutschen Frau angefertigt. Sie hat ihren Lebenslauf ganz abstrakt nur mit zwei zu einer Spitze verlaufenden Linien – als Spitze eines Dreiecks – dargestellt. Das dritte Beispiel mit der Nummer 276 zeigt eine symmetrisch nach oben und dann nach unten verlaufende Treppe. Diese Zeichnung ist von einem 19 Jahre alten Schüler aus Litauen angefertigt worden.

Diese Beispiele zeigen, dass die Vorstellung von einem nach oben in der Richtung eines Höhepunktes verlaufenden und nach dem Erreichen dieser Spitze wieder nach unten absteigenden Lebenslaufes immer noch existiert. Weit häufiger jedoch offenbart sich in den eigenen Lebenslaufdarstellungen die Vorstellung von einem Lebensverlauf als immerwährenden Aufstieg oder höchstens einem Aufstieg mit einem nicht so steilen und unvollständigen Abstieg.

Der Lebenslauf als ein kontinuierlicher Aufstieg

Dieser Kategorie konnte ich insgesamt 105 Zeichnungen, die 26,25 % aller 400 Zeichnungen entsprechen, zuordnen. Die Tabelle mit Nummern derartiger Zeichnungen befindet sich im Anhang C. Dieser Kategorie habe ich z. B. abstrakte unsymmetrische Figuren zugeordnet, in denen der nach oben aufsteigende Teil größer und deutlicher dargestellt worden ist als der absteigende. Oder Zeichnungen von der Treppe, in der der absteigende Teil nur unvollständig abgebildet worden ist, wie in der Zeichnung mit der Nummer 014 (Abbildung 26) von einem 18 Jahre alten Schüler aus Deutschland. Auch manche Verlaufsdiagramme verlaufen nur nach oben, wie in der Zeichnung mit der Nummer 261, die von einem ebenso 18 Jahre alten Schüler aus Litauen stammt. In den Zeichnungen, in denen der Lebenslauf als ein Weg dargestellt worden ist, verläuft dieser Weg meistens in einer vom linken unteren Punkt nach einem rechten oberen Punkt verlaufenden Diagonale. Ein gutes Beispiel dazu ist die Zeichnung eines 57 Jahre alten Mannes aus Litauen mit der Nummer 379 (Abbildung 26).

Abbildung 26: Zeichnungen 014, 261 und 379

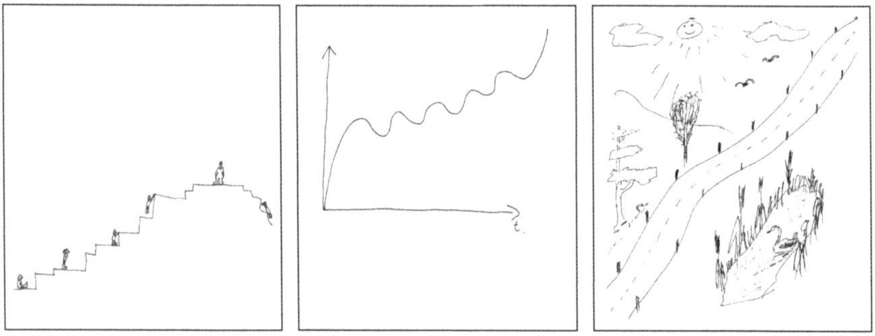

Diese Ergebnisse illustrieren die quantitativen Ergebnissen der Bacherlorarbeit von Udina (2010), die besagen, dass in der gesamten Stichprobe in dieser Untersuchung die meisten Zeichnungen zum eigenen Lebenslauf der Hauptdiagonale entlang im I. (unten links) und III. (oben rechts) Quadranten platziert worden sind. Die Untersuchungen von Koch (1962) über die Lebenslinie konnten bei über 80 % der Versuchspersonen übereinstimmende Bedeutungen der Lebenslinie und ihrer Platzierung in der Bildfläche festgestellt werden. Bei den meisten Versuchspersonen verlief sie von links unten nach rechts oben. „Nach der Bedeutung befragt, antworteten viele in folgendem Sinn: ‚Links unten': Anfang, Ursprung, dort war ich noch klein und ganz jung, da war ich noch niemand. ‚Rechts oben': Das ist das Ziel, dort wäre das fruchtbare Leben, das Ende, der Erfolg" (Koch, 1962, zit. nach Riedel, 2006, S. 25).

In diesem Sinne stellt die Zeichnung mit der Nummer 132 in Abbildung 27 ein klassisches Beispiel für eine Lebenslinie dar. Der 17-jährige Schüler aus Deutschland hat die untere linke Ecke mit „Geboren" und die obere rechte Ecke mit „Jetzt" beschriftet.

Abbildung 27: Zeichnungen mit den Nummern 132, 092 und 101

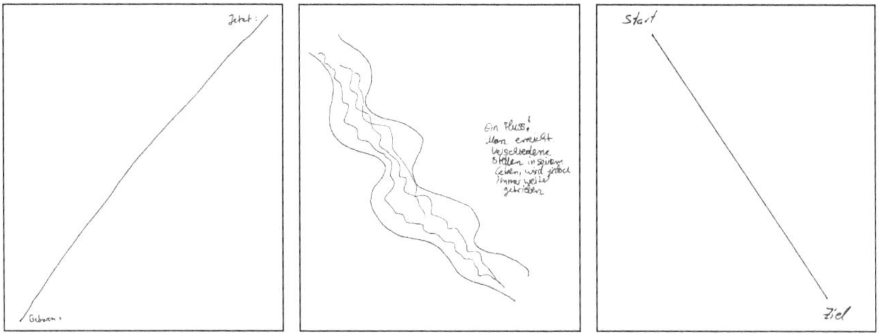

Die anderen beiden Zeichnungen in Abbildung 27 stellen Beispiele dar, in denen die sogenannte Lebenslinie von der oberen linke Ecke in die rechte untere Ecke verläuft. Die Zeichnung mit der Nummer 092 wurde von einer 18 Jahre alten deutschen Schülerin angefertigt. Der „Lebensfluss“ verläuft hier in einer die linke obere Ecke mit der unteren rechten Ecke verbindenden Diagonale. Sie hat ihre Zeichnung mit folgenden Worten beschriftet: „Ein Fluss! Man erreicht verschiedene Stellen in seinem Leben, wird jedoch immer weitergetrieben“. Über die metaphorische Gleichsetzung des Fließens eines Flusses mit dem Fluss des Lebens hat sich Boesch (1991) ebenfalls im Zusammenhang mit der Analyse von symbolischen Dimensionen des Raumes auseinandergesetzt. Wohin der Fluß fließt, ist aus seiner Sicht die Zukunft, das Versprechen. Das, woher der Fluß kommt, ist die Vergangenheit und gleichzeitig der Ursprung. Diese allgemeinen symbolischen Bedeutungen können, so Boesch, ihre Wertigkeit je nach der subjektiven Situation verändern. Auch die Lebenslinie in der Zeichnung mit der Nummer 101 eines 18-jährigen Schülers aus Deutschland zeigt eine deutlich in der entgegengesetzten Richtung verlaufende Diagonale mit dem dazu geschriebenen Wort „Start“ am oberen linken Anfang der Linie und „Ziel“ an der unteren rechen Ende der Linie. Ohne weitere Informationen über die Untersuchungsteilnehmer oder ihre Absichten ist es offen, welche Bedeutung sie auf diese Art und Weise auszudrücken beabsichtigt haben.

Beeinflussung der Zeichnungen durch die anderen Untersuchungsteilnehmer

Bei der Analyse der bildlichen Lebenslaufdarstellungen ist aufgefallen, dass manche Untersuchungsteilnehmer ihre eigene Lebenslaufdarstellung von ihrem Sitznachbarn „abgeschaut“ haben oder zumindest sich durch die Lebenslaufdarstellung ihres Nachbarn haben beeinflussen lassen. In Abbildung 28 sind drei Zeichnungen abgebildet, die eine deutliche Ähnlichkeit aufweisen. Auch in den weiterfolgenden benachbarten Zeichnungen mit den Nummern 294, 295 und 296 wurde der Lebenslauf als Labyrinth dargestellt. Auch die Zeichnungen 283 und 284 von zwei litauischen Schülerinnen von 17 und 16 Jahren zeigen den Lebenslauf als einen Weg in einer ähnlichen Darstellungsweise. Weitere Beispiele waren die Zeichnungen von zwei Brüdern mit den Nummern 088 und 089 aus Deutschland. Die beiden Herren von 65 und 64 Jahren haben zusammen über das Thema diskutiert und sind zur einer gemeinsamen Schlußfolgerung gekommen, dass der Lebenslauf bildlich am besten als eine horizontale Linie darstellbar sei.

Abbildung 28: Zeichnungen mit den Nummern 291, 292 und 293

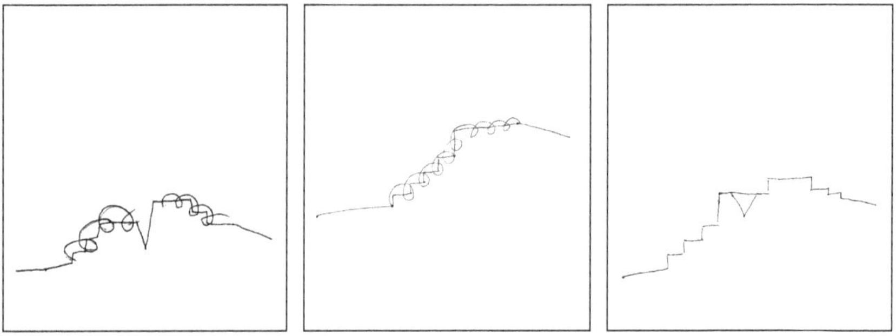

In dieser Untersuchung wird die Tatsache des „Abschauens" nicht als eine mangelhafte Objektivität betrachtet, sondern als ein natürliches Phänomen bei der Aneignung und Verwendung von symbolischen Formen angesehen. Im Leben sind wir genauso den kollektiven symbolischen Formen ausgeliefert und werden bei ihrer Aneignung und bei ihrem Ausdruck durch unsere Mitmenschen beeinflusst.

5.4.4 Interpretation der Ergebnisse über die eigenen Lebenslaufdarstellungen

Die Verlaufskurve ist „das Symbol" für die heutigen Lebenslaufvorstellungen

Verlaufslinien und -kurven sind die am häufigsten gezeichneten bildlichen Formen für die Darstellung des eigenen Lebenslaufs in dieser Untersuchung. Diese Formen sind nicht in dem Fragebogen vorgegeben worden und wurden trotzdem von insgesamt 122 Untersuchungsteilnehmern (30,50 %) als Motive in den eigenen Lebenslaufdarstellungen verwendet. Genauer gesehen sind die Verlaufslinien und -kurven die gegenwärtig kollektiv wahrscheinlich am meisten verbreiteten bildlichen Formen zu unserem Leben und Lebenslauf. In allen erdenklichen Medien begegnen uns statistische Daten über Lebensqualität, Lebenszufriedenheit oder durchschnittlich steigende Lebensdauer, die meistens bildlich in einem Verlaufsdiagramm dargestellt werden.

Weiterhin eignen sich Verlaufslinien und -kurven besonders gut dazu, den Verlauf des Lebens mit seinen mehreren Höhen und Tiefen darzustellen, die in den sprachlichen Begründungen mehrerer Untersuchungsteilnehmer über die Wahl der Treppe oder der Lebenstreppe zum Ausdruck gebracht worden sind. Auf diese Weise wird auch die in der Kunsttherapie verbreitete Auffassung von dem Richtungsschema in der Bildfläche bestätigt. „Die Bildfläche wird also Projektionsfläche einer Entwicklungslinie. Dabei spielt der Faktor Zeit und das dynamische Symbol des Weges eine Rolle" (Riedel, 2005, S. 25). Die Zeit stellt im Sinne von Boesch (1991) ein sequentielles System der Wertigkeiten dar, wobei der Raum für ein topologisches System der Wertigkeiten steht. In dem Aufstieg der Entwicklungslinie des Lebens nach oben kommt die symbolische Bedeutung der Dichotomie „oben-unten" ins Spiel.

Das Leben verläuft kontinuierlich nach oben

Sowohl durch die quantitative als auch durch die qualitative Auswertung der Zeichnungen zum eigenen Lebenslauf konnte eine deutliche Tendenz festgestellt werden, den Lebensverlauf in einer von der unteren linken Ecke in die obere rechte Ecke verlaufenden Diagonale darzustellen. Ein solcher Verlauf war selbstverständlich nicht in den Zeichnungen auszumachen, in denen konkrete Motive oder geschlossene geometrische Figuren dargestellt wurden. Die quantitative Auswertung der bemalten Fläche der Zeichnungen durch die Vergleiche der Pixelmaße in vier Quadranten hat auch ergeben, dass zwei Quadranten – der untere linke und der obere rechte – statistisch signifikant mehr bemalt worden sind als die anderen zwei Quadranten (vgl. Udina, 2010). Mehr als ein Viertel – insgesamt 105 Untersuchungsteilnehmer – haben ihren Lebenslauf deutlich als einen fortschreitenden Aufstieg dargestellt.

Der Verlauf der Lebenslinie nach oben macht die kulturell verbreiteten Bedeutungen der Oben-Unten-Dichotomie sichtbar. Davis (1984, S. 98) war der Meinung, dass in der Konstruktion von sozialen, natürlichen und kulturellen Kategorien die Dualität von hoch und niedrig höchst wahrscheinlich das meist benutzte Prinzip der konzeptuellen Organisation darstellt (zit. nach Boesch, 1991, S. 154). Laut Boesch (1991) gründet die Oben-Unten-Dichotomie auf der körperlichen Symbolik, wobei wir dazu tendieren, die niederen Sachen als schmutzig und schwächer und die oberen als größer und mächtiger als wir selbst sind wahrzunehmen. Ähnlicher Meinung sind auch Lakoff und Johnson (2008), die oben-unten als eine Orientierungsmetapher definieren, die unsere Wahrnehmung in Zeit und Raum bestimmen und alles was oben ist, als gut, und alles was unten ist, als schlecht bewerten lassen. Aus diesem Grund ist auch der absteigende Teil nur in 29 Zeichnungen von 400 dargestellt worden. In den meisten Lebenslaufdarstellungen wurde der absteigende Teil entweder nur unvollständig oder gar nicht abgebildet.

Wenige Unterschiede zwischen den Ländern, Altersgruppen und Geschlechtern in der Darstellung des eigenen Lebenslaufes

Die quantitativen Analysen der eigenen Lebenslaufdarstellungen ergaben am wenigsten statistisch signifikante Unterschiede zwischen verschiedenen Merkmalsausprägungen der Stichprobe im Vergleich mit den quantitativen Vergleichen in der Wahl von abstrakten Symbolen oder des Bildes der Lebenstreppe. Einen einzigen statistisch signifikanten Unterschied zwischen den Ländern gab es in der Zeichnung des Kreises. Die deutschen Untersuchungsteilnehmer haben statistisch signifikant häufiger den Kreis in ihren Lebenslaufdarstellungen gezeichnet als die litauischen. Da dieses Ergebnis mit der Wahl des abstrakten Symbols des Kreises übereinstimmt, sind die möglichen Gründe dafür schon im Abschnitt 5.2 genannt worden. Für die litauischen Untersuchungsteilnehmer assoziiert sich der Kreis eher mit dem Teufelskreis und dem Eingesperrt-Sein.

Weiterhin konnten weder durch die quantitativen, computergestützten Auswertungen der Zeichnungen durch Udina (2010) noch durch die quantitativen Analysen der Zeichnungsmotive statistisch signifikante Unterschiede zwischen Männern und Frauen in der Darstellung des eigenen Lebenslaufes festgestellt werden. Diese Ergebnisse stimmen sowohl mit den in der Wahl der abstrakten Symbole als auch in der Analyse der Ergebnisse zu der Lebenstreppe gefundenen wenigen Unterschieden zwischen den Geschlechtern überein. Man kann davon ausgehen, dass sowohl Männer als auch Frauen eher ähnliche Lebenslaufvorstellungen haben.

Unterschiede in den zeichnerischen Lebenslaufdarstellungen zwischen den Altersgruppen waren in dem häufigeren Zeichnen einer Spirale durch die älteren Untersuchungsteilnehmer und dem häufigeren Zeichnen von konkreten Bildern und des Weges durch die jüngeren Untersuchungsteilnehmer zu beobachten. Die quantitative Auswertung der Pixelmasse durch Udina (2010) hat ergeben, dass die jüngeren Untersuchungsteilnehmer grundsätzlich mehr gezeichnet haben als die älteren. Mehrere Unterschiede zwischen den Altersgruppen konnten in der litauischen Teilstichprobe beobachtet werden. Hier haben die jüngeren Untersuchungsteilnehmer häufiger Spiralen und Verlaufskurven in ihren Lebenslaufdarstellungen gezeichnet. Die älteren Untersuchungsteilnehmer aus Litauen haben statistisch signifikant häufiger die Motive des Weges und konkrete bildliche Darstellungen bevorzugt. Da die gefundenen Unterschiede in den Motiven zwischen den Altersgruppen in der litauischen Teilstichprobe praktisch entgegengesetzt zu denen in der gesamten Stichprobe sind, können sie schwer nur durch das Alter der Untersuchungsteilnehmer erklärt werden. Hier spielen höchst wahrscheinlich eher individuelle Gründe eine Rolle.

Zusammenfassend kann man behaupten, dass sowohl die Darstellungen des Lebenslaufes mit dem Verlauf des Lebens in einer Diagonale kontinuierlich nach oben als auch die dadurch zum Ausdruck kommende lineare Zeitauffassung die von Glaser und Strauss im Jahr 1971 vorgestellte Metapher des Lebenslaufes als „the universal escalator on which everyone rides“ (zit. nach Born & Krüger, 2001) bestätigen. Dies spricht für eine Lebenslaufvorstellung einer ständig aufsteigenden Treppe, die auch in der Analyse der Ergebnisse über die Wahl der abstrakten Treppe und Lebenstreppe zum Ausdruck gekommen ist. Bei den individuellen Lebenslaufdarstellungen spielen die Faktoren wie Alter oder Geschlecht sowie die Landeszugehörigkeit zu Litauen oder Deutschland eher eine untergeordnete Rolle.

5.5 Einzelfalldarstellungen

Im Folgenden werden fünf Einzelfälle etwas genauer dargestellt. Das primäre Ziel der Einzelfalldarstellungen ist, die Zusammenhänge zwischen den verschiedenen Items des Fragebogens zu veranschaulichen, die durch die vorherigen weder quantitativen noch qualitativen Datenanalysen nicht erfasst werden konnten. Für die Einzelfalldarstellungen wurden jeweils zwei Untersuchungsteilnehmer aus beiden Ländern und Altersgruppen mit unterschiedlichen Geschlechtern ausgewählt. Abschließend wird der Fragebogen von der ältesten Untersuchungsteilnehmerin vorgestellt.

5.5.1 Ein deutscher Schüler

Ein 17-jähriger Schüler eines Gymnasiums (VPNR 008) hat als Berufswunsch „Bauer“ und „ev.“ als religiöse Orientierung angegeben. Die wichtigsten Wendepunkte in seinem Leben sind: „Trennung meiner Eltern, Auszug von meiner Mutter und Ein- und Austritt ins Internat“. Er hat auf der Linie der Lebenszufriedenheit sein Kreuz 6 mm (von 100 mm) entfernt von „total zufrieden“ markiert.

Seine Vergangenheit ist ihm unwichtig (80 mm von 100 mm), ähnlich wie die Gegenwart (78 mm von 100 mm). Am wichtigsten findet er erwartungsgemäß seinem Alter entsprechend seine Zukunft (70 mm von 100 mm).

Als passendes abstraktes Symbol für sein Leben hat dieser Untersuchungsteilnehmer nur die Spirale mit der sprachlichen Begründung, „weil alles irgendwann zusammen läuft", ausgewählt. Als nicht passende Symbole hat er das Labyrinth und die Treppe angekreuzt. Das Symbol Labyrinth passe nicht zu seinem Leben, weil „mein Leben in keiner Sackgasse enden wird". Das Symbol der Treppe passt nicht zu seinem Leben, weil „es im Leben immer auf und ab geht". Ihm war das Bild der Lebenstreppe aus dem 17. Jahrhundert nicht bekannt und er könne sich seinen Lebenslauf nicht als eine Treppe vorstellen. Als Erklärung dafür hat er auf die sprachliche Erklärung für die Ablehnung der abstrakten Treppe verwiesen.

Abbildung 29: Lebenslaufdarstellung VPNR 008

Abbildung 29 zeigt seine eigene Lebenslaufdarstellung. Wie man sieht, hat er seinen Lebensverlauf als eine Spirale aus mehreren Szenen dargestellt. Das abstrakte Bild der Spirale hat er modifiziert und individualisiert, indem er ganz persönliche Bilder und Gegenstände, teilweise mit Beschriftung für die einzelnen Etappen seines Lebens gezeichnet hat. Die ersten Lebensetappen werden mit den Worten

„Schule", „Abi" und „Studium" beschriftet. Weiterhin kann man mehrere Männchen, einen Traktor, der seinen Berufswunsch symbolisiert, sowie eine Palme und in der Mitte der Spirale ein Kreuz erkennen.

Diese Zeichnung dient als Beispiel des „Generativen Modells des Lebenszyklus" (vgl. Yamanda & Katō, 2004, 2006). In der Spirale werden allerdings der lineare und der zyklische Verlauf miteinander in Verbindung gebracht. Der Lebensverlauf wird hier in den einzelnen, nacheinander folgenden Szenen dargestellt, die allerdings nicht in einer Linie, sondern in immer kleiner werdenden Kreisen in Richtung des Todes im Zentrum verlaufen.

5.5.2 Eine litauische Schülerin

Die 16-jährige Schülerin aus Litauen (VPNR 353) hat als Berufswunsch „Ärztin" und „katholisch" als religiöse Orientierung angegeben. Die wichtigsten Wendepunkte in ihrem Leben waren: „Ich bin in die erste Klasse gekommen", „Ich habe die erste Kommunion empfangen", „Ich habe angefangen die Kunstschule zu besuchen", „Ich habe das Sakrament der Firmung empfangen", „Ich bin in das Gymnasium „Saulė" [dt. Sonne] aufgenommen worden". Auf der Lebenszufriedenheitslinie hat diese Schülerin ihre Markierung nur 7 mm von „total zufrieden" gesetzt. Ihre Vergangenheit empfindet sie als „total unwichtig". Die Gegenwart und Zukunft allerdings als „total wichtig". Sie hat ihre Kreuze auf den äußersten Enden der Linien platziert.

Als passende Symbole für ihr Leben hat sie das Quadrat, die Treppe und die Doppelspirale ausgewählt. Für die Wahl des Quadrats hat sie folgende Begründung angegeben: „Es ist einfach und klar, hat ein Zentrum und vier Ecken, Extreme. Gleichzeitig ist das Leben kompliziert und interessant und wie alle geraden Linien miteinander verbunden". Das Quadrat wurde in der gesamten Stichprobe eher durch die männlichen Untersuchungsteilnehmer gewählt. In diesem Fall zeigt sich, dass auch Frauen das Quadrat als ein passendes Symbol für ihr Leben betrachten können. Die Treppe passt auf ihr Leben, denn „meistens habe ich ein Ziel und versuche es zu erreichen, die ‚Treppe des Lebens' in seiner Richtung zu steigen". Die Doppelspirale „assoziiert sich mit meinem Ziel, erinnert an ein ‚DNS' Molekül".

Als nicht passende Symbole hat sie die Linie, den Kreis und das Dreieck gewählt. Die Linie passt nicht auf ihr Leben, da „das Leben interessant ist und sich verändert. Es ist nicht voraussagbar". Die Ablehnung des Kreises hat sie mit folgender Erklärung begründet: „Mein Leben geht nach vorne, aber immer in eine andere Richtung, sich nicht wiederholend". Das Dreieck hat die Schülerin abgelehnt, weil „es eckig und spitz, gefährlich, mystisch ist". Das Bild der Lebenstreppe aus dem 17. Jahrhundert war ihr bekannt. Sie kann sich ihren Lebenslauf als eine Lebenstreppe vorstellen, „weil das menschliche Leben nie stehen bleibt. Der Mensch steigt sowohl geistig als auch physisch, egal wie gleich der Alltag erscheint".

Abbildung 30: Lebenslaufdarstellung VPNR 353

Abbildung 30 zeigt ihre eigene Lebenslaufdarstellung. Diese Zeichnung gehört, neben den Zeichnungen mit den Nummern 19, 39, 77, 268, 290, 249 und 359 wegen der überdurchschnittlichen Bemalung der Zeichnungsfläche zu den Ausreißern (vgl. Udina, 2010). Nach meiner subjektiven Bewertung ist diese Zeichnung auch eine der schönsten Lebenslaufdarstellungen in der vorliegenden Untersuchung. In dieser Zeichnung kann man beide von der Schülerin gewählten abstrakten Symbole – die Treppe und die Doppelspirale – erkennen. Sie hat ihren Lebenslauf auch eher typisch für die litauischen Untersuchungsteilnehmer als einen Weg abgebildet, da, wie schon erwähnt, der Lebenslauf direkt aus dem Litauischen übersetzt „Lebensweg" bedeutet. Der Lebensweg wird in einer Landschaft dargestellt, die es allerdings in Litauen so nicht gibt, da es in Litauen keine Berge gibt. Der Lebenslauf verläuft hier, ähnlich zu der Zeichnung des Schülers aus Deutschland, sowohl linear als auch zyklisch. Hier wird auch noch eine dreidimensionale Perspektive hinzugefügt.

5.5.3 Eine 38 Jahre alte deutsche Frau

Die Untersuchungsteilnehmerin mit der Nummer 062 hat keinen Namen angegeben. Sie ist „Diplompsychologin“ und hat „keine“ religiöse Orientierung. Die wichtigsten Wendepunkte in ihrem Leben sind: „Beginn des Studiums, Ende des Studiums/erster Job, Ende der letzten Beziehung, meine Beziehung“. Sie hat auf der Linie der Lebenszufriedenheit ihr Kreuz 20 mm (von 100 mm) entfernt von „total zufrieden“ markiert. Ihre Vergangenheit empfindet sie als wichtig (61 mm von 100 mm). Am wichtigsten ist für sie aber die Gegenwart (97 mm von 100 mm). Die Zukunft ist nur ein wenig wichtiger als die Vergangenheit (69 mm von 100 mm). Als passende Symbole für ihr Leben hat sie die Treppe und die Doppelspirale gewählt. Die Treppe passt auf ihr Leben, weil „es immer wieder auf und ab ging“. Die Doppelspirale hat sie gewählt, weil „Beziehungen miteinander verwoben sind bzw. verschlungen sind und dadurch vielleicht besonders kompliziert“. In der letzteren Begründung wird, genauso wie in den wichtigsten Wendepunkten des Lebens, das Thema Beziehung kommuniziert.

Diese Untersuchungsteilnehmerin hat das Labyrinth und die Linien als nicht passende Symbole für ihr Leben markiert. Für die Ablehnung des Labyrinths hat sie die folgende Begründung angegeben: „[D]a ich mich nicht so durcheinander und auf der Suche fühlte, wie in einem Labyrinth“. Die Linie passt nicht auf ihr Leben, weil „ich und mein Leben nicht gradlinig sind bzw. verlaufen“. Die Bilder von der Lebenstreppe waren ihr bekannt. Sie kann sich ihren eigenen Lebenslauf allerdings nicht als eine Treppe vorstellen, da „es heutzutage Möglichkeiten gibt, auch im Alter zu lernen und sich zu entwickeln, so dass es nicht zwangsläufig bergab geht, sondern z. B. im Hinblick auf Erfahrungen o. ä. bergauf“.

Die Abbildung 31 zeigt ihre eigene Lebenslaufdarstellung. Hier kann man deutlich eine diagonal verlaufende Lebenskurve erkennen. Die spiralförmige Lebenslinie verläuft klassisch, genauso wie in vielen anderen Lebenslaufdarstellungen in der vorliegenden Untersuchung, von der linkeren unteren in die obere rechte Ecke. Am Anfang ist die Spirale mit mehreren hellen und dunklen runden Punkten versehen. In der oberen rechten Ecke endet die Lebenslinie mit einem Pfeil. Die Windungen der Linie können als in der Begründung für die Wahl der Treppe erwähnten „auf und ab“ des Lebens gedeutet werden. Diese Zeichnung dient auch als ein Beispiel der persönlichen Aneignung des vorgegebenen Symbols der Doppelspirale.

Abbildung 31: Lebenslaufdarstellung VPNR 062

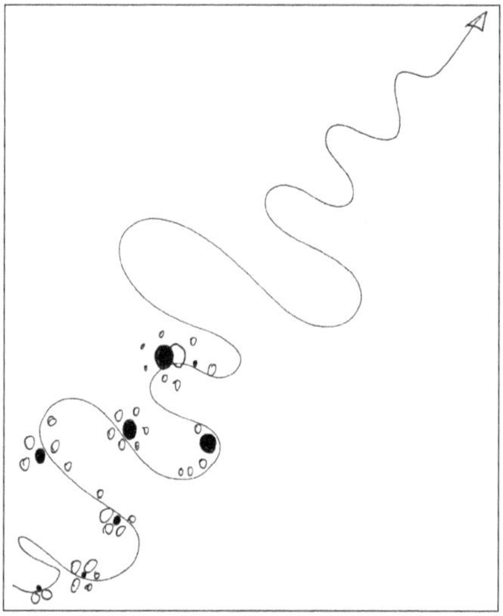

5.5.4 Ein 60 Jahre alter Mann aus Litauen

Ein 60-jähriger Ingenieur aus Litauen (VPNR 312) gehört, wie die meisten Litauer, der katholischen Konfession an. Seine bisherigen wichtigsten Wendepunkte in seinem Leben waren: „Abschluss des Studiums und 20 Jahre Arbeit nach meiner beruflichen Ausbildung". Er ist nur mittelmäßig mit seinem Leben zufrieden. Auf der Linie der Lebenszufriedenheit hat er sein Kreuz genau in der Mitte bei 50 mm (von 100 mm) markiert. Seine Vergangenheit ist ihm sehr wichtig, genauso wie die Gegenwart und die Zukunft. Auf allen drei Linien hat er seine Kreuze 3 mm (von 100 mm) entfernt von „total wichtig" gesetzt.

Als passende Symbole für sein Leben hat er das Quadrat, die Spirale und den Kreis gewählt. Die Wahl des Quadrats hat er damit begründet, dass „alles begrenzt und nicht immer weich ist". Die Spirale passt auf sein Leben, weil „ohne Vergangenheit es keine Zukunft gibt". Er hat zwar den Kreis als ein passendes Symbol für sein Leben gewählt. Dieser hat für ihn aber wie für die meisten Litauer eher eine negative Bedeutung: „Der Mensch lebt begrenzt, obwohl es ihm erscheint, dass er alles kann". Als nicht passende Symbole für sein Leben hat er die Linie und die Treppe markiert. Die Linie passt nicht zu seinem Leben, da sie „nichts aussagt". Die Treppe passt nicht, da sie „zu kantig ist". Ihm waren die Bilder der Lebenstreppe bekannt. Er kann sich seinen Lebenslauf nicht als Treppe vorstellen, weil „die Treppe nicht symmetrische Stufen haben würde".

Abbildung 32: Lebenslaufdarstellung VPNR 312

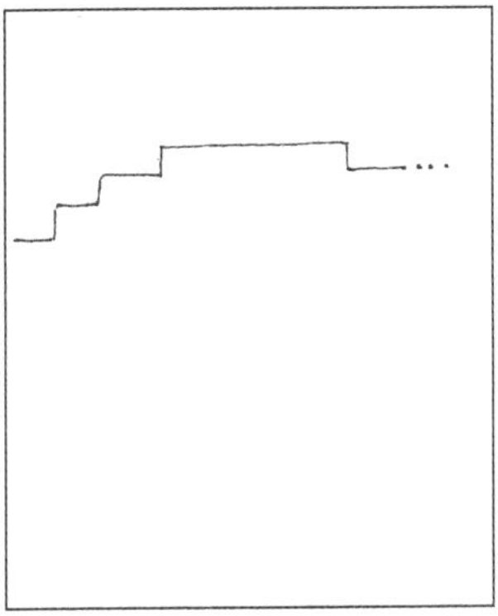

Diese Aussage spiegelt sich in seiner eigenen Lebenslaufdarstellung in der Abbildung 32. Er hat eine Treppe dargestellt, die eine breite Stufe in der Mitte zeigt. Diese ist gleichzeitig auch die höchste Stufe und stimmt mit den im Abschnitt 2.3.6 schon erwähnten Aussagen von Deutsch und Krause (1999) und Dekkers (2001) überein, dass es heutzutage darum geht, bestimmte Entwicklungszustände, die mit Wohlergehen und Lebensfreude verbunden sind, möglichst lange aufrechtzuerhalten und möglichst lange jung auf der Spitze zu bleiben. Weiterhin ist hier der absteigende Teil nur unvollständig dargestellt. Nach unten führt nur eine Stufe, an der die Zeichnung mit drei Punkten endet. Man kann das Zeichen von drei Punkten so auffassen, dass das Leben an dieser Stelle noch nicht beendet ist. Der Lebensverlauf geht hier aber nicht mehr so tief nach unten wie er angefangen hat. Somit ist diese Zeichnung eine gute Illustration für die Veränderung der „dramaturgischen" Lebenslaufvorstellung, die durch eine klassische Lebenstreppe symbolisiert worden ist.

5.5.5 Die älteste Untersuchungsteilnehmerin

Die älteste Untersuchungsteilnehmerin (89 Jahre alt) stammt aus Deutschland. Sie hat zu ihrem Beruf und ihrer religiösen Orientierung keine Angaben gemacht. Als wichtigste Wendepunkte in ihrem Leben hat sie: „Hochzeit, Kinder, Krieg, Trauer und Umzug" angegeben. Sie hat auf der Linie der Lebenszufriedenheit ihr Kreuz 28 mm (von 100 mm) entfernt von „total zufrieden" markiert. Ihre Vergangenheit empfindet sie als wichtig (76 mm von 100 mm). Am wichtigsten ist für sie aber die Gegenwart (91 mm von 100 mm). Die Zukunft ist am wenigsten wichtig (59 mm von 100 mm). Wenn man diese Angaben mit denen der jüngeren Untersuchungsteilnehmer vergleicht, kann man erwartungsgemäß feststellen, dass für die älteren Menschen eher die Vergangenheit, für die jüngeren Menschen eher die Zukunft wichtiger ist.

Diese Frau hat Labyrinth, Spirale und Treppe als passende Symbole für ihr Leben gewählt. Die Wahl des Labyrinths hat sie wie folgt begründet: „Von Jugend an war mein Leben turbulent. Umzug, Reisen, Familie, Kinder, Krieg". Die Wahl der Spirale hat sie mit folgenden Worten erklärt: „[M]ein Leben hat sich gedreht, stets zum Guten". In der Begründung für die Wahl der Treppe hat sie geschrieben: „Ich [bin] langsam meinem Ziel entgegengegangen. Langsam geht es wieder bergab". Als nicht passende Symbole hat sie die Linie, das Dreieck und die Doppelspirale markiert. Die Ablehnung der Linie hat sie damit begründet, dass „mein Leben einmal oben und einmal unten war". Das Dreieck hat sie mit dieser Begründung abgelehnt: „Ich [bin] im Erzgebirge geboren und jetzt wohne ich in Niedersachsen. Das Dreieck hat sich nicht geschlossen". Die Doppelspirale fand sie unpassend, denn „so verzwickt war mein Leben nicht". Die Bilder der Lebenstreppe waren ihr bekannt. Sie kann sich ihren Lebenslauf als eine Lebenstreppe vorstellen, weil „das Leben bergauf und bergab geht".

Abbildung 33 zeigt die eigene Lebenslaufdarstellung der ältesten Untersuchungsteilnehmerin. Sie hat einen Baum gezeichnet. An seinem Stamm unten steht ihr Geburtsdatum. Ganz oben steht der Satz: „Das war bis jetzt mein Leben!". Die Äpfel sind als verschiedene Ereignisse ihres bisherigen Lebens beschriftet: „Hochzeit, Krieg, 1. Kind, 2. Kind, Umzug, Umzug, Silberhochzeit, Krankheit, Goldene Hochzeit". Zwei Äpfel sind mit „Reise U.S.A.", beschriftet. Auf der linken unteren Ecke des Bildes ist ein fallender Apfel dargestellt, auf dem „Trauer" steht. Auch wenn das Symbol des Lebensbaumes in der vorliegenden Untersuchung bisher wenig Beachtung bekommen hat, ist es mindestens an dieser Stelle erwähnenswert, dass der Baum in vielen Traditionen, wie im Judentum, bei den Germanen (vgl. Spineto, 2003) oder den Balten (vgl. Ambražiejienė, 2003), als Symbol des Lebens gegolten hat. In der vorliegenden Untersuchung wurde der Baum vorwiegend von älteren Untersuchungsteilnehmern gezeichnet. Das Motiv des Baumes als ein zentrales Symbol in der Lebenslaufdarstellung kam zehn Mal in der älteren Altersgruppe und nur vier Mal in der jüngeren Altersgruppe vor. Sechs Zeichnungen von den zehn mit Baum in der älteren Altersgruppe sind von den über 60-Jährigen gezeichnet worden. Die Zeichnungen von Bäumen als Symbole für den eigenen Lebenslauf zeigen, dass selbst nicht in dem Fragebogen vorgegebene kollektive Symbole des Lebens für die Menschen eine Bedeutung haben und ganz eigenständig für die individuellen Lebenslaufdarstellungen von manchen Untersuchungsteilnehmern gewählt worden sind.

Abbildung 33: Lebenslaufdarstellung VPNR 050

5.5.6 Fazit zu den Einzelfallanalysen

Bei den vorherigen Einzelfalldarstellungen ging es aufgrund der nicht erhobenen genaueren Informationen zu den Untersuchungsteilnehmern selbst sowie zu ihren Zeichnungen mit Hilfe z. B. eines Interviews, wie in der in Abschnitt 2.4.4 dargestellten Studie von Deutsch und Börges (2007), weniger um die Interpretation und Deutung der Zeichnungen, als um die Darstellung der durch verschiedene Items erhobenen Informationen über die jeweiligen Lebenslaufvorstellungen der einzelnen Personen. Auch wenn der Tiefe der Analyse die Grenzen durch die mangelhaften Informationen über die individuellen Bedeutungen der Zeichnungen gesetzt waren, kann man durch die Einzelfalldarstellungen besser die Zusammenhänge zwischen verschiedenen Items des Fragebogens erkennen. So kann man z. B. in fast jedem Einzelfall beobachten, welche Auswirkungen die Wahl von abstrakten Symbolen auf die später folgenden eigenen Lebenslaufdarstellungen gehabt hat. Ebenso können über die sprachlichen Begründungen für die Wahl oder Ablehnung von bestimmten Symbolen die Zeichnungen besser gedeutet werden, wie in dem Fall der unsymmetrischen Treppe in Abschnitt 5.5.4 (VPNR 312).

Die vorliegende Untersuchung stellt einen Kompromiss zwischen der qualitativen und quantitativen Perspektive dar, wodurch die qualitative Tiefe und die Berücksichtigung der Individualität der Untersuchungsteilnehmer gewisse Begrenzungen erfahren mussten.

6 Abschlussdiskussion

In diesem Kapitel werden zuerst die Fragen über die Bedeutung und Relevanz der wichtigsten Ergebnisse der vorliegenden Untersuchung im Vergleich mit anderen Forschungsergebnissen diskutiert und im Kontext des aktuellen theoretischen Wissenstandes eingeordnet. Anschließend folgt die Diskussion um die Methodenintegration mit einer kritischen Betrachtung der während der Datenerhebung und Datenauswertung aufgetretenen methodischen Probleme. Abschließend wird die Frage diskutiert, ob bzw. wie Symbole und Wissenschaft zusammenpassen. Die Dissertation möchte als Beispiel und Plädoyer für die empirische Erforschung von Symbolen dienen und im Ausblick weiterführende wissenschaftliche Untersuchungen in der wissenschaftlichen Psychologie anregen.

6.1 Zusammenfassende Diskussion der Ergebnisse

Bei der Betrachtung der gesamten Ergebnisse ist es mir schwergefallen, ihre Diskussion in klar abgegrenzte Abschnitte einzuteilen, da alle Ergebnisse eng miteinander verbunden sind und sich gegenseitig erklären und ergänzen. Die größte Überraschung der Untersuchung war z. B., dass das abstrakte Symbol der Treppe am häufigsten als passendes Symbol für das Leben gewählt wurde. Auch die unerwartete Bekanntheit und Akzeptanz des Bildes der Lebenstreppe aus dem 17. Jahrhundert als passendes Symbol für den Lebenslauf überwiegend durch litauische Untersuchungsteilnehmer war vorerst überraschend. Die sprachlichen Begründungen für diese Wahl haben jedoch gezeigt, dass in den meisten Fällen hinter der großen Vorliebe für die Treppe und die Lebenstreppe eine veränderte Lebenslaufvorstellung und -auffassung liegt. Die dramaturgische Lebenslaufvorstellung mit einem Höhepunkt in der Mitte des Lebens, die durch die Lebenstreppe ausgedrückt wird, ist nicht mehr aktuell. Die meisten Untersuchungsteilnehmer stellen sich ihren Lebenslauf als kontinuierlichen Aufstieg und Entwicklung vor. Ohne die sprachlichen Begründungen wäre diese Tatsache gar nicht ans Licht gekommen und man würde nicht verstehen können, warum die aus dem öffentlichen kulturellen Raum verschwundene Lebenstreppe oder die abstrakte Figur der Treppe von den meisten Untersuchungsteilnehmern überhaupt so häufig als Symbol für das Leben gewählt wurde. Auf diesem Wege wurde nicht nur die Notwendigkeit der Sprache bei der Untersuchung des bildlichen Ausdrucks deutlich, sondern auch die Tatsache bekräftigt, dass unsere Vorstellungen über den Lebenslauf sowohl in Form von Bildern als auch in Form von sprachlichen Metaphern repräsentiert sind.

Im ersten Abschnitt wird der in den Ergebnissen der vorliegenden Untersuchung deutlich gewordene Tatbestand der Modernisierung der Lebenstreppe diskutiert. In dem Bild der immer nach oben steigenden Treppe oder des modernen Eskalators wird deutlich, dass unter den Untersuchungsteilnehmern hauptsächlich eine lineare Zeitauffassung vorherrscht. Darum geht es im zweiten Abschnitt des Kapitels. Die enge Verbindung zwischen Bildern und Metaphern des Lebenslaufes wird im dritten Abschnitt besprochen.

Die Unterschiede zwischen den Geschlechtern in der Wahl der passenden Symbole und in der eigenen Darstellung des Lebenslaufs waren kleiner als die zwischen den Ländern oder Altersgruppen. Dieses Ergebnis wird in dem Abschnitt „Symbole des Lebenslaufes sind geschlechtsneutral" analysiert. Auch wenn einige statistische Unterschiede zwischen den Teilstichproben in der vorliegenden Untersuchung gefunden werden konnten und die Untersuchungsteilnehmer mehrere Möglichkeiten für den individuellen Ausdruck ihrer eigenen persönlichen Lebenslaufvorstellungen gehabt haben, zeigen die sprachlichen Begründungen und die eigenen Lebenslaufdarstellungen bestimmte kollektive Tendenzen im symbolischen Ausdruck der Lebenslaufvorstellungen. Aus meiner Sicht können diese Ergebnisse somit als ein Beitrag zur Relativierung der Individualisierungsthese angesehen werden. Im letzten Abschnitt dieses Kapitels mit der Frage „Individualität ohne Ende?" wird in diesem Rahmen auch das Verhältnis zwischen kollektiven und individuellen Symbolen des Lebenslaufes diskutiert.

6.1.1 Die Lebenstreppe wurde modernisiert

Die häufigste Wahl der Treppe als ein abstraktes Symbol für das eigene Leben und die immer noch beträchtliche Akzeptanz des klassischen Bildes der Lebenstreppe durch etwa die Hälfte der Untersuchungsteilnehmer als passendes Symbol für den eigenen Lebenslauf sind in dieser Untersuchung die großen Überraschungen gewesen. Genauso entgegengesetzt der anfänglichen Erwartungen war, dass mit einer hohen statistischen Signifikanz mehr die litauischen als die deutschen Untersuchungsteilnehmer sich ihren eigenen Lebenslauf genauso, wie er in dem Bild der Lebenstreppe aus dem 17. Jahrhundert dargestellt ist, vorstellen können, obwohl es in Litauen keine öffentliche Verbreitung der klassischen Bilder der Lebenstreppe gegeben hat. Der weibliche Teil der Untersuchungsteilnehmer konnte sich ihren Lebenslauf auch statistisch signifikant häufiger als eine Lebenstreppe vorstellen als die männlichen Untersuchungsteilnehmer. Diese Ergebnisse wurden als ein Zeichen der immer noch bestehenden und empfundenen sozialen

Ungleichmäßigkeit zwischen Litauen und Deutschland, aber auch zwischen den weiblichen und männlichen Untersuchungsteilnehmern interpretiert, da die klassische Lebenstreppe u. a., so Ehmer (1996, zit. nach Raschke, 2009, S. 19), als Symbol für den erreichten Standard und den sozialen Aufstieg gesehen werden kann.

Die Analyse der sprachlichen Begründungen für die Wahl der Treppe und der Lebenstreppe haben jedoch gezeigt, dass der soziale Aufstieg wahrscheinlich für eher sozial benachteiligte Untersuchungsteilnehmer aktuell der einzige und immer noch relevante Aspekt der klassischen Lebenstreppe geblieben ist. Die Mehrheit der Untersuchungsteilnehmer, selbst die, die die Treppe oder die Lebenstreppe als passende Symbole abgelehnt haben, schreiben vorwiegend nur über den aufsteigenden Teil der Treppe. Sie modifizieren das Symbol der Treppe nicht nur in ihren sprachlichen Begründungen, sondern auch in den individuellen Lebenslaufdarstellungen, sodass diese eine heutzutage verbreitete Vorstellung andauernder Aufwärtsbewegung ohne Abstieg oder mit einem nicht vollständigen Abstieg darstellt. Höchstens wird die Bewegung als ein mehrfaches Auf und Ab aufgefasst, das in der Gesamtheit trotzdem kontinuierlich nach oben verläuft. Der Tod nimmt in dieser Lebenslaufvorstellung – in den Worten von VPNR. 71 – „oben die oberste Stufe“ ein. Wenn die Lebenstreppe aber abgelehnt wird, dann vor allem wegen ihres absteigenden Teils, weil „eine Treppe im Leben nur nach oben führen kann“ (VPNR. 144, 16 Jahre, weiblich, Schülerin aus Deutschland).

Die Ergebnisse deuten also auf ein Verschwinden der dramaturgischen Lebenslaufvorstellung mit einem Höhepunkt in der Mitte gegenüber der Vorstellung einer kontinuierlichen Entwicklung und eines Aufstieges im Lebenslauf hin. Hiermit werden die Ausführungen von Dekkers (2001) sowie von Deutsch und Krause (1999) über das Verschwinden des absteigenden Teils aus den Karikaturen der Lebenstreppe in den 1960er Jahren oder insgesamt aus der westlichen Kultur bestätigt. Die Treppe wird zu einem immer nur nach oben führenden Eskalator, was eine Verbreitung der Lebenslaufvorstellung als kontinuierliche Entwicklung und Aufstieg annehmen lässt. Dieser Aufstieg wurde durch den überwiegenden Teil der Untersuchungsteilnehmer linear und nicht zyklisch aufgefasst.

6.1.2 In den Lebenslaufvorstellungen dominiert eine lineare Zeitauffassung

Die Lebenslaufdarstellungen mit einer geraden oder aufsteigenden Lebenslinie sowie wie die Darstellung von Verlaufsdiagrammen sprechen für die Verbreitung einer linearen progressiven Zeitauffassung. Die kreisförmigen Darstellungen, die den Lebenslauf in einer zyklischen Natur als Kreis, Spirale oder Doppelspirale darstellen, waren in der vorliegenden Untersuchung eher selten. Nur in 27 von 400 eigenen Lebenslaufdarstellungen waren diese Motive zu erkennen. Dagegen haben insgesamt 137 Untersuchungsteilnehmer ihren Lebenslauf entweder als Linie oder als Verlaufskurve dargestellt. Die Spirale als abstraktes Symbol war in der vorliegenden Untersuchung mit insgesamt 188 Mal das am meisten abgelehnte Symbol. Diese Ergebnisse stimmen somit nicht mit den Forschungsergebnissen aus Japan von Yamanda und Katō (2004, 2006) über das „Generative Modell des Lebenszyklus" überein. Die meisten Untersuchungsteilnehmer der vorliegenden Untersuchung aus Deutschland und Litauen teilen eine lineare Zeitauffassung im Lebenslauf, in der der Anfang und das Ende (das Ziel oder der Zweck) wichtig sind. Die Analyse ihrer sprachlichen Begründungen haben die Aussagen der Autoren Schmitt (2010), Buchholz (2012) und auch die von Lakoff und Johnson (2008) entwickelte Theorie der kognitiven Linguistik bekräftigt: Die größte Mehrheit der durch die Untersuchungsteilnehmer geäußerten Metaphern für den Lebenslauf sind durch das Schema eines Wegs mit Anfang und Ziel generiert worden. Die Lebenslaufvorstellung des Weges fand ihren Ausdruck auch in der Form von Zeichnungen. Insgesamt 32 Mal wurde das Motiv des Weges oder der Straße in den individuellen Lebenslaufdarstellungen verwendet.

Die Unterschiede zwischen den Ergebnissen aus der vorliegenden Untersuchung und aus der Forschung aus Japan könnte man mit den Unterschieden in den philosophischen Denksystemen zwischen den westlichen und östlichen Traditionen erklären. Auch wenn in Europa früher durchaus die zyklischen Lebenslaufvorstellungen und ihre symbolischen Darstellungen in der Form des Kreises, wie des Lebensrads (siehe Abbildung 2) im früheren Mittelalter oder „Rėdos Ratas" (siehe Abbildung 16) in Litauen im Umlauf gewesen sind, hat sich in Westeuropa zunehmend ab der zweiten Hälfte des 15. Jahrhunderts mit den linear angeordneten Darstellungen der Lebensalter die Vorstellung über den linearen Verlauf des menschlichen Lebens durchgesetzt (vgl. Knöll, 2009). Die lineare Zeitauffassung des Lebenslaufes mit Vergangenheit, Gegenwart und Zukunft drückt die Grundzüge der Aristotelischen Logik aus, die sich von der asiatischen zyklischen Zeitauffassung unterscheidet. Während das Lieblingssymbol des Zen der Kreis ist, ist die gerade Linie das Symbol der westlichen Sprechweise und Logik (vgl. Berendt, 2007). Carl Friedrich von Weizsäcker (1974) spricht von der „Sprachbezogenheit der Denksysteme der großen Kulturen" (zit. nach Berendt, 2007, S. 72). Die Ergebnisse der vorliegenden Untersuchung zeugen ebenfalls davon, dass die Vorstellungen über den Lebenslauf sprachlich durch Metaphern geprägt sind.

6.1.3 Symbole des Lebenslaufes sind Bilder und Metaphern

Zuerst muss noch einmal betont werden, dass ohne die Analyse der sprachlichen Begründungen weder die Ergebnisse über die Wahl der abstrakten Symbole für das eigene Leben noch die Ergebnisse über das Einverstandensein oder die Ablehnung der durch das Bild der Lebenstreppe symbolisierten Lebenslaufvorstellung durch die einzelnen Untersuchungsteilnehmer überhaupt verstanden und erklärt werden konnten. Nur durch die sprachlichen Begründungen war es möglich, die Lebenslaufvorstellungen der einzelnen Untersuchungsteilnehmer nachzuvollziehen und überhaupt einen Zugang zu heutigen Lebenslaufvorstellungen zu bekommen. Diese Ergebnisse illustrieren treffend die Ausführungen von Seithe-Blümer (2012) über die Entstehung von Metaphern. Das Symbol ist nach ihrer Meinung in seiner engeren psychologischen Bedeutung ein individuell oder kollektiv konstanter Vorstellungsmodus, der auch in außersprachlichen Bezügen existiert. Erst die Metapher lässt aus ihrer sprachlichen Gestalt heraus einen Sinn und Bedeutung des Symbols aufleuchten. Die Bedeutung eines Bildes oder einer Zeichnung ist also nur in einem Kontext erschließbar (vgl. auch Billmann-Mahecha, 2010).

Die Metapher konturiert somit die Übergangslinie zwischen Bild und Sprache und markiert gleichzeitig die Uneindeutigkeit und Differenz von Propositionalem und Piktoralem (vgl. Spreitzer, 2012). Diese Uneindeutigkeit konnte auch in der vorliegenden Untersuchung beobachtet werden. Manche Untersuchungsteilnehmer haben ihre sprachlich ausgedrückte Lebenslaufvorstellung von kontinuierlichem Aufstieg als Begründung für die Wahl der Treppe, manche dagegen als Begründung für die Ablehnung der Treppe angegeben. Die gleichen Metaphernkategorien konnten wiederum in den sprachlichen Begründungen für die Wahl ganz verschiedener abstrakter Symbole erkannt werden (vgl. Drewes, 2010).

Die in der vorliegenden Untersuchung gewonnenen Metaphern zum eigenen Leben und zum eigenen Lebenslauf sind deshalb so informativ, weil in ihnen im Sinne von Ullmann (2012) die Worte und Bilder, Begriffe und Geschichte gewordene emotionale wie körperliche Bewegung zusammenkommen. Das eigene Leben wird in einem Zeit-Raum vorgestellt und ist durch Sprache mit kulturellen Standardbildgebungen sowie impliziten Wertungen verbunden (vgl. Buchholz, 2012). Auch Cassirer (2010) hat in seiner „*Philosophie der symbolischen Formen*" systematisch begründet, dass alle symbolischen Formen, die eine kulturelle Gemeinschaft entwickelt, in ihren grundsätzlichen Strukturierungsleistungen von der Sprache abhängen (vgl. auch Berndt & Drügh, 2009). Dafür sprechen ebenso die anthropologischen Forschungen durch Klein (1994) in Australien bei den Guughu Yimidher, die darauf hindeuten, dass der Raum, wie er erlebt wird, durch konventionalisierte und in der Sprache kodifizierte Perspektivierungen geprägt ist (zit. nach Kornadt, 2010).

Durch die sprachlichen Begründungen für die Wahl oder Ablehnung bestimmter bildlicher Symbole in der Untersuchung konnte man ferner den Zugang zu dem von Lakoff und Johnson (2008) beschriebenen kulturell üblichen Schema „gut ist oben“ finden und seine ausschlaggebende Bedeutung für die meisten Untersuchungsteilnehmer in ihren Lebenslaufvorstellungen erfassen. Was unten ist, wird nach diesem Schema fast immer negativ gewertet (vgl. Buchholz, 2012). Deswegen ist der absteigende Teil der Treppe und der Lebenstreppe für den größten Teil der Untersuchungsteilnehmer verschwunden und nur der Aufstieg geblieben. Dieses Phänomen war in der vorliegenden Untersuchung sowohl bei den weiblichen als auch bei den männlichen Untersuchungsteilnehmern zu beobachten.

6.1.4 Symbole des Lebenslaufes sind geschlechtsneutral

Die statistischen Vergleiche zwischen verschiedenen Merkmalsausprägungen der Stichproben haben ergeben, dass die Unterschiede zwischen den Geschlechtern kleiner als zwischen den Ländern oder Altersgruppen ausgefallen sind. Es ist daher ganz generell anzunehmen, dass sowohl die Frauen als auch die Männer, die an der vorliegenden Untersuchung teilgenommen haben, über ähnliche Lebenslaufvorstellungen verfügen. Diese Ergebnisse stimmen mit den Forschungsergebnissen der weiblichen Lebenslaufforschung überein, die festgestellt haben, dass selbst wenn die faktische Geschlechtsspezifik in der Familien- und Erwerbsbeteiligung noch keine Gleichheit zwischen den Geschlechtern erreicht hat, durchaus ein ausgeprägter Wandel in der Lebenslaufgestaltung auf der kulturell-normativen und der individuellen Beziehungsebene stattfindet (vgl. Born, 2001). Dass hier noch ein Weg gegangen werden muss, zeigen die statistischen Unterschiede zwischen den Geschlechtern in der Wahl der Treppe als abstraktes Symbol für das Leben und die Tatsache, dass die weiblichen Untersuchungsteilnehmerinnen sich ihren eigenen Lebenslauf eher als die männlichen Untersuchungsteilnehmer in Form einer Lebenstreppe vorstellen können. Für die Frauen scheint die Entwicklung und der soziale Aufstieg im Lebenslauf ein wichtiges Thema zu sein.

Carola Meier-Seethaler (1993) konnte in ihrer historisch orientierten Symbolforschung seit der vorpatriarchalischen Kultur nachweisen, wie bestimmte Symbole des Lebens und des Todes in späteren christlich geprägten Kulturen umgedeutet worden sind, und zwar von der weiblichen zu einer männlichen. In der kollektiven Verbreitung der Symbole des Lebens oder des Lebenslaufes seit dem Mittelalter konnten keine geschlechtsspezifischen Aspekte in der Bedeutung solcher Symbole festgestellt werden. Selbst wenn den Frauen in den konkreten Lebenslaufdarstellungen, wie z. B. in der Lebensalterdarstellung der Frau in St. Annen zu Annaberg im Jahr 1522 oder den später folgenden weiblichen Lebenstreppen, andere sozialen Rolle auferlegt worden sind als den Männern, hat sich der weibliche Lebenslauf, genauso wie der männliche, auf einen Höhepunkt in der Mitte des Lebens hin zubewegt und ist am Ende abgestiegen. All die Symbole haben im Grunde genommen die gleichen Lebenslaufvorstellungen zum Ausdruck gebracht.

Die Bewertungen von „männlich" und „weiblich" in Bezug auf die Lebenslaufvorstellungen sind auch heute verbreitet. Labouvie-Vief (2003) bezeichnet das durch das Bild der Lebenstreppe ausgedrückte und auf das Streben nach oben und die Karriere orientierte Lebenslaufmodell als „männlich". Die Ergebnisse der weiblichen Untersuchungsteilnehmerinnen in der vorliegenden Untersuchung widersprechen dieser Auffassung und zeigen, dass die Bewertungen von „weiblich" und „männlich" eher zu „doing gender" nach West und Zimmerman (1987) gehören und die Dichotomie zwischen den Geschlechtern verstärken. Aus meiner Sicht existieren „männlich" und „weiblich" als gleichwertige, in der Terminologie der Analytischen Psychologie „archetypische" Kategorien, um bestimmte Eigenschaften der Menschen zu unterteilen. Ihre Anwendung auf die Lebenslaufvorstellungen ist problematisch, da hier die Entwicklung und der Aufstieg im Lebenslauf mit „männlich" in Verbindung gebracht wird. Hier entsteht dann automatisch die Frage, was dann in Bezug auf die Lebenslaufvorstellungen als „weiblich" bezeichnet werden kann. Die wenigen Unterschiede zwischen den Geschlechtern in der vorliegenden Untersuchung bekräftigen die Annahme, dass sowohl Männer als auch Frauen grundsätzlich ähnliche Vorstellungen darüber haben, wie das menschliche Leben als Ganzes verläuft.

6.1.5 Individualität ohne Ende?

„Individualität ohne Ende" wird im Kontext der Biographisierung von Erleben und Handeln von Brose und Hildenbrand (1988, S. 16) als „die niemals zum Ende kommende Praxis der Individualisierung durch Setzung neuer Differenzen, aber auch als Ausdruck der Ungerichtetheit, Ziellosigkeit von Lebensentwürfen und Lebensführung" verstanden. In den 80ern und 90ern des vergangenen Jahrhunderts haben viele Autoren wie Beck und Beck-Gernsheim (2012) über „riskante Freiheiten" im Rahmen der Individualisierung gesprochen. Lipovetsky (1983) hat in den Zügen der Individualisierung den Individualitätstypus „Patchwork", „Zeitalter der Leere" und den damit zusammenhängenden „völligen Mangel an Authentizität" beklagt (zit. nach Brose & Hildenbrand, 1988, S. 15). Ferner wurde in diesem Kontext davon ausgegangen, dass für ein Biographisierungsverfahren eine verbindliche Zielvorstellung fehlt (vgl. ebd.).

In der vorliegenden Untersuchung konnte kein in dem Biographisierungsverfahren beklagtes Fehlen von „Telos“ in den Lebenslaufvorstellungen der Untersuchungsteilnehmer festgestellt werden. Im Gegenteil drücken besonders deutlich die sprachlichen Metaphern eine nach oben in Richtung des kontinuierlichen Aufstieges zielende Lebenslaufvorstellung aus. Die am häufigsten in den individuellen Zeichnungen für den Lebenslauf verwendeten Verlaufslinien sowie die Zeichnungen des Weges symbolisieren eher eine zielgerichtete Lebenslaufvorstellung, insbesondere wenn man zusätzlich die gezeichneten Pfeile am Ende dieser Linien in manchen Zeichnungen in Betracht zieht. Höchstens die von 42 Untersuchungsteilnehmern gezeichneten Kritzel und abstrakten Muster in ihren Lebenslaufdarstellungen könnten noch als ein Zeichen der Ziellosigkeit in den Lebenslaufvorstellungen dieser Menschen gedeutet werden.

Obwohl die Untersuchungsteilnehmer in ihren eigenen Lebenslaufdarstellungen frei über die Verwendung von Zeichnungsmotiven entscheiden konnten, konnte bei der Auswertung dieser Zeichnungen kein Gebrauch von ausschließlich individuellen Motiven festgestellt werden. Fast ein Viertel der Untersuchungsteilnehmer haben in ihren individuellen Zeichnungen die vorher in dem Fragebogen vorgegebenen abstrakten Symbole verwendet. Weitere 30,5 % der Untersuchungsteilnehmer haben ihren Lebenslauf als eine Verlaufskurve dargestellt. Ähnlich wie einige andere Untersuchungen, u. a. von Brückner und Mayer (2004) oder Elzinga und Liefbroer (2007, zit. nach Widmer & Ritschard, 2012, S. 161–162), sprechen die Ergebnisse der vorliegenden Untersuchung eher für die Relativierung der Individualisierungsthese. Die Individualisierung scheint nach der aktuellen Lebenslaufforschung weniger ein allgemeiner, alle Individuen und Lebensbereiche betreffender Trend, sondern eher ein verschiedene Formen und Schritte in verschiedenen Ländern und sozialen Gruppen einnehmender Prozess zu sein (vgl. ebd.).

Die aus der Analyse der individuellen Lebenslaufdarstellungen gewonnenen Ergebnisse der vorliegenden Untersuchung illustrieren das Verhältnis zwischen den kollektiven und den individuellen Symbolen in Bezug auf die Lebenslaufvorstellungen, indem sie aufzeigen, dass wir bestimmte kulturell gegebene Schemata brauchen, um dann unsere eigenen individuellen Lebenslaufvorstellungen zu konstruieren (vgl. Kohli, 1988). Auch wenn den heutigen Menschen sowohl in Deutschland als auch in Litauen „eine Fülle an Auswahlmöglichkeiten unterschiedlicher Lebensweisen und Lebensentwürfe zur Verfügung stehen“ (Richter, 2014, S. 8), scheinen überdurchschnittlich viele Untersuchungsteilnehmer ihre eigenen Lebenslaufvorstellungen in ähnlicher Weise symbolisch auszudrücken. Hierzu passt der in einem Interview von Andy Warhol (1982) geäußerte Gedanke: „Eines Tages wird jeder einfach das denken, was er denken möchte, und dann wird wahrscheinlich jeder dasselbe denken“ (zit. nach Brose & Hildenbrand, 1988, S. 18).

Wenn man die Bedeutung der Kultur für die Entwicklung des Individuums genauer betrachtet, dann wirkt es ganz natürlich, dass viele Untersuchungsteilnehmer im Ausdruck ihrer eigenen Lebenslaufvorstellungen die in dem Fragebogen vorgegebenen Symbole direkt oder indirekt verwendet oder diese modifiziert haben. In den Worten von Geertz (1970): „[W]e become individuals under the guidance of cultural patterns, historically created systems of meaning in terms of which we give form, order, point, and direction to our lives“ (zit. nach Krewer, 1990, S. 220). Jede Person ist nach Valsiner (2000) in ihrer Einmaligkeit durch die Prozesse der konstanten Internalisation und Externalisation an die Welt der kulturellen Bedeutungen gebunden. Wir brauchen also kollektiv vorgegebene Symbole, um unsere eigenen individuellen Symbole entwickeln zu können (vgl. Merlin Donalds, zit. nach Franzen, 2009b).

Auch in der vorliegenden Untersuchung wurden diese Prozesse der Entwicklung und Modifizierung der im Fragebogen vorgegebenen, kulturell präsenten symbolischen Formen für den Lebenslauf sowohl in der sprachlichen als auch in der bildlichen Form deutlich. 122 Zeichnungen mit den Verlaufslinien stellen eine Übernahme der zur heutigen Zeit kulturell durch verschiedene Medien präsenten bildlich-graphischen Formen für die Darstellung des eigenen Lebenslaufes dar. Genauer betrachtet zeigen alle anderen individuellen Lebenslaufdarstellungen Motive, die die Menschen irgendwo in ihrer äußeren symbolischen oder realen Umgebung wahrgenommen und internalisiert haben. Ihre Wahl bleibt selbstverständlich individuell. Die Ergebnisse in der vorliegenden Untersuchung illustrieren die theoretischen Ausführungen von Lorenzer (1988), dass die individuellen Lebenslaufdarstellungen nicht nur als Spiegelungen der Momente einer Lebensgeschichte, sondern auch als Momente einer Kultur zu begreifen sind. Unser Raum, auch die Bildfläche, auf die ein Lebenslauf oder meistens eine Lebenslinie projiziert wird, ist kulturell strukturiert (vgl. Boesch, 1983). Symbole des Lebenslaufes stellen somit eine Integration der kulturell verbreiteten und individuell gewählten oder modifizierten symbolischen Formen dar.

6.2 Methodische Diskussion

Bei der Auswahl der Forschungsmethoden ist in der vorliegenden Untersuchung der von Autoren wie z. B. Kelle und Erzberger (2001) und Kelle und Kluge (2001) postulierten Maxime gefolgt worden, gemäß der die Formulierung von methodologischen Konzepten immer – unabhängig von den betroffenen wissenschaftlichen Gegenstandsbereichen und Fachdisziplinen – von Überlegungen über die Natur des zu untersuchenden Phänomens ausgehen soll. Aus ihrer Sicht soll auf der Grundlage solcher gegenstandsbezogener Reflexionen die Frage beantwortet werden, welche Untersuchungsmethode zur Beschreibung, zur Erklärung oder zum Verständnis dieses Phänomens eingesetzt werden kann. In der vorliegenden Untersuchung wurde aufgrund der Komplexität des Untersuchungsgegenstandes die Entscheidung getroffen sowohl qualitative als auch quantitative Methoden einzusetzen. Die konkrete Anwendung der Methodenintegration sowie ihre Begründung und Vorteile werden im ersten Abschnitt diskutiert. Anschließend folgt eine kritische Betrachtung der Methodenanwendung in der vorliegenden Untersuchung.

6.2.1 Verbindung von quantitativen und qualitativen Methoden

Die dichotome Unterscheidung der psychologischen Phänomene in zwei Klassen stammt noch von dem Begründer der wissenschaftlichen Psychologie Wilhelm Wundt. Die erste Klasse der psychologischen Phänomene, wie z. B. die Geschwindigkeit von Wahrnehmungsdiskriminationen und Reaktionen, können im Labor mit den Methoden der Naturwissenschaften gemessen und quantifiziert werden. Die zweite Klasse der psychologischen Phänomene hat einen kulturellen Ursprung und kann deshalb am besten durch sozialhistorische Methoden anhand historischer und kultureller Vergleiche in ihrem natürlichen Umfeld untersucht werden. Wundt hat für die Untersuchung aller kulturell verfassten Phänomene und Artefakte, einschließlich der Sprache, den Begriff der „Völkerpsychologie" geprägt (vgl. Tomasello, 2001). Wundt erkannte freilich selbst die Grenzen des Experiments und in seinen heftigen Auseinandersetzungen mit der „Würzburger Schule" warf er (1907) Külpe und Bühler vor, die Methode in unzulässiger Weise auf das Studium „höherer" psychischer Vorgänge wie jenen des Denkens anzuwenden. Diese können nur von seinen kulturellen Manifestationen aus erfasst werden, wie sie etwa in völkerkundlichen Dokumenten und Berichten vorliegen. Damit sind die Informationen über religiöse, rechtliche und andere Vorstellungen und Ordnungen innerhalb verschiedener Kulturen gemeint (vgl. Jüttermann & Thomae, 1987).

Symbole des Lebenslaufes als Forschungsgegenstand der vorliegenden Untersuchung werden traditionsgemäß eher unter qualitativen Gesichtspunkten wissenschaftlich erforscht. Bei der qualitativen Vorgehensweise wäre es allerdings nicht möglich, eine größere Stichprobe zu untersuchen und quantitative Vergleiche zwischen den Geschlechtern, Altersgruppen oder zwischen Litauen und Deutschland durchzuführen. Aus diesem Grund wurde die Entscheidung für eine

Methodenintegration getroffen. Für die Datenerhebung und Auswertung wurde das Komplementaritätsmodell der Triangulation von quantitativen und qualitativen Daten angewendet. Diese spezifische Strategie der Triangulation gründet auf einer bestimmten (meta-)theoretischen Sichtweise, die von einer ganzen Reihe klassischer und moderner soziologischer Theoretiker wie Weber, Mead oder Giddens entwickelt und verteidigt wurde – nämlich, dass soziale Handlungen nur unter Berücksichtigung der Intentionen der Akteure angemessen verstanden und erklärt werden können (vgl. Kelle & Erzberger, 2001).

Die Datentriangulation wurde in der vorliegenden Untersuchung dadurch realisiert, dass hier sowohl die bildlichen als auch die sprachlichen symbolischen Formen des Lebenslaufes untersucht worden sind. Wie schon im vorherigen Kapitel erwähnt, dienten die gewonnenen Bilder und die Metaphern zum Leben dazu, einen ausführlicheren Zugang zu den Lebenslaufvorstellungen der Untersuchungsteilnehmer zu bekommen. Methodisch ist hier noch einmal wichtig zu erwähnen, dass in der vorliegenden Untersuchung beide Modalitäten der Symbole offensichtlich eine verstärkende und unterstützende Wirkung für ihren Ausdruck gehabt haben. Ich wage zu behaupten, dass ohne vorherige Präsentation von mehreren abstrakten symbolischen Formen die Untersuchungsteilnehmer viel mehr Schwierigkeiten gehabt hätten ihr Leben oder ihren Lebenslauf metaphorisch zu beschreiben. In der gegebenen Untersuchung konnte im Grunde genommen das gleiche Phänomen wie in einer früheren Untersuchung des symbolischen Ausdrucks von emotionalen Erfahrungen von Vorschulkindern beobachtet werden. In dieser Studie wurde die Erfahrung gemacht, dass das am Anfang jedem Kind vorgelesene Märchen nicht nur den zeichnerischen, sondern auch den sprachlichen Ausdruck der Kinder erleichtert hat (vgl. Reinersmann et. al., 2010). Genauso wie in der Auswertung der Kinderzeichnungen zum Märchen wäre es auch in der vorliegenden Untersuchung ohne die Analyse von sprachlichen Aussagen zu der Begründung für die Wahl der abstrakten Symbole nicht möglich gewesen, die Ergebnisse richtig zu deuten und zu verstehen. Die Datentriangulation in Form von bildlichen und sprachlichen Symbolen hat sich in der vorliegenden Untersuchung als sehr fruchtbar und notwendig erwiesen.

6.2.2 Kritische Betrachtung der Methodenanwendung

Bei der kritischen Betrachtung der Methodenanwendung werde ich die Problematiken des Fragebogens und der Stichprobe sowie einige Verbesserungsvorschläge für die Datenauswertung besprechen. Die ersten beiden Probleme sind eng miteinander verbunden. Wie schon erwähnt, war zuerst geplant, die Daten aus drei Generationen möglichst aus den gleichen Familien zu bekommen, um zu erfahren, ob in den einzelnen Familien die Symbole des Lebenslaufes weitergegeben werden. Es hat sich leider herausgestellt, dass die meisten älteren Menschen Probleme mit den Items hatten, in denen sie auf einer Linie ihre Lebenszufriedenheit und die Wichtigkeit von Vergangenheit, Gegenwart und Zukunft markieren mussten. Höchst wahrscheinlich lag der Grund dafür darin, dass sie mit dieser Form der Fragebeantwortung nicht wie die jüngeren Menschen vertraut waren.

Weiterhin hat es sich schwieriger als erwartet gestaltet, ältere Menschen für die Untersuchung zu finden und zu gewinnen. Die Mehrheit der von älteren Menschen ausgefüllten Fragebögen konnten aufgrund ihrer Unvollständigkeit nicht ausgewertet werden. Die vollständig ausgefüllten Fragebogen der über 70- und 80-Jährigen Untersuchungsteilnehmer sind beibehalten worden, um diese gesondert qualitativ analysieren zu können. Bei den quantitativen Vergleichen sind ihre Daten zusammen mit den Daten der Erwachsenen im Alter ab 35 Jahren analysiert worden, was natürlich einen möglichen Kritikpunkt darstellt. Hier stellt sich zwangsläufig die Frage, ob man einen 35-Jährigen mit einem 89-Jährigen im Vergleich zu den 16- bis 22-Jährigen stellen kann. Um die Unausgewogenheit der Altersgruppen auszugleichen, sind die Daten der ältesten Untersuchungsteilnehmer in Form von vergleichenden Analysen mit den Daten der jüngeren und der älteren Gruppen verglichen worden. Es konnte festgestellt werden, dass die Daten der ältesten Untersuchungsteilnehmer keine „Ausreißer" darstellen und tendenziell den Daten in der gesamten älteren Altersgruppe ähneln. Die Altersmittelwerte der litauischen und deutschen Stichproben haben allerdings keine statistisch signifikanten Unterschiede aufgewiesen und haben deshalb die statistischen Vergleiche zwischen den Ländern zugelassen.

Somit ergeben sich Konsequenzen für die Verbesserung des Fragebogens in dem Sinne, dass der Teil mit den Items Zwei und Drei, die nach Lebenszufriedenheit sowie nach Wichtigkeit von Vergangenheit, Gegenwart und Zukunft fragen, mindestens für die älteren Menschen überarbeitet werden müsste oder Ältere eine persönliche Unterstützung beim Ausfüllen des Fragebogens bekommen sollten. Auch die Auswertung der ersten Items ist noch ausbaufähig in der Richtung, dass man z. B. auch quantitativ überprüfen könnte, inwiefern Unterschiede zwischen den Altersgruppen bei der Bewertung der Wichtigkeit von Vergangenheit, Gegenwart und Zukunft bestehen. Ebenfalls Zusammenhänge zwischen den ersten Items und den späteren Wahlen/Ablehnungen der vorgegebenen Symbole hätten analysiert werden können. Als ein möglicher Nachteil der vorliegenden Untersuchung kann insgesamt der Umstand betrachtet werden, dass hier mehr Daten gesammelt worden sind als ausgewertet werden konnten. Selbst die Auswertung der Daten ist noch verbesserungswürdig und ausbaubar. Die sprachlichen Begründungen für die Wahl oder Ablehnung von bestimmten symbolischen Formen könnten zusätzlich auch quantitativ computergestützt inhaltsanalytisch ausgewertet werden. Auch die quantitative Auswertung der Zeichnungen könnte sicherlich noch perfektioniert werden und die Analyse der Einzelfälle vertieft werden.

Der Auswertungsbreite im quantitativen Bereich und der Interpretationstiefe im qualitativen Bereich sind Grenzen durch die Kombination beider Methoden gesetzt worden. „Mit zunehmender Verallgemeinerung nämlich tritt notwendig eine Abnahme der persönlichen Bedeutung ein", hat Lorenzer (1970, S. 95) angemerkt. Die vorliegende Untersuchung stellt methodisch einen Kompromiss zwischen der quantitativen und qualitativen Vorgehensweise mit damit automatisch einhergehenden Nachteilen für die einzelnen Methodenrichtungen dar.

6.3 Fazit und Ausblick

Hier sollen Schlussfolgerungen und Konsequenzen aus den Ergebnissen der vorliegenden Untersuchung gezogen werden. Ziel der Untersuchung war, den symbolischen Ausdruck von Lebenslaufvorstellungen von Menschen unterschiedlichen Alters, Berufs und zweier Nationalitäten zu erforschen und zu vergleichen. Zuerst zeigen die Ergebnisse eine immer noch bestehende Aktualität und Bedeutung der Symbole. Diese Gegebenheit wird im ersten Abschnitt diskutiert. Im zweiten Abschnitt wird der Versuch unternommen, die Relevanz der Symbole des Lebenslaufes zu erläutern. Weiterhin hat die vorliegende Untersuchung gezeigt, wie die Verbindung zwischen Symbolen und Wissenschaft möglich ist, was hoffentlich weitere Untersuchungen in dieser Richtung anregen wird.

6.3.1 Der Mensch ist ein „animal symbolicum"

Der Mensch als „animal symbolicum" ist durch Ernst Cassirer (2010) definiert worden. Diese Bezeichnung erhebt die Fähigkeit des Menschen, Symbole zu erschaffen und zu nutzen zu einer Grundeigenschaft des kulturfähigen Menschen und somit zu einer anthropologischen Konstante. Die Relevanz und immer noch vorhandene Aktualität von Symbolen für den heutigen Menschen wurde in der vorliegenden Untersuchung dadurch unterstrichen, dass Untersuchungsteilnehmer aus insgesamt 85 angegebenen Berufen ihre Bereitschaft gezeigt haben, sich auf einer ungewöhnlichen Art und Weise in Form von Bildern und Metaphern mit dem eigenen Leben und Lebenslauf auseinanderzusetzen. Aus meiner Sicht sprechen die Ergebnisse der vorliegenden Untersuchung dafür, dass die Sprache der Symbole nicht vergessen worden ist, wie u. a. Fromm (1951) oder Meier-Seethaler (2011) besorgt postulierten. Eher die Nutzungsweisen und Ausdrucksformen der symbolischen Formen haben sich verändert und sind immer noch ständigen Veränderungen unterworfen. Auch Hampe (1990) konnte anhand der Untersuchung von Bildern eines psychisch erkrankten Menschen, Adolf Wölfli, zeigen, wie die kulturhistorische Transformation unser Denken und unsere Wahrnehmung bedingt, wie die frühen bekannten Bildformen andere Strukturen erhalten und alte Vorstellungen transformiert werden. In der vorliegenden Untersuchung konnte ebenfalls gezeigt werden, dass die Lebenslaufvorstellungen und ihr symbolischer Ausdruck sich verändert haben. Die klassische Lebenstreppe ist z. B. zu einem Eskalator geworden.

Wahrscheinlich hat sich auch die Bedeutung und Nutzung der Symbole durch die einzelnen Menschen, aber auch ihre kulturelle Verbreitung durch die veränderten Medien gewandelt. Die kulturellen Konzepte des Lebenslaufes werden von historischen, wirtschaftlichen und institutionellen Kräften beeinflusst (vgl. Furstenberg, 2003). Man kann heutzutage keine kollektive Verbreitung von expliziten symbolischen Lebenslaufdarstellungen im kulturellen Raum mehr beobachten. Den Menschen stehen viel mehr Möglichkeiten und Freiheiten in der Wahl und dem Entwurf ihrer eigenen Lebenslaufvorstellungen zur Verfügung. In der vorliegenden Untersuchung konnte man bei den individuellen Lebenslaufdarstellungen jedoch beobachten, dass viele Untersuchungsteilnehmer trotzdem auf kulturell verbreitete und aus vielen verschiedenen Medien vertraute bildliche Formen, wie z. B. Verlaufsgraphiken, zugreifen. Hier wird noch einmal der Gedanke von Buchholz (2012) bestätigt, dass, wie das eigene Leben in einem Zeit-Raum vorgestellt wird, mit kulturellen Standardbildgebungen verbunden ist.

6.3.2 Über die Relevanz der untersuchten Symbole des Lebenslaufes

Symbole des Lebenslaufes erfassen den gesamten Lebenslauf des Menschen und spiegeln in der konkreten Zeit geläufige, kulturell verbreitete Vorstellungen und Konzepte über das Leben wider, die die Menschen dann persönlich übernehmen und nach Bedarf weiterentwickeln und modifizieren (vgl. Deutsch & Krause, 1999). Die inhärenten Modelle des idealen Lebenslaufszenarios haben Effekte auf die Verbreitung von aktuellen Lebenslaufmustern, indem sie zu einem gewissen Grad das Tempo und den Prozess der menschlichen Entwicklung regulieren (vgl. Furstenberg, 2003). Die kulturell verbreiteten Bilder zum Lebenslauf geben aber keine persönlichen Ansichten der Menschen wieder, sondern allgemeine Vorstellungen vom Lebenslauf in einer bestimmten Zeit durch die Brille der Kunst oder Karikatur (vgl. Deutsch & Krause, 1999).

Bisher sind die Symbole des Lebenslaufes meistens, ausgenommen in den Untersuchungen von Yamanda und Katō (2004, 2006), in ihrer kollektiven und kulturellen Verbreitung erforscht worden. Nur aus kulturell-symbolischen Manifestationen der Subjektivität sind nach Marotzki (2011) die Selbst- und Weltbezüge der Menschen zu verstehen. Die in der vorliegenden Arbeit untersuchten Symbole des Lebenslaufes spiegeln die persönlichen Lebenslaufvorstellungen der Untersuchungsteilnehmer wider, deren subjektive Sinngebungen eine Handlungen konstituierende und handlungsleitende Funktion für diese Menschen erfüllen (vgl. Zinn, 2001; Bohnsack, 2011).

Als vielleicht den stärksten Vorteil der vorliegenden Untersuchung betrachte ich den gewonnenen Zugang zu den individuellen Lebenslaufvorstellungen einzelner Menschen, die eher als Rezipienten der kollektiv verbreiteten symbolischen Formen betrachtet werden können, da sie wenig oder gar nicht an der Erschaffung von kollektiver Kultur teilnehmen. Durch die in der vorliegenden Untersuchung gewonnenen Daten hat man einen direkten Zugang dazu bekommen, wie die Untersuchungsteilnehmer sich ihren Lebenslauf bildlich als Ganzes vorstellen und somit durch welche inhärenten Bilder und Überzeugungen sie sich in der Gestaltung ihres Lebenslaufes leiten lassen.

6.3.3 Symbole und wissenschaftliche Psychologie passen zusammen

John Beebe (2004) stellt mit dem Titel seines Artikels die Frage: „*Can there be a science of symbolic?*" Das Problem liegt aus seiner Sicht darin, dass die empirische Wissenschaft sich auf die Überprüfung von Theorien durch Wiederholung gründet, was sich ganz schlecht mit der individuellen Natur von Symbolen vereinbaren lässt. Die Symbole werden in der Tiefenpsychologie als die Träger individueller menschlicher Erfahrungen gesehen, die nicht wiederholt werden können. Die Psychologen, mit der Ausnahme von Psychoanalytikern, schreiben wenig über Symbole und Kultur (vgl. Boesch, 1991). Dass die Welt des Sozialen und der Kultur aus der psychologischen Forschungstradition ausgeblendet worden ist, hat laut Kornadt im Wesentlichen mit zwei Dingen zu tun: dem materialistisch-reduktionistischen Credo und der Angst der Psychologen, mit „Hermeneutik" den Boden strenger objektiver Wissenschaft zu verlassen. Dabei kommt keine Wissenschaft ohne „Deutung", ohne Interpretation aus: Auch Messergebnisse müssen hinsichtlich ihrer Bedeutung für die Fragestellung interpretiert werden (Kornadt, 2010, S. 24).

Die empirische Psychologie scheint in der Frage der Symbole immer noch in zwei Lager unterteilt zu sein. Obwohl diese Arbeitsteilung sich in der modernen

Welt interdisziplinärer Wissenschaft nicht mehr aufrechterhalten lässt (vgl. Tomasello, 2002; Kelle & Kluge, 2001), beklagen immer noch viele Vertreter der qualitativen Forschungsrichtung in der Psychologie eine gewisse einseitige Ausrichtung der heutigen Psychologie auf naturwissenschaftlich-experimentelle Methoden (u. a. Erzberger, 2001). Die Vorbehalte gegenüber einer Behandlung von sozialen und kulturellen Phänomenen als Gegenstand der Psychologie bleiben bestehen (vgl. dazu Bischof, 1996; Kornadt, 2010).

Deutsch und Börges (2007) sehen mehrere Gründe, warum die empirische Psychologie vor der Untersuchung von Bildern und Zeichnungen zurückscheut, es sei denn, diese werden als Kunstwerk- oder Untersuchungsstimuli benutzt. Während für Kinder und manchmal noch Heranwachsende Malen und Zeichnen zu den beliebtesten Tätigkeiten gehören (vgl. Schulz, 2006), wird die gesprochene und geschriebene Sprache zu der dominanten Form des Ausdrucks für die meisten Menschen. Die vorliegende Untersuchung kann die schon in der explorativen Studie von Deutsch und Börges (2007) gemachte Erfahrung bestätigen, dass der graphische Ausdruck auch bei älteren Untersuchungsteilnehmern wiederbelebt werden kann, wenn der Untersuchungskontext ihnen die notwendige Motivation zur Verfügung stellt. Die Konfrontation mit den abstrakten geometrischen Formen, aber auch mit dem Gemälde der Lebenstreppe war durchaus in der Lage, die Reflexionen über den eigenen Lebenslauf anzuregen und nach einem passenden Symbol für das eigene Leben zu suchen.

Bisher fehlt die Psychologie deshalb auch bei der Aufzählung der am Bild partizipierenden Disziplinen durch Gottfried Boehm (1994) (zit. nach Soldt, 2006, S. 546). Aus der Sicht von Soldt (ebd.) ist diese Tatsache durchaus nicht dem Zufall, sondern höchst wahrscheinlich der Abkehr der Kognitionspsychologie vom integrativen semiotischen Paradigma geschuldet. „Für den interdisziplinären Bilddiskurs ist aber andererseits die psychologische Erforschung des Bildes und das Denken in Bildern von zentraler Bedeutung, als vermutet werden kann, dass jener kulturwissenschaftlich reklamierte ‚iconic turn' (Boehm, 1994) oder ‚visualistic turn' (Sachs-Hombach, 2003) mit spezifischen Veränderungen der subjektiven Struktur einhergehen wird. Die äußere Welt der Bilder verändert die inneren Bildgebungen und diese wieder die äußere Produktion" (Soldt, 2006, S. 546). Möglicherweise wäre die methodenübergreifende und interdisziplinär ausgerichtete Erforschung der bildlichen symbolischen Ausdrucksformen eine Möglichkeit für die Psychologie, sich als eine Wissenschaft in die Reihe der am interdisziplinären Projekt der Bildwissenschaft partizipierenden Disziplinen einzureihen.

Die Verbindung der quantitativen und qualitativen Auswertung der symbolischen Ausdrucksformen in der vorliegenden Untersuchung konnte aufzeigen, dass die Erforschung der Symbole durchaus auch in einer größeren Stichprobe möglich ist. Das Problem der Subjektivität in der Deutung von Symbolen ist hier nicht gegeben, da die Bedeutung von Symbolen vorher auf das Leben oder den Lebenslauf festgelegt worden ist. Die immer mehr Verbreitung findende Methodenintegration in den Sozialwissenschaften wäre auch für die empirisch ausgerichtete Psychologie eine mögliche Lösung, ein wichtiges Forschungsgebiet, nämlich die bildlichen und sprachlichen symbolischen Ausdrucksformen, wiederaufzunehmen und die immer noch größtenteils existierende Kluft zwischen den quantitativen und qualitativen Forschungsperspektiven zu überwinden.

Literaturverzeichnis

Ackermann, H. (2012). *BiAS 9.17.* Frankfurt: Epsilon.

Aisenbrey, S. (2000). *Optimal Matching Analyse: Anwendungen in den Sozialwissenschaften.* Opladen: Leke + Budrich.

Alheit, P. (2011). Lebenslauf. In: Bohnsack, R., Marotzki, W. & Meuser, M. (Hrsg.). *Hauptbegriffe Qualitativer Sozialforschung.* (3. Aufl., pp. 109–110). Opladen & Farmington Hills: Barbara Budrich.

Allmendinger, J. (1990). Der Übergang in den Ruhestand von Ehepaaren. Auswirkungen individueller und familiärer Lebensverläufe. In: Mayer K. U. (Hrsg.). *Lebensverläufe und sozialer Wandel. Kölner Zeitschrift für Soziologie und Sozialpsychologie.* Sonderheft 32. (pp. 272–321).Opladen: Westdeutscher Verlag.

Ambražiejienė, R. (2003). Ženklai. Įvaizdinai. Simboliai. [Zeichen. Bilder. Symbole]. (2. Aufl.). Kaunas: UAB „Dakra".

Anderegg, J. (1991). Symbol und Ästhetische Erfahrung. In: Oelkers J., Wegenast K. (Hrsg.). *Das Symbol - Brücke des Verstehens.* (pp. 46–55). Stuttgart, Berlin, Köln: Verlag W. Kohlhammer.

Ankele, M. (2012). Doing Culture/Doing Gender/Doing Identity. Von der Möglichkeit praxistheoretischer Ansätze für die Frauenbiographieforschung am Beispiel eines mit Texten bestickten Jäckchens aus dem Jahr 1895. In: Blumensberger, S. & Korotin, I. (Hrsg.). *Frauenbiographieforschung. Theoretische Diskurse und methodologische Konzepte.* (pp. 9–33). Wien: Praesens Verlag.

Arnheim, R. (1977). *Anschauliches Denken. Zur Einheit von Bild und Begriff.* Köln: DuMont.

Assmann, J. (2000). *Der Tod als Thema der Kulturtheorie. Todesbilder und Totenriten im Alten Ägypten.* Frankfurt am Main: Suhrkamp.

Bake, K. (2009). Geschlechtsspezifisches Altern in einem Lebensalter-Zyklus von Tobias Stimmer und Johann Fischart. In: Hartung H. (Hrsg.). *Alter und Geschlecht: Repräsentationen, Geschichten und Theorien des Alter(n)s.* (pp. 113–133). Bielefeld: transcript Verlag.

Bahrdt, H.-P. (1987). Autobiographische Methoden, Lebensverlaufforschung und Soziologie. In Voges, W. (Hrsg.). *Methoden der Biographie- und Lebenslaufforschung.* (pp. 77–85). Opladen: Leske + Budrich.

Beck, U. & Beck-Gernsheim, E. (2012). Individualisierung in modernen Gesellschaften – Perspektiven und Kontroversen einer subjektorientierten Soziologie. In: Beck, U. & Beck-Gernsheim, E. (Hrsg.). *Riskante Freiheiten. Indivi-*

dualisierung in modernen Gesellschaften. (12. Aufl., pp. 10–39). Frankfurt am Main: Suhrkamp. (Erste Ausgabe 1994).

Beebe, J. (2004). Can there be a science of symbolic? *Journal of Analytical Psychology.* 49, 177–191.

Beigbeder, O. (1998). Lexikon der Symbole. Schlüsselbegriffe zur Bildwelt der romanischen Kunst. Würzburg: Echter Verlag.

Belting, H. (2007). Die Herausforderung der Bilder. Ein Plädoyer und eine Einführung. In: Belting, H. (Hrsg.). *Bilderfragen. Die Bildwissenschaften im Aufbruch.* (pp. 11–23). München: Wilhelm Fink Verlag.

Benedetti, G. (1992). *Psychotherapie als existentielle Herausforderung.* Göttingen: Vandenhoeck & Ruprecht.

Berendt, J. E. (2007). *Nada Brahma. Die Welt ist Klang.* Frankfurt am Main: Suhrkamp Taschenbuch.

Beresnevičius. G. (1997). *Religijų istorijos metmenys.* [Attribute der Religionsgeschichte]. (2. Aufl.). Vilnius: Aidai.

Berger, J. (1989). *Das Leben der Bilder oder die Kunst des Sehens.* Berlin: Verlag Klaus Wagenbach.

Berndt, F. (2005). Symbol/Theorie. In Berndt F. & Brecht, Ch. (Hrsg.). *Aktualität des Symbols.* (pp. 7–30). Freiburg: Rombach Verlag.

Berndt, F. & Drügh, H. J. (Hrsg.). (2009). *Symbol. Grundlagentexte aus Ästhetik, Poetik und Kulturwissenschaft.* Suhrkamp.

Berne, E. (2012). *Was sagen Sie, nachdem Sie „Guten Tag" gesagt haben?* (22. Aufl.). Frankfurt am Main: Fischer Taschenbuch Verlag.

Biermann, A. W. (1983). Vorwort. In: Joerißen, P. & Will, C. *Die Lebenstreppe. Bilder der menschlichen Lebensalter.* Schriften des Rheinischen Museumsamtes. Nr. 23. (pp. 7–8). Köln: Reinland-Verlag.

Billmann-Mahecha, E. (2010). Auswertung von Zeichnungen. In: Mey, G. & Mruck, K. (Hrsg.). *Handbuch qualitative Forschung in der Psychologie.* (pp. 707–722). Wiesbaden: VS Verlag.

Billmann-Mahecha, E. (2014). Symbolkompetenz. In: Grabowski, J. (Hrsg.). *Sinn und Unsinn von Kompetenzen. Fähigkeitskonzepte im Bereich von Sprache, Medien und Kultur.* (pp. 171–188). Opladen, Berlin, Toronto: Barbara Budrich.

Bischof, N. (1996). Das Kraftfeld der Mythen. Signale aus der Zeit, in der wir die Welt erschaffen haben. München, Zürich: Piper.

Boesch, E. E. (1991). *Symbolic Action Theorie and Cultural Psychologie.* Berlin, Heidelberg, New York: Springer Verlag.

Böhme, G. (2004). *Theorie des Bildes.* (2. Aufl.). München: Wilhelm Fink Verlag.

Bohnsack, R. (2011). Bildinterpretation. In: Bohnsack, R., Marotzki, W. & Meuser, M. (Hrsg.). *Hauptbegriffe Qualitativer Sozialforschung.* (3. Aufl., pp. 18–22). Opladen & Farmington Hills: Barbara Budrich.

Born, C., Krüger, H. & Lorenz-Meyer, D. (1996). *Der unentdeckte Wandel: Annäherung an das Verhältnis von Struktur und Norm im weiblichen Lebenslauf.* Berlin: edition sigma.

Born, C. (2001). Modernisierungsgap und Wandel. Angleichung geschlechtsspezifischer Lebensführungen? In: Born, C. & Krüger, H. (Hrsg.). *Individualisierung und Verflechtung. Geschlecht und Generation im deutschen Lebenslaufregime.* (pp. 29–54). Weinheim und München: Juventa Verlag.

Born, C. & Krüger, H. (2001). Das Lebenslaufregime der Verflechtung: Orte, Ebenen und Thematisierungen. In: Born, C. & Krüger, H. (Hrsg.). *Individualisierung und Verflechtung. Geschlecht und Generation im deutschen Lebenslaufregime.* (pp. 11–28). Weinheim und München: Juventa Verlag.

Bortz, J. (1999). *Statistik für Sozialwissenschaftler.* Berlin: Springer.

Bortz, J. & Döring, N. (2002). Forschungsmethoden und Evaluation für Human- und Sozialwissenschaftler. (3. Aufl.). Berlin: Springer.

Brandstädter, J. (1990). Entwicklung im Lebenslauf. Ansätze und Probleme der Lebensspannen – Entwicklungspsychologie. In: Mayer K. U. (Hrsg.). *Lebensverläufe und sozialer Wandel. Kölner Zeitschrift für Soziologie und Sozialpsychologie.* Sonderheft 32. (pp. 322–350). Opladen: Westdeutscher Verlag.

Brose, H.-G. & Hildenbrand, B. (1988). Biographisierung von Erleben und Handeln. In: Brose, H.-G. & Hildenbrand, B. (Hrsg.). *Vom Ende des Individuums zur Individualität ohne Ende.* (pp. 11–30). Opladen: Leske+Budrich.

Brückner, E. (1990). Die retrospektive Erhebung von Lebensverläufen. In: Mayer K. U. (Hrsg.). *Lebensverläufe und sozialer Wandel. Kölner Zeitschrift für Soziologie und Sozialpsychologie.* Sonderheft 32. (pp. 374–441). Opladen: Westdeutscher Verlag.

Bucher, A. (1990). *Symbol – Symbolbildung – Symbolerziehung. Philosophische und entwicklungspsychologische Grundlagen.* St. Ottilien: EOS Verlag Erzabtei.

Buchholz, M. B. (2012). Worte hören, Bilder sehen – Seelische Bewegungen und ihre Metaphern. In: Reichmann I., Dieter, W., Sieber-Ratti, A., Bottner, J. u. Ullmann, H. (Hrsg.). *Symbol und Metapher.* Imagination, Nr. 1–2, 57–83.

Buchholz, M. B. (2005). Vom Primat der Metapher – Kultur und Körper, Kognition und Konversation. In: Buchholz, M. B. & Gödde, G. (Hrsg.). *Macht und Dynamik des Unbewussten. Auseinandersetzungen in Philosophie, Medizin und Psychoanalyse.* Band I., (pp. 193–229). Gießen: Psychosozial Verlag.

Bude, H. (1998). Lebenskonstruktionen als Gegenstand der Biographieforschung. In: Jüttemann, G. & Thomae, H. (Hrsg.). *Biographische Methoden in den Humanwissenschaften.* (pp. 247–258).Weinheim: Psychologie Verlags Union.

Bühler, Ch. (1959). *Der menschliche Lebenslauf als psychologisches Problem.* Göttingen: Verlag für Psychologie Dr. C. J. Hogrefe.

Bühler, K. (1978). *Die Krise der Psychologie.* Frankfurt am Main, Berlin, Wien: Ullstein.

Bühring, G. (2007). *Charlotte Bühler oder der Lebenslauf als psychologisches Problem.* Frankfurt am Main: Europäische Verlag der Wissenschaften.

Bumbliauskas, A. (2005). *Senoji Lietuvos istorija.* [Alte Geschichte Litauens]. Vilnius: R. Paknio leidykla.

Bürmann, I. & Herwartz-Emden, L. (1993). *Charlotte Bühler: Leben und Werk einer selbstbewussten Wissenschaftlerin des 20. Jahrhunderts.* Psychologische Rundschau 44, 205–225.

Callaghan, T. C. (2008). The Origins and Development of Pictorial Symbol Functioning. In: Milbrath, C. & Trautner, H. M. (Eds.). *Children's Understanding and Production of Pictures, Drawings & Art. Theoretical and empirical Approaches.* (pp. 21–52). Cambridge, Göttingen: Hogrefe.

Candolini, G. (2012). *Wendepunkte des Lebens. Dem eigenen Weg vertrauen.* (2. Aufl.). München: Claudius.

Candolini, G. (2013). *Labyrinth: Wege der Erkenntnis und der Liebe.* (3. Aufl.). München: Claudius.

Cassirer, E. (2010). Philosphie der symbolischen Formen: Erster Teil: Die Sprache. Hamburg: Felix Meiner Verlag. (Erste Ausgabe 1923).

Champeaux, G. & Stercks, D. S. (1990). *Einführung in die Welt der Symbole.* Würzburg: Echter Verlag.

Daniel, D. (1993). Archetypische Signaturen im unbewussten Malprozess. In Eschenbach, U. (Hrsg.). *Therapeutische Konzepte der Analytischen Psychologie C. G. Jung.* Bd. 6. Waiblingen-Hohenacker: Adolf Bonz Verlag.

Dannefer, D. (2003). Toward a Global Geography of the Life Course. Challenges of Late Modernity for Life Course Theory. In: Mortimer, J. T. & Shanahan, M. J. (Eds.). *Handbook of the Life Course.* (pp. 647–659). New Yourk: Kluwer Academic/Plenum Publishers.

DeLoache, J. S. (2004). Becoming Symbol-Minded. In: *Trends in Cognitive Sciences.* Vol. 8, No. 2 February. S. 66–70.

Dekkers, M. (2001). *An allen nagt der Zahn der Zeit. Vom Reiz der Vergänglichkeit.* (6. Aufl.). München: btb Verlag.

Deutsch, W. (2006). Bilder vom Lebenslauf. Vortrag auf dem Symposium Biographie, Autobiographie und Erinnern anlässlich des 75. Geburtstags von Herrn Prof. em. Dr. Dieter Lüttge.

Deutsch, W. & Börges, C. (2007). Draw your life! Investigations of pictorial representations of life courses. In: Watzlawik, M. & Born, A. (Eds.). *Capturing Identity. Quantitative and Qualitative Methods* (pp. 85–103). Lanham: University Press of America.

Deutsch, W. & Krause, K. (1999). Was heißt Erwachsenwerden? In Schneider, H. (Hrsg.). *Lieben und Arbeiten. Der junge Erwachsene und der Ernst des Lebens.* 55. Psychotherapie-Seminar Freudenstadt. (pp. 11–22). Heidelberg: Mattes Verlag.

Deutsch, W. & Wenglorz, M. (2001). Entwicklungsprozesse: Von Idealen über Tatsachen zu Störungen. In: Deutsch, W. & Wenglorz, M. (Hrsg.). *Zentrale Entwicklungsstörungen bei Kindern und Jugendlichen.* (pp. 19–43). Stuttgart: Klett-Cotta.

Dornes, M. (2003). *Die frühe Kindheit. Entwicklungspsychologie der ersten Lebensjahre.* Frankfurt am Main: Fischer Taschenbuch Verlag.

Drewes, S. (2010). *Symbole und Metaphern für „mein Leben". Ein Vergleich zwischen 400 Jugendlichen und Erwachsenen aus Deutschland und Litauen.* Diplomarbeit an der Technische Universität Carolo-Wilhelmina zu Braunschweig.

Duden. (2001). Deutsches Universalwörterbuch. (4. Aufl.). Mannheim, Leipzig, Wien, Zürich: Dudenverlag.

Ecarius, J. (1996). *Individualisierung und soziale Reproduktion im Lebensverlauf. Konzepte der Lebenslaufforschung.* Opladen: Leske+Budrich.

Ecarius, J. (1998). Biographie, Lernen und Gesellschaft. Erziehungswissenschaftliche Überlegungen zu biographischem Lernen in sozialen Kontexten. In Bohnsack, R. & Marotzki, W. (Hrsg.). *Biographieforschung und Kulturanalyse. Transdisziplinäre Zugänge qualitativer Forschung.* (pp. 129–151). Opladen: Leske + Budrich.

Eckes-Lapp, R. (1988). Symbolbildung und Symbolik in psychoanalytischer Sicht. In: Benedetti, G. & Rauchfleich, U. (Hrsg.). *Welt der Symbole. Interdisziplinäre Aspekte des Symbolverständnisses.* (pp. 172–199). Göttingen: Vandenhoeck & Ruprecht.

Ehmer, J. (1990). *Sozialgeschichte des Alters.* Frankfurt am Main: Suhrkamp.

Ehmer, J. (2005). Alterstreppe. In: Jaeger, F., Enzyklopädie der Neuzeit. http://www.enzyklopaedie-der-neuzeit.de/download/lebenstreppe.pdf. Zugriff 07.06.2015

Ehmer, J. (2008). Lebenslauf. In: http://www.leopoldina.org/fileadmin/redaktion/Politikberatung/pdf/Ehmer__Josef__2008_lebenslauf.pdf. Zugriff am 20.06.2015

Elder, G. H., Johnson, M. K. & Crosnoe, R. (2003). The Emergence and Development of Life Course Theory. In: Mortimer, J. T. & Shanahan, M. J. (Eds.). *Handbook of the Life Course.* (pp. 3–22). New Yourk: Kluwer Academic/Plenum Publishers.

Eliade, M. (1996). *Amžinojo sugrįžimo mitas.* [Der Mythos der Ewigen Wiederkehr]. Vilnius: Mintis.

Elm, D., Fitzon, T., Liess, K. & Linden, S. (2009). (Hrsg.). *Alterstopoi: Das Wissen von den Lebensaltern in Literatur, Kunst und Theologie.* Berlin: Walter de Gruyter.

Elwert. G. & Kohli, M. (1990). Einleitung. In: Elwert, G., Kohli, M. & Müller, H. K. (Hrsg.). *Im Lauf der Zeit.* Saarbrücken, Fort Lauderdale: (pp. 3–9).Verlag breitenbach Publishers.

Engelhardt, S. (2003). „Über die innere Mongolei". Zum Verständnis der menschlichen Fähigkeit der Symbolbildung. *Imagination,* Heft 2., 49–91.

Erikson, E. H. (1973). *Identität und Lebenszyklus.* Frankfurt am Main: Suhrkamp.

Erikson, E. H. (2005). *Kindheit und Gesellschaft.* (14. Aufl.). Stuttgart: Klett-Cotta.

Erikson, E. H. (2012). *Der vollständige Lebenszyklus.* (8. Aufl.). Frankfurt am Main: Suhrkamp.

Erzberger, C. (2001). Über die Notwendigkeit qualitativer Forschung: Das Beispiel der Alleinerziehungszeiten in quantitativen Daten. In: Kluge, S. & Kelle, U. (Hrsg.). *Methodeninnovation in der Lebenslaufforschung. Integration qualitativer und quantitativer Verfahren in der Lebenslauf- und Biographieforschung.* (pp. 169–188).

Weinheim & München: Juventa Verlag.

Facchini, F. (2003). Die Herkunft des Menschen und die Symbolik. In: Spineto, N. *Die Symbole der Menschheit.* (pp. 15–26). Düsseldorf: Patmos Verlag.

Filipp, S.-H. (1995). Lebensereignisforschung – eine Bilanz. In: Filipp, S.-H. (Hrsg.). *Kritische Lebensereignisse.* (3. Aufl., pp. 293–326). Weinheim: Beltz Psychologie Verlags Union.

Filz, W. (1983). Ameisenpyramide und Pfad im Gras – Die Lebensalter in der Literatur. In: Joerißen, P. & Will, C. *Die Lebenstreppe. Bilder der menschlichen Lebensalter.* Schriften des Rheinischen Museumsamtes. Nr. 23. (pp. 93–100). Köln: Reinland-Verlag.

Fitzon, T. (2009). „Der Greis im Frühling". Schöpferische Toposvariationen in der Lyrik des 18. Und 19. Jahrhunderts. In: Elm, D., Fitzon, T., Liess, K. & Linden, S. (Hrsg.). *Alterstopoi: Das Wissen von den Lebensaltern in Literatur, Kunst und Theologie.* (pp. 187–220). Berlin: Walter de Gruyter.

Fitzon, T., Linden, S., Liess, K. & Elm, D. (2011). (Hrsg.). *Alterszäsuren. Zeit und Lebensalter in Literatur, Theologie und Geschichte.* Berlin: Walter de Gruyter.

Fitzon, T. (2011). Schwellenjahre – Zeitreflexion im Alternsnarrativ. Arthur Schitzlers Erzählung *Frau Beate und ihr Sohn*. In: Fitzon, T., Linden, S., Liess, K. & Elm, D. (Hrsg.). *Alterszäsuren. Zeit und Lebensalter in Literatur, Theologie und Geschichte.* (pp. 405–432). Berlin: Walter de Gruyter.

Flick, U. (2011). *Triangulation. Eine Einführung.* (3. Aufl.). Wiesbaden: VS Verlag.

Fonagy, P., Luyten, P., Batemann, A., Gergeley, G., Strathearn, L., Target, M. & Allison, E. (2013). Bindung und Persönlichkeitsstörung. In: Clarkin, J. F., Fonagy, P. & Gabbard, G. O. (Hrsg.). *Psychodynamische Psychotherapie der Persönlichkeitsstörungen.* (pp. 35–84). Stuttgart: Schattauer.

Franzen, G. (1992). *Der tiefenhermeneutischer Zugang zur bildenden Kunst, Dargestellt am Beispiel der Freud-Studie „Der Moses des Michelangelo".* Frankfurt am Main: Peter Lang.

Franzen, G. (2004). *Symbolisches Verstehen. Beiträge zur angewandten Kunstpsychologie.* Frankfurt am Main: Peter Lang.

Franzen, G. (2009a). Einführung. In: Franzen G. (Hrsg.). *Kunst und seelische Gesundheit.* Berlin: Medizinisch Wissenschaftliche Verlagsgesellschaft.

Franzen, G. (2009b). Psychische Energien bildender Kunst – Ein psychodynamisch-phänomenologischer Zugang am Beispiel des Werkes von Rebecca Horn. In: Franzen G. (Hrsg.). *Kunst und seelische Gesundheit.* (pp. 57–67). Berlin: Medizinisch Wissenschaftliche Verlagsgesellschaft.

Freud, S. (2003). *Traumdeutung.* (11. Aufl.). Frankfurt am Main: Fischer Taschenbuch Verlag. (Erste Ausgabe 1900).

Friedrich, U. (2011). Altersstufen als Narrative und Metaphern in mittelalterlichen Wissens- und Erziehungsdiskursen. In: Fitzon, T., Linden, S., Liess, K. & Elm, D. (Hrsg.). *Alterszäsuren. Zeit und Lebensalter in Literatur, Theologie und Geschichte.* (pp. 49–79). Berlin: Walter de Gruyter.

Fromm, E. (1951). *The Forgotten Language. An introduction to the understanding of dreams, fairy tales and myths.* New York: Grove Press.

Fues, W. M. (2001). Postmoderne und postindustrielle Gesellschaft. In: Faber, R., Niestroj, B. & Pörtner, P. (Hrsg.). *Philosophie, Kunst und Wissenschaft. Gedenkschrift für Heinrich Kutzner.* (pp. 141–168). Würzburg: Königshausen & Neumann.

Furstenberg, F. (2003). Reflections on the Future of the Life Course. In: Mortimer, J. T. & Shanahan, M. J. (Eds.). *Handbook of the Life Course.* (pp. 661–670). New York: Kluwer Academic/Plenum Publishers.

Gamer, M., Lemon, J. & Singh, I.F.P. (2012). *irr: Various Coefficients of Interrater Reliability and Agreement (R package version 0.84)*. Quelle: http://CRAN.R-project.org/package=irr Zugriff 13.10.2015

Geertz, C. (1973). Thick Description: Toward an Interpretative Theory of Culture. In: Geertz, C. *The Interpretation of Culture.* (pp. 3–33). Selected Essays. New York: Basic Books.

Geissler, B. & Oechsle, M. (2012). Lebensplanung als Konstruktion: Biograpische Dilemmata und Lebenslauf-Entwürfe junger Frauen. In: Beck, U. & Beck-Gernsheim, E. (Hrsg.). *Riskante Freiheiten. Individualisierung in modernen Gesellschaften.* (12. Aufl., pp. 139–167). Frankfurt am Main: Suhrkamp. (Erste Ausgabe 1994).

George, L. K. (2003). Life Course Research. Achievements and Potential. In: Mortimer J. T. & Shanahan, M. J. (Eds.). *Handbook of the Life Course.* (pp. 671–679). New York: Kluwer Academic/Plenum Publishers.

Gern, A. (2003). Kunstlexikon. Postmoderne. Quelle: http://www.hatjecantz.de/postmoderne-5051-0.html Zugriff 02.08.2015

Gherardi, S. (1995). *Gender, Symbolism and Organisational Culture.* London, Thousand Oaks, New Delhi: SAGE Publications.

Gräser, H., Esser, H. & Saile, H. (1995). Einschätzung von Lebensereignissen und ihre Auswirkungen. In: Filipp, S.-H. (Hrsg.). *Kritische Lebensereignisse.* (3. Aufl., pp. 104–122). Weinheim: Beltz Psychologie Verlags Union.

Grimm J. & W. (1984). Deutsches Wörterbuch. Band 20., 1377–1384. München: Deutscher Taschenbuch Verlag. [Orig. 1942]

Gudaitė, G. (2001). *Asmenybės transformacija sapnuose, pasakose ir mituose.* [Transformation der Persönlichkeit in Träumen, Märchen und Mythen]. Vilnius: Tyto Alba.

Guschker, S. (2002). *Bilderwelt und Lebenswirklichkeit. Eine soziologische Studie über die Rolle privater Fotos für die Sinnhaftigkeit des eigenen Lebens.* Frankfurt am Main: Europäische Hochschulschriften. Reihe XXII Soziologie, Bd./Vol. 373.

Habermas, J. (2012). Individuierung durch Vergesellschaftung. In: Beck, U. & Beck-Gernsheim, E. (Hrsg.). *Riskante Freiheiten. Individualisierung in modernen Gesellschaften.* (12. Aufl., pp. 437–446). Frankfurt am Main: Suhrkamp. (Erste Ausgabe 1994).

Häcker, H. O. & Stapf, K.-H. (2004). Dorsch. Psychologisches Wörterbuch. (14. überarbeitete und erweiterte Auflage). Bern: Hans Huber.

Hackstaff, K. B. (2012). Introduction. In: Hackstaff, K. B., Kupferberg, F. & Negroni, C. (Eds.). *Biography and Turning Points in Europe and America.* (pp. 1–8). Bristol: The Policy Press.

Hahn, A. (1988). Biographie und Lebenslauf. In: Brose, H.-G. & Hildenbrand, B. (Hrsg.). *Vom Ende des Individuums zur Individualität ohne Ende.* (pp. 91–105). Opladen: Leske+Budrich,

Hampe, R. (1990). *Bild-Vorstellungen: eine kunst- und kulturpsychologische Untersuchung bildlicher Formgebungen.* Ammersbek bei Hamburg: Verlag an der Lottbek Jensen.

Hampe, R. (2009). Bildliche Symbolisierungsprozesse in der Dekonstruktion von Lebenserfahrung. In: Franzen G. (Hrsg.). *Kunst und seelische Gesundheit.* (pp. 93–110). Berlin: Medizinisch Wissenschaftliche Verlagsgesellschaft.

Heckhausen, J. (1990). Erwerb und Funktion normativer Vorstellungen über den Lebenslauf. Ein Entwicklungspsychologischer Beitrag zur sozio-psychischen Konstruktionen von Biographien. In: Mayer K. U. (Hrsg.). *Lebensverläufe und sozialer Wandel. Kölner Zeitschrift für Soziologie und Sozialpsychologie.* Sonderheft 32. (pp. 351–373). Opladen: Westdeutscher Verlag.

Heckhausen, J. (1999). *Developmental regulation in adulthood: Age-normative and sociostructural constraints as adaptive challenges.* New York: Cambridge University Press.

Heinz, W. R. (2001). Vorwort des Herausgebers. In: Sackmann, R. & Wingens, M. (Hrsg.). *Strukturen des Lebenslaufs: Übergang-Sequenz-Verlauf.* (pp. 5–8). Weinheim & München: Juventa Verlag.

Herkommer, H. (2005). *Die Lebenstreppe – ein antiquiertes Bild.* UniPress 126/2005, http://www.kommunikation.unibe.ch/unibe/rektorat/kommunikation/content/e80/e1425/e4697/e4929/e4931/linkliste5271/up_126_s_08_herkommer.pdf. Zugriff 07.06.2015.

Hermanns, H. (1989). Die Entdeckung "biografischer Kompetenz". In: Gorzka, G., Heipcke, K. & Teichler, U. (Hrsg.). *Hochschule – Beruf – Gesellschaft.* (pp. 53–82). Frankfurt am Main: Campus Verlag.

Heufers, P. (2015). *Biographien gestalten durch lebenslange Lernprozesse. Rekonstruktionen berufsbiographischer Orientierungsmuster.* Wiesbaden: Springer VS.

Hoerning, E. M. (1987). Lebensereignisse: Übergänge im Lebenslauf. In Voges, W. (Hrsg.). *Methoden der Biographie- und Lebenslaufforschung.* (pp. 231–259). Opladen: Leske + Budrich.

Hofacker, P. & Wolf, M. (2002). *Labyrinthe, Ursymbole des Lebens.* Frankfurt: Herder.

Hultsch, D. F. & Cornelius, S. W. (1995). Kritische Lebensereignisse und lebenslange Entwicklung: Methodologische Aspekte. In: Filipp, S.-H. (Hrsg.). *Kritische Lebensereignisse.* (3. Aufl., pp. 72–91). Weinheim: Beltz Psychologie Verlags Union.

Hundertwasser, F. (1953). *Aufsätze. Die gerade Linie führt zum Untergang.* http://www.schriftkunst.de/aufsatz/hundertwasser.htm Zugriff 24.08.2015

Hundertwasser, F. (1974). *Aufsätze. Spirale.* http://www.schriftkunst.de/aufsatz/hundertwasser.htm Zugriff 24.08.2015

Hüther, G. (2006). *Die Macht der inneren Bilder. Wie Visionen das Gehirn, den Menschen und die Welt verändern.* (3. Aufl.). Göttingen: Vandenhoeck & Ruprecht.

Jacobi, J. (1974). *Complex, Archetype Symbol in the Psychology of C.G. Jung.* (3rd. ed.). Princeton University Press: Bollingen Series LVII.

Jacobi, J. (1985). *Vom Bilderreich der Seele: Wege und Umwege zu sich selbst.* (2. Aufl.). Olten, Freiburg: Walter-Verlag.

Jäger-Kopido, E.-H. (2008/09). *Kulturelle Handlungsschemata: Eine kognitions- und kulturpsychologisch fundierte Analyse der Handlungsschemata deutscher und koreanischer Probanden unter Einbezug der Kulturpsychologie und symbolischen Handlungstheorie Ernst Eduard Boeschs.* http://www.freidok.uni-freiburg.de/volltexte/6299/pdf/Diss_Gesamt.pdf. Zugriff 24.02.2014.

Jaskolski, H. (1994). *Das Labyrinth. Symbol für Angst, Wiedergeburt und Befreiung.* Stuttgart: Kreuzverlag.

Joerißen, P. & Will, C. (1983). *Die Lebenstreppe. Bilder der menschlichen Lebensalter.* Schriften des Rheinischen Museumsamtes. Nr. 23. Köln: Reinland-Verlag.

Joerißen, P. (1983a). Lebenstreppe und Lebensalterspiel im 16. Jahrhundert. In: Joerißen, P. & Will, C. *Die Lebenstreppe. Bilder der menschlichen Lebensalter.* Schriften des Rheinischen Museumsamtes. Nr. 23. (pp. 25–38). Köln: Reinland-Verlag.

Joerißen, P. (1983b). Lebensalter des Menschen. Bildprogramm und Bildform im Jahrhundert der Reformation. In: Joerißen, P. & Will, C. *Die Lebenstreppe. Bilder der menschlichen Lebensalter.* (pp. 39–59). Schriften des Rheinischen Museumsamtes. Nr. 23. Köln: Reinland-Verlag.

Jovaiša, E. (2014). *Aisčiai. Raida.* [Aesti. Entstehung]. Vilnius: Edukologija.

Jung, C. G. (Hrsg.). (1979). *Der Mensch und seine Symbole.* (10. Aufl.). Olten und Freiburg im Breisgau: Walter Verlag.

Junge, M. (2010). (Hrsg.). *Metaphern in Wissenskulturen.* Wiesbaden: VS Verlag für Sozialwissenschaften.

Junge, M. (2011). (Hrsg.). *Metaphern und Gesellschaft. Die Bedeutung der Orientierung durch Metaphern.* Wiesbaden: VS Verlag für Sozialwissenschaften.

Jüttermann, G. & Thomae, H. (1987). (Hrsg.). *Biographie und Psychologie.* Berlin Heidelberg: Springer-Verlag.

Kalicki B. (1996). Lebensverläufe und Selbstbilder. Die Normalbiographie als psychologisches Regulativ. Wiesbaden: Springer Fachmedien GmbH.

Kast, V. (2000). *Wege zur Autonomie.* (7. Aufl.). München: Deutscher Taschenbuch Verlag.

Kast. V. (2002). *Die Dynamik der Symbole. Grundlagen der Jungschen Psychotherapie.* (4. Aufl.). München: Deutscher Taschenbuch Verlag.

Katz, S. (1995). Imagining the Life-Span: From premodern miracles to postmodern fantasies. In: Featherstone, M. & Wernick, A. (Eds.). *Images of Aging: cultural representations of later life.* (pp. 61–75). London: Routledge.

Kelle, U. & Erzberger, C. (2001). Die Integration qualitativer und quantitativer Forschungsergebnisse. In: Kluge, S. & Kelle, U. (Hrsg.). *Methodeninnovation in der Lebenslaufforschung. Integration qualitativer und quantitativer Verfahren in der Lebenslauf- und Biographieforschung.* (pp. 89–134). Weinheim & München: Juventa Verlag.

Kelle, U. & Kluge, S. (2001). Einleitung. In: Kluge, S. & Kelle, U. (Hrsg.). *Methodeninnovation in der Lebenslaufforschung. Integration qualitativer und quantitativer Verfahren in der Lebenslauf- und Biographieforschung.* (pp. 11–36). Weinheim & München: Juventa Verlag.

Kern, M. (2011). Schere, Stein, Papier. Alterszäsuren, Autorschaft und Werk in der mittelalterlichen Liebeslyrik. In: Fitzon, T., Linden, S., Liess, K. & Elm, D. (2011). (Hrsg.).*Alterszäsuren. Zeit und Lebensalter in Literatur, Theologie und Geschichte.* (pp. 299–321). Berlin: Walter de Gruyter.

Kirchhoff, H. (1988). *Urbilder des Glaubens. Labyrinth – Höhle – Haus – Garten.* München: Kösel Verlag.

Klemm, R. E. (1999). *Innere Bilder. Entstehung und Ausdruck von Ein-Bildungen und ihr therapeutisches Potenzial.* Abhandlung zur Erlangung der Doktorwürde an der Philosophischen Fakultät der Universität Zürich.

Kluge, S. (2001). Strategien zur Integration qualitativer und quantitativer Erhebungs- und Auswertungsverfahren. In: Kluge, S. & Kelle, U. (Hrsg.). *Methodeninnovation in der Lebenslaufforschung. Integration qualitativer und quantitativer Verfahren in der Lebenslauf- und Biographieforschung.* (pp. 37–88). Weinheim & München: Juventa Verlag.

Knöll, S. (2009). Der weibliche Körper als Sinnbild des Alters. Zur Naturalisierung der Altersdarstellungen im 16. Jahrhundert. In: Elm, D., Fitzon, T., Liess, K. & Linden, S. (Hrsg.). *Alterstopoi: Das Wissen von den Lebensaltern in Literatur, Kunst und Theologie.* (pp. 165–186). Berlin: Walter de Gruyter.

Kohli, M. (1988). Normalbiographie und Individualität: Zur institutionellen Dynamik des gegenwärtigen Lebenslaufregimes. In: Brose, H.-G. & Hildenbrand, B. (Hrsg.). *Vom Ende des Individuums zur Individualität ohne Ende.* (pp. 33–53). Opladen: Leske+Budrich.

Kohli, M. (1990). Lebenslauf und Lebensalter als gesellschaftliche Konstruktionen: Elemente zu einem interkulturellen Vergleich. In: Elwert, G., Kohli, M. & Müller, H. K. (Hrsg.). *Im Lauf der Zeit.* (pp. 11–32). Saarbrücken, Fort Lauderdale: Verlag Breitenbach Publishers.

Koller, H.-Ch. (2011). Hermeneutik. In: Bohnsack, R., Marotzki, W. & Meuser, M. (Hrsg.). *Hauptbegriffe Qualitativer Sozialforschung.* (3. Aufl., pp. 83–85). Opladen & Farmington Hills: Barbara Budrich.

Konietzka, D. (2010). *Zeiten des Übergangs: Sozialer Wandel des Übergangs in das Erwachsenenalter.* Wiesbaden: VS Verlag für Sozialwissenschaften.

Kopp, J. & Lois, D. (2014). *Sozialwissenschaftliche Datenanalyse.* (2. Aufl.). Wiesbaden: Springer VS.

Kornadt, H.-J. (2010). Zur Bedeutung der Sozialwissenschaften für die Psychologie. In: Mayer, B. & Kornadt, H.-J. (Hrsg.). *Psychologie-Kultur-Gesellschaft.* (pp. 17–45). Wiesbaden: VS Verlag für Sozialwissenschaften.

Krauth, J. (1993). *Einführung in die Konfigurationsfrequenzanalyse (KFA) : ein multivariates nichtparametrisches Verfahren zum Nachweis und zur Interpretation von Typen und Syndromen.* Weinheim [u. a.]: Beltz, Psychologie-Verl.-Union.

Krewer, B. (1992). Kulturelle Identität und menschliche Selbsterforschung. Die Rolle von Kultur in der positiven und reflexiven Bestimmung des Menschen. In Breitenbach, D. & Werth, M. (Hrsg.). *Sozialwissenschaftliche Studien zu internationalen Problemen* Band 170. (pp. 183–238). Saarbrücken, Fort Lauderdale: Verlag breitenbach Publishers.

Krois, H. M. (1988). Problematik, Eigenart und Aktualität der Cassirerschen Philosophie der symbolischen Formen. In: Braun, H.-J., Holzhey, H. & Orth, E. W. (Hrsg.). *Über Ernst Cassirers Philosophie der symbolischen Formen.* (pp. 15–44). Frankfurt am Main: Suhrkamp.

Krüger, H. (2001a). Geschlecht, Territorien, Institutionen. Beitrag zu einer Soziologie der Lebenslauf-Relationalität. In: Born, C. & Krüger, H. (Hrsg.). *Individualisierung und Verflechtung. Geschlecht und Generation im deutschen Lebenslaufregime.* (pp. 257–301). Weinheim und München: Juventa Verlag.

Krüger, H. (2001b). Statusmanagement und Institutionenregimes. Zum Umgang mit der Kategorie Geschlecht in der Lebenslaufforschung. In: Weiß, A., Kopetsch, C., Scharenberg, A. & Schmidke, O. (Hrsg.). *Klasse und Klassifikation. Die symbolische Dimension sozialer Ungleichheit.* (pp. 221–242). Wiesbaden: Westdeutscher Verlag.

Krüger, O. (2004). *Virtualität und Unsterblichkeit. Die Visionen des Posthumanismus*. Freiburg im Breisgau: Rombach Verlag.

Kruse, A. (1987). Biographische Methode und Exploration. In: Jüttermann, G. & Thomae, H. (Hrsg.). *Biographie und Psychologie*. (pp. 119–137). Berlin Heidelberg: Springer-Verlag.

Kurz, G. (2004). *Metapher, Allegorie, Symbol*. Göttingen: Vandenhoeck & Ruprecht.

Kübler-Ross, E. (2002). *Das Rad des Lebens*. München: Knaur.

Kupferberg, F. (2012). Unpacking biographical narratives: investigating stories of artistic careers in Northen Jutland, Denmark. In: Hackstaff, K. B., Kupferberg, F. & Negroni, C. (Ed.). *Biography and Turning Points in Europe and America*. (pp. 9–40). Bristol: The Policy Press.

Labouvie-Vief, G. (2003). Without Gender, Without Self. In: Staudinger, U. M. & Lindenberger, U. (Ed.). *Understanding Human Development. Dialogues with Lifespan Psychology*. (pp. 401–412). Boston, Dordrecht, New York, London: Kluwer Academic Publishers.

Lakoff, G. & Johnson, M. (2008). *Leben in Metaphern. Konstruktion und Gebrauch von Sprachbildern*. (6. Aufl.). Heidelberg: Carl-Auer Verlag. [Org. 1980].

Langer, S. K. (1979). *Philosophie auf neuem Wege. Das Symbol im Denken, im Ritus und in der Kunst*. (2. Aufl.). Frankfurt am Main: Fischer. [Org. 1942].

Lehmacher, W. (1981). A More Powerful Simultaneous Test Procedure in Configural Frequency Analysis. *Biometrical Journal, 23* (5), 429–436.

Lehr, U. (1978). Kontinuität und Diskontinuität im Lebenslauf. In: Rosenmayr, L. (Hrsg.). *Die menschlichen Lebensalter. Kontinuität und Krisen*. (pp. 315–339). München, Zürich: Piper.

Lehr, U. (1998). Der Beitrag der biographischen Forschung zur Entwicklungspsychologie. In: Jüttemann, G. & Thomae, H. (Hrsg.). *Biographische Methoden in den Humanwissenschaften*. (pp. 309–331). Weinheim: Psychologie Verlags Union.

Levy, R. (2013a). Analysis of Life Courses – A Theoretical Sketch. In: Levy, R. & Widmer, E. D. (2013). (Eds.). *Gendered Life Courses between Standardisation and Individuation*. (pp. 13–36). Wien: LIT Verlag.

Levy, R. (2013b). Life Course Analysis – A Field of Intersections. In: Levy, R. & Widmer, E. D. (2013). (Eds.). *Gendered Life Courses between Standardisation and Individuation*. (pp. 315–337). Wien: LIT Verlag.

Levy, R., Gauthier, J.-A. & Widmer, E. D. (2013). Trajectories between the family and paid work. In: Levy, R. & Widmer, E. D. (2013). (Hrsg.). *Gendered Life*

Courses between Standardisation and Individuation. (pp. 71–92). Wien: LIT Verlag.

Levy, R. & Widmer, E. D. (2013). (Hrsg.). Preface. *Gendered Life Courses between Standardisation and Individuation.* Wien: LIT Verlag.

List, E. (2004). Symbolisierung und Denken – über die Konstruktion von Wirklichkeit in der Psychoanalyse. In Fliedl, R., Pölz, G. & Tippe, A. (Hrsg.). *Wie konstruiere ich Wirklichkeit? Konstrukt – Symbol – Lebensraum.* (pp. 51–84). Wien: Krammer.

Löffler, H. (1998). Das sprachliche Symbol. In Benedetti G. & Rauchfleich U. (Hrsg.). *Welt der Symbole. Interdisziplinäre Aspekte des Symbolverständnisses.* (pp. 23–37). Vandenhoeck & Ruprecht in Göttingen.

Lorenzer, A. (1970). *Kritik des psychoanalytischen Symbolbegriffs.* Frankfurt am Main: Suhrkamp.

Lorenzer, A. (1988). Tiefenhermeneutische Kulturanalyse. In: A. Lorenzer (Hrsg.). *Kultur-Analysen. Psychoanalytischen Studien zur Kultur.* (pp. 11–98). Frankfurt am Main: Fischer Wissenschaft.

Lurker, M. (1988). (Hrsg.). Wörterbuch der Symbolik. (4. erw. Aufl.). Stuttgart: Alfred Kröner Verlag.

Macho, T. (2000). Tod und Trauer im kulturwissenschaftlichen Vergleich. In: Assmann, J. *Der Tod als Thema der Kulturtheorie. Todesbilder und Totenriten im Alten Ägypten.* (pp. 89–120). Frankfurt am Main: Suhrkamp.

Maletzke, G. (1996). *Interkulturelle Kommunikation. Zur Interaktion zwischen Menschen verschiedener Kulturen.* Opladen: Westdeutscher Verlag.

Marotzki, W. (2011). Biographieforschung. In: Bohnsack, R., Marotzki, W. & Meuser, M. (Hrsg.). *Hauptbegriffe Qualitativer Sozialforschung.* (3. Aufl., pp. 22–24). Opladen & Farmington Hills: Barbara Budrich.

Mayer, K.-U. (1987). Lebenslauffoschung. In: Voges, W. (Hrsg.). *Methoden der Biographie- und Lebenslaufforschung.* (pp. 51–73). Opladen: Leske + Budrich.

Mayer, K. U. (1990). Lebensverläufe und sozialer Wandel. Anmerkung zu einem Forschungsprogramm. In: Mayer K. U. (Hrsg.). *Lebensverläufe und sozialer Wandel. Kölner Zeitschrift für Soziologie und Sozialpsychologie.* Sonderheft 32. (pp. 7–21). Opladen: Westdeutscher Verlag.

Mayer, K. U. (2003). The Sociology of the Life Course and Lifespan Psychology: Diverging or Converging Pathways? In: Staudinger, U. M. & Lindenberger, U. (Ed.). *Understanding Human Development. Dialogues with Lifespan Psychology.* (pp. 463–481). Boston, Dordrecht, New York, London: Kluwer Academic Publishers.

Meier-Seethaler, C. (1993). *Von der göttlichen Löwin zum Wahrzeichen männlicher Macht. Ursprung und Wandel großer Symbole.* Zürich: Kreuz-Verlag.

Meier-Seethaler, C. (2011). *Ursprünge und Befreiungen: Eine dissidente Kulturtheorie.* Stuttgart: Opus magnum.

Meulemann, H. (1990). Schullaufbahnen, Ausbildungskarrieren und die Folgen im Lebensverlauf. In: Mayer K. U. (Hrsg.). Lebensverläufe und sozialer Wandel. Kölner Zeitschrift für Soziologie und Sozialpsychologie. Sonderheft 32. (pp. 89–117). Opladen: Westdeutscher Verlag.

Neugarten, B. L. & Datan, N. (1978). Lebensablauf und Familienzyklus – Grundbegriffe und neue Forschungen. In: Rosenmayr, L. (Hrsg.). *Die menschlichen Lebensalter. Kontinuität und Krisen.* (pp. 165–188). München, Zürich: Piper.

Neumann, E. (2004). *Ursprungsgeschichte des Bewusstseins.* Düsseldorf, Zürich: Walter Vela.

Ohnewald, M. (2009). *Und plötzlich ist alles ganz anders: Lauter ungerade Lebensläufe.* Stuttgart: Klöpfer und Meyer.

Olbricht, E. (1995). Normative Übergänge im menschlichen Lebenslauf: Entwicklungskrisen oder Herausforderungen? In: Filipp, S.-H. (Hrsg.). *Kritische Lebensereignisse.* (3. Aufl., pp. 123–138). Weinheim: Beltz Psychologie Verlags Union.

O'Rand, A. M. (2003). The Future of the Life Course. Late Modernity and Life Course Risks. In: Mortimer J. T. & Shanahan, M. J. (Eds.). *Handbook of the Life Course.* (pp. 693–715). New Yourk: Kluwer Academic/Plenum Publishers.

Paetzold, H. (1993). *Ernst Cassirer zur Einführung.* Hamburg: Junius. Peter Lang, Europäischer Verlag der Wissenschaften.

Patackas, A. & Žarskus, A. (2002). *Virsmų knyga.* [Buch der Wandlungen]. Kaunas: Spindulys.

Philibert, M. (1978). Stufen des Lebens in philosophischer Sicht. In: Rosenmayr, L. (Hrsg.). *Die menschlichen Lebensalter. Kontinuität und Krisen.* (pp. 105–124). München, Zürich: Piper.

Piaget, J. (2003). *Nachahmung, Spiel und Traum. Die Entwicklung der Symbolfunktion beim Kinde.* (5 Aufl.). Stuttgart: Klett-Cotta. (Erste Ausgabe 1959).

Pietikainen, P. (1998). Archetypes as symbolic forms. *Journal of Analytical Psychology,* 43, 325–343.

Pohn-Weidinger, M. (2012). „Wie es gewesen ist …“ Erlebte Geschichte in mündlichen Erzähnlungen und Tagebüchern. In: Blumensberger, S. & Korotin, I. (Hrsg.). *Frauenbiographieforschung. Theoretische Diskurse und methodologische Konzepte.* (pp. 416–435). Wien: Praesens Verlag.

Pöppel, E. (2006). *Der Rahmen. Ein Blick des Gehirns auf unser Ich.* München, Wien: Carl Hanser Verlag.

R Core Team. (2015). *R: A Language and Environment for Statistical Computing (Version 3.2.2)*. Wien: R Foundation for Statistical Computing. Verfügbar unter: https://www.R-project.org/

Raschke, M. (2009). *Die Entwicklung der Lebenstreppe*. Studienarbeit. München: Grin Verlag für akademische Texte.

Rehberger, G. (2009). *Die Doppelhelix als Ikone? Ikonisierung und Mythos der DNA-Struktur*. http://vanreeberg.de/download/dna.pdf Zugriff 30.08.2015

Reinersmann, I., Gudaitė, G. & Deutsch, W. (2010). Bilder für Märchen. Der symbolische Ausdruck von emotionalen Erfahrungen in Märchenzeichnungen: Ein Vergleich zwischen litauischen Vorschulkindern aus Heimen und vollständigen Familien. *Musik-, Tanz- und Kunsttherapie*, 21 (3), 133–144.

Renn, H. (1987). Lebenslauf – Lebenszeit – Kohortenanalyse. Möglichkeiten und Grenzen eines Forschungsansatzes. In Voges, W. (Hrsg.). *Methoden der Biographie- und Lebenslaufforschung*. (pp. 261–298). Opladen: Leske + Budrich.

Richter, A. (2014). *Zur subjektiven Lebenszufriedenheit der Deutschen im Kontext von tagesspezifischen und regionalen Einflussfaktoren*. Berlin: SOEPpapers on Multidisciplinary Panel Data Research 726.

Richter, H.-G. (1997). *Die Kinderzeichnung: Entwicklung, Interpretation, Ästhetik*. Berlin: Cornelsen Verlag.

Richter, H.-G. (1976). *Anfang und Entwicklung der Zeichnerischen Symbolik: eine Gegenüberstellung der Theorien über den Ursprung und Verlauf der bildhaft-symbolischen Aktivitäten im Kinder- und Jugendalter*. Henn: Kastellaum.

Riedel, I. (2002). *Formen. Kreis, Kreuz, Dreieck, Quadrat, Spirale*. (erw. Ausg.). Stuttgart: Kreuz Verlag.

Riedel, I. (2005). *Bilder in Psychotherapie, Kunst und Religion. Ein Schlüssel zur Interpretation*. Stuttgart: Kreuz Verlag.

Riemann, G. (2011). Narratives Interview. In: Bohnsack, R., Marotzki, W. & Meuser, M. (Hrsg.). *Hauptbegriffe Qualitativer Sozialforschung*. (3. Aufl., pp. 120–122). Opladen & Farmington Hills: Barbara Budrich.

Rolf, E. (2006). *Symboltheorien*. Berlin: Walter de Gruyter.

Rosenmayr, L. (1978). Die menschlichen Lebensalter in Deutungsversuche der europäischen Kulturgeschichte. In: Rosenmayr, L. (Hrsg.). *Die menschlichen Lebensalter. Kontinuität und Krisen*. (pp. 23–79). München, Zürich: Piper.

Sachs-Hombach, K. (2005). Konzeptuelle Rahmenbedingungen zur interdisziplinären Bildwissenschaft. In: Sachs-Hombach, K. (Hrsg.). *Bildwissenschaft. Disziplinen, Themen, Methoden*. (pp. 11–20). Frankfurt am Main: Suhrkamp.

Sackmann, R. (2013). *Lebenslaufanalyse und Biographieforschung. Eine Einführung*. (2. Aufl.). Wiesbaden: Verlag für Sozialwissenschaften.

Sackmann, R. & Wingens, M. (2001). Theoretische Konzepte des Lebenslaufs: Übergang, Sequenz und Verlauf. In: von Heinz, W. R. (Hrsg.). *Statuspassagen und Lebenslauf.* (Band 1., pp. 17–48). Weinheim und München: Juventa Verlag.

Salys, A. (1995). *Baltu kalbos, tautos bei kiltys. Lietuviu giminaičiai.* [Baltische Sprachen, Nationalitäten und Abstammungen. Litauen verwandte Völker]. Vilnius: Baltos lankos.

Saner, H. (1988). Der Mensch als symbolfähiges Wesen. In Benedetti, G. & Rauchfleich, U. (Hrsg.). *Welt der Symbole. Interdisziplinäre Aspekte des Symbolverständnisses.* (pp. 11–22). Vandenhoeck & Ruprecht in Göttingen.

Sato, T. & Valsiner, J. (2010). *Time in Life and Life in Time: Between Experiencing and Accounting.* Ritsumeikan Journal of Human Sciences, 20, 1., 79–92. http://www.psy.ritsumei.ac.jp/~satot/TEA/Time%20in%20Life%202010.pdf Zugriff 16.08.2015.

Schenda, R. (1983). Die Alterstreppe – Geschichte einer Popularisierung. In: Joerißen, P. & Will, C. *Die Lebenstreppe. Bilder der menschlichen Lebensalter.* Schriften des Rheinischen Museumsamtes. Nr. 23. (pp. 11–24). Köln: Reinland-Verlag.

Schimank, U. (1988). Biographie als Autopoiesis – eine systemtheoretische Rekonstruktion von Individualität. In: Brose, H.-G. & Hildenbrand, B. (Hrsg.). *Vom Ende des Individuums zur Individualität ohne Ende.* (pp. 55–72). Opladen: Leske+Budrich.

Schmitt, R. (1995/1996). Metaphernanalyse und die Repräsentation biographischer Konstrukte. In: *Journal für Psychologie*, Asanger-Verlag, Heidelberg, Doppelheft 1/1995–1/1996, 47–62.

Schmitt, R. (2010). Metaphernanalyse. In: Mey, G. & Mruck, K. (Hrsg.). *Handbuch Qualitative Forschung in der Psychologie.* (pp. 676–691).Wiesbaden: VS-Verlag.

Schnell, M. (2003). Die Kraft der Bilder. Vom neurophysiologischen Phänomen zur bedeutungsvollen Innenwelt. In: *Imagination*, Nr. 4/2003, 60–75.

Schreier, M. & Üzen, O. (2010). Mixed Methods. Mey, G. & Mruck, K. (Hrsg.). *Handbuch qualitative Forschung in der Psychologie.* (pp. 263–277). Wiesbaden: VS Verlag.

Schulz, N. (2006). *Das zeichnerische Talent am Ende der Kindheit: Ein empirischer Vergleich zwischen dem Selbstbild und dem Fremdbild von Peers, Eltern, Lehrern und Künstlern (Internationale Hochschulschriften.* Münster, New York, München, Berlin: Waxmann.

Schulze, H. (2010). Biographische Fallrekonstruktion. In: Mey, G. & Mruck, K. (Hrsg.). *Handbuch qualitative Forschung in der Psychologie*. (pp. 569–583). Wiesbaden: VS Verlag.

Schumacher, R. (1997). *‚Metapher'. Erfassen und Verstehen frischer Metaphern*. Basler Studien zur deutschen Literatur, Band 75. Tübingen und Basel: A. Francke Verlag.

Schweitzer, F. (2011). Der Wandel des menschlichen Lebenszyklus – religiöse und theologische Implikationen. In: Fitzon, T., Linden, S., Liess, K. & Elm, D. (2011). (Hrsg.). *Alterszäsuren. Zeit und Lebensalter in Literatur, Theologie und Geschichte*. (pp. 1–15). Berlin: Walter de Gruyter.

Seithe-Blümer, A. (2012). Die Geburt der Metapher. Zur Psychologie ihrer Entstehung. In Reichmann I., Dieter, W., Sieber-Ratti, A., Bottner, J. u. Ullmann, H. (Hrsg.). Symbol und Metapher. *Imagination*, Nr. 1–2., 235–247.

Sichler, R. (2010). Hermeneutik. In: Mey, G. & Mruck, K. (Hrsg.). *Handbuch qualitative Forschung in der Psychologie*. (pp. 50–64). Wiesbaden: VS Verlag.

Soldt, P. (2005). *Denken in Bildern. Zum Verhältnis von Anschauung, Bewusstsein und Unbewusstem. Vorarbeiten zu einer Metapsychologie der ästhetischen Erfahrung*. Lengerich: Pabst.

Soldt, P. (2006a). Äußere und innere Bilder. Ein Beitrag zur Psychologie der Rezeption präsentativer Darstellungen. *Texte: Psychoanalyse, Ästhetik, Kulturkritik*. (Heft 4., pp. 59–82). Wien: Passagen.

Soldt, P. (2006b). Bildliches Denken. Zum Verhältnis von Anschauung, Bewusstsein und Unbewusstem. In: *Psyche* 60, pp. 543–572.

Spineto, N. (2003). *Die Symbole der Menschheit*. Düsseldorf: Patmos Verlag.

Spreitzer, B. (2012). Die Sprachlichkeit des Bildlichen. In Reichmann I., Dieter, W., Sieber-Ratti, A., Bottner, J. u. Ullmann, H. (Hrsg.). Symbol und Metapher. *Imagination*, Nr. 1–2., 212–222.

Sperber, D. (1993). Interpreting and explaining cultural representations. In: Palsson, G. (Ed.).

Beyond Boundaries: Understanding, Translation and Anthropological Discourse. (pp. 162–183). Oxford: Berg.

Staudinger, U. M. (2007). Lebensspannenpsychologie. In: Hasselhorn, M. & Schneider, W. (Hrsg.). *Handbuch der Entwicklungspsychologie*. (pp. 71–82). Göttingen, [u. a.]: Hogrefe.

Stock, A. (1989). Bild und Symbol. In Religionspädagogische Beiträge 23: Symbol. *Zeitschrift der Arbeitsgemeinschaft Katholischer Katechetik-Dozenten (AKK)*., 3–16.

Stolte, D. (2004). *Vom Prinzip der Geradlinigkeit.* http://www.welt.de/print-welt/article328335/Vom-Prinzip-der-Geradlinigkeit.html Zugriff 24.08.2015

Straub, J. (1989). *Historisch-psychologische Biographieforschung. Theoretische, methodologische und methodische Argumentationen in systematischer Absicht.* Heidelberg: Roland Asanger Verlag.

Straub, J. & Chakkarath, P. (2010). Kulturpsychologie. In: Mey, G. & Mruck, K. (Hrsg.). *Handbuch qualitative Forschung in der Psychologie.* (pp. 195–209). Wiesbaden: VS Verlag.

Strube, G. & Weinert, F. E. (1987). Autobiographisches Gedächtnis: Mentale Repräsentation der individuellen Biographie. In: Jüttermann, G. & Thomae, H. (Hrsg.). *Biographie und Psychologie.* (pp. 157–167). Berlin Heidelberg: Springer-Verlag.

Szydlik, M. (2004). Zum Zusammenhang von Generation und Ungleichheit. In: Szydlik, M. (Hrsg.). *Generation und Ungleichheit.* (pp. 7–24). Wiesbaden: VS Verlag für Sozialwissenschaften.

Szydlik, M. & Künemund, H. (2009). Generationen aus Sicht der Soziologie. In: Künemund, H. & Szydlik, M. (Hrsg.). *Generationen. Multidisziplinäre Perspektiven.* (pp. 7–21). Wiesbaden: VS Verlag für Sozialwissenschaften.

Thomae, H. (1978). Vergleichende Psychologie der Lebensalter. In: Rosenmayr, L. (Hrsg.). *Die menschlichen Lebensalter. Kontinuität und Krisen.* (pp. 293–314). München, Zürich: Piper.

Thomae, H. (1998). Psychologische Biographik. In: Jüttemann, G. & Thomae, H. (Hrsg.). *Biographische Methoden in den Humanwissenschaften.* (pp. 75–97). Weinheim: Psychologie Verlags Union.

Tomasello, M. (2002). *Die kulturelle Entwicklung des menschlichen Denkens. Zur Evolution der Kognition.* Frankfurt am Main: Suhrkamp Verlag.

Udina, T. (2010). *Quantitative Analyse von symbolischen Lebenslaufdarstellungen.* Bachelorarbeit an der Technische Universität Carolo-Wilhelmina zu Braunschweig.

Ullmann, H. (2009). Metapher und Musik in der Katathym Imaginativen Psychotherapie (KIP). *Musik-, Tanz- und Kunsttherapie*, Bd. 20, (4), 188–203.

Ullmann, H. (2012). Zum Sinn und Unsinn von Metaphern in der Psychotherapie. Möglichkeit des Symboldramas. In Reichmann I., Dieter, W., Sieber-Ratti, A., Bottner, J. u. Ullmann, H. (Hrsg.). Symbol und Metapher. *Imagination*, Nr. 1-2., 15–40.

Valsiner, J. (2000). *Culture and Human Development.* Oxford: Alden Press.

Vavra, E. (2008). Vom Zicklein zum Esel, vom Pfau zur Gans. In: *Historische Sozialkunde*, Bd. 38, Heft 4, 2–7.

Voges, W. (1987a). Sozialforschung auf der Grundlage einer Lebenslaufperspektive. In Voges, W. (Hrsg.). *Methoden der Biographie- und Lebenslaufforschung.* (pp. 9–21). Opladen: Leske + Budrich.

Voges, W. (1987b). Zur Zeitdimension in der Biographieforschung. In Voges, W. (Hrsg.). *Methoden der Biographie- und Lebenslaufforschung.* (pp. 125–141). Opladen: Leske + Budrich.

Völkel, S. (2012). *Bilder als Quelle der Information – Die Entwicklung der frühkindlichen Symbolkompetenz.* Dissertation an der Technischen Universität Chemnitz. http://nbn-resolving.de/urn:nbn:de:bsz:ch1-qucosa-86450. Zugriff 31.08.2013

Wanders, H. (1983). Das springende Böckchen – Zum Tierbild in den dekadischen Lebensalterdarstellungen. In: Joerißen, P. & Will, C. *Die Lebenstreppe. Bilder der menschlichen Lebensalter.* Schriften des Rheinischen Museumsamtes. Nr. 23. (pp. 61–72). Köln: Reinland-Verlag.

Weganast, K. (1991). Das Symbol – Brücke des Verstehens. Einleitung. In Oelkers, J., & Wegenast, K. (Hrsg.). *Das Symbol – Brücke des Verstehens.* (pp. 9–21). Stuttgart, Berlin, Köln: Verlag W. Kohlhammer.

West, C. & Zimmerman, D. H. (1987). Doing Gender. *Gender and Society.* Vol. 1, No. 2., 125–151.

Wetterer, A. (2008). *Konstruktion von Geschlecht: Reproduktionsweisen der Zweigeschlechtlichkeit.* http://uk-online.uni-koeln.de/remarks/d3911/rm695937.pdf. Zugriff 22.02.2015.

Weymann, A. (2003). Future of the Life Course. In: Mortimer, J. T. & Shanahan, M. J. (Eds.). *Handbook of the Life Course.* (pp. 703–714). New York: Kluwer Academic/Plenum Publishers.

Widmer, E. R. & Ritschard, G. (2012). Life Course Changes in Late Modernity: Towards Destandardisation and Degendering? In: Levy, R. & Widmer, E. D. (2013). (Hrsg.). *Gendered Life Courses between Standardisation and Individuation.* (pp. 161–181). Wien: LIT Verlag.

Will, C. (1983). „Was ist das Lebens Sinn?" – Lebensalterdarstellungen im 19. Jahrhundert. In: Joerißen, P. & Will, C. *Die Lebenstreppe. Bilder der menschlichen Lebensalter.* Schriften des Rheinischen Museumsamtes. Nr. 23. (pp. 73–92). Köln: Reinland-Verlag.

Willi, J. (2007). *Wendepunkte im Lebenslauf. Persönliche Entwicklung unter veränderten Umständen- die ökologische Sicht der Psychotherapie.* Stuttgart: Klett-Cotta.

Willke, H. (2005). *Symbolische Systeme. Grundriss einer soziologischen Theorie.* Weilerswist: Velbrück Wissenschaft.

Wirtz, M. & Caspar, F. (2002). *Beurteilerübereinstimmung und Beurteilerreliabilität. Methoden zur Bestimmung und Verbesserung der Zuverlässigkeit von Einschätzungen mittels Kategoriensystemen und Ratingskalen*. Göttingen [u. a.]: Hogrefe

Wollschläger, D. (2014). *Grundlagen der Datenanalyse mit R: Eine anwendungsorientierte Einführung*. Berlin: Springer

Wohlrab-Sahr, M. (2011). Objektive Hermeneutik. In: Bohnsack, R., Marotzki, W. & Meuser, M. (Hrsg.). *Hauptbegriffe Qualitativer Sozialforschung*. (3. Aufl., pp. 123–128). Opladen & Farmington Hills: Barbara Budrich.

Yamada, Y. & Kato, Y. (2004). Japanese Student's Depictions of the Soul after Death. Towards a Psychological Model of Cultural Representations. In: Formanek, S. & Lafleur, W. (Eds.). *Practicing the Afterlife: Perspectives from Japan*. (pp. 417–438). Wien: Verlag der östereichischen Akademie der Wissenschaften.

Yamada, Y. & Kato, Y. (2006). Images of Circular Time and Spiral Repetition: The generative Life Cycle Model. *Culture & Psychology*. Vol 12 (2), 143–160.

Zemmrich, C. (1992). *Die Lebensalter in St. Annen zu Annaberg*. Hrsg. Evangelisch-Lutherisches Pfarramt St. Annen, Annaberg. Reichenbacher Druckwerk.

Zinkevičius, Z. (2015). *Lietuviai. Praeities didybe ir sunykimas*. [Litauer. Die Größe der Vergangenheit und der Untergang]. Vilnius: Mokslo ir enziklopedijų leidimo centras.

Zinn, J. (2001). Die Integration qualitativer und quantitativer Daten und Methoden bei der Untersuchung von Individualisierungsprozessen. In: Kluge, S. & Kelle, U. (Hrsg.). *Methodeninnovation in der Lebenslaufforschung. Integration qualitativer und quantitativer Verfahren in der Lebenslauf- und Biographieforschung*. (pp. 275–331). Weinheim & München: Juventa Verlag.

Žarskus, A. (2009). *Rėdos knyga. Baltų kalendorinės šventės*. [Buch von Reda Rad. Kalendarische Feste der Balten]. Kaunas: UAB „Dakra".

Abbildungsverzeichnis

Tabellenverzeichnis

Dieses Werk enthält zusätzliche Informationen als Anhang. Sie können von unserer Website heruntergeladen werden:

http://dx.doi.org/10.3726/b11596

Dazu müssen Sie den folgenden Freischaltcode eingeben: a88s129k

Psychologie und Gesellschaft

Herausgegeben von Martin K. W. Schweer

Die Reihe "Psychologie und Gesellschaft" vereint empirische und theoretische Arbeiten vornehmlich mit Blick auf die Anwendungsfelder Schule und Organisation, wobei eine interdisziplinäre Perspektive angestrebt ist. Neben Beiträgen der Pädagogischen Psychologie und angrenzender Teilbereiche der Psychologie ist die Reihe auch offen für benachbarte Wissenschaftsdisziplinen. Anfragen an den Herausgeber sind ausdrücklich erwünscht.

Band 1 Martin K. W. Schweer (Hrsg.): Das Jugendalter. Perspektiven pädagogisch-psychologischer Forschung. 2003.

Band 2 Martin K. W. Schweer (Hrsg.): Vertrauen im Spannungsfeld politischen Handelns. Herausforderungen und Perspektiven für eine Politische Psychologie. 2003.

Band 3 Martin K. W. Schweer (Hrsg.): Das Kindesalter. Ausgewählte pädagogisch-psychologische Aspekte. 2006.

Band 4 Jutta Padberg: Vertrauen im Leistungssport. Eine empirische Studie zur Vertrauensbeziehung zwischen Trainern und Athleten im Leistungstennis. 2006.

Band 5 Martin K. W. Schweer (Hrsg.): Bildung und Vertrauen. 2006.

Band 6 Martin K. W. Schweer: Mentale Fitness im Tennis. Das Aufbauprogramm. 2007.

Band 7 Martin K. W. Schweer (Hrsg.): *Sex and Gender*. Interdisziplinäre Beiträge zu einer gesellschaftlichen Konstruktion. 2009.

Band 8 Barbara Thies: Kognitive Repräsentationen in der Grundschule. Befunde zur Interaktionsregulation im Unterrichtsalltag. 2010.

Band 9 Martin K. W. Schweer (Hrsg.): Vertrauensforschung 2010: A State of the Art. 2010.

Band 10 Martin K. W. Schweer (Hrsg.): Medien in unserer Gesellschaft. Chancen und Risiken. 2012.

Band 11 Norbert Pütz / Martin K. W. Schweer / Niels Logemann (Hrsg.): Bildung für nachhaltige Entwicklung. Aktuelle theoretische Konzepte und Beispiele praktischer Umsetzung. 2013.

Band 12 Guido Becke / Christiane Funken / Sebastian Klinke / Wolfgang Scholl / Martin K. W. Schweer (Hrsg.): Innovationsfähigkeit durch Vertrauensgestaltung? Befunde und Instrumente zur nachhaltigen Organisations- und Netzwerkentwicklung. 2013.

Band 13 Marc Krüger / Markus Schmees (Hrsg.): E-Assessments in der Hochschullehre. Einführung, Positionen & Einsatzbeispiele. 2013.

Band 14 Ortrun Reidick: Sterben und Tod bei Hochaltrigen. Die Rolle von Persönlichkeit, Gesundheit und Religiosität. 2016.

Band 15 Martin K. W. Schweer (Hrsg.): Bildung für nachhaltige Entwicklung in pädagogischen Handlungsfeldern. Grundlagen, Verankerung und Methodik in ausgewählten Lehr-Lern-Kontexten. 2016.

Band 16 Ieva Reinersmann: Symbole des Lebenslaufes. 2017.

www.peterlang.com

www.ingramcontent.com/pod-product-compliance
Ingram Content Group UK Ltd.
Pitfield, Milton Keynes, MK11 3LW, UK
UKHW021913290926
8980IPUK00015B/1224

9 783631 720479